JN452412

고전소설과 서사론

황혜진

도서출판 월인

머리말

이 책에 모은 논문들은 고전소설을 서사론적으로 탐구한 결과물이다. 서사론은 체계적이고 확고한 기반을 가지고 있는 학문은 아니다. 오히려 그것은 온갖 서사에 대한 잡다한 관심의 집합체일 뿐이다.

서사를 통해 인간은 세계를 경험하고 자기를 이해한다. 그리하여 서사는 인간화되고 인간은 서사화된다. 나는 서사를 탐구하는 인간이다. 그래서 서사를 연구하는 작업은 나를 이해하는 한 방식이 되기도 하였다.

1부의 '서사의 문화론'에서는 문화와 관련된 서사적 탐구물들을 모아 보았다. 「전승사의 관점에서 본 채만식의 <沈봉사>」는 <심청전>의 전승사적 맥락에서 <심청전>이 던졌던 삶에 대한 물음이 채만식이 속한 문화적인 지평에서 개작 행위로 되울리는 대화의 양상을 탐구하고자 하였다.

「<雙美奇逢>에 형상화된 애정의 양상과 의미」에서는 애정을 느낀 두 남녀가 예(禮)라는 사회적 관습으로 인해 다가가지 못하는 문화적 곤경에 대해서 논하였다. 20세기 초반, 문화의 변화를 담아낼 문화적 형식이 마련되어 있지 않아 과거의 이상에 기댈 수밖에 없는 곤경이 소설에 어떻게 드러나고 있는지 고찰하였다.

2부의 '서사의 효용론'에서는 서사의 효용론적 가치를 탐색한 논문들을 모았다. 「문학을 통한 인문지리적 사고력 교육의 가능성 탐색」은 문학의 새로운 효용적 가치를 '인문지리적 사고력 교육'이라는 영역에서 찾아보았다. 여기서 다루고 있는 서사는 평양을 배경으로 한 고전소설로서 이 소설들이 어떻게 인문지리적 사고의 형식을 도야하는 교육 자료로 활용될 수 있는 가능성을 타진해보았다.

「독자 비평 자료를 통해 본 고전소설의 효용」에서는 전통사회의 독자들이 왜 고전소설을 읽었는지 검토해보았다. 개인적으로 이 작업을 통해 소설을 비롯한 다양한 서사물은 살아갈 길[道]을 알려주는 재도지기(載道之器)로 역할을 할 수 있을 것이라는 생각을 가질 수 있었고, 이는 박사 논문을 쓰는 데 기본적인 아이디어가 되었다.

3부의 '서사의 수용론'은 독자가 자기 성찰의 자료로 서사를 수용하는 양상이나 방식을 논한 논문들을 엮었다. 여기 실린 논문들은 전편과 후편이라고 해도 무방하다. 「설화를 통한 자기 성찰의 사례 연구」에서는 특정 사례 집단이 삼국시대 애정설화를 읽으면서 자기화하는 양상을 주로 기술하여 사례 집단의 특수성을 드러내려 하였다.

「설화를 통한 자기성찰 방법의 실행 연구」는 보다 교육적인 관점과 실행 연구라는 질적 연구방법론을 적용하여 문학을 통한 자기성찰을 이해하고 교육방법에 대한 실천적인 지식을 얻고자 하였다. '자기성찰'이라는 주제에 대해 연이은 연구를 진행하였으나 여전히 명쾌한 것은 아니다.

문학과 인간이 만나는 언저리에서 어떤 일이 벌어지고 있는지 이해하기도 힘들거니와 교육적으로 유의미한 방식으로 그 작용을 촉진하고자 하는 교육방법을 제대로 실행하는 것은 더욱 어렵다. 그럼에도 불구하고 이를 하고자 하는 게 문학교육이다. 앞이 깜깜하고 어깨가 무겁다.

4부의 '서사의 주제론'에는 서사의 주제를 층위별로 분별하는 작업에서부터 주제의 연관 하에 상호텍스트적으로 작품을 엮고 주제를 비교하는 연구, 텍스트의 주제로부터 효용을 이끌어내는 연구 등을 수록하였다. 서사는 의미를 담기 위한 최적의 문화적 형식이기에 서사의 탐구에서 관건이 되는 것은 그 의미의 발견이라고 생각한다. 그래서 이 분야의 연구물들이 가장 애착이 간다.

「서사텍스트의 주제 진술 방식 연구」는 널리 쓰이는 교육 용어이기는 하지만 학습자뿐만 아니라 교육자도 혼란스러워하는 '주제'에 대한 문제의식을 바탕으로 수행되었다. 이 연구에서는 '주제'라는 교육내용에 접근하는 방법으로서, 리꾀르의 미메시스의 단계에 따라 주제의 종류를 구분할 것과 주제 진술의 방식을 규격화할 것을 제안하였다.

「문화적 문식성 교육을 위한 고전소설과 영상변용물의 주제 비교」에서는 고전소설 <장화홍련전>과 영화 <장화, 홍련>의 주제를 비교하였다. 두 텍스트는 인간의 보편적인 관심사인 '부모와 자식간의 애정과 갈등'이란 문제를 다루고 있으면서 그에 대한 접근법과 해결 방식이 각기 다르기에 비교 대상이 되었다.

「영화 <왕의 남자>에 나타난 욕망 읽기」는 <왕의 남자>를 잘 짜여진 욕망의 드라마로 보고 이 텍스트의 내적 형식인 '욕망의 삼각형'을 읽어내었다. 이 글은 문학치료적인 관점이 적용된 것으로서 이 영화의 주제가 간접화된 욕망을 가진 현대인의 속물성을 성찰하게 하는 교정적 효용이 있음을 논하였다.

이 책에 엮은 논문들의 '서사'를 구성해 보니 내가 오지랖이 넓은 인간임을 알 수 있겠다. 또한 그리 '깊지' 않음도 알겠다. 서사를 제대로 연구하는 이는 연구자 자신의 '서사'도 잘 구성할 터인데 내 서사는 방만하며 앞으로의 서사를 추동할 만한 핵심 문제도 확연히 보이는 것은 아니다.

그러나 반전(反轉)의 구성을 가진 흥미로운 영화도 있고, 모자이크식 구성을 가져 다 맞춰지면 그럴싸해 보이는 이야기도 있다. 서사의 숨겨진 주인공은 시간이다. 내게 주어진 시간이 있는 한 우여곡절이 있는 파란만장한 서사가 진행될 것이다. 언젠가 이 책이 부끄러워 책갈피 어딘가로 숨어들어가고 싶어질 때가 오겠지만 끝이 좋은 이야기가 좋은 서사임을 계속 믿으련다.

2007년 한여름밤
지은이 황혜진

목차

Ⅲ. 서사의 수용론

Ⅳ. 서사의 주제론

Ⅰ. 서사의 문화론

전승사의 관점에서 본 채만식의 <沈봉사>

1. 서론: 개작 텍스트에 대한 전승사적 연구의 필요성

과거의 문학 작품을 읽는 이유는 문예학적 지식을 얻거나 작품이 디하고 있는 과거의 현실을 이해하기 위해서만은 아니다. 근대적인 의미의 문예학적 지식을 얻기 위해서라면 오히려 근대 문학 제도 안에서 창작된 문학 작품을 살피는 것이 효율적이며, 과거의 현실을 알기 위해서는 역사를 배우는 것이 손쉬운 길이다. 그럼에도 불구하고 고전 문학 작품을 읽는 이유는 고전 문학 작품이 다루고 있는 삶의 문제를 이해하고, 작품이 제시하는 삶의 문제와 그 답을 바탕으로 현재의 문제를 발견하며, 그 문제에 대한 우리의 응답을 만들기 위해서이다. 예컨대 <심청전>이 다루고 있는 '바람직한 부모와 자식간의 관계는 무엇인가'라는 항존적인 삶의 문제는 현재를 살아가는 사람들에게도 여전히 의미 있는 것으로서 그에 대한 응답을 요구한다. 현재 삶의 조건을 지평으로 삼는 사람들은 고전 문학이 제기하고 있는, 혹은 고전 문학을 통해 발견한 삶의 문제에 대해 당대적인 답변을 마련하고, 이에 기반하여 자신의 삶을 꾸려나가게 된다.

이러한 점에서 과거의 문학은 전승될 가치가 있는 전통이 되지만, 자율적 이성을 중시하는 근대의 시대정신은 물음과 응답의 구도로 전승되는 전통의 역할을 축소하였다. 일종의 편견으로 작용하는 전통이 이성의 자율적 판단력을 제한한다고 여기기 때문이다. 그러나 우리는 단지 "거인의 어깨 위에 서 있어 거인보다 더 멀리 볼 수 있는 난쟁이"[1]에 불과할지도 모른다. 이는 우리 자신의 천부적 능력 덕에 앞서 나갔기 때문이 아니라 앞선 인간들에게 물려받은 유산을 소유하고 있기 때문에 앞선 이들보다 더 많이, 더 멀리 볼 수는 있어도 우리가 그들보다 더 예리한 시각을 가졌거나 키가 더 크기 때문이 아니라는 것을 의미한다. 또 이런 시각은 우리가 '거인', 즉 축적된 문화유산으로부터 무언가를 배울 수 있음을 암시한다. 다시 말하면, 전기나 기계의 원리도 모르면서 스위치를 켤 수 있는 능력만을 가진 우리가 인간과 세계에 대해 진지한 고민을 하고, 가치를 추구했던 과거의 인간과 그들이 남긴 흔적에 대해 무심한 채 주어진 현재의 상태만을 진보라고 믿으며 살아갈 수는 없다는 것이다.

실로 "현재의 사람들이 과거의 사람들보다 질적으로 더 잘 살 수 있다는 보장은 결코 없다."[2]는 단선적 진보에 대한 성찰을 받아들인다면, 오히려 전통이 규범으로서 사회적 구속력을 갖지 못하는 상황에서 개개인이 '자신의 행동 규범을 스스로 만들어 내어야 할 처지에 있는 현대인들이 오히려 과거인들보다 질적으로 낮은 삶을 살 수 있는 가능성이 커진다. 그러니 이러한 삶의 위험 부담을 줄이기 위해서라도 고전을 읽고 배울 필요가 있다. 고전에서 인생에 대해 질문하고 답을 찾는 과정은 여전히 가치 있는 것으로서 오늘날 학습자들에게 제시될 수 있고, 학습자들은 고전문학이 행한 질문을 오늘날의 상황에서 다시 시도하거나 고전문학이 내린 해답에 다시 질문을 던짐으로써 새로운 가치를 찾아 나아갈 수 있는 것이다.

과거의 문학 작품과 현대 독자 사이의 물음과 응답이라는 대화적 구

1) M. 칼리니쿠스, 이영욱 외 역, 「모더니티의 다섯 얼굴」, 시각과 언어, 1993, 25면.
2) 김종철, 「가치 이월과 창조 잠재력을 위한 평가-고전문학교육과 평가」, 『문학과교육』 8호, 1999.

도를 설정하고 있는 해석학의 관점에서 볼 때,[3] 근대 소설 작가들이 고전 소설을 개작한 텍스트는 고전 텍스트와의 대화의 산물이자 과거 텍스트가 전승되어 온 전통이라는 지평(horizon)과 개작자가 속한 사회의 문화적 지평이 융합된 결과물이라는 점에서 의미가 있다. 즉, 근대 소설 작가들이 과거의 텍스트를 통해 그 텍스트가 제기하고 있는 삶의 문제를 재구(再構) 혹은 발견하고, 작자가 속한 지평 안에서 그 문제에 대한 새로운 해답을 제시하여 고전 텍스트가 속한 지평과 작자가 터한 당대의 지평을 융합시켰다는 것이다. 이와 같은 관점에서 개작 텍스트를 문학교육에 수용할 때 중요하게 고려해야 할 점은 과거 텍스트와 개작 텍스트의 거리, 패러디 의식을 바탕으로 과거의 텍스트를 얼마나 새롭게 하였는지 뿐만 아니라 과거의 텍스트가 몰두하였던 삶의 문제가 개작 텍스트에서 어떻게 지속되었는지, 그리고 원텍스트가 가진 주제를 개작 텍스트가 어떻게 수용하여 과거 텍스트와 어떤 의미 연관을 형성하였는가 하는 것이다.

이 연구는 채만식의 <심청전> 개작 텍스트를 고찰하는 데 있어서 해석학적인 고전문학교육의 관점을 도입할 것이다. 이 관점에서는 채만식의 개작 텍스트가 무엇을 얼마나 새롭게 하였는지를 확인하고 이를 작가 개인의 패러디 의식의 산물로서 평가하기보다는 채만식의 개작 텍스트가 <심청전> 전승사에서 중심적으로 다루어졌던 문제를 어떻게 파악하였으며, 어떠한 자기 이해의 기반 위에서 그 문제에 대한 응답을 마련하였는지를 살피는 것을 주요 목표로 삼는다.

이 논문의 구도는 다음과 같다. 먼저 2장에서는 채만식이라는 행위 주체에게 전통은 어떤 의미를 갖는지 확인하며 그가 서구 고전과 조선 전래 고전을 패러디한 양상을 포괄적으로 고찰한 후, 연구 자료를 <심청전> 개작 텍스트로 한정할 것이다. 3장에서는 채만식의 개작 텍스트를

3) 해석학적 이해의 대화적 구조는 G. Warnke, *Gadamer: Hermeneutics, Tradition and Reason*(이한우 역, 『가다머』, 민음사, 1999, 179~190면)와 R. E. Palmer, *Hermeneutics*(이한우 역, 『해석학이란 무엇인가』, 문예출판사, 1988, 288~293면)를 참조할 것.

<심청전> 전승사와 관련시키기 위한 사전 작업의 의미로서 <심청전>의 이본사를 바탕으로 <심청전> 전승의 흐름을 주제론적으로 재구하고, 채만식의 개작 텍스트 이해에서 착목해야 할 주요 지점들을 분명히 할 것이다. 3장의 논의를 바탕으로 4장에서는 세 편의 <沈봉사>를 대상으로 텍스트 분석을 행하여 채만식의 개작 텍스트가 과거의 텍스트에 대하여 행했던 물음을 복원하고, 그 물음에 <沈봉사>는 어떤 응답을 행하고 있는지 살필 것이다. 5장인 결론에서는 논의를 요약·정리하고, 문학 교육으로의 확장을 시도할 것이다.

2. 채만식의 전통 서사 수용의 배경과 양상

채만식은 전통적인 서사와 친연성이 높은 근대 소설 작가로 평가된다. 특히 문체론적인 측면에 주목하여 채만식의 소설을 판소리와의 연관성 아래 보는 견해는 일찍부터 나타나 지속적으로 확산되었다.[4] 최근의 경향은 판소리와의 관련성에만 머물지 않고, 보다 폭넓은 서사 전통과의 연계성을 논하거나,[5] 패러디 양상에 대한 분석에서 나아가 패러디를 한

4) 채만식 당대에 그의 문체를 '지방색을 살린 설화체, 요설체'로 보는 시각(정래동, 「지방색이 농후한 채만식 단편집」(동아일보, 1939.11.29), 김남천, 「現代朝鮮小說의 理念-'로만'改造에 對한 一作家의 覺書」(조선일보, 1939.9.10~18))이 이미 존재하였으며, 70년대 들어 채만식 문장의 풍자적인 성격에 주목한 연구(정한숙, 「붕괴와 생성의 미학」, 『민족문화연구』 6호, 1972), 설화적인 성격에 주목한 연구(천이두, 「프로메테우스의 언어들-채만식의 문장」, 『문학사상』, 1973.12), 판소리적인 성격에 주목한 연구(홍기삼, 「풍자와 간접화법」, 『문학사상』, 1973.12)이 등장하여 채만식 문장과 문체가 재조명되기 시작하였다. 80년대, 90년대에는 채만식 문학의 패러디적인 성격, 상호텍스트성이 본격적으로 논의되기 시작하였다. 최원식, 신상철, 우한용 등은 채만식 소설과 판소리계 소설과의 연관성을 집중적으로 다루었다(최원식, 「채만식의 고전소설 패러디에 대하여」, 『민족문학의 논리』, 창작과비평사, 1982; 신상철, 「놀부의 현대적 수용과 그 변형」, 『한국고전소설연구』, 1983; 우한용, 「채만식소설의 담론특성에 관한 연구」, 서울대 박사학위논문, 1991).

5) 유화수는 판소리계 소설뿐 아니라 폭넓은 서사 전통과의 연관성을 드러내기도 하였다(유화수, 「채만식소설연구-서사전통과의 연계양상」, 전북대 석사학위논문, 1988).

궁극적인 목적과 식민지 현실에서 고전 소설을 패러디한 의의를 밝히는 것까지 논의에 포함시키고 있다.[6)]

이러한 연구의 경향을 살펴볼 때, 채만식이 기존의 텍스트와 차이를 가진 변형 텍스트를 생산한 실천이 갖는 의미를 기본 관점으로 취하여 그의 '패러디'[7)] 텍스트를 고찰하는 태도가 필요하다고 판단된다. 이와 같은 태도를 취한 연구는 방민호의 논문이 대표적이라고 할 수 있다. 식민지적인 상황에서 문학에게 요구되는 것은 정신의 정체성(identity) 확보라고 파악한 그는 채만식이 식민지적 현실에 대응하는 식민성(coloniality) 극복의 전략으로서 패러디적인 실천을 하였다고 보았다. 즉, 채만식이 식민지 문학인으로서 "자신이 무엇을 기억·보존해야 하며, 무엇을 창조해야 하는 존재인가라는 물음"[8)]을 바탕으로 어떤 문학을 할 것인가를 고민하였으며, 그 실험 중의 하나가 패러디라는 것이다. 이 연구에서도 이런 관점을 받아들여 채만식의 패러디 텍스트가 고전에 대한 피상적인

2000년대의 연구 성과로 방민호의 논문은 채만식 소설의 상호텍스트성에 대한 논의를 확장하여, 전래의 서사 전통뿐 아니라, 서구의 서사 전통 및 신소설, 이광수나 염상섭과 같은, 채만식과 동시대 작가들의 소설, 일본 근대 소설 등과의 관련성을 다루었다(방민호, 「채만식 문학에 나타난 식민지적 현실 대응 양상」, 서울대 박사학위논문, 2000).

6) 1980년대 최원식은 채만식의 패러디 작업을 조선근대문학의 이식성을 극복하려는 노력의 일환으로 보았으며(최원식, 앞의 글), 송현호 역시 판소리 전통과 연관된 채만식의 소설을 탈식민지적 경향으로 특징지운다(송현호, 「채만식의 탈식민적 경향에 대한 고찰」, 『관악어문연구』, 1992). 그리고 채만식의 패러디 대상을 확장하여 서구 서사 전통까지 포함시킨 방민호는 채만식 소설은 정체성의 위기를 노정하게 된 식민지 상황에서 조선적인 근대문학을 탐색하는 고심의 산물이라는 입장을 취한다(방민호, 앞의 글).

7) 이 논문에서 패러디(parody)는 린다 허천의 용법을 취하여, "비평적 거리를 둔 반복"으로 정의한다(Linda Hutcheon, *A Theory of Parody*, 『패러디 이론』, 김상구·윤여복 역, 문예출판사, 1992, 15면). 이렇게 패러디를 정의하였을 때, <태평천하>나 <탁류>와 같은 소설도 전통적 서사 양식을 패러디한 소설이 될 수 있다. 이처럼 양식을 패러디한 경우와 내용 구조를 패러디한 경우를 구분하기 위하여 과거의 텍스트의 내용을 중심으로 개작한 텍스트의 경우, 패러디 중에서 '改作 텍스트'라고 명명하며, 이 연구의 중심 대상으로 다룰 것이다.

8) 방민호, 앞의 글, 247면.

흥미에서 비롯되거나, 상업적 목적 아래 쓰여진 것이 아니라, 전통(tradition)과의 연관성 아래 자신의 문화적 정체성을 찾기 위한 고심과 노력의 산물이라고 파악할 것이다.

채만식은 1902년 6월 17일 전라북도 임피군에서 6남 1녀 중 5남으로 태어났다. 채만식은 자신의 출신에 대하여 "나는 한 푸틔 · 뿌루 · 인테리오 내가 農村의 中産家에서 태어나 邇來 반생을 그환경에 順응하는 生活을 해온때문이오."[9]라고 밝혔으나, 방민호는 '중산층'에 주목하기보다는 집안의 잔반적(殘班的)인 성격을 강조하였다. 그는 족보 조사를 통해 "채만식의 집안은 본래 반열(班列)에 들었으나 근대로 진입하는 그 어느 대에서인가 몰락하면서 평민화한 가문에 속한다."라고 하였다. 평민화한 가문을 다시 일으키려 하였던 채만식의 아버지는 자수성가하여 이룬 경제적 부에 만족하지 않고 자식들을 출세시키려는 집념을 가졌을 것이라 짐작할 수 있으며, 이런 맥락에서 그가 점점 가세가 기울어가는 중에도 집안에 독서당을 두고 자식들을 가르쳤던 교육열을 이해할 수 있다. 교육을 통해 자식들이 입신출세하기를 바라던 아버지의 열망으로 인하여 채만식은 일찍부터 전통적인 환경에서 한학을 공부할 수 있었다. 이는 채만식이 근대화 과정에서 몰락의 길을 걸었던 전통적인 세계에 속해 있었던 존재임을 말해준다.

그리고 채만식의 성장기에서 특기할 만한 것은 그가 조선 전래의 고전소설 및 신소설의 세례를 받을 수 있었던 세대라는 점이다. 박계주의 회고를 인용하면, 채만식은 "내가 문학의 길에 들어서게 된 것은 어렸을 때 시골서 '붉은 딱지책'을 읽으므로 해서 소설에 재미를" 붙일 수 있었던 탓이므로, "내가 오늘날 소설가가 된 것은 '붉은 딱지책'의 은덕이라 할 것입니다. 즉, '붉은 딱지책'은 나에게 있어서 소학교 훈도라고 할 수 있지요."[10]라고 밝힌 바 있다. 또 그는 "유년 · 소년 적에는 <춘향전>,

---

9) 채만식, 「似而非評論拒否」, 『조선일보』, 1934.1.11.

10) 박계주, 「채만식과 신소설」, 『여원』, 1963.5, 291~2면(방민호, 앞의 글, 102면에서 재인용).

<구운몽>, <추월색>, <장한몽> 등 新舊 소설과 <삼국지>, <수호지> <동한연의>, <서한연의> 등 안 읽은 게 별로 없고."[11]라고 하면서 자신의 문학의 자양분이 된 고전소설의 전통을 드러내기도 하였다. 근대적인 형태의 문학교육을 통해 민족적 문화 유산의 대표적인 작품을 수용할 기회도 없었거니와 전통주의 담론 아래에서 부가된 고전의 의의(意義)가 강제되지 않은 상태에서 고전소설을 접할 수 있었던 경험은 근대적이라기보다는 전근대적인 소설의 향유의 전통과 밀접한 관련을 갖는 것으로 파악할 수 있다.

그는 성장 과정에서 임피와 경성과 도쿄에서 교육을 받았는데,[12] 이 같은 과정은 그의 의식 형성에 영향을 미쳤을 것이라 쉽게 추측할 수 있다. 몰락하는 식민지 변경에서 식민지 중심으로, 나아가 제국주의의 중심을 경험한 그가 점점 강도 높은 문화적 충격을 경험하는 과정에서 보다 우월한 문화로 제시된 근대의 문화 앞에서 행할 수밖에 없었던 자기부정(自己不定)과 정체성 혼란은 채만식뿐만 아니라 그와 동시대를 살았던 사람들에게 어느 정도 보편적인 것이었으리라 짐작된다. 채만식의 작가로서의 역량은 시대적이며 역사적인 경험과 문제 의식의 바탕에서 근대적인 주체로서 문학하기를 고민하여 식민지 상황에서 "무엇을 어떻게 쓸 것인가"에 대해 몰두하였다는 데에서 확인할 수 있다. 강요된 근대를 체험하는 과정에서 겪게된 자기 몰각의 위험을 염두에 두고, 조선적인 근대문학 수립에 대한 문제 의식을 견지하면서도 조선주의나 상고주의의 나르시시즘적인 유혹에 이끌리지 않을 수 있었다는 것은 그의 패러디 기법의 의의라고 평가할 수 있을 것이다.

요컨대 채만식은 전통적인 세계에 속한 존재였으나 점차 제국주의의 중심으로 접근하는 수학기(修學期)를 거치면서 문화적 충격을 경험하고,

11) 채만식, 「作家 短篇 自敍傳」, 『三千里文學』, 1938.1(『채만식전집』 9, 502면에서 재인용).

12) 채만식은 집안에 있는 독서당에서 구식교육을 받는 한편으로 동헌 자리에 세워진 임피보통학교를 다녀 1914년 3월에 졸업하고, 몇 년의 공백기를 지나 경성에서 4년제 중앙보통학교를 1922년 3월에 졸업한다. 그는 1922년 도쿄로 유학하여 早稻田大學 附屬 第一早稻田高等學園 文科를 1년 반 정도 다니다가 1923년 귀국하였다.

제국주의에 의한 문화적 식민화가 진행되는 역사적 상황에서 자신의 혼란스러운 문화적 정체성을 재구성할 수 있는 문화적 자산으로서 전통을 의식적으로 수용했다는 것이다. 이러한 문화적 정체성 탐구는 일련의 패러디 기법의 실험으로 실현되는데, 전통적인 서사의 형식과 내용을 적극적으로 수용하여 그는 민족문학의 한 방향을 제시할 수 있었다고 평가할 수 있다.

채만식은 조선 전래의 고전작품을 중심으로 패러디를 행하였는데, 이에 해당하는 작품으로, 주로 <심청전> 모티프를 부분적으로 수용한 <보리방아>, <童話>, <病이 낫거든> 계열의 작품, 견우직녀 설화의 이별과 만남 구조를 수용한 <팔려간 몸>, <심청전> 전체를 구조적으로 패러디한 두 편의 희곡 <沈봉사>와 소설 <沈봉사>, 주로 흥부전의 모티프를 수용하는 동시에 판소리의 서술 형식을 수용한 <太平天下>, 흥부전의 인물의 형상을 부분적으로 수용한 <興甫氏>, <배비장전> 전체를 다시 풀어 쓴 <배비장>, 박지원의 <許生傳>을 개작한 <許生傳> 등이 있다. 그리고 서양 고전 작품을 패러디 대상으로 삼음과 동시에 조선 전래 소설의 모티브로 수용하여 혼성적인 패러디라고 평가되는 <濁流>와 같은 작품도 있다.[13]

그 중에서 이 연구가 주목하고자 하는 것은 채만식이 시간적인 간격을 두고 반복적으로 <심청전>을 대상으로 삼아 개작한 텍스트이다. <심청전>의 패러디는 채만식의 전체 창작기에 거쳐 지속적으로 행해지는데, 이와 같은 사실은 채만식이 다른 고전 문학보다 <심청전>에 많은 관심이 있었음을 보여준다. <심청전>에 대한 패러디는 내용 구조를 패러디하거나 주제 의식을 심화하거나 인물 형상을 수용하는 등 여러 층위에서 나타난다. 내용 구조를 패러디한 텍스트는 <심청전>의 전반적인 내용의 틀을 유지하며 <심청전>의 주요한 화소가 반복되는 두 편의 희곡인 <沈봉사>(1936, 1947)[14]와 미완의 소설인 <沈봉사>(1944.11~

13) 방민호는 채만식 문학의 전개 과정에 따라 패러디 작품을 분석적으로 살폈다(방민호, 앞의 글, 111~112면).

1945.2)[15]가 있다. 또 부분적인 화소를 취한 작품으로 평가되는 <보리방아>, <童話>, <병이 낫거든>의 연작이 있으며, 인물의 이미지를 차용하고 있음이 논의되는 텍스트로 <탁류>가 있다. 이 가운데 전반적인 내용의 틀을 유지하고 있으나 부분적인 변용을 통해 주제 의식을 심화·확장하고 있는 텍스트를 패러디 중 改作 텍스트라고 한정하여, 이어지는 논의에서 소설과 희곡으로 개작된 <沈봉사>가 <심청전> 이본사의 흐름, 즉 <심청전> 전승의 맥락과 어떤 관련이 있는지 점검할 것이다.

3. <심청전> 전승의 맥락과 <沈봉사>의 관계

<심청전>은 특별한 개인에 의해 창작된 완결된 작품(masterpiece)이 아니라 전승의 맥락 속에서 수많은 향유자들에 의해 공동 창작된 텍스트이다. 이런 <심청전>의 존재 양상은 개작 텍스트 생산사로서 채만식이라는 역사적 인간이 터하고 있는 지평, 즉 <심청전> 전승의 전통을 고찰해야 할 필요성을 환기한다. <심청전> 전승의 전통은 이본사 연구를 통해 지속적으로 논의되었던 사항이기도 하다. 이 연구는 이본사를 검토하는 과정에서 주목해야 할 것은 서사 형식의 변천 양상보다는 주제의 변모 양상이라고 파악한다. <심청전>이 수많은 이본을 생성할 수 있었던 전승의 근본적인 힘이 <심청전>의 주제인 孝에 있다고 할 때, <심청전> 이본들이 부모와 자식간의 바람직한 관계라는 보편적 삶의 문제에 대한 자신의 응답을 어떻게 마련하였는지를 확인하는 것은 곧 <심청전>

---

14) <沈봉사>라는 제목의 희곡은 두 편이 있다. 7막 19장(원고지 350여 매)의 <沈봉사>는 1936년에 쓰여지고 발표되지 않다가 遺稿로서 1960년 민중서관에서 발행한 『한국문학전집』에 수록되었다. 또 다른 3막 6장(원고지 125매)의 <沈봉사>는 『전북공론』에 1947년 5·6월호 및 11월호에 연재되었다.

15) 이 소설은 『新時代』에 1944년 11월호부터 1945년 2월호까지 연재되다가 중단된 작품이다. 이 잡지는 1945년 3월호까지 발행된 후 폐간되었으며, 이 소설도 未完인 상태로 남아 있다. 4회까지 분량은 원고지 200매에 달한다.

전승의 맥락을 복원하기 위한 기초 작업으로서 의미를 갖는다.

<심청전> 전승의 맥락을 복원하기 위해서는 <심청전>의 이본사를 주제론적으로 재구하는 작업이 필요한데, 이 같은 연구로서 김영수의 노작을 들 수 있다. 김영수는 <심청전>의 변화 양상을 추적하기 위한 적절한 자료로 130종에 달하는 필사본을 택하여 심봉사의 이름과 성격의 변모, 각 장면의 서사 단위와 내용에 따라 이본의 계열을 나누었다.[16] 계열의 영향 관계에 따라 <심청전> 전승의 방향을 살핀 결과, 그는 <심청전>이 "자연발생적이며 소박하고 꾸밈이 없는 서민들의 일상 생활에서, 기득권을 확보하고 있었던 상층의 봉건 윤리에 부합하는 방향으로 변모"되었음을 지적하고, 이를 "효의 '교조화' 지향성"이라 이름 붙였다.[17] 또 그러한 주제의 변모 결과가 텍스트에서는 '구조의 대중화 지향'이나 '미의식의 균형과 조화', '장면 설정의 합리화' 등으로 나타난다고 지적하였다.[18] 그러나 이 연구는 교조화 되는 효의 관념이 어떻게 대중화와 미의식, 합리성 지향에 작용하고 있는지 논의하지 않고 있다. 따라서 이 연구는 상층의 봉건 윤리에 부합하는 방향으로 변모하는데, 내용이나 형식은 오히려 대중성과 합리성을 지향하는 어긋남을 충분히 해명하지 못하였다고 할 수 있다.

서유경도 필사본을 연구의 주요 대상으로 삼아 <심청전> 향유의 큰 흐름을 드러내려 하였다.[19] 이 논문에서는 필사기를 대상으로 '서사적 상황 서술의 변화', '인물의 변형'과 필사본 말미의 후기를 중심으로 '주제 수용의 다양화'를 수용자들의 '공감적 자기화'가 나타나는 주요 지점으로 파악하였다. 그러나 이 논문은 가다머와 리꾀르의 해석학을 바탕에 깔고 있으면서도 그들의 해석학에서 가장 중시하는 텍스트가 '말하는

---

16) 김영수, 「필사본 <심청전> 연구」, 경희대 박사학위논문, 2000.

17) 이러한 결론을 도출하는 과정에서 김영수는 초기 계열에서는 서민적이고 현실적인 효가 반영된 데 비하여 후기 계열에서는 효가 이념적으로 치장되는 경향이 있음을 지적하였다(김영수, 앞의 글, 338면 참조).

18) 김영수, 앞의 글, 336~347면.

19) 서유경, 「공감적 자기화를 통한 문학교육 연구」, 서울대 박사학위논문, 2002.

바', 즉 주제에 대한 논의를 소략하였다는 아쉬움을 남긴다.[20] 또 이 논문은 주제에 대한 '공감'을 바탕으로 단지 서술과 인물 형상화 방식을 '자기화'하였다는 단순 구도를 취함으로써 <심청전>의 전승력이 단지 인간의 보편 윤리인 효에 있으며, 향유자들은 그 주제를 당위적으로 받아들인 채, 텍스트 표층의 차원에서 변형만을 꾀했을 뿐이라고 <심청전> 전승사를 형식적이며 피상적으로 이해하게 할 가능성을 남기고 있다. 연구자가 서론에서 밝혔듯이 "텍스트의 재생산은 수용자에 의한 해석의 결과를 표현하는 과정"[21]이라면, 필사본의 형식적 변용 방식이 <심청전>에서 제기한 효의 문제에 대한 어떤 입장의 표출인가를 밝혀 <심청전>의 향유와 전승의 문화가 가졌던 물음과 응답을 복원하는 것이 해석학적으로 전승사를 드러내는 타당한 방법이 될 수 있을 것이라 생각한다.

두 논문은 이본의 계열을 구분하고 비교·분석하는 데 있어서 주제의 문제를 깊이 천착하지 못했다는 한계를 노정하지만, <심청전>의 전승의 커다란 방향을 제시하고 <심청전>의 이본 생산자들이 개입하여 서사를 변형시킨 부분에 대해서 체계적으로 정리하고 있다는 점은 간과할 수 없는 연구의 성과이다. 김영수의 논문에서는 심 봉사의 명칭을 중심으로 계열을 나누고 있는 점이 특징적인데, 심 봉사에 대한 시각의 차이가 심 봉사를 지칭하는 명칭으로 간명히 드러날 수 있다고 할 때, <심청전>에서 심 봉사를 어떻게 보는가는 <심청전>의 주제 변화와 밀접한 관련이 있을 것으로 추측할 수 있다. 서유경의 논문에서도 심청은 변함없는 효녀로서 그려지는 데 비하여, 심 봉사의 인물 형상은 파격적이라 할 만큼 다양한 변화를 보임을 지적하였다.[22]

이처럼 심 봉사라는 인물의 형상은 <심청전>의 향유자들이 개입하여

20) 서유경의 논문 중, '주제 수용의 다양화'란 절에서 집중적으로 논하고 있는 것은 란 <심청전>을 다시 쓴 텍스트의 주제가 아니라, 필사본의 말미에 덧붙은 필자자의 附記일 뿐이다.

21) 서유경, 앞의 글, 18면.

22) 서유경, 앞의 글, 86~92면 참조.

변개시킬 만한 여지를 남기고 있으며, 이본군을 범주화할 만큼 텍스트의 의미화 과정에서 주요한 지표 역할을 했던 것이다. 문장체 <심청전>에서 판소리체 <심청전>으로 넘어오면서 심 봉사가 중심 인물이 되는 경향이 확인되는데, 이는 <심청전> 이본사의 큰 흐름이기도 하다.[23] 판소리체 <심청전>은 문장체 <심청전>에서 확연하던 적강 화소(謫降話素)를 약화시키는 등 심 봉사를 세속적이고 이기적인 현세적 인물로 그려내었으며, 필사본의 흐름에서도 점차 심봉사의 골계적인 형상이 강화되는 경향을 확인할 수 있다.[24]

심 봉사의 형상이 전승사에서 주요한 지표로 작용할 수 있다면, 심 봉사라는 인물 형상과 텍스트의 주제는 어떤 관련이 있을지 알아 볼 필요가 있다. 과거 텍스트와의 만남은 다름 아닌 텍스트의 주제를 중심으로 이루어지며, 텍스트 해석자들이 주제에 대한 반응의 결과로 만들어 낸 것이 이본이라고 할 때, 텍스트의 서술이나 텍스트 안의 존재물들을 서사학적로 분석하더라도 근본적인 관심인 주제와의 관련성을 간과해서는 안 되기 때문이다.

<심청전>의 주제는 대다수 연구자들이 자명하게 생각하는 '효'이다. 그런데 <심청전>의 주제를 '효'라고만 설명하기에는 부족함이 남는데, 그 이유는 '효'란 과연 무엇인가라는 문제를 다시 제기하기 때문이다. 대부분의 <심청전> 이본이 아버지를 위한 심청의 희생과 심 봉사의 개안이라는 큰 서사 구조를 공유하기에 <심청전>의 주제를 좀더 상세하게 '아버지의 눈을 뜨게 하기 위하여 행하는 자식의 희생'이라고 정리해 보자. 텍스트를 해석하기 위한 일차적인 작업이 그 텍스트가 행하였던 질문을 복원하는 데 있다면, <심청전>군의 텍스트들은 '아버지의 눈을 뜨게 하기 위하여 자식이 희생하는 것이 바람직한가?'라는 질문을 하고 있는 것이며, 각편은 이 질문에 대한 자신의 응답을 주제로서 갖고 있는

---

23) 성현경, 「<심청전>론(2)-판소리문학으로서의 <심청전>」, 『한국옛소설론』, 새문사, 1995.

24) 김영수, 앞의 글, 344~345면 참조.

것이라 할 수 있다.

심청이 희생한 결과 심 봉사가 개안(開眼)하였다는 인과적 구조를 취한 거의 대부분의 이본은 그 질문에 대하여 '그렇다'라는 응답을 하고 있는 것이라 볼 수 있다. <심청전>의 전승이 孝라는 도덕률을 이념적으로 강화하는 방향으로 진행되었으니, 효를 당위(當爲)로 수용하는 흐름으로 이본사가 전개되었다고 보는 것도 일견 타당하다. 그런데 심 봉사가 후대로 내려올수록 희화화되고 세속화되는 방향으로 이본사가 진행되는 현상은 자못 흥미롭다. <심청전> 전승사에서 비교적 후대의 이본에서 심 봉사가 목욕 후 의관을 구걸하는 장면이나 방앗간에서 여인들과 외설적인 대화를 나누는 장면이 삽입되는 등 심 봉사를 우스꽝스럽게 그려내는 현상이 나타나기도 하는데, 이런 현상이 교조화되는 孝와 어떤 관련을 가질 수 있을까 궁금해진다.

우선 심 봉사의 희화화와 세속화를 주제의 교조화와 밀접한 관련이 있는 것으로도 볼 수 있는데, 그 까닭은 '어떤 부모이건 사식은 부모를 위해 희생해야 한다'라고 해석될 수 있기 때문이다. 그러나 <심청전>의 기본적인 이야기 틀을 유지한 채 심 봉사를 용렬한 인간으로 그려내는 것은 '저런 인간을 위해 목숨을 바친 심청의 희생이 어떤 가치가 있는가'를 드러내기도 한다. 심 봉사는 <심청전>의 등장 인물이기 이전에 <심청전>의 향유자들이 자신이 처한 현실을 투사하는 하나의 매개라고 할 수 있다. 다시 말하면, 인륜적 가치를 둘러싼 현실이 심 봉사라는 문학적 매개를 통해 반영된 것이다.[25] 그러니까 점차 인륜적 가치의 진정성이 빛을 바래가는 현실이 심 봉사의 세속화·희화화로 나타나는 것으로 이해해 보자. 이 같은 관점에서 <심청전>의 이본사는 孝라는 삶의 의미와 가치를 당대적 현실 속에서 탐구해 온 과정의 역사라고 할 수 있다.

---

25) 정운채 역시 심 봉사를 현실의 문화가 표상된 결과로 이해하였다. 한편 그는 심청을 소망의 문화의 표상물로 보았다. 그 결과 심 봉사와 심청은 본질적으로 대립 관계에 놓여 있다고 논하였다. 정운채, 「<심청전>의 구조적 특성과 심청의 효성에 대한 문화론적 고찰」, 『고전산문교육의 이론』(이상익 외), 집문당, 2000.

이 연구에서는 이처럼 <심청전> 전승의 동력이 <심청전>의 주제에 있다고 보고, 주제론적인 관심 아래 채만식의 개작 텍스트를 검토할 것이다. 채만식의 <심청전> 개작 텍스트는 이본(異本)과는 다른, 근대적 문학 제도 안에서 생산된 것이기에 <심청전> 이본사에 포괄될 수 있는 텍스트라고 할 수는 없다. 채만식이 비록 유년기에 고전소설 향유 문화를 접할 수 있었다고 하여도 채만식은 근대 소설 작가라는 직업인으로서 소설을 쓴 것이기에 채만식의 텍스트는 근대 소설 영역에 속한 것이지 결코 <심청전> 이본사를 계승한 산물이 될 수 없기 때문이다. 그러나 문학 향유 방식이 달라졌다고 하더라도 과거의 문학은 독자에게 해석, 즉 텍스트의 의미에 동참하기를 권하며 해석자는 텍스트와 더불어 공동의 의미 생산 과정에 참여한다. 그 과정에서 과거의 텍스트와 해석자를 매개해 주는 것은 텍스트가 전승된 맥락, 즉 전통이며, 이는 해석자에게 일종의 선이해로 작용하는 것이다. 따라서 이본사는 <심청전> 텍스트의 전승의 맥락으로서 채만식을 포함한 당시의 사람들에게 주어진 '편견'이 될 수 있다. 이와 같은 의미에서 채만식의 개작 텍스트를 이본사와 관련하여 이해하는 것이 타당하다고 여겨진다. 다음 절에서는 채만식의 개작 텍스트 분석을 통해 <沈봉사>가 <심청전>에 대해 갖고 있었던 물음을 재구하고, <沈봉사>가 행한 응답을 살펴 그 의미를 밝히고자 한다.

4. <심청전>의 '물음'과 <沈봉사>의 '응답': <沈봉사>의 의미 변용 양상

이 글에서는 채만식이 <심청전>을 읽고 그것을 다시 쓰는 행위를 개인적인 의미화 실천을 넘어 사회적이며 집단적인 성격의 것으로 파악하려 한다. 우선 채만식이 <심청전>을 읽고 쓴 것은 채만식 당대에 주어진 지평, 즉 <심청전>의 전통 안에서 행한 일이었기에 채만식 개인의 '작가 의식'만은 설명될 수 없는 전통을 전제로 한다. 한편, 개인의 체험

세계를 넘어 주어진 근대의 세계 질서 내에 존재하는 행위자로서 채만식은 근대라는 상황 제약적인 조건을 넘어서지 못한다. 이처럼 근대라는 개작 상황의 조건은 개작자가 대상에 의미를 투사하는 바탕으로서 또 다른 지평으로 존재한다. 전승된 문화라는 지평과 동시대의 문화라는 지평은 개작 실천을 통해 융합되는데, 그 결과는 순수한 과거 문화의 온전한 이해도 아니며, 현재적 상황의 투사만도 아닌 대화의 산물이라 할 수 있다. 즉, 개작 텍스트는 타자에 대한 이해와 자기 이해가 지양되는 동시에 진행되는 변증법적인 대화의 결과물이라는 것이다.

앞서 이 대화가 물음과 응답의 구도를 갖는다고 언급하였는데, 이 구도를 좀더 상세히 설명하면 다음과 같다. 전승되는 <심청전>의 전통은 효라는 주제를 지속적으로 탐구하여 왔으며, 항존적인 삶의 문제로서 효는 어느 시기를 살아가고 있는 사람에게나 응답을 요구하고 있다. 만약에 어떤 개작 텍스트가 전승사에서 중시되어 왔던 문제를 비껴가면서 완전히 새로운 동시대의 관점을 투사(投射)한다고 한다면, 이는 전통의 응답에 대한 답변이 아니며, 전승되는 의미형성 과정에 참여하는 것도 아니다.[26] 따라서 전승된 텍스트가 말하고 있는 바, 다시 말하면 주제에 대한 천착과 주제적 의미에 대한 참여가 이루어지느냐, 그렇지 않느냐를 준거로 삼아 교육적으로 유용한 작품과 그렇지 않은 작품을 구별해야 할 필요가 있다. 채만식의 개작 텍스트는 근대라는 세계 지평에서 전통적인 효가 어떤 의미와 가치를 갖는가를 탐구하며 의미의 전승 과정 안에 자리를 잡는다. 이렇게 주제적 전통 안에서 과거의 텍스트가 던지는 물음을 파악하고, 자기 이해에 기반하여 그 물음에 응답하는 개작 텍스

26) 예컨대 이남희의 <허생의 처> 같은 경우, <허생전>에 페미니즘적인 새로운 관점을 투사한 것이다. 이러한 작품 역시 패러디 텍스트라고 할 수 있지만, 전통문화의 형성에 기여하는 것은 아니다. 이 경우, 작자가 어떤 의식을 투사하여 과거의 작품을 새로 썼는가에 대해 관심을 가질 수 있으나, 전통문화에 참여하게 하는 목표를 가진 고전문학교육의 입장에서는 그리 중요하게 취급되지 않을 수 있다. 문학성은 논외로 하더라도 교육적 입장에서 유용한 작품과 그렇지 못한 작품의 구별은 있어야 하기 때문이다.

트 생산의 구조는 해석의 대화적인 성격을 잘 드러내주고 있다.

전승사적인 관점에서 <심청전>의 개작 텍스트를 살필 때의 관심은 채만식이라는 근대적 작가가 <심청전>을 텍스트 차원에서 얼마나 변화시켰으며, 그것이 얼마나 새로운가보다는 채만식이라는 전승 주체가 <심청전>의 전승되는 의미와 맺는 관계에 집중된다. 이를 위해 이 장에서는 <沈봉사>가, 전승된 <심청전>의 주제적 의미를 변용한 양상을 개작자 당대의 지평과 맺는 관련성을 중심으로 '초현실적 세계의 상실', '심 봉사의 세속화', '비극으로의 전화'로 나누어 고찰할 것이다.

1) 초현실적 세계의 상실

채만식의 개작 텍스트에서 가장 두드러지게 보이는 것은 심청이 용궁에 갔다가 왕후가 되어 돌아오는 내용을 삭제한 것이다. 이는 두 편의 완결된 희곡, <沈봉사>에서 모두 공통적이다. 심청의 희생과 심 봉사의 개안이 <심청전>을 지탱하는 두 축이라면 <沈봉사> 역시 이러한 틀을 유지한다. 그러나 <沈봉사>의 경우, 심청이 희생하였으나 천은으로 살아나 왕후가 된다는 설정과, 심 봉사가 개안한 후, 심청이와 함께 행복하게 살았다는 결말이 없는데, 이는 실로 채만식이 말한 바대로 "초현실적인 힘"[27]을 제거한 데서 말미암는다. 채만식이 언급한 '초현실적인 힘'이 주로 작용하는 곳은 심청이 인당수에 빠진 후, 용궁에 거하다가 연꽃을 통해 다시 세상으로 나와 왕후가 되는 부분이다. 하늘이 심청의 효성에 감응하여 심청을 살려주고, 그를 복되게 한다는 인과적인 설정은

---

27) <沈봉사>(1936)의 부기(附記), 『채만식전집』 9, 부기의 전체 내용은 다음과 같다. "이것을 각색함에 있어서 첫째 제호를 <沈봉사>라고 한 것, 또 <심청전>의 커다란 低流가 되어 있는 불교의 '눈에 아니 보이는 힘'을 완전히 말살 무시한 것, 그리고 특히 재래 <심청전>의 전통으로 보아 너무도 대담하게 결막을 지은 것 등에 대해서는 필자로서 충분한 석명이 있어야 할 것이나 그러한 기회가 앞으로 있을 것을 믿고 여기서는 생략하고 다만 아무런 이유도 없이 그러한 태도로 집필을 한 것은 아닌 것만을 말해둔다." 창작과비평사, 1989, 101면. 앞으로 본문에 인용된 면수는 이 전집의 면수임을 밝힌다.

<심청전>의 전통이 지속적으로 이어오고 있는 바이다. 인과율을 중시하는 현재의 관점에서 보자면, 이러한 설정은 초현실적이고 우연적인 것이라고 할 수 있겠지만, 당대의 <심청전> 수용자들에게는 다른 의미로 받아들여졌을 것이라 생각할 수 있다.

전통 사회의 <심청전> 수용자들은 지극한 인간의 효성에 하늘이 감응하여 인간에게 복을 내린다는 것을 기꺼이 믿었다. 이러한 믿음은 용궁의 실재성(實在性)을 놓고, 현실적이냐, 초현실적이냐를 따지는 차원을 넘어서 있는 것이다. 즉, 지시 대상과 반영성을 중심에 두는 단순한 리얼리즘을 초월하는 문제라는 것이다. 인간의 정성에 대한 하늘의 감응을 믿었던 사람들에게는 눈에 보이는 감각적인 세계를 초월할 수 있었던 능력이 있었으므며, 그들에게 용궁이 실재하는가, 옥황상제가 실제로 있는가 하는 것은 그리 중요하지 않았을 것이라 상상할 수 있다. 초월적인 힘의 보살핌이라는 믿음이 심청을 다시 살려 용궁으로 보낸 '옥황상제'나 바닷속에서 심청이 기거한 '용궁'을 통해 구체화되었을 뿐이다.

이렇게 보는 것은 인과 관계를 사건과 사건의 연쇄적인 관계가 아니라 그 관계를 느끼는 주체를 설정한 데에서 비롯된다. 이어지는 사건을 자족적 연쇄로 파악하는 대신 사건(ⓐ)와 사건(ⓑ)를 연관된 것으로 느끼는 주체(ⓢ)라는 제3의 항을 하나 삽입해보자. 주체(ⓢ)는 자족적인 사건의 연쇄를 그저 지켜보는 방관자가 아니라 어떤 행동의 필요성을 느끼고, 자신의 상황에 따라 사건에서 읽어내는 바가 다를 수 있는 '실천자'이다. 이러한 구도는 『주자의 자연학』에서 야마다 케이지가 츠엉 이츠우안(程伊川)의 만물의 존재 원리인 작용[感]과 반응[應] 논의를 해석하면서 설정한 것이다.[28)]

그는 다음과 같이 설명한다. 주체(ⓢ)가 사건(ⓐ)의 정보에서 사건(ⓑ)를 읽고, 또 그럴 때 사건(ⓑ)가 일어났다고 하자. 이 때 사건(ⓐ)와 사건(ⓑ)의 관계가 바로 感應이라는 것이다. 예를 들어 어떤 위정자가 포악한

28) 야마다 케이지(山田慶兒), 김석근 역, 『朱子의 自然學』, 통나무, 1996, 75~78면 참조.

정치를 하고 있다고 치자. 그 때 마침 가뭄이나 홍수와 같은 재앙이 있어났다고 하자. 사람들은 재앙에서 악정에 대한 하늘의 노여움을 읽어내어 반란을 정당화한다. 이 때 위정자가 포악한 정치를 하고 있는 것(ⓐ)과 가뭄이나 홍수와 같은 재앙(ⓑ)은 感應의 관계에 놓여 있다. 사건(ⓐ)와 사건(ⓑ)가 자기 완결적인 인과성으로 연결되는 것이 아니라 반란을 꿈꾸며 악정에서 의미를 읽어내는 주체의 존재로 인하여 감응 관계로 정립되는 것이다.

<심청전>의 전통에서 심청의 효행은 자기완결적인 연쇄 관계에 의해 초현실적 힘에 의한 보상으로 연결되지 않는다. 즉, 인과율로는 해명할 수 없는 관계라는 것이다. 그러나 심청의 효행과 초현실적 힘에 의한 보상 사이에 둘의 관계를 필연적이라고 믿는 주체를 설정할 때, 이 둘은 감응 관계로 정립되는 것이다. 심청의 효성에 대해 초자연적 힘에 의한 보상이 행해질 수 있었던 서사의 전개는 전통 사회의 <심청전> 향유자들이 그럴듯하다고 여기거나 마땅하다고 생각하였던 것으로서 근대적 의미의, 주체의 개입이 없는 자명한 인과율의 산물이 아니다. 오히려 이와 같은 서사의 전개는 향유자들의 세계에 대한 믿음이 반영된 산물로서 감응 관계로서 이어지는 것이다.

그렇지만 채만식의 속한 세계는 이 감응 관계가 성립되지 못하는데 그 이유는 초현실적 세계가 실제로 존재하지 않음이 밝혀지거나 증명할 수 없기에 과학적 관심 밖으로 밀려나서라기보다는 더 이상 인간의 선행과 초현실적 힘에 의한 보상을 감응 관계로 느끼지 않는 합리적 주체의 등장과 밀접한 관련이 있다. 이렇게 채만식이 '초현실적인 힘'을 제거하는 것은 채만식의 작가 의식의 소산이라기보다는 실재하는 세계 너머의 세계를 볼 수 없고, 관계를 지을 수 없었던 근대인의 지평에서 비롯된 결과이다. 즉, 채만식이 살고 있는 세계는 초현실적인 믿음이 설 자리를 잃은 철저히 세속화된 세계이며, 관찰될 수 없고, 감각할 수 없는 대상은 계산가능성, 환금성(換金性)이 없음으로 인해 버려지는 세계이다. 그러한 세계에서 채만식은 근대적 주체의 관점에서 '초월적인 힘'을 제

거하여 <심청전>을 근대 문학으로 다시 쓰면서 지평 융합을 시도하고 있는 것이라 할 수 있다.

2) 심봉사의 세속화

채만식의 개작 텍스트에서 심 봉사가 어떻게 형상화되는가 하는 것은 심 봉사가 세속화되어 왔던 <심청전>의 전승사에서 유의미한 문제가 될 수 있다. 이는 심 봉사가 왜 눈을 뜨려 하는가의 문제와도 밀접한 관련이 있다. 세 작품 모두 심 봉사는 눈을 떠서 과거를 보겠다는 욕망을 갖고 있음을 확인할 수 있다. 우선 가장 먼저 쓰여진 <沈봉사>(1936)에서는 심 봉사의 출세욕이 공양미 삼백 석을 약속한 후 드러난다.

> 심봉사 (독백) 눈을 뜬다? 눈을 떠? 흐흐 근 사십 년 앞을 못 보고 고생하던 눈을 다시 뜬다 눈을 뜨고 광명을 다시 본다. 흐흐흐흐, 어이구 인제는 살었다. 우리 어여쁜 심청이 얼굴노 볼 수 있으렷다. 시방처럼 손으로 만져보지 않고 뜬 눈으로 본단 말이지, 흐흐 가만 있자. 내가 그해에 과거를 보러 서울로 가려다가 눈병이 나서 못 가고는 영영 눈이 멀었겠다. 응, 그러면 눈을 떠가지고 다시 과거를 본단 말이야. 과거를 보아서 장원급제를 해서 귀히 되어가지고 우리 딸 심청이도 호강을 시켜 주고 오옳지, 불쌍하게 죽은 우리 마누라 무덤 앞에 비도 해 세우고, 그러고 이 동리 사람들한테는 모다 제각기 소원대로 무엇 시켜 주어야지. 응응 눈을 뜨게 될 거야. (…)
>
> –<沈봉사>(1936), 59면.

한편, 소설 <沈봉사>(1944~1945)에서는 몰락한 양반인 심학규 집안을 서술하면서 심 봉사의 과거를 향한 염원이 얼마나 뿌리 깊은 것인가를 드러낸다. 소설에서는 서술자의 직접 진술로 다음과 같이 심 봉사의 욕망을 서술한다.

그래저래, 하루 한시도 마음 가운데 떠나지 아니하고 간절한 원념은 '어서 제발, 눈을 떴으면……' 하는 것이었다.

눈을 뜨면, 눈을 뜨는 그것이, 다시 광명을 보는 그것이 우선 기쁨이야 물론이었다. 눈을 뜨는 그날부터 하다못해 동네 아이들을 모아 훈장질을 하더라도, 아낙으로 하여금 그렇듯 체모 아닌 고생을 아니 시키겠으니 오죽이나 떳떳하여 좋은 일인고. 다시 과거를 보아 급제를 하고……. 눈을 떠 광명을 보고, 아낙을 내어놓아 품을 팔아다 구복을 도모하던 창피를 면하고 한다는 것만 하여도 크기 아니한 바 아니나, 진정 심학규의 더 곡진한 욕망은 과거를 본다는 데 있었다.

'눈을 떠, 과거를 보아, 급제, 벼슬, 승차, 또 승차, 몸의 영달과 빛나는 가문, 네 대 만에 비로소 풀리는 유한. 지하에서 안심하실 선영 제위…….'

–<沈봉사>(1944~1945), 171면.

이렇게 채만식의 심 봉사는 과거를 통해 출세할 욕망을 강하게 가지고 있는 존재이다. 전통적인 <심청전>에서는 심 봉사가 눈을 뜨기를 바라는 존재였지 이토록 강한 세속적 욕망의 소유자로 나타난 적은 없었다. 그러나 <沈봉사>는 심 봉사를 과거를 보고 출세하는 것을 생의 목표로 상정하고 있는 인물로 그리는데 마지막으로 쓰여진 <沈봉사>(1947)에서는 극의 첫머리부터 맹자를 읽으며 과거를 볼 걱정을 하는 심 봉사를 제시한다.

심봉사 (방에서) 허어 또 잊었구나 또 잊었어! 이 일을 어떡헌단 말인고. 이렇게 잊어버리다가는 요행 눈을 뜨기로소니 무슨 수로 과거를 보드란 말인고, 무슨 수로. (間) 천하지부조묘장자ㅣ 과의니, 천하지부조묘장자ㅣ 과의니, 그러구는 그 댐이 무어드라만서두, 천하지부조묘장자ㅣ 과의니, 과의니, 종시 생각이 아니나. (間) <맹자> 한권을 가지구 잊어버리는 대문이 이대지두 많으니 어허뿔싸 내 일이 크게 낭패가 아닌가. (…)

–<沈봉사>(1947), 172면.

<沈봉사>(1947)에서 심 봉사는 탁발승의 눈을 뜨게 된다는 약속에 다음과 같이 생각하기도 한다.

> 심봉사 (신이 나서) 흐흐 눈을 뜬단 말이렷다. 눈을, 수십 년 만에 눈을 도루 뜬단 말이렷다 흐흐. 번쩍 눈을 떠 광명천지를 다시 보아 흐흐. 과거를 보아 급제를 해 벼슬을 해. 늦게나마 영광을 누려. 조상과 가문을 빛내어 흐흐. (어깨를 들썩들썩) 얼씨구 좋다 흐흐. (…)
>
> –<沈봉사>(1947), 178면.

이렇게 심 봉사는 눈을 뜨는 것을 곧 과거를 보아 출세하는 것으로 생각하는데, 심 봉사의 이런 면모는 심 봉사의 세속화와도 밀접한 관련이 있다. 심 봉사의 세속화는 <심청전>의 전통이 보여주는 변모 양상이기도 하다. 그런데 전통적인 세속화 양상은 심 봉사가 뺑덕 어미를 만나는 데에서부터 시작하는 데 비해 세 편의 <沈봉사>는 세속화된 심 봉사를 그가 애초에 출세지향적 인물이라는 데에서부터 발견한다. 그렇지만 입신양명(立身揚名)을 지상 과제로 생각하는 이는 전근대 사회에도 있었을 것이기에 근대적 개작 텍스트에서만 특징적인 현상을 아닐 것이라 생각된다. 따라서 이 문제를 좀더 섬세하게 관찰해야 할 필요성이 있는데, 심 봉사의 출세지향적 욕망 자체보다는 그것과 교환가능한 등가물로서 상정되는 것을 함께 살펴야 할 것이다.

만약 심 봉사가 출세지향적 욕망을 강하게 갖고 있는 사람이 아니었더라면, 심청의 희생은 더욱 숭고할 수 있었을 것이다. 왜냐하면 심청의 희생은 부모를 위한 절대적 희생, 혹은 모친이 없는 상태에서 자신을 위해 젖동냥을 하러 다닌 맹인 아비를 위한 報恩의 의미를 갖기 때문이다. 그러나 <沈봉사>에서 심청이는 심 봉사의 욕망을 충족시키기 위해 자신의 목숨을 대가로 치른다. 이 경우, 심청의 생명은 심 봉사의 욕망과 교환가능한 등가물이 되는 것이다. 또 <沈봉사>(1947)에서는 심청의 목

숨뿐 아니라 사랑마저도 심 봉사의 욕망과 등치될 수 있는 대상으로 등장하는 것을 볼 수 있다.[29]

채만식의 <沈봉사>에서 심청의 효성이나 애정은 심 봉사의 출세지향적 욕망의 수단이 되는데, 그러한 과정은 자본주의라는 근대적 세계에서 인간적 가치들이 처한 상황과 닮아있다. 제임슨은 목적이 수량화되고, 화폐라는 매체를 통해, 즉 각각의 가격이나 수단을 통해 추상적으로 비교할 수 있게 된 자본주의 사회에서는 그 자체로 질적인 가치를 갖는 것은 존재하지 않으며, 사용될 수 있는 경우에 한해서만 가치를 갖는다고 설명한다.[30] 그의 설명에 따르면, 심청의 효행은 그 자체를 통해 얻는 고유한 내재적인 만족을 잃고 심 봉사의 출세를 위한 과정에 기여하는 수단적인 가치만을 갖는 것으로 이해될 수 있다. 이러한 맥락에서 채만식의 개작 텍스트의 제목이 왜 <심청전>이 아니라 <沈봉사>인지 설명이 된다. 심청이 보여주는 인간적인 가치들이 심 봉사에 의해서, 더 정확히 말하자면, 심 봉사의 욕망에 의해서 수단화되는 것이 개작자가 서 있는 지평의 실상이기 때문이다.

3) 비극으로의 전화(轉化)

채만식의 <沈봉사>는 <심청전>의 행복한 결말을 불행한 결말로 바꾸어 놓았다. 결말 부분이 존재하는 두 <沈봉사>(1936, 1947)의 끝은 심 봉사가 심청을 보기 위해 뜬 눈을 자신의 손으로 찔러 피를 흘리는 내용으로 구성되어 있다. 희곡 <沈봉사>(1936)에서 장 승상 부인의 얘기를 전해들은 왕후는 장 승상 부인과 함께 심청의 효성을 의미 있게 할 계책을 꾸민다. 즉 왕후가 마침 해변을 순어하다가 심청을 구해준 것으로 입을 맞추고, 한 번도 자식을 본 적이 없을 심 봉사가 궁녀를 심청이로 오

29) <심봉사>에서는 심청의 사랑이라는 새로운 화소가 삽입되어 있는데, 심청의 연인인 송달은 심청에게 부모를 위한 자기 희생은 결코 효가 아님을 설득하기도 하지만 결국 심청의 의지를 꺾지 못하고 좌절하는 인물로 등장한다.

30) F. 제임슨, 「대중문화에서의 물화와 유토피아」, *Signatures of the Visible*, 남인영 역, 『보이는 것의 날인』, 한나래, 2003, 29면.

인하도록 한다. 그러나 궁녀는 갑자기 눈을 뜬 심 봉사를 보고, "아이구 머니 숭축해라"라고 놀라며 어설프게 심청을 연기한다. 장 승상 부인이 사태를 무마하려, "원 어쩌면. 몽운사 부처님의 영험이 인제야 발현했나 보우. 그것도 다 심청이가 죽은 정성이지요."라고 하지만 심 봉사는 그 말을 통해 심청이 이미 죽었음을 확신한다. 그러고나서 심 봉사는 "아이구 이놈의 눈구먹! 딸을 잡어 먹은 놈의 눈구먹! 아주 눈알맹이째 빠져 버려라."하며 자신의 눈을 아예 멀게 하였다. <沈봉사>(1947)에서는 심청의 연인이었던 송달을 짝사랑하는 홍녀라는 인물이 계책을 꾸민다. 계책인즉슨 자신이 심청 역할을 자청하며, 심청이가 되어 송달과 결혼하여 심 봉사를 모시고 사는 것이다. 그러나 홍녀 얼굴의 마마 자국으로 인하여 이내 심 봉사는 심청이 죽었음을 깨닫고 절망하며, "이 눈구멍 때문에 자식을 죽여? 천하를 주어두 아니 바꿀 내 자식을. 우리 청이를 생으루 죽여? 응응? 이 원수의 눈구멍"하면서 역시 자신의 눈을 찌른다.

이렇게 자신의 눈을 스스로 멀게 하는 심 봉사의 행위는 그리스 고전 비극인 <오이디푸스>의 결말을 연상시킨다. 그러나 이미 비속해진 심 봉사라는 개인은 진실을 추구하려는 오이디푸스와 같이 도덕적 추진력을 가진 영웅이 아니라 단지 세계의 비극성을 드러내는 희생자일 뿐이다. 이렇게 고전적인 비극의 조건에 부합하지 않는다고 하여 <沈봉사>를 비극이 아니라고는 말할 수 없다.[31] 심 봉사가 비록 세속적 욕망에 구속당하는 속화된 인물이며, 행위의 도덕적 추동력이 없는 인물일지라도 자식을 죽이고 두 눈마저 잃게 된 그의 사연은 비극적이라고 할 수 있다. 그러나 그에게 일어난 일련의 비극적 사건들을 개인적인 불운이거나 성격적인 오류에서 비롯된 결과로 이해하지 않기 위해서는 시대적인 보편성으로 확장시켜 그 의미를 정초하는 논의가 필요할 것이다. 이러한

31) 윌리암스는 현대 비극에 대한 논의를 이론적 전통을 갖고 있는 비극론에서 시작하지 않고, 비극적이라고 부르는 현대적 경험으로부터 시작한다(R. 윌리암스, *Modern Tragedy*, 임순희 역, 『현대비극론』, 학민사, 1983, 16면). 이 연구도 이와 같은 관점에서 심 봉사의 고통을 비극이라고 파악하며, 현대적 경험과의 관련성 아래 논할 것이다.

맥락에서 앞서 설명한 <沈봉사>의 의미 전환을 다시 활용하여 <沈봉사>의 비극이 초래된 원인과 의미를 밝히겠다.

앞서 서술하였다시피 전승된 <심청전>에서 용왕에 의해 부활하여 왕후가 된 심청이 아버지를 위해 연 맹인 잔치에서 심 봉사가 눈을 뜨게 되면서 심청의 효성은 지극한 보상을 받는다. 용왕도 부처님도 국왕도 모두 심청의 효에 탄복하고 감동하여 심청과 심 봉사의 소망을 실현시켜 주었다. 이렇게 심청의 효가 보상 받는 세계는 하늘과 인간 사회, 개인이 같은 우주적 질서에 속해 인륜성을 실현하는 공간이다. 그러나 <심청전>이 <沈봉사>로 다시 쓰여진 근대적 세계는 천도(天道)를 잃어버렸으며, 사회 역시 도가 지배하는 인륜적 질서를 상실하였다. 인간 관계 역시 도보다는 호혜적인 계약과 이해 관계가 우선시 된다. 이렇게 세계는 '탈주술화'[32)]된 것이다. 이러한 세계를 자신의 지평으로 갖고 있는 개작자는 심청의 효에 대한 확실한 보상이 기다리는 인륜성이 구현되는 삶을 더 이상 믿지 못한다. 심청은 아비의 눈을 뜨게 하기 위해 죽지만 더 이상 초현실적 세계와의 감응(感應) 관계를 형성하지 못하고 심 봉사는 천도와 인륜이 사라진 세계에 대해 절망할 뿐이다.

또 심 봉사의 비극은 세속적인 욕망을 위한 행위가 자신을 아끼는 사람들과 자신을 파멸시키며, 효성과 애정 같은 인간적인 가치를 파괴한다는 점에서 찾을 수 있다. 그런데 욕망은 자본주의 시대에 이르러 탄생한, 혹은 새롭게 발견된 것이라고는 할 수 없다. 유학에서도 인간의 기본적인 욕망인 식욕과 색욕을 긍정하였다.[33)] 그렇지만 공자는 그 욕망이 '만

---

32) M. 베버는 '탈주술화'를 다음과 같이 설명하였다. "(…) 모든 사물은-원칙적으로는-계산을 통해 지배할 수 있다는 것을 (우리들이) 알고 있거나 그렇게 믿고 있다는 것을 뜻합니다. 그런데 이것은 세계의 탈주술화(Entzauberung der Welt)를 뜻합니다. 그러한 (신비하고 계산할 수 없는) 힘의 존재를 믿은 미개인처럼, 정령을 지배하거나 간원(懇願)해서 그 마음을 움직이기 위해 이제는 더 이상 주술적인 수단에 호소할 필요가 없습니다. 오히려 기술적인 수단과 계산이 그것을 성취합니다. 무엇보다도 이것이 주지주의화 자체를 뜻합니다." M. 베버, *Wissenschaft als Beruf*, 이상률 역, 『직업으로서의 학문』, 문예출판사, 1994, 27면.

33) 식욕과 성욕은 본성이다(食色 性也), <孟子>, 告子章.

인(萬人)에 대한 만인의 투쟁'으로 나아가지 않게 하기 위한 사회적 기제의 필요성도 절실히 인식하였기에 그토록 예교(禮教)를 강조한 것이다.[34] 심 봉사가 세속화되면서 그의 출세지향적 욕망이 두드러지긴 하였으나 중요한 것은 욕망 자체의 세속성이 아니라 그 욕망이 자신을 실현시키기 위해 움직이는 기제라고 할 수 있다.

심 봉사의 출세지향적 욕망은 자기를 실현하는 과정에서 처와 자식을 대상으로 삼았다. 곽씨 부인의 죽음을 주 내용으로 하는 소설(1944~1945)의 장 제목부터 '슬픈 代償'이라고 하여 개작자 자신도 주변 사람의 희생이 욕망의 대상적 속성이 있음을 분명히 드러내었다. 이 소설은 미완의 작품이지만, 곽씨 부인의 병으로 인한 죽음마저도 욕망의 희생물로서 의미가 있을진대 심청의 죽음은 그보다 더 비극적인 욕망의 희생물이 되었을 것임을 짐작할 수 있다. 그뿐 아니라 심 봉사가 자신의 눈을 찌른 것도 욕망의 대상적(代償的)인 속성이 있다. 즉, 욕망의 소유자인 심 봉사 자신도 자기 욕망에 휘둘려버리는 희생자라는 것이다. 이렇게 대상의 질을 문제 삼지 않고 무차별적으로 자신의 실현을 위한 수단으로 삼아버리는 욕망은 개작자가 속한 당대의 지평에서 비롯한 근대적인 성격의 것이다. 그리고 이 욕망의 비극성은 그것을 추구하는 자나 그를 도와주는 사람들이 욕망의 자기 실현 과정에서 욕망의 수단이자 희생물이 된다는 데 있다.

고전적인 의미에서 비극의 주인공은 어느 곳 하나 나무랄 데 없는 비범한 영웅이지만 단 한 가지 결함[35]을 가지고 있다. 이 결함은 장점이 되기도 하지만 이로 인해 결정적인 비극이 초래된다. 속속들이 진실을 알고자 하는 오만한 호기심으로 인하여 오이디푸스는 자신이 아버지를

34) 사람의 욕구가 윤리와 정치를 해치지 않으려면 예에 따라야 한다. 그렇게 함으로써 마음 속의 나쁜 요소를 자극하는 것을 막을 수 있었다. 그래서 공자는 "예가 아니면 보지 말고, 예가 아니면 듣지 말고, 예가 아니면 행하지 말라"(非禮勿視, 非禮勿聽, 非禮勿言, 非禮勿動, <論語・顔淵>)고 했던 것이다.

35) 아리스토텔레스는 이를 가리켜 '하르마티아(harmatia)'라고 칭하였다. 아리스토텔레스, 손명현 역, 『시학』, 박영사, 1960.

죽이고 어머니와 결혼한 죄인임을 깨달았으며, 오델로는 자신도 통제하지 못하는 격정으로 인해 사랑하는 데스데모나의 정절을 의심하고, 결국 그녀를 자신의 손으로 죽이게 된다. 이렇게 주인공은 비극적인 파국을 맞지만 한 영웅의 파멸로 인해 세계는 다시 옛 질서를 되찾는다. 즉, 비극의 끝은 주인공의 파멸인 것 같지만, 실은 그로부터 생겨나는 "물리적이거나 정신적인 어떤 새로운 힘의 분배"36)로서 그렇게 많은 고통 뒤에, 또 그렇게 중요한 죽음 뒤에 삶이 다시 회귀하여, 그 의미가 재확인되고 회복된다는 것이다.37)

한편 심 봉사라는 비속한 인물이 처한 비극은 고전적인 비극과 달리 심 봉사의 성격적 결함에서 연유한 것은 아니다. 그것은 개인이 자신의 행복을 위해 욕망을 실현시키는 과정에서 자신의 소중한 주변과 자신마저 파멸시키고 마는 현실에서 발생된다. 이 현실은 더 이상 인륜적 가치를 갖고 있지 않으며, 오히려 인륜적 가치를 추구하는 심청과 같은 인물이 욕망의 수단으로 전락하는 세계이다. 이렇게 개인과 그가 속한 세계가 어긋나고 충돌하는 교착 상태에 빠져버렸음을 드러내는 것이 <沈봉사>의 비극성의 효과라고 할 수 있다.

5. 결론

세 편의 <沈봉사>로 <심청전>을 다시 쓰면서 개작자는 근대 세계에서 인륜적 가치인 효는 어떤 의미를 갖는지 드러내었다. 앞서 살펴보았듯이 <심청전>은 세속화의 길을 걸어왔으며, 그 증거는 심 봉사라는 인

---

36) 윌리암스, 앞의 책, 64면.

37) 윌리암스는 비극에서 한 개인의 운명에 관심을 집중하는 현재의 관심을 문화적인 것이라 설명한다. 그는 "우리의 눈을 주인공에게만 국한시킬 때, 우리는 무의식적으로 스스로를, 우리 문화권에서 우리의 전체라고 여기기 쉬운 어떤 종류의 경험에 한정시키고 있는 것"(앞의 책, 65면)이라 지적하며 비극의 액션은 한 개인을 넘어 사회적인 것으로 파악한다.

물의 점차 비속한 인물로 변모되는 과정에서 찾을 수 있었다. 즉, <심청전>의 이본사는 인륜적 가치가 처한 현실을 심 봉사라는 인물을 통해 드러내어 '효'라는 인륜적 가치가 처한 세계의 실상을 보여주고 있는 것이다. 이렇게 <심청전>의 전통은 바람직한 부모와 자식간의 관계는 무엇이며, 효라는 인륜적 가치가 당면한 현실은 과연 살 만한 곳인가라는 물음을 던져 주고 있는 것이라 할 수 있다. 전통적인 텍스트가 던지는 이런 물음에 대해 채만식의 개작 텍스트가 어떤 응답을 하고 있는지 논구하는 것이 이 연구의 핵심이다.

전술하였다시피 <沈봉사>는 초현실적인 힘을 제거하고, 심 봉사를 세속화시키며, 전래된 <심청전>을 비극으로 변용시키면서, 당대의 지평과 과거의 작품이 속한 세계의 지평을 융합시켰다. 이 지평 융합의 구조를 밝히면 다음과 같다. 과거의 작품은 주제론적 전통을 통해 '효란 무엇인가', 혹은 '바람직한 부모 자식 관계는 어떠한 것인가'라는 삶의 문제를 다루고, 그것에 대한 당대적인 답변을 마련해왔다. 채만식의 개작 텍스트는 전승된 <심청전>이 다루고 있는 본래적인 문제에 대해 진지하게 탐구하여, 본래 텍스트가 '말하고 있는 바'의 문제에 귀를 기울였다. 그렇게 <심청전>의 주제인 '효'가 당대의 지평에서 어떤 의미를 갖고 있는지 개작 텍스트를 통해 제시하고 있는데, 이는 곧 <심청전>의 전통이 던지는 물음에 대한 채만식이 속한 시대의 응답인 것이다. 이렇게 채만식의 <沈봉사>는 전승되는 문화와 주제 차원에서 의미 연관을 갖고 지평 융합을 이루어내었다.

이 연구에서는 채만식의 개작 텍스트가 행하고 있는 의미 변용을 세 가지 측면에서 고찰하였다. 우선 <沈봉사>에는 <심청전>의 전통이 지속적으로 갖고 있었던 초현실적 세계에 대한 믿음을 제거하였다. 이는 단지 근대적 합리성의 소산이라고만은 평가할 수 없다. 그것은 하늘과 인간 사회, 개인이 하나의 도를 공유하고 있으며, 개인의 도덕성은 하늘로부터 부여받은 품성이고, 개인의 도덕적 행위는 궁극적으로 하늘에 의해 보상받게 되어 있다는 개인과 세계의 감응의 인과 관계를 잃어버렸음을 의미한다. 또 <沈봉사>는 출세지향적 욕망을 강하게 지닌 인물로 변형하였는데, 여기서 문제가 되는 것은 심 봉사의 형상이나 심 봉사가 지닌 욕망 자체의 성격이 아니라 자신의 실현을 위하여 대상을 필요로 하는 욕망 충족의 구조이다. 욕망이라는 목적을 달성하기 위한 수단으로 전락할 때, 효와 같은 인간적 가치는 본래적 의미를 상실하고 물화(物化)될 수밖에 없었다. 그리고 <沈봉사>는 <심청전>을 비극으로 전화시켰는데, 이 비극은 세계의 질서를 재통합시키는 고전적 효과를 발휘하는 것이 아니라 화해롭지 못한 개인과 세계의 교착(交錯) 상태를 드러낼 뿐이다.

이렇게 전래된 <심청전>의 의미를 변용하는 채만식의 개작 텍스트는 당대적 지평에서 '효'의 의미를 드러낸다. <沈봉사>에서 심청의 효성은 자기 목적을 가진 순수한 인륜적 가치로 그려진다. 그러나 그 효는 초현실적 힘과의 감응 관계를 잃었으며, 세속적 욕망의 수단이 됨으로써 원래 가졌던 목적적 가치로서의 위상을 상실하였다. 더욱이 효를 수단적 삼고 있는, <沈봉사>의 사실상 주인공인 심 봉사의 욕망은 효와 같은 인륜적 가치나 그 가치의 추구자인 심청, 심지어 욕망의 소유자인 심 봉사마저도 희생 제물로 요구한다. 이렇게 전통 사회에서 최상의 인륜적 가치로 여겨졌던 효가 근대 사회에 처한 상황에서 우리는 세계의 비극성을 파악할 수 있게 된다. 즉, 초현실적인 세계와 감응하는 주체가 아닌 고독한 개인이 행복해지기 위해 행하는 노력이 인륜적 가치와 사랑하는 사람들, 나아가 자신마저 파괴하는 비극을 가져올 수 있음을 알게 되는 것이다. 이 점을 강조하는 것이 바로 개작자가 자신의 지평인 근대에서 <심청전>을 다시 쓴 이유이며, 전승되는 <심청전>이 제기하는 물음에 대한 응답이라고 할 수 있다.

개작 텍스트가 문학교육의 장에서 의미 있게 받아들여지고 있는 이유는 읽기와 쓰기의 통합된 산물로서 개작 텍스트가 문학 작품에 대한 반응을 적극적으로 표출하는 글쓰기의 한 형태로 제시될 수 있기 때문이다. 그러나 단지 어떻게 장면을 재구성하고, 화소를 삽입하며, 인물의 성격을 변이시키고, 배경을 바꿀 것인가라는 기술적인 교육 내용만으로 개작을 하라고 한다면, 개작 글쓰기는 학생들에게 새로운 소설을 쓰라는 것만큼 어려운 수행 과제가 될 것이다. 문제는 개작의 정법(定法)이 아니라 활법(活法)이다. 즉, 무엇을 어떻게 바꿀 것인가라는 기술적인 관심보다는 왜 그것을 바꿀 필요가 있는지, 그리고 무엇을 의미하기 위해 바꿀 것인가에 문제 의식과 그것을 실현하는 묘리의 터득이다. 이 운용의 묘는 개작 글쓰기를 반복적으로 행하면서 절로 익혀지는 것은 아니다. 개작의 요체와 원리에 대한 이해 없는 피상적인 반복은 개작 경험의 질을 더 높은 차원으로 이끌어주지 못하기 때문이다.

채만식의 개작 텍스트가 문학교육적으로 의미가 있는 이유는 그것이 고전 문학과 대화하는 하나의 모델을 제시하고 있기 때문이다. 즉, 개작자인 채만식은 과거의 문학 작품에서 항존적인 삶의 문제를 발견하고, 그것을 자신의 시대 상황에서 재해석함으로써 과거의 문학 작품에 대한 하나의 응답을 마련하는 글쓰기를 행하였다. 그래서 채만식이 비록 전문적인 작가이며, 그의 글쓰기가 본격적인 소설일지라도 현재의 학습자들에게 적극적으로 소개될 필요가 있다. 이 때 교육적인 관심은 표층적인 텍스트 차원에서 무엇을 얼마나, 어떻게 바꾸었는가가 아니라, 심층적인 의미 차원에서의 변용을 이해시키는 데 있어야 할 것이다. 의미 변용이 일어나는 전승의 대화적 구도를 알게 하고 경험하게 하는 한편, 개작자가 고전을 다시 씀으로써 동시대에 행한 의미화 실천을 깨닫게 하는 것은 글쓰기의 활법(活法)을 깨치기 위한 의미 있는 교육 활동이 될 수 있다고 생각한다.

<雙美奇逢>에 형상화된 애정의 양상과 의미

1. 서론

애정은 남녀 관계의 본질적인 형식으로서 동서양을 막론하고 문학 작품의 근본적인 주제가 되어왔다. 그리스 신화에서부터 현대의 영상 서사물에 이르기까지 끊임없이 되풀이되는 애정 주제는 어느 시기의 인간을 막론하고 다른 사람은 어떻게 사랑하고, 결합하는가에 관심을 기울여 왔음을 보여준다. 이 관심은 삶에서 비롯된 것으로서 내가 어떻게 애정의 대상을 선택하고, 어떠한 방식으로 애정을 드러내며, 어떻게 관계를 유지해 나아갈 것인가에 대한 생각에서 이끌어진 것이다. 또 애정과 관련된 삶의 사건들인 연애와 성애, 결혼 등은 누구에게나 일어날 수 있는 일이기에 우리는 다른 사람이나 허구적인 서사물 속의 애정 관계가 어떻게 진행될지 흥미진진하게 지켜보며 자신의 성 정체성과 그에 따른 행위 양식을 익히고 애정과 관련된 삶의 방식을 세련시킨다.

우리가 애정을 주제로 하는 소설을 읽는 이유도 바로 이러한 삶에서 비롯된 관심에 의해서이다. 그렇지만 문학에 대한 이러한 '세속적' 관심은 그간 문학교육에서 중요하게 취급되지 않았다. 학생들의 독후감을 평가할 때에도 삶의 경험과 연속된 직접적인 관심의 표출보다는 문학 텍스트의 형식에 대한 미적 감식력이 좀더 바람직한 것으로 여겨졌다. 이를테면 '나도 이 소설에 그려진 아름다운 사랑을 해보고 싶다'는 태도보다 '이러한 형식적 기법을 통해 이 소설은 이와 같은 미적 성취를 이룰 수 있었다'라는 태도가 선호되었던 것이다. 이렇게 삶과 직결된 애정과 같은 문제가 교육적으로 중시되지 않은 이유는, 굳이 가르치지 않아도 때가 되면 알아서 해결하는 것이어서 교육의 대상이 될 수 없으며, 삶의 방식 자체를 가르치는 것은 문학교육의 본령이 아니라는 생각에서였을 게다. 그러나 문학을 읽고 가르치는 근본적인 이유가 문학이 "삶을 경험하게 해주고 살아가는 길을 일러주는"1) 역할을 하기 때문이라면, 문학에서 다루고 있는 삶의 문제를 이해하고, 그 문제에 대해 스스로 답변을 마련해보는 교육 내용이 요구된다 할 것이다.

애정을 주제로 하는 이 연구도 이러한 교육적인 관심과 필요를 바탕으로 하고 있다. 따라서 이 연구에서는 문학 작품의 미적 가치나 문학사적 의미를 본격적으로 다루지는 않는다. 그보다는 <쌍미기봉>이라는 애정소설이 삶의 경험인 애정을 포착하고 구현해내는 양상을 드러내며, 이러한 애정 표상 배후의 의미와 가치의 세계를 밝히는 데 역점을 둘 것이다. 이와 같은 연구의 성격은 문화론적이라고 할 수 있다. 주지하다시피, '삶의 방식'이라는 문화의 정의를 바탕으로 진행되는 문화론(cultural theories)은 특정한 집단이나 사회의 삶의 방식 속에 나타난 가치와 의미의 지향성을 밝히는 것을 목표로 삼는다. 즉, 문화론에서 문화는 인류학적인 기술(記述)의 대상이 아니라 의미와 가치를 발견하기 위한 해석의 자료가 되는 것이다. 애정과 관련된 문화를 다루는 데 있어서도 마찬가지이다. 중요한 것은 '과거의 사람들은 이러저러한 사랑을 하였다'가 아니라 '이러한 애정의 이해와 표현 방식을 통해 이러저러한 삶의 의미와 가치 지향을 표상하였다'라는 점이다.

본고는 이러한 관점에서 20세기 초 간행된 <쌍미기봉>이라는 애정소

1) 김대행, 「청산별곡과 국어교과학」, 『고전문학과 교육』 제7집, 2004, 32면.

설을 대상으로 문화적 변화의 시기, 소설에서 포착하고 구현해 내는 애정의 양상과 그 의미를 문화론적으로 고찰하려 한다. <쌍미기봉>은 1916년 회동서관에서 간행된 작자·연대 미상의 구활자본 애정소설이다. 이 소설은 <무정>(1917)과 단 일 년이라는 시간적 간격을 두고 간행되었으면서도 이미 극복되어야 할 것으로 판명된 일부다처라는 상투적 문학 관습으로 회귀하여 문제를 해결하고 있다. 또한, 20세기 초에 간행된 대부분의 구활자본 소설이 우리나라를 배경으로 신분이 다른 남녀 간의 애정 문제를 다루어 사회적인 문제제기를 하고 있는 상황에서 중국 명나라 시기, 그것도 귀족 남녀의 애정을 그리고 있다.

그러하기에 그간의 연구에서 이 소설은 고전소설 가운데도 가장 관념적이고 보수적인, 이른바 '귀족소설'의 흐름을 잇고 있는 것으로 파악되었다.2) 한편, 이 소설은 담고 있는 진부한 이야기와는 달리 서술의 차원에서는 귀족 소설과 확연히 갈라서며 새로운 시대의 감수성을 담아내었다고 평가된다.3) 실로 이 소설은 남녀가 우연히 만나 사랑을 느끼는 순

2) 신동흔, 「<쌍미기봉>과 남녀관계의 새로운 양상」, 『한국 고전소설과 서사문학(上)』, 양포 이상택 교수 환력기념논총, 1999. 그러나 이후 최윤희는 사건 구성과 등장인물, 공간적 배경이 일치함을 들어, 이 소설이 명청대의 人情소설인 <駐春園小史>의 번안물임을 밝혔다. 따라서 이 소설의 문학사적인 의의는 귀족소설의 마지막 개화물이 아니라 중국의 소설을 들여와 우리의 취향과 실정에 맞게 변개한 번안물이란 데에서 찾아야 할 것이다(최윤희, 「<쌍미기봉>의 번안 양상 연구」, 『고소설연구』 제11집, 고소설학회, 2001). 그러나 문학사적인 사실과 독자의 관념 속에서 자리매김되는 문학사적 계보는 다를 수 있다고 생각한다. 즉, 독자는 <쌍미기봉>을 명청대 중국 소설의 번안물이라고 생각하고 읽는 것이 아니라, 제목으로부터 쉽게 알 수 있듯 '기봉류 소설'과 같은 귀족소설이겠거니 하고 여겼을 가능성이 크다. 이러한 점에서 비록 <쌍미기봉>이 번안물임이 확인되었어도 신동흔의 평가가 갖는 유의미성을 인정할 수 있다. 본고는 영향 관계에서 주체는 영향을 미치는 쪽이 아니라 받는 쪽이라고 생각한다. 마음이 없으면 보아도 보이지 않듯이 영향 현상에서 가장 중요한 점은 그것을 수용하는 주체의 환경과 자세이다. 이 논의는 본격적인 작품론이 아니라 당대의 애정에 대한 관념을 문화론적으로 연구하는 성격의 것이기에 이 작품이 번안물이냐, 창작물이냐 하는 것은 크게 염두에 두지 않았음을 밝힌다.

3) 기존 연구들도 이 작품의 문학적 성취를 높이 보는 데 의견의 일치를 보이고 있다. 이은숙, 「활자본 신작구소설에서의 애정소설 연구」, 한국정신문화연구원 석사학위논문, 1987; 황정연, 「쌍미기봉 연구」, 『관악어문연구』 제12집, 1987; 양혜란, 『조선

간의 불꽃 같은 감정을 포착해내고, 담 하나를 사이에 둔 사무치는 그리움과 끝없는 기다림을 형상화하며, 남녀의 삼각 구도에 흐르는 미묘한 긴장감을 그리는 등 문화의 변화를 가장 내밀한 '정(情)'의 차원에서 표상해내고 있다는 것이다.

이 소설이 흥미로운 까닭은 바로 이러한 불일치에 있다. 어떻게 20세기 초의 변화에 무심한 듯 보이는 고색창연하고 구태의연한 사랑 이야기가 <무정>의 관념적 주인공인 '형식'도 느껴보지 않은 절절한 애정을 담아낼 수 있었던 것일까? 또, 이러한 정의 차원에서의 변화나 성취가 표상하는 '감정구조'[4]란 무엇인가? 이와 같은 질문에 대한 답변을 마련하는 것이 이 연구가 행해야 할 주요 작업이 될 것이다. 이를 위해 2장에서는 황생이 증 소저를 만나고 다시 오 소저를 만나 두 미인[雙美]을 얻기까지의 과정을 개관하면서 서사 진행 과정에서 두드러지는 애정 형상의 특징적 양상을 밝히려 한다. 이를 바탕으로, 이어지는 장에서는 이러한 애정이 표상하는 의미와 가치 지향을 고찰할 것이다. 이를 통해 이 소설의 불일치를 해명함과 더불어, 이 소설을 향유하던 사람들에게 속하는 고유한 의미와 가치 체계로서 문화를 드러내는 것이 이 연구의 궁극적인 목표라고 할 수 있다.

2. <雙美奇逢>에 형상화된 애정의 양상

1) 자연발생적 애정

때는 명나라, 가홍 땅에 증청(曾靑)의 외동딸 운아가 살고 있었다. 증

조 기봉류 소설 연구』, 이회문화사, 1995; 신동흔, 앞의 글.

4) '감정구조(structure of feeling)'는 윌리암스의 용어로 그의 문화 개념의 핵심을 이룬다. 감정구조는 특정한 집단이나 계급, 사회가 공유하는 의미와 가치로서 실제로 그 사회의 성원으로서 살아간 사람들만이 무의식적으로, 의식적으로 느낄 수 있고 알 수 있는 것이다(Raymond Wlliams, *The Long Revolution*, Hogarth Press, London, 1992, 41면).

청 부부는 외동딸을 사랑하여 일찍이 혼인을 정하지 않았는데 증청이 죽고, 가세가 기운 상태에서 집에 불마저 나서 증 소저는 모친과 함께 외가인 엽공의 집에 와 살게 된다. 엽가와 담 하나를 두고 이웃한 집에는 황개(黃玠)가 살았다. 황개의 부친은 일찍이, 증청과 절친한 관계인 오응송(吳應松)의 외동딸 녹변과 황개를 맺어주기로 약속한 적이 있었다. 그러나 황개의 부친과 오공이 연이어 세상을 등지고, 오공의 부인은 오 소저를 가까운 곳에 정혼하기로 마음먹고 성례를 사절한 데다 황개의 모친마저 황천의 객이 되니 두 집안 사이에 혼인 문제는 유야무야 된 상태이다.

이렇게 소설의 첫머리부터 강조되는 바는 증 소저와 황생이 아직 마땅히 정혼한 곳이 없다는 것이다. 또 양쪽의 부친이 없음도 이들이 어느 정도 부모의 영향으로부터 벗어나 애정을 실현할 수 있는 조건으로 기능한다. 특히 조실부모한 황생은 정혼을 하고 싶어도 할 방도가 없는 처지라 스스로 입신양명을 도모해야 그나마 정혼이 가능한 상황이다. 이렇게 주인공의 주변을 정리하는 것은 자연발생적인 애정이 우연히 생겨날 수 있게 하는 서사적인 배려라고 할 수 있다.

또 이들의 애정이 인간 본연의 성정에 바탕을 둔 자연발생적인 것이 되기 위해서는 우연한 만남의 계기가 마련되어야 한다. 인위나 조작이 가해지지 않는 우연한 만남이야말로 애정을 인간의 '자연'에 속하는 것으로 드러내기 때문이다. 그래서 애정소설에서는 길 위의 마주침이나 이웃집의 이성을 우연한 계기에 의해 엿보게 되는 설정이 많이 등장한다. <쌍미기봉>에서도 두 주인공은 이웃한 두 집에 거하는데 역시 우연한 만남 후에 서로에 대한 애정을 품게 된다.

> 일일은 ᄋᆡ월과 루상에 올나 멀니 바라보다가 홀연 보니 격장ᄒᆞᆫ 뎡ᄌᆞ 죽닙 즁에 일ᄀᆡ 미소년이 잇스되 나히 십오륙세 쯤 되고 얼골은 반안 갓ᄒᆞ며 골격은 ᄉᆞ마와 방불ᄒᆞᆫ지라. 마음에 흠션ᄒᆞ더니 황공ᄌᆡ 화계에셔 글을 읍다가 ᄯᅩᄒᆞᆫ 머리를 드러보ᄆᆡ 격쟝 루상에 일위 소져가 바람을 임ᄒᆞ야 창을 의

지ᄒᆞ고 일ᄀᆡ ᄎᆞ환이 뒤에 시립ᄒᆞ엿스ᄆᆡ 션아인 듯 의심ᄒᆞ더니(341)[5)]

이 둘은 천상에서 기약을 한 사이도 아니요, 부모에 의해 정혼한 적도 없는 관계로 우연한 눈맞춤으로 서로 반하게 된다. 증 소저는 황생을 본 직후, 애월에게 만약 자신이 그 사람과 같은 남편을 얻는다면 평생 저버리지 아니하겠다고 얘기할 정도이다. 단지 황생의 모습만 보았을 뿐인데 이런 말까지 하는 것을 보면 증 소저는 소위 첫눈에 사랑에 빠져버렸다고 할 만하다. 황생도 증 소저를 본 후, 그 아름다움을 칭송하는 시를 지어 읊고 이리저리 뒤척이며 운아를 못 잊어한다. 이렇게 우연한 만남을 계기로 급작스럽게 달아오르는 이들의 애정은 실로 열정적인 속성이 있다.

일일은 ᄋᆡ월노 루에 올나 경ᄀᆡ를 보다가 쌍연이 날나 주렴 밧게 나붓기니 다시 쥬춘원 경ᄉᆡᆨ을 보ᄆᆡ 뜻이 상활ᄒᆞᆫ지라. ᄋᆡ월을 불너 이로ᄃᆡ "깁 ᄒᆞᆫ 폭과 필연을 가져오라." ᄋᆡ월이 즉시 가져다 노코 루에 ᄂᆡ려가거ᄂᆞᆯ, 소제 쌍연시 ᄒᆞᆫ 슈를 지어 깁에 써셔 호박션츄를 싸셔 들고 멀니 바라보며 쥬져ᄒᆞ기를 반향을 ᄒᆞ다가 홀련 거문고 소래 들이거ᄂᆞᆯ 머리를 숙이고 ᄂᆡ려다 보니 황ᄉᆡᆼ이 ᄭᅩᆺ 아래 단졍이 안져 거문고를 히롱ᄒᆞᄂᆞᆫ지라. 이 지옴에 소져의 심혼이 포탕ᄒᆞ야 손에 드럿든 깁에 싸 션츄를 던져 보내니 이ᄯᅢ 황ᄉᆡᆼ은 무심이 거문고를 타다가 ᄯᅳᆺ밧게 놀나 숀을 멈츄고 무슴 물건인지 집어보니 (345)

서로에 대한 연심을 키우던 중, 황생과의 만남을 아름다운 인연이라 여기며 때를 놓칠까 안타까워하던 증 소저는 한 쌍의 제비가 날아가는 것을 보고 마음이 움직여 황생을 향한 마음을 담은 시를 수건에 쓴다. 여기에서 주목할 것은 황생을 사모하는 마음이 쌍연(雙燕), 즉 한 쌍의 제비를 보고 움직였다는 설정이다. '관물생심(觀物生心)'이라고 외물(外

5) 인용되는 쪽수는 동국대 한국학연구소 편, 『활자본고소설전집』 10권(아세아문화사, 1976)을 따른다.

物)의 자극에 움직이는 애정은 중 소저의 사랑이 인간의 본래적인 성정에 바탕을 둔 것임을 보여준다. 애정 앞에 '자발적'이라는 수식어를 붙이는 것조차 불필요할 정도로 칠정(七情)에 속하는 애정이란 원래 자연발생적인 것이라 할 수 있다. 그렇게 중 소저는 '쌍연시'를 지었지만, 이 시를 어떻게 전해야 할지 한참을 머뭇거린다. 그러다가 중 소저는 황생이 꽃 아래 단정히 앉아 거문고를 타는 모습을 보고 "심혼이 포탕ᄒᆞ야" 무언가에 홀린 듯 자기 의지와 상관없이 깃수건을 던지게 된다. 여기서도 애정이란 이성이나 의지와는 상관없이 마음과 혼을 뒤흔들어 놓는 일종의 신들림과 같은 것임을 확인할 수 있다.

깃수건에 쓴 시를 다 읽은 황생이 흠모의 눈빛으로 중 소저를 쳐다보려 하자, 중 소저는 황급히 창을 닫고 누각에서 내려와 방에 들어가 반지만 만지작거리며 부끄러워한다. 이를 지켜보던 중 소저의 시비 애월이 황생더러 이 곳으로 찾아오도록 하자고 권하나 중 소저는 중매 없음을 한하며 더러운 행실로 이름을 더럽힐 수 없다고 한다. 또 지금은 과거가 멀지 않은 때라 황생의 정신을 요란케 하지 않기 위해 소식을 돈절하는 편이 낫겠다고 생각한다. 중 소저는 이미 마음을 내보였으니, 이제 황생이 과거에 급제하여 자신의 집으로 정혼하러 오기만을 조신하게 기다리기만 하면 되는 것이다.

> ᄉᆡᆼ의 일편 어리셕은 졍이 ᄂᆞᆯ노 루를 바라며 침식을 이지되여 여러 ᄃᆞᆯ이 되도록 쇼져의 영향을 보지 못 ᄒᆞ고 ᄯᅩ 졍을 통ᄒᆞᆯ 곳이 업셔 마음에 울억ᄒᆞ야 다만 셩명이 위티ᄒᆞᆯ 지경이 되엿스나 소져와 일월이 루에 올나 바라봄이 업슴으로 전연이 아지 못ᄒᆞᄂᆞᆫ지라. ᄉᆡᆼ은 오래 갈ᄉᆞ록 침식을 폐ᄒᆞ고 홀노 올련이 안져 ᄉᆡᆼ각기를 괴로이 ᄒᆞ고 계교가 업ᄂᆞᆫ지라. (346)

한편, 황생은 중 소저의 모습을 보지 못하자 "정을 통할 곳이 없어 마음에 울억하여 다만 생명이 위태할 지경"에 이르게 된다. 중 소저의 기대와는 달리 황생은 상사병을 앓고 있는 것이다. 상사병은 황생의 경우와 같이, 열정이 갈 곳을 찾지 못하고 자신에게로 향해 마음에 맺혀, 즉 갈 데 없는 감정이 눌리고 막힐 때 생긴다. 상사병은 그 이름은 잘 알려져 있지만, 임상적으로 현대인들에게는 잘 나타나지 않는 병이라고 한다. 따라서 이 병은 한 시대의 문화를 상징적으로 보여주는 약호라고 할 수도 있을 것이다. 남녀간의 자유로운 만남을 통해 사랑을 확인하고, 미래를 확신할 수 있는 상황이 아니었기에 황생은 상사병에 걸리고 만 것이다. 또 침식마저 잃을 정도로 치명적인 상사병은 인간에게 애정이 얼마나 강력한 '자연'인가를 보여주며, 애정의 자연발생적인 속성을 다시금 확인하게 해준다. 결국 황생은 이 상사병으로 인하여 과거 시험장에서도 증 소저를 생각하고 눈물을 흘리며 혼미한 정신으로 책상에 엎드려 있다가 과거 시험을 망치게 된다. 이렇게 유교 사회에서 입신양명이라는 지상의 과제를 포기하게 할 정도로 열정적인 애정은 애정 대상에게 맹목적인 채 사회적 책무는 등한시하게 하는 속성을 갖는다.

요컨대 이 소설에서는 천정(天定)의 인연이나 부모에 의한 정혼이 아닌 두 남녀의 자연발생적인 애정을 그리고 있다. 이 애정이란 인간 내부에 존재하는 자연의 영역에서 비롯된 것으로서 이성이나 의지로 제어하기 힘든 것이다. 또 유일무이한 상대방을 향한 열렬한 감정이 상대방과 교류하지 못할 때, 그 열정은 방향을 바꿔 소유자의 몸과 마음을 상하게 하는 상사병을 일으키기도 한다. 이렇게 이 소설에서는 우연한 계기에 의해 생겨나 급작스럽게 진전되는 열병과 같은 애정의 형상을 구현해 내고 있다.

2) 그리움과 기다림

증 소저가 황생에게 먼저 시를 던져 자신의 마음을 알렸다 하더라도 증 소저가 전통적 규범을 무시하고 애정의 가치를 옹호할 만큼 반항적 기질이 있었던 것은 아니다. 전술하였다시피 증 소저가 외간 남성에게 시를 쓰고, 이 시를 담 너머로 던진 파격적인 행위는 증 소저의 판단이나 의지에서 비롯된 것이 아니라 순간적으로 증 소저의 심혼을 지배해

버린 열정의 발로였다. 이 소설 전반에 걸쳐, 수건에 쌍연시를 써서 던진 것이 황생과의 애정 관계를 위한 유일한 행위라고 할 정도로 증 소저는 애정 표현과 관계 형성에 소극적이어서 황생의 애를 태우게 된다.

과거 시험을 준비하는 황생에게 혹여 누가 될까 모습을 나타내지 않던 증 소저는, 외가가 외적과 내통하였다는 모함을 입자 화를 피해, 돌아가신 아버지의 친우였던 금릉의 오가(吳家)에 간다. 극적으로 증 소저의 족적을 탐지한 황생은 증 소저가 머물러 있는 곳의 옆 집인 주가(周家)의 하인으로 들어가게 된다. 이로써 또 다시 담 하나를 사이에 둔 채 서로 그리워하고 기다리는 상황이 반복되는 것이다. 그러나 증 소저는 황생이 이웃에 있음을 알았음에도, 주생이 거처하는 곳과 가깝다는 이유로 담 근처에는 얼씬도 하지 말라는 오부인의 명령 때문에 몇 년 동안 황생의 얼굴 한 번 보지 못한다.

> 황ᄉᆡᆼ이 ᄋᆡ월의게 글을 붓쳐 보ᄂᆡᆫ 후로 ᄆᆡ일 루 아ᄅᆡ셔 회보를 기ᄃᆡ리더니, 납월이 진ᄒᆞ고 ᄉᆡ봄이 되도록 영향이 업스ᄆᆡ 창ᄌᆞ를 ᄯᅳᆫ는 듯ᄒᆞ야 감안이 시아리되, ‘세샹일과 사ᄅᆞᆷ의 마음이 변ᄒᆞᄂᆞ니 나의 이 갓치 쳔이 된 것을 괴이ᄒᆞ야 져의 가문에 욕이 될가 ᄒᆞᆷ으로 거졀ᄒᆞᆷ이 아닌가? 나의 ᄒᆡᆼ디가 이에 니른 것은 초루에셔 슈건 쥬든 것을 잇지 못ᄒᆞ야 형용이 쵸취ᄒᆞ얏ᄂᆞ니 쳘셕 갓흔 마음이라도 동ᄒᆞ려든 쇼져의 다졍ᄒᆞᆷ과 ᄋᆡ월의 불샹이 역임으로 홀연이 ᄯᅳᆫ 마음을 두지 아니ᄒᆞᆯ지라. ᄋᆡ월이 나의 병든 얼골을 보앗스니 필연 쇼져의게 ᄋᆡ셕ᄒᆞᆷ을 말ᄒᆞ얏슬지라. 엇지 이갓치 소식이 업ᄂᆞᆫ고? 져의 가법이 엄ᄒᆞ야 츌립을 임의로 못ᄒᆞᄂᆞᆫ 듯ᄒᆞ니 ᄂᆡ 마음을 노코 몃날을 기ᄃᆡ려 보면 혹 됴흔 소식이 잇슬가?’ ᄒᆞ며 날노 루 아ᄅᆡ셔 바라며 기ᄃᆞ려도 동졍이 업ᄂᆞᆫ지라. (375)

이렇게 황생은 편지를 써서 자신의 존재를 알리고도 계절이 여러 번 바뀌는 동안 한 번도 증 소저를 만나지 못한다. 황생은 소식 없는 증 소저를 원망하며, 자신이 천하게 된 것을 안 증 소저가 가문에 욕이 될까 생각하며 딴 마음을 품었는가 생각하다가, 소저의 다정함을 떠올리고, 안 오는 게 아니라 엄중한 가법(家法) 때문에 못 오는 것이겠거니 하고 또 기다린다. 이렇게 상대방과의 연락이 두절된 상태에서 좌절과 희망이 교차하는 애타는 마음이 이 소설에서 반복적으로 드러나는데 이 마음을 보고 함께 안타까워하는 심정은 독자가 이 소설을 흥미로워하는 근본적인 이유이다. 황생만이 증 소저를 사무치게 그리워하는 것만은 아니다. 증 소저 역시 황생을 그리워하는데 증 소저의 그리움은 간접적인 심리 표현으로 인해 그 절실함을 더한다.

> 징부인이 이로ᄃᆡ, "오ᄂᆞᆯ은 이갓치 안져 슐만 먹을 것이 아니라 ᄭᅩᆺ ᄉᆡ이로 왕ᄂᆡᄒᆞ며 상완ᄒᆞᆷ이 조흘가 ᄒᆞ노라." 오부인이 맛당ᄒᆞᆷ을 일컷고 양 소져와 ᄭᅩᆺ ᄉᆡ이로 한가히 거러단이다가 ᄭᅬ고리를 놀ᄂᆡ여 놀이ᄆᆡ, ᄋᆡ월이 돌을 집어 격장을 향ᄒᆞ고 더지니 징부인이 말나ᄒᆞ고 격장을 규시치 못 ᄒᆞ도록 ᄒᆞᄆᆡ 운아 소졔 더욱 번뇌ᄒᆞ야 발이 업ᄂᆞᆫ시라 (378~379)

증 소저의 그리움은 그립다고 소리내어 말하지 않음으로써 더욱 그 강도가 높아진다. 인용된 부분은 황생과 이웃한 화원 안에서 꽃구경을 하는 대목이다. 증 소저는 황생에게 자신이 가까이 와 있음을 알리고 싶어하나 별 도리가 없었다. 이 때 시비인 애월이 꾀꼬리를 놀래주려고 돌을 던진다. 이 돌이 담벼락을 때리는 소리는 그저 무의미한 소음일 수 있으나 증 소저에게는 그렇게 생각되지 않는다. 증 소저는 만약 황생이 이 소리를 듣는다면 자신이 여기 가까이 있음을 알고, 또한 여전히 변치 않는 사모의 정을 알게 될 것이라고 상상했을 것이다. 그러나 증 부인은 담을 엿보지 말라는 충고를 한다. 이 말은 그저 이웃에게 혹시 폐가 될까 하는 염려에서 비롯된 말일 수 있지만, 증 소저는 담 너머의 황생을 그리워하는 자신의 마음을 들켜버린 듯이 괴로워하는 것이다.

이 소설에는 담 하나를 사이에 둔 두 남녀의 사무치는 그리움과 기약 없는 기다림이 잘 나타나 있다. 이 소설의 주인공들이 그토록 기다리고 그리워하는 이는 담 너머 존재하지만, 이들은 애를 태우기만 할 뿐 서로에게 다가가지 않았다. 이처럼 손만 뻗으면 닿을 듯한 거리에 있으나 수년간 서로의 얼굴 한 번 볼 수 없었던 상황은 이들의 그리움과 기다림을 더욱 애절하게 부각시킨다. 잊고 살기에는 너무나 가까운 거리에 있고, 애정을 자유롭게 실현하자니 담으로 표상되는 사회적 제약이 완고한 상태에서 이들이 할 수 있는 일이란 각기 홀로 상대방의 마음을 헤아리며 온갖 경우를 상상하고 혼자 괴로워하며 즐거워하는 것뿐이었다. 이러한 진퇴양난의 상황에서 애정은 그리움과 기다림을 자신의 주조(主調)로 갖는 것이다.

3) 애정의 삼각 구도

이 소설에는 증 소저와 황생의 애정 관계만 존재하는 것이 아니다. 증 소저가 머물고 있는 오가의 외동딸인 오 소저도 황생과 인연이 있다. 오 소저는 부친에 의해 황생과 정혼한 적이 있으며, 황생을 한 번도 보지 못했으나 황생을 섬기리라 생각하며 살아간다. 황생은 증 소저에게만 마음을 빼앗겨 자신을 위해 수절하고 있는 오 소저의 존재조차 잊고 있었다. 그러던 어느 날, 황생은 담장 안의 화원에 어떤 여인이 홀로 앉아 있는 것을 보고 증 소저나 청조(靑鳥) 역할을 하던 시비 애월인 줄 알고, 예전에 증 소저가 쌍연시를 써 보냈던 깃수건과 함께 자신이 주가의 하인으로 있게 된 사연과 증 소저에 대한 연심과 원망을 담은 편지를 던진다. 그러나 그 편지를 집은 이는 바로 황생을 기다리고 있던 오 소저였다. 오 소저는 편지를 준 이가 황생인 것을 알고, 자매처럼 지내던 증 소저와 의논하려 한다. 때마침 증 소저는 '황장춘'이라는 꽃을 완상하고 있었다. 이 꽃을 사이에 두고 나눈 대화는 황생을 사이에 둔 두 여인의 질투심이 우의적으로 드러난다.

> 황장츈을 가라치며 이르되 "이 쏫이 엇지 ᄒᆞ야 져져를 향ᄒᆞ고 피엿나뇨" ᄋᆡ월이 ᄃᆡ답ᄒᆞ되 "어제 ᄯᅩ 화원에 가 썩거 왓더니 오ᄂᆞᆯ 피엿나이다"

운익 이로딕 "비록 황화나 가히 스랑홀 만흐니 비단 나만 황화를 스랑홀 빅 아니라 흐리로다" 녹균이 이로딕 "이 쏫 한 가지로 소믹를 주어 구경흐게 흐라" 운아는 씨닷지 못흐되 익월이 딕담흐되 "녹 소녀는 남의 조아흐는 바를 쌧고져 흐시나뇨" 녹균이 이러딕 "번래 나의 엣 물건이니 빌여 보게홈이 무엇에 히로오리오" (385)

황장춘이라는 꽃을 사이에 두고 벌이는 대화에는 자못 긴장감이 흐른다. 오 소저는 왜 이 꽃이 증 소저만을 향해 피었는가 묻는다. 증 소저는 아름다운 꽃을 비단 자신만 사랑할 바가 아니라고 하며 오 소저를 주어 구경하게 하라고 애월에게 이른다. 아직 증 소저는 오 소저가 황생을 염두에 두고 그런 말을 한다는 것을 감지하지 못하였으나 눈치 빠르고 재기 발랄한 애월이 직설적으로 왜 남이 좋아하는 것을 빼앗으려 하는지 물으며 오 소저를 책망한다. 이 때 오 소저의 대답은 본래 자기의 옛 물건이라는 것이다. 이는 두 가지 뜻을 갖는데 그 하나는 오 소저의 아버지가 살아 있을 때에 마음껏 화원에 들어가 완상할 수 있었던 꽃이라는 의미이며, 다른 하나는 황생은 이미 자신과 정혼한 관계라는 것이다. 이렇게 이 소설에는 한 남성을 두고 연적 관계에 놓인 두 여인의 미묘한 감정이 밀도 있게 그려지고 있다.

이러한 일이 있은 후, 오 소저는 자신의 받은 편지를 내어주며 증 소저와 앞일을 의논한다. 황생과 오 소저의 정혼 사실을 알고부터 증 소저는 비통함에 병이 든다. 비록 자신을 향한 황생의 마음이 변치 않았다 하더라도 유일무이하다고 믿었던 사랑이 깨어지는 순간, 증 소저는 아플 수밖에 없다. 유일성과 배타성을 속성으로 하는 열정적 사랑은 한 남성을 함께 섬긴다는 사실을 받아들이려 하지 않기 때문에 증 소저는 괴로움이 사무쳐 병이 난 것이다. 오 소저가 정혼을 한 후 신의를 지켰다는 사실을 두고 원망을 할 수도 없으며, 선친이 돌아가신 후 정혼 사실이 유야무야 되자 정혼했다는 기억조차 까마득한 황생을 탓할 수도 없는 상태에서 증 소저가 취할 수 있는 화풀이의 대상은 자신의 몸밖에는 없었다.

그러나 증 소저가 아프게 된 근본적인 이유는 남녀 간의 자유로운 만남보다 혼인 약속이 앞선다는 문화적 관념을 깨뜨릴 용기나 의지가 없었다는 데서 찾을 수 있다. 만약 증 소저가 오 소저의 정혼이 본인의 의사와 상관없이 이루어진 일이라고 무시하며 왜 얼굴도 보지 않은 사람을 위해 수절한답시고 남의 남성을 앗으려 하는가라고 생각했다면 오 소저와 심각한 대결 관계에 놓였을 것이다. 또 그럴 경우, 오 소저를 원망하며 책하는 데 온 힘을 쏟아 아플 기력조차 없었을 것이다. 그러나 오 소저는 이제 증 소저와 한 집에서 황생을 섬기면서 살 계교를 생각하자고 하는 데다 애월마저 오 소저와 황생의 공교한 만남은 하늘의 뜻이라고 하니 증 소저는 비록 오 소저에 대해 불편한 심기가 있어도 드러내지 못한다.

오 소저와 황생이 정혼한 사이라는 것을 안 증 소저는 황생에게 다음과 같은 내용의 편지를 쓴다.

> 종신의 인연을 스ᄉᆞ로 즁ᄆᆡᄒᆞ지 못ᄒᆞᆷ으로 원한이 쳘골ᄒᆞ매 슈쳑ᄒᆞᆫ 병이 골슈에 ᄉᆞ못치니, 쳡의 쥭ᄂᆞᆫ 것은 ᄀᆞ셕ᄒᆞᆯ ᄇᆡ 업ᄉᆞᄂᆞ 다만 한ᄒᆞ기ᄂᆞᆫ 그ᄃᆡ의 경경이라. 그ᄃᆡᄂᆞᆫ 이와 ᄀᆞᆺ흔 졍유ᄂᆞᆫ ᄋᆞ지 못ᄒᆞ고 쳡을 한ᄒᆞᄂᆞᆫ 마음으로 화조월셕에 글을 그웃 던져 십년을 기ᄃᆡ리고 잇든 오 쇼져의 슈즁에 ᄯᅥ러지게 ᄒᆞ얏스니 오 쇼져ᄂᆞᆫ 션공의 졍ᄆᆡᆼᄒᆞ신 것을 직히고 쥬ᄀᆞ의 인연을 거졀ᄒᆞ얏거ᄂᆞᆯ 그ᄃᆡᄂᆞᆫ 옛 언약을 ᄇᆡ반ᄒᆞ고 다만 쳡의게만 ᄆᆞ음이 기우러졋스니 혹 관산이 격절ᄒᆞ야 기러기로 젼ᄒᆞᆷ이 업슴으로 오 소져로 규중에 읍읍게 ᄒᆞᆷ이 ᄋᆞ니리오. (396)

이 편지에는 증 소저의 심리가 미묘하게 드러나 있다. 증 소저는 먼저 황생이 자신의 진정도 모르고 섣불리 편지를 던져 하필이면 오 소저의 수중에 떨어뜨렸는가를 원망한다. 그러다가 왜 황생이 오 소저와의 언약을 배반하고 자신에게만 마음이 기울어져 오 소저를 슬프게 하냐며 탓한다. 첫 번째 원망은 황생이 자신과의 신의를 지키지 못했다고 비판하는 것이요, 두 번째 원망은 왜 오 소저와의 언약을 배반했냐고 하는 것이니 이 두 요구가 동시에 충족될 수는 없는 것이다. 증 소저는 이렇게 전달하려는 메시지가 불분명한 편지를 전하여 혼란스러운 마음을 내보인다.

한편, 증 소저의 편지를 통해 오 소저가 자신을 기다리고 있음을 안 황생은 두 미녀를 함께 취할 수 있겠다며 기뻐한다. 이러한 황생의 면모는 증 소저에 대한 사랑으로 상사병에 걸려 과거마저 망치고, 자신의 모든 것을 버리고 남의 집 하인으로 살기를 자청하며 애정이 지고의 가치임을 보여주었던 이전의 모습과는 상당한 거리가 있다. 그러나 황생의 기쁨은 그리 오래 가지 않았다. 그의 주인인 주공은 오가에 머물고 있는 증 소저의 존재를 알고 청혼하였으며, 증 소저의 모친은 딸의 의사와 상관없이 주가의 청혼을 흔연히 승낙하였기 때문이다. 황생은 이 사실을 알고, 배신감과 무력감에 휩싸여 차라리 산천을 떠돌다가 신선을 만나 세상사를 잊겠다고 결심하며 집을 나선다.

그러나 황생의 상상대로 증 소저가 주 공자와의 결혼을 응종(應從)하며 황생과의 인연을 저버린 것은 아니었다. 오히려 증 소저는 도망가서 앞날을 도모하라는 오 소저의 권유를 물리치며, 몸이 욕됨을 생각하지 않을 정도로 자신을 사랑하는 황생의 은혜를 입었으니 이제 원 없이 죽을 수 있다고 한다. 하지만 주변의 권유로 증 소저는 죽음을 가장하고, 배를 타고 가흥으로 가 앞일을 도모할 요량으로 길을 나선다. 증 소저는 장강(長江) 앞에 다달으나, 그곳은 나루가 아닌지라 배 한 척 보이지 않고 행인도 없었다. 더구나 배는 고프고 다리는 아픈 데다 곧 주가의 사람들이 자신을 잡으러 올 것만 같은 두려움마저 들었다. 그래서 증 소저는 애월에게 자신은 본디 죽으려 했던 마음을 품었었는데 하늘마저 자신을 버렸으니 이제 강물에 빠져 죽겠다며 물에 투신한다. 이렇게 증 소저는 황생과의 인연을 지키기 위하여 죽음까지 불사했던 것이다.

그러나 이후, 증 소저는 옛 종이었던 석화의 도움으로 도승의 신약(神藥)을 먹어 다시 살아날 수 있었고, 황생은 전날 은혜를 베풀어주었던 사람에 의해 살인 누명을 벗어날 수 있었다. 한편, 오 소저는 주 공자와의 혼인 요구에 응하지 않다가 궁녀로 차출되어 가게 된다. 그 이후에 이 소설은 애정을 형상화하기보다는 어떻게 황생이 죽은 줄 알았던 증 소저를 다시 만나게 되며, 또 어떻게 궁녀로 선발되어 끌려가는 오 소저를 구해내는가에 집중된다. 결국 장원급제하여 한림이 된 황생은 자신을 모해하고 애정 문제에 위기를 초래한 주 상서를 처벌하고, 증 소저, 오 소저와 함께 혼례식을 거행하며, 증 소저와 인연의 끈을 이어준 애월까지 소첩으로 삼는다. 이처럼 이 소설의 후반부에는 발단으로 삼았던 애정이 사라지고, 애정과 관련된 우여곡절이 더 이상 그려지지 않는다. 대신 전형적인 귀족소설의 결말과 같이 구원자의 도움을 받아 출세하여 악인을 처벌하고, 인연이 있는 미녀를 모두 취하는 내용이 펼쳐진다. 이로 인하여 이 소설은 상투적인 해피엔딩의 문학적 관습에 갇혀, 삼각 구도를 통해 제기했던 시대적 삶에 얽힌 긴장과 의미는 퇴색해버렸다는 평가를 받는다.[6)]

이 소설에서는 자발적인 애정에서 비롯된 관계와 정혼에 의한 관계의 삼각 구도를 잘 보여주며, 이 구도 안에 흐르는 정을 밀도 있게 그려내고 있다. 그러나 정작 삼각 구도의 중심이 있는 황생은 한 애정 대상을 선택하는 고민을 보여주지 않는다. 그렇지만 이 삼각 구도에 처해 있는 증 소저의 경우는 유일무이하고 배타적인 열정적 사랑을 지켜내느냐, 예로 맺어진 관계를 인정하여 황생을 오 소저와 나누어 섬기느냐 하는 심리적 갈등을 겪는다. 이 갈등은 증 소저를 죽음으로까지 몰고 갈 정도로 강도 높은 것이었다. 그러나 증 소저가 다시 살아나고 황생이 증 소저와 오 소저를 동시에 취하는 행복한 결론은 삼각 구도에 놓인 남녀 관계의 긴장감은 물론이거니와 증 소저의 치명적 갈등까지 무화시키고 있다.

6) 신동흔, 앞의 글.

3. <雙美奇逢>에 형상화된 애정의 문화적 의미

1) '연애(戀愛)'의 포착

우리가 현재 자연스러운 사랑이라고 생각하는 것은 연애, 성애, 결혼이 삼위일체적으로 결합된 것으로서 근대 이후 가족 윤리가 된 '낭만적 사랑'이라는 관념에 바탕하고 있다. 이성과 사랑에 빠져 결혼을 하고, 결혼을 한 대상, 혹은 결혼을 약속한 대상과 성 관계를 갖는다는 '낭만적 사랑'이라는 문화적 이상은, 원칙적으로는 근대 사회의 구성원에게 자명하게 보인다. 그러나 전통 사회의 문화에서 볼 때, 자유로운 연애가 행복한 결혼으로 이어지는 낭만적 사랑은 그리 자연스럽지도, 바람직하지도 않았다.

전통 사회의 문화에서는 혼외 관계를 전제한 기녀와의 사이가 아닐 경우, 주체적으로 애정의 대상을 선택할 기회가 쉽게 주어지지 않았다. <부용의 상사곡>에서 김유성이 모친에게 사신이 결혼할 상대를 스스로 구하겠다는 뜻을 내비치자, 그 어머니가 대경실색하는 장면을 보자.

> 일일은 공ᄌᆡ 모부인씌 고왈, "부부ᄂᆞᆫ 인륜의 읏듬이오, 만복의 근원이라. 만일 서로 가우(佳偶)를 맛나지 못ᄒᆞ면 이ᄂᆞᆫ 평ᄉᆡᆼ의 업원(業冤)이 되ᄂᆞᆫ 바이어ᄂᆞᆯ 죠션 풍속이 괴이ᄒᆞ와 피ᄎᆞ 션악(善惡)을 아지 못ᄒᆞᄋᆞᆸ고 다만 부모의 명을 좃고 ᄆᆡ쟉(媒妁)의 말만 드러 ᄇᆡᆨ연가긔를 ᄇᆡᆺᄉᆞ옴애 그 능히 량셩(兩性)이 샹합(相合)ᄒᆞ야 실가지락(室家之樂)을 일우ᄂᆞᆫ 쟈ㅣ 드므온지라. 쇼ᄌᆞ의 ᄉᆡᆼ각에ᄂᆞᆫ 귀쳔을 물론ᄒᆞᄋᆞᆸ고 쇼ᄌᆞ의 눈으로 규슈의 션악을 본 연후에야 가약을 뎡ᄒᆞ려 ᄒᆞ오니 복망태태ᄂᆞᆫ 부잘업시 용려치 말으쇼셔."
>
> 유뷰인이 이 말솜을 듯고 대경(大驚) 왈 "네 이 어인 말이뇨. 남의 집 규슈를 네 어이 역어 친히 보며 내 나히 륙십이 갓가왓스니 일모도원(日暮途遠)ᄒᆞᆫ지라, ᄉᆡᆼ젼에 현부를 마져 슬하의 ᄌᆞ미를 보려 ᄒᆞ거ᄂᆞᆯ 이졔 네 말과 ᄀᆞᆺᄒᆞᆯ진ᄃᆡ 어ᄂᆞᄂᆞᆯ 너의 가우(佳偶)를 엇으리오. 이ᄂᆞᆫ 만만불가(萬萬不可)ᄒᆞ니 너ᄂᆞᆫ 다시 ᄉᆡᆼ각ᄒᆞᆯ지어다."(<부용의샹ᄉᆞ곡>,[7] 7~8면)

어머니를 설득하는 김유성의 논리는, 부부가 인륜의 으뜸이기에 자신의 판단으로 좋은 배필을 찾아 부부애를 실현하겠다는 것으로서 그 자체로 문제 삼을 소지는 별로 없다. 그러나 스스로 배필을 구하겠다는 논리는 도무지 양반집 규수를 얻어볼 기회가 없는 현실 앞에서 우스꽝스러워진다. 그러니 김유성의 말에 대경실색하며, 철부지를 나무라듯이 타이르는 김유성의 모친은 당시로서는 합리적인 반응을 보이고 있는 것이다. 이렇게 귀족 사회에서 당사자에 의한 결합은 거의 불가능하다고 봐야할 것이다. 그래서 남녀간의 자발적인 애정을 그리고 있는 애정소설에서 주로 다루는 것은 기녀와 사대부가 남성간의 애정 문제가 될 수 있었다. 이러한 맥락에서 애정소설의 대부분을 차지하고 있는 유형이 사대부와 기녀가 등장하는 기녀신분갈등형 소설이라는 점을 이해할 수 있다. 즉, 기녀신분갈등형 소설은 남녀간의 자유로운 애정 문제를 문학적으로 다루기 위한 수사적 장치가 되는 것이다.[8)]

기녀신분갈등형 소설에서는 연애의 과정을 찾아보기 힘들다. 사전적인 의미로 연애는 "어떤 이성(異性)에 특별한 애정을 느끼어 그리워하는 일, 또는 그런 상태"를 뜻한다. 그러니까 사전적인 의미에서 연애란 이성간의 이끌림, 즉 자발적인 애정 자체가 아니라 애정을 느끼고 난 후에 애정 관계를 형성하기 위해, 혹은 그것을 유지하기 위해 하는 일이나 그러한 상태를 의미한다는 것이다. 기녀신분갈등형 소설에 연애의 과정이 없는 이유는 서로 밀고 당기면서 행해지는 사랑의 확인 과정이 없기 때문이다. 애정소설에서 사대부가의 남성 주인공과 기녀인 여성 주인공은 지음(知音)의 관계를 이룬다. 실제로 애정소설에서는 거문고나 가야금, 피리 소리를 통한 만남이 자주 등장한다. 또 시를 매개로 하여 서로의 마음과 미덕을 단번에 알아보는 과정이 대다수 애정소설에 존재하여 기

---

7) 동국대 한국학연구소 편, 『활자본고소설전집』 10권, 아세아문화사, 1976.

8) 물론 이러한 관점이 기녀신분갈등형 소설이 남녀의 결합 과정의 장애가 되는 신분의 차이를 문제 삼음으로써 당대의 부상하는 가치를 포착하고 확산시켰다는 사회적 의의를 부인하는 것은 아니다. 단지 애정소설이 그러한 역할을 할 수 있었던 발생적 배경을 애정문화의 관점에서 해명할 수도 있다는 것이다.

녀인 여성 주인공이 지인지감(知人之鑑)을 발휘하는 계기로 활용되기도 한다. 기녀는 이미 지인지감을 발휘할 정도로 재덕이 있는 인물이니 기녀와 그가 알아본 인물이 지음의 관계로 자연스럽게 전환될 수 있다. 이렇게 지음이나 지인지감이 만남의 모티프로 쓰이는 애정소설에서는 상대방이 자신을 어떻게 생각할지를 고민하거나, 자신이 과연 상대방을 사랑하는가를 회의하는 주인공의 모습을 발견하기 힘들다. 자신과 같이 훌륭한 상대를 찾았으므로 굳이 연애의 과정을 통해 상대를 탐색하고, 자신을 성찰할 이유가 없기 때문이다. 그래서 춘향과 몽룡은 광한루에서 만난 지 하루만에 연애 과정 없이 백년가약을 맺고 성애까지 나눌 수 있었던 것이다.

<쌍미기봉>의 황생과 증 소저는 시종일관 만나지는 못한 채 서로를 그리워하는데 이 둘을 만나게 하지 못하는 설정은 연애라는 상태 혹은 감정을 생기게 한다. 황생과 증 소저는 담이 맞붙은 이웃에 살면서 우연히 서로의 모습을 보고 반하게 되었다. 만약에 증 소저가 규방의 규수가 아니라 기녀였다면, 황생은 어떻게든 첫눈에 반한 상대를 찾아가 사랑을 확인할 수 있었을 것이다. 또는 황생에게 담을 넘어 여인의 향기를 훔칠 용력이 있었다면, 이 둘은 쉽게 맺어질 수 있었을 것이다. 그러나 증 소저는 행실을 중시하는 규방의 규수요, 황생은 예의를 중시하는 귀족적인 미덕을 갖춘 인물이기에 이들은 둘 사이를 가로 막은 담을 결코 넘지 못한다. 담을 사이에 두고 서로를 그리워하는 연애는 이 소설에서 두 차례나 반복된다. 그렇게 담 하나를 사이에 두고 있는 두 사람은 한 번도 서로 마주하며 이야기를 나누어보지 않고서 외따로 상대의 마음을 헤아린다. 그러면서 이들은 온갖 경우를 상상하면서 혼자 괴로워하기도 하고 즐거워하기도 하는데 바로 이러한 점이 연애의 상태이며, 연애 감정이라고 할 수 있는 것이다.

<쌍미기봉>이 오히려 주인공들의 귀족적인 성향으로 인하여 연애를 형상화할 수 있었다는 점은 매우 흥미롭다. 이 점을 자세히 살피기 위하여 귀족소설인 기봉류 소설과 이 소설을 비교해 보도록 하겠다. 기봉류

소설은 주인공을 비롯한 인물들이 옛날에 은혜를 베풀어 준 사람이나 친척 또는 부친의 고우(故友)를 만나 위기와 고난에서 구원받는다는 내용으로, '신기로운 만남[奇峰]'을 표제로 내세울 만큼 우연과 초현실적 세계의 개입이 잦다. 또 이 부류의 소설은 남녀의 결연을 중심으로 하되, 주로 양반 가문의 혼인 문제를 여러 가지 형태로 그려나간다는 공통적인 특성을 지닌다.[9)]

일반적인 기봉류 소설과 달리 <쌍미기봉>에서는 초현실적인 존재의 개입 없이 시종일관 주인공들의 행위로 인해 사건이 야기되고 진전된다. <쌍미기봉>의 주인공들은 서로의 모습을 보고 애정을 갖기 시작하였다. 그 후 증 소저는 쌍연시를 건네 자신의 마음을 알렸으며, 황생은 증 소저가 있는 금릉까지 내려 와 옆집의 하인으로 살 정도로 증 소저의 곁에 머물고자 하였다. 또 증 소저는 모친이 주가의 청혼을 받아들임으로써 발생한 위기의 상황을 타개하기 위해서 죽음을 가장하고 집을 도망치기도 하였다. 그렇지만 이들이 결코 전통적인 규범을 초월할 수 있을 정도로 파격적인 인물은 아니다. 증 소저는 먼저 시를 건넸음에도 황생의 공부를 방해할까 염려하여 다시는 얼굴을 비치지 않으며, 황생은 과거 시험장에서조차 증 소저만 생각하고 엎드려 있을 정도로 상사(相思)에 시달리면서도 담을 넘어 증 소저의 마음을 확인할 생각은 엄두도 내지 않는다. 더욱이 주가의 하인이 된 황생은 증 소저와 주생간의 택길일을 써 보내라는 주인의 임무에도 복종하며, 증 소저는 감히 모친 앞에서 주생과 혼인하지 않겠다는 소리도 하지 못한다.

그러니까 <쌍미기봉>은 전대의 귀족소설과 달리 자발적인 애정을 느낀 상대를 만났음에도 귀족소설에 등장하는 규범적인 재자가인이 등장하기에 애정의 실현이 지연되는 것이다. 바로 이 '미적거림'이 이 소설의 주된 흥미이며, 이 소설이 주로 형상화하고 있는 애정을 '연애'라 부를 수 있는 근거가 된다. 즉, <쌍미기봉>은, 남녀주인공이 귀족으로 등장하는

9) 양혜란, 『조선조 기봉류 소설 연구』, 이회문화사, 1995.

귀족소설과는 달리 자발적인 애정을 발단으로 삼는 동시에 재자가인에게 요구되는 행실을 중시하기에 애정을 느끼는 상대에서 쉽사리 다가가지 못하여 서로 기다리며 그리워하는 '연애'를 포착할 수 있었던 것이다.

이 소설이 간행된 해는 1916년이며, 이때에는 아직 '연애'라는 말조차 생소하였다고 한다. 1920년대 중반에 이르러 김기진은 "연애라는 말은 근년에 비로소 쓰이게 된 말"이라고 설명하였다. 그에 의하면 1910년대 후반만 해도 연애라는 말이 없었으나 그 후 자유연애라는 말의 약어로 '연애'가 널리 쓰이게 되었다는 것이다. 연애라는 말은 우리가 만든 신조어가 아니라 중국과 일본의 중개를 거쳐 'love'의 번역어로 유입된 말이다. 1920년에 <근대의 연애관>이라는 책을 낸 일본인도 "일본어에는 영어의 'love'에 해당하는 말이 없다."고 고백하고 있듯이 동양 문화에서 "I love you."를 번역하는 작업은 상당한 곤란을 동반하였다. 'love'의 번역에 곤란을 느낀 이유는 그것이 남녀간의 애정, 그 중에서도 정신적인 사랑(platonic love)을 주로 지시했기 때문이다.

정신적인 사랑을 일본에 소개한 기타무리 도오코쿠는 육욕(lust)과 정신적 사랑의 차이를 강조하고 후자의 중요성을 주장했지만 당시 일본인들은 이를 전혀 이해하지 못했다고 한다. 그는 결국 정신과 육체의 이원론에 대한 논쟁 끝에 자살하는 비극적인 최후를 맞았다. 야노 다카요시는 정신적인 사랑과 육체적인 사랑을 구별하는 것은 서구의 기독교 전통에서 비롯되었다고 지적하며 일본의 문화에서는 둘 간의 구분이 힘들다고 하였다.[10] 그는 '정(情)'이라는 말의 용례를 들어 이를 설명한다. 즉, 일본에서 정이 남녀 관계에서 쓰일 때는, 상대를 좋아하는 사랑의 감정을 의미하기도 하는 한편, '정을 통하다'라는 말로도 쓰이는 것처럼 육체적 애정 행위의 실행까지 의미한다는 것이다. '정'의 용례가 우리나라에서도 마찬가지인 만큼 정신과 육체를 구분하지 않았으며, 어느 한 쪽의 가치만을 인정하지 않았던 것은 동아시아 문화권에서 어느 정도 보

10) 야노 다카요시, 『한일고대혼인설화와 정조관』, 보고사, 2002, 12면.

편적인 것이라 보아도 무방하다. 그러하기에 우리나라에서도 "'연애'라는 신어는 재래의 열정을 통속, 불결 등으로 낙인찍으면서 제 자리를 찾기 시작"[11]하였다고 한다. 이처럼 연애는 정신과 육체의 근대적 분리를 바탕으로 종래의 애정관을 부정하고 정신적인 애정의 가치를 상대적으로 옹호하면서 발생한 개념이다.

이렇게 연애를 이해할 때, <쌍미기봉>에서 한 번도 제대로 만나 사랑을 나누지 못하고, 각기 홀로 애태우는 애정의 형상은 아직 연애, 즉 정신적 사랑이 보편화되지 않은 시기에 그것을 문학적으로 포착해낸 것이라 할 수 있다. 이제 문제가 되는 것은, 귀족소설의 끄트머리에 앉힐 수 있는 소설로서, 시대적으로는 몰락하는 계급의 애정사를 그려내고 있는 이 작품이 비교적 이른 시기에 새로운 사회적 관념을 언어적 형상으로 선취할 수 있었던 사실을 어떻게 이해해야 할 것인가이다. 신동흔은 가장 보수적인 소설의 계보에 속한 이 작품이 남녀간의 밀도 있는 정을 형상화할 수 있었다는 것은 문화의 변화가 이미 거스를 수 없는 대세가 되었음을 보여주는 것으로 파악하였다. 그렇지만 기녀신분갈등형 소설에서조차 그리지 않았던 연애를 <쌍미기봉>이 보여주기 때문에 이 작품을 두고, 혼전의 남녀간 사랑을 확인하기 위한 지난한 정신적 과정으로서 연애가 보편화되었음을 알려주는 징후라고 해석하기엔 석연치 않은 부분이 있다.

오히려 <쌍미기봉>은 이광수에 의한 '열정의 발견' 이후, 염상섭에 와서야 문학적인 형상을 얻게 된 '연애'[12]를 전혀 다른 경로로 포착해낸 것으로 봐야 한다. 즉, 이 작품은 본격적으로 근대 문화의 세례를 받은

---

11) 권보드래, 『연애의 시대』, 현실문화연구, 2003, 14면.

12) 서영채, 「한국 근대소설에 나타난 사랑의 양상과 의미에 대한 연구」, 서울대 박사학위논문, 2002. 다음의 구절에서 염상섭의 소설에 와서야 연애의 문법이 문학적으로 구현되고 있음을 설명하고 있다. "이광수와 그의 주인공들이 끝없이 사랑의 이상을 향해 나아가면서 그것의 중요성을 강조하는 계몽주의자라면, 염상섭은 다양한 주체들 사이에서 벌어지는 정서적 의사소통으로서의 연애에 대한 관찰자에 훨씬 가깝다. 그러한 의사소통의 방식을 연애의 문법이라 한다면, 저 직업적인 관찰자 염상섭의 장편들은 이를 살펴볼 수 있는 매우 적실한 텍스트로 보인다."(134면)

근대문학과는 다른 길을 통해 연애에 도달하였으며, 이 작품의 연애는 근대적인 낭만적 사랑을 성립시키는 요소로서 그것과는 다른 발생적 배경을 갖는다는 것이다. 앞서 언급하였듯이 <쌍미기봉>의 주인공들은 모두 귀족적이며 전통 윤리를 충실히 따르고자 하는 규범적인 인물들이었기에 애정의 자유로운 실행에 있어 주저하는 모습을 보인다. 이들은 서로에 대해 자발적인 애정을 느꼈으나 그 실행을 규범적인 격식에 따라 행하려 했기 때문에, 천정 인연을 강조하는 기봉류 소설과 갈리며, 격식과 신분에 구애 받지 않는 자유로운 만남을 주창하는 기녀신분갈등형 소설과도 다른 길을 걷게 된다. 그러면서 이 소설은 기봉류 소설이나 기녀신분갈등형 소설이 소설적으로 포착하거나 형상화하지 못한 '연애'라는 독특한 문화적 관념을 그려낼 수 있었던 것이다.

2) 애정의 질곡으로서 '예(禮)'

황생과 증 소저가 담장 하나를 두고 사이에 서로 그리워하기만 하고 상사병을 앓는 가장 큰 원인은 '예(禮)'이다. 황생은 <운영전>의 김생처럼 사다리를 이용해 담을 넘어 향기를 훔치지도 못하며, <영영전>의 김진사처럼 헐어진 담을 넘어 적극적으로 애정을 성취하지도 못한다. 또 증 소저는 운영이나 영영처럼 자기를 찾아와 달라는 요청을 감히 하지 못한다. 그렇게 하기에는 황생과 증 소저가 유교 사회의 문화적 이상인 예(禮)에 너무나 충실한 인물들이기 때문이다. 그러나 이들은, 정격적이지 못한 애정이 현세적인 관점에서 볼 때 자못 비극적인 파국을 맞을 수밖에 없었던 <운영전>의 주인공들과는 달리, 사회적으로 인준된 방식으로 결합을 이룰 수 있었다. 이렇게 예를 완전히 갖추자니 남녀간의 자유로운 애정이 생겨날 기회조차 없고, 예를 포기하면 두 남녀의 관계가 사회적으로 인정될 수 없었던 전통사회에서 '예'란 애정의 대표적인 질곡이었다. <쌍미기봉>은 우연한 만남으로 인해 생겨난 자연스러운 애정을 실현하는 데 있어 예가 걸림돌이 되는 구도를 잘 보여주고 있다.

우선 소설의 구체적인 장면에서 예가 애정 실현을 위한 장애가 되는 과정을 살펴보자.

> 소졔 잉월의 말을 듯고 거의 눈물이 써러지게 되며 탄식호되, "나도 이 일을 위호야 쥬져홈이나 진퇴가 어려우니 엇지호리오." 잉월이 이로딕 "소져는 쥬장업시 마소셔. 만약 풍류직자로 한을 픔고 몸을 맛치게 되면 뉘웃쳐도 밋지 못호리니 나의 쇼견ㄱ흐면 한 봉 글로 져로 오게 호야 셔로 정회를 통호야 공연이 바라고 창자 쓴는 근심을 업게홈이 편홀가 호느이다." 소졔 이로딕, "구츠호 일은 녀즈의 힝실에 못홀 빈고로 스량(思量)호기을 오릭호나 능히 힝치 못호리로다." 잉월이 이로딕, "그런진딘 다만 두어 글즈로 오릭 쇼식을 통치 아닌 스실을 말호야 황낭으로 근심호는 마음을 만분에 일이라도 덜게 호쇼셔." 소졔 이로딕 "나도 이 뜻이 업는 빅 아니나 엇지 규즁 셔싸를 경이히 외간에 젼호야 혹 다른 스룸의게 본 빅 되면 죵신토록 누명을 면치 못호리오." (350면)

증 소저는 시비인 애월로부터 황생이 상사에 시달려 죽을 지경에 이르게 되었음을 전해 듣고, 눈물을 흘리며 탄식하지만 어떠한 행동도 취할 수 없어 난감해 한다. 이런 증 소저를 보고, 애월은 편지로써 서로 정을 통하면 공연한 근심이 없을 것이라 조언하나, 증 소저는 그것은 구차한 일이며, 여자의 행실에 못할 바여서 행하지 못하겠다고 한다. 재차 애월이 권하자, 증 소저는 규중 편지를 전하여 혹여 다른 사람이 본다면 누명을 면치 못할 것이라며 주저한다.

이처럼 증 소저가 황생에게 자신의 마음을 알리는 일을 능히 행하지 못하는데 그 이유는 그러한 행위가 여성이 갖추어야 할 예의범절에서 벗어난다고 생각하기 때문이다. 그러나 증 소저는 자신의 자연발생적인 애정이 예로 인해 질곡을 맞고 있다는 사실을 스스로 인식하지 못하였으며, 그러하기에 여성의 올바른 행실을 알려주는 예 자체를 애정의 장애로 여겨 부정하려 하거나 극복하려 하지 않는다. 단지 증 소저는 애정과 예 사이에서 어느 쪽도 쉬이 선택을 하지 못해 "진퇴가 어려우니 어찌하리오."라고 난감해 할 뿐이다.

증 소저가 예로 인해 "사랑하기를 오래 하나 능히 행치 못하고" 있는 교착(交錯) 상태에 놓여 있다면 황생도 마찬가지이다.

> ᄋᆡ월을 인연ᄒᆞ야 갓치 운아 소져의 방에 드러가고져 ᄒᆞᄂᆞᆫ 뜻을 말ᄒᆞᄆᆡ ᄋᆡ월이 이로ᄃᆡ 공ᄌᆞᄂᆞᆫ 경솔이 구지 말나 우리 소져의 우수ᄉᆞ려ᄒᆞ야 병이 고ᄆᆡᆼ에 이른ᄌᆞᄂᆞᆫ 셔로 종신ᄃᆡᄉᆞ를 완졍코져ᄒᆞᆷ이요 결단코 향을 도젹고져 ᄒᆞᆷ은 아니여ᄂᆞᆯ 만약 소져로 공ᄌᆞ의 경조ᄒᆞᆫ 거동을 알게ᄒᆞ면 엇지 졍인군ᄌᆞ로 알든 론의리오 소져난 녹져로 뜻을 직히고 기ᄃᆡ리리니 공ᄌᆞᄂᆞᆫ 속히 고향에 도라가 마음을 분발ᄒᆞ야 금방에 졔병ᄒᆞ면 긊대에 금마옥당으로 쌍미를 마질리라 엇지 목젼에 구ᄎᆞᄒᆞᆷ을 구ᄒᆞ고 젼졍의 방히됨을 ᄉᆡᆼ각지 아니ᄒᆞ시ᄂᆞ뇨 ᄉᆡᆼ이 ᄋᆡ월의 말을 듯고 사례하며 예로 ᄃᆡ졉ᄒᆞ고 다시는 젼과 ᄀᆞᆺ흔 말을 발셜치 못ᄒᆞ더라.(399~400)

황생이 예로 인하여 애정을 실현하기 위한 적극적인 행위를 포기하게 되는 과정은 위 인용문에 잘 나타나 있다. 애월은 증 소저의 시비로서 증 소저와 황생간에 청조(靑鳥) 같은 역할을 하여 서로의 정황이나 편지를 전하는 보조자로 등장하는데, 인용된 장면은 애월이 황생에게 주공자와의 혼례일이 가까워지자 앓아누워 있는 증 소저의 소식을 전하는 부분이다. 인용문에서 황생은 애월에게 증 소저를 방문하려는 뜻을 밝힌다. 이 말을 듣자 애월은 황생에게 경솔하게 굴지 말 것을 당부한다. 애월이 황생을 설득하는 논리를 의미론적으로 분석하면 다음과 같다.

<예 / 비례>

종신대사를 완전하게 함 / 향기를 훔침

뜻을 지키며 기다림 / 경조한 거동을 함

앞날을 기약함 / 목전의 이익을 구함

애월은 예(禮)와 비례(非禮)를 의미론적으로 대립시키면서 황생에게 비례를 행하지 말 것을 종용하는 것이다. 애월이 황생에게 설파하는 논리에서 예를 지킨다는 의미는 육례를 갖춘 제대로 된 혼인을 올리는 것이며, 뜻을 지키며 기다리는 것이고, 출세를 하여 당당히 배필을 구하라는 것이다. 황생은 애월의 말을 듣고 깨달은 바가 있었던지 애월에게 고맙다고 하며 애월을 예로 대접하고 다시는 증 소저를 직접 만나러 가겠다는 말을 하지 않는다. 이렇게 황생도 애정의 실현을 위한 행위를 포기하며 예로 나아가는 모습을 보인다.

예를 갖추기 위해서는 스스로 혼사에 나서지 않고, 부모의 정혼이나 매작(媒妁)의 중개를 기다려야 하지만 <쌍미기봉>의 주인공들은 이미 스스로 애정 상대를 택한 상태이다. 이럴 경우, 부모님을 움직여 청혼하는 방법이 유용하게 활용되기도 한다.[13] 그렇지만 부모님이 돌아가신 상태에서 한창 과거를 준비하고 있는 황생이나 아버지가 돌아가시고, 외가에 얹혀 살아가는 처지인 증 소저는 혼인을 주선할 권한과 능력이 있는 보조자의 도움을 받기 힘들었다. 그래서 이들의 결합을 위해서 황생이 과거에 급제해 출세하기만을 기다려야 하는데 황생은 사랑의 열병으로 과거 시험을 망치며, 증 소저는 외가에 닥친 환란으로 피신해야 했다. 이 같은 상황에서 이들의 애정을 공인받기란 참으로 지난한 일이었다. 더욱이 이들은 자신의 혼사를 주선하기 위해 적극적인 노력을 행하는 것을 부끄러워하는 위인들이기에 이들이 할 수 있는 일이란 그저 끝없이 기다리고 애태우는 것뿐이었다. 이러한 안타까운 곤경에 빠지느니 차라리 "남녀 부동석(男女不同席)"의 윤리를 지켜 애초에 애정을 발하게 하는 이성을 아예 안 보고 지내는 것이 오히려 낫지 않았을까 생각하게 할 정도이다.

---

13) <이생규장전>의 최 처녀는 이생과 결합을 위해 부모님을 설득하였고, <양산백전>의 양산백도 그러하였다. 둘은 모두 상사병으로 죽을 지경이 되어서야 이미 자신이 사랑에 빠져있음을 고백한다. 두 작품 모두 죽어가는 자녀를 위해 부모가 선뜻 나서는 모습을 보인다. 이밖에도 부모를 움직여 청혼하는 예는 <주생전>, <윤지경전> 등 많은 애정소설에서 나타난다.

그러나 유교 사회에서 애정 자체가 부정되었던 것은 아니다. 오히려 유교에서는 칠정(七情)에 속하는 인간 본연의 감정으로 애정을 이해하고, "식욕과 색욕은 본성(食色, 性也)"임을 인정하였다. 이렇게 애정의 자연발생적 속성을 너무나 잘 알았기 때문에 예교(禮教)가 강조되었던 것이다. 즉, 사람의 저급한 욕구가 윤리와 정치를 해치지 않으려면 예에 따라야 하기에 유교 사회에서 예가 그토록 필요했던 것이라 할 수 있다.[14] 실로 어떠한 지역과 사회이건 남녀간의 자연발생적 애정을 그저 흘러가는 대로 내버려 둔 곳은 없었다. 자신이 사랑하는 대상에 너무나 강력히 묶여 있어 자신의 통상적인 의무마저 잊게 하는 열정적 사랑은 사회의 질서 유지나 의무의 준수라는 관점에서 볼 때는 상당히 위험한 것이기 때문이다.[15] 그래서 동양적 전통에서는, 아예 열정적 사랑이 시작될 기회를 차단하거나, 열정적 사랑의 형태로 시작되기 쉬운 애정을 순치시키고 다스리는 사회적 장치로서 예(禮)가 동원되었던 것이다.

동양에서 예는 주로 물로 상징되었다.[16] 물 건너에 있는 임은 닿을 듯하다간 멀어지고, 멀어진 듯하다가는 이내 닿을 것 같지만 둘 사이에 놓인 물로 인하여 끝내 그리움의 대상이 되기만 하는 존재이다. 이렇게 예가 물로 상징되는 문학적 전통은 예가 단숨에 뛰어넘을 수 없는 애정의 장애임을 말해준다. 이처럼 열정의 일종인 사랑은 당시 문화가 지닌 예의 역사적 한계를 본능적으로 체감하고 극복과 초월을 꿈꿀 수 있는 잠재력을 가지고 있었던 것이다. 그러나 애정이 현실의 질곡인 규범적 윤리를 비판하는 사회 개혁의 동력으로 분출되는 것은 아니다. 우연한 계기에 의해 자발적으로 시작된 애정은 예와 대결의 관계를 가져 애정을 쟁취하든가, 예를 부정하든가 하는 결말로 치닫지 않는 것이다. 그 이유는 다음과 같은 애정과 예의 관계를 통해 발견할 수 있다.

---

14) 장파, 『동양과 서양 그리고 미학』, 유중하 외 역, 푸른숲, 1999, 527면.
15) 앤소니 기든스, 『현대 사회의 성 · 사랑 · 에로티시즘』, 배은경 · 황정미 역, 새물결, 2001, 82면.
16) 예가 물로 상징된 중국의 문학적 전통에 대해서는 장파, 앞의 책, 173~174면 참조.

<1>

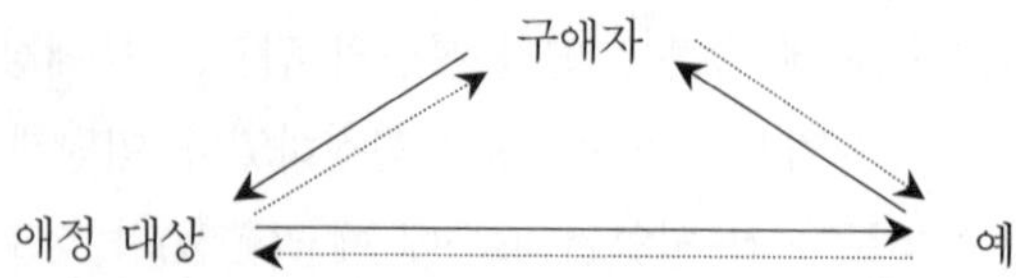

앞서 인용한 본문에서는 애월이 만약에 증 소저가 황생이 경조한 거동을 한다는 것을 안다면, 증 소저는 더 이상 황생을 '정인군자'로 생각하지 않을 것임을 이야기하는 대목이 있다. 이 대목에서는 예로 인해 애정의 실행으로 걸음을 내딛기를 주저하는 구애자로서 주체의 성향뿐만 아니라 구애자의 임이 그에게 행하는 반작용이 확인된다. 이 반작용은 예를 매개로 이루어지는데 그 과정을 섬세히 살피면 다음과 같다.

황생은 예에 걸맞지 않는 만남을 계기로 증 소저를 사랑하게 된다. 이 때의 사랑은 자연발생적인 애정이라고 할 수 있다. 그러나 이미 설명하였다시피 예로 인하여 구애자인 황생은 애정 대상에게 적극적으로 나아가지 못한다. 이들 사이에는 낮은 담이 놓여 있지만, 이 담은 실로 너른 강만큼이나 둘의 사이를 떼어놓는 것이다. 둘 사이의 거리는 서로를 안타깝게 그리워하게 하는데 이 과정에서 애정의 대상은 미화되고 이상화된다. 그런데 이 이상화는 황생 혼자만의 상상력으로 이루어질 수는 없는 법이다. 황생은 자신이 사랑하는 대상을 사회에서 요구하는 이상적인 여성으로 변형시킨다. 이 과정에서 증 소저는 완전한 부덕을 갖춘 예의 바른 여성으로 화하며, 황생은 자신을 그에 걸맞는 상대로 변화시키기 위해 더욱 예를 중시하게 된다. 이러한 애정의 진행 경로를 거치면서 황생이 애초에 느꼈던 자연발생적이며 원초적인 애정은 좌절되고 만다. 실로 '정에서 시작되어 예의에서 그치는(發乎情, 止乎禮義)' 상태가 되는 것이다.

위 표의 실선은 강렬한 추구를, 점선은 이보다는 약한 추구를 의미한다고 할 때 표의 의미를 상술하자면 다음과 같다.[17] 구애자는 예의를 초월하여 애정 대상을 강렬히 갈구하는데, 임은 이에 대해서는 약한 반응을 보인 채, 예를 추구하며 자중한다. 이로 인해 두 사람 사이에는 거리가 생기고 아련해진 임에 대한 이상화가 발생한다. 임은 이미 예를 지키려 함으로 이 예는 다시 구애자에게로 향하게 된다. 이로써 황생의 애정은 좌절되고, 예는 애정을 제약하는 장애로서 문제가 되지 않은 채, 온전히 보존되는 것이다. 장파는 이러한 속성이 중국 문화의 보존적·중용적 특성에서 비롯됨을 논하고, 서양의 비극과 차이를 설파하였다. 즉, 서양의 애정 비극이 놀라운 초월을 할 수 있었던 연유는 <로미오와 줄리엣>에서 볼 수 있었던 것처럼 남녀 쌍방이 함께 구세력에 맞서 죽음으로써 반대 세력의 편협성을 드러내기 때문이었다. 그러나 동양의 애정 서사에서는 임에게서 퇴각하여 예로 귀속되면서 애정을 제약하는 장애로서 예의 신성성은 그대로 지켜지는 것이다.

혼사장애의 주지(主旨)라는 측면에서 보자면, <쌍미기봉>은 혼사장애가 해결되고 분리되었던 남녀가 결합하는 행복한 결말을 취하고 있다. 그러나 황생과 증 소저가 애초에 사회적 규범을 초월하여 품었던 서로에 대한 애정은 예에 의해 관리되면서 예를 문제시 할 수 있었던 변혁적 기상은 찾아볼 수 없게 되었다. 즉, 이들의 애정 자체는 예로 퇴각하면서 그 의미를 상실한 것이다. 소설의 앞 부분에서 한 여인을 그리느라 과거마저 망칠 정도로 열정적 사랑의 주인공은 서사가 진행될수록 오 소저가 자신을 위해 수절한다는 소식에 두 여인을 취할 수 있겠다고 기뻐하고, 과거에 급제하고 난 뒤에는 증 소저, 오 소저뿐만 아니라 증 소저의 시비인 애월마저 첩으로 취하며 영웅소설의 주인공과 점차 닮아간다. 이러한 모습은 애정이 예에 의해 점차 퇴색해가는 과정을 보여주는 것이다. 이렇게 예는 애정을 순치시키며 관리하는 사회적 기제로서 애정과 직접 대결하지 않으면서도 애정을 효과적으로 제어하는 역할을 하였다고 볼 수 있다. 그러면서 예 자체는 온전히 보존될 수 있었기에 동양 문화에서 예는 장구한 세월 동안 애정 관계의 질곡으로 존재하였던 것이

17) 이 표는 장파의 앞의 책, 176면에서 취한 것이며, 이하의 설명은 그의 논리를 따름을 밝힌다.

다. 이 소설은 이렇게 애정이 예로 인해 빛을 바래가는 과정을 그려냄으로써 예가 애정의 질곡으로 존재함을 여실히 보여주고 있다.

3) '예(禮)'의 자장(磁場) 안의 남녀 삼각 구도

이 소설에서 애정의 삼각 구도는 앞서 언급했듯이 황생과 증 소저, 오 소저 간에 존재한다. 황생은 오 소저와 약혼이 유야무야된 이후, 자발적인 애정에 의해 증 소저를 만났다. 그러므로 오 소저와의 관계는 전형적인 중세의 규범에 따른 것이며, 증 소저는 중세의 문화적 이상인 예에서 벗어난 만남이다. 이러한 애정의 삼각 구도는 예교주의적인 가치와 그것을 초월하고자 하는 애정가치가 긴장 관계를 이루고 있다는 점에서 만만하게 볼 만한 통속적 흥미 요소만은 아니다. 신동흔은 이 소설의 삼각 구도에 대해 시대적 삶의 문제를 전형적으로 함축하고 있다고 논하였다. 즉, 이 삼각 구도에는 "집안간의 계약이라는 사회적 관습에 의한 남녀결연이 여전히 힘을 발휘하는 가운데 다른 한편으로 당사자의 자발적 감정에 의한 결연의 방식이 대두되고 있는 상황, 그 상황에서 필연적으로 빚어지게 마련인 옛것과 새것의 갈등이 응축"[18]되어 있다는 것이다. 그러니까 이 논의에서는 <쌍미기봉>의 삼각 구도를 중세적 가치와 새로운 가치의 대리전으로 파악하고 있다고 할 수 있다. 본고도 기본적으로는 이와 같은 관점을 취하지만, 삼각의 남녀 관계에 대하여 통시적으로 접근하면서 <쌍미기봉>의 삼각 구도가 지닌 의미를 보완하는 방향으로 논의를 진행하겠다.

우선, 증 소저-황생-오 소저의 관계를 칭하는 명칭의 문제를 검토하고자 한다. 일반적으로 이러한 남녀의 관계는 삼각관계라고 불려진다. 그러나 이들의 관계를 삼각관계라고 하는 것은 근대 소설의 내적 형식으로서 삼각관계와 개념상 혼동을 일으킬 우려가 있다. 이미향은 근대소설의 삼각관계를 중심으로 근대소설의 애정 갈등을 분석하면서 조중환

---

18) 신동흔, 앞의 글.

의 번안 소설인 <장한몽>(1903~1905)에 와서야 애정 갈등이 삼각 관계로 본격적으로 다루어졌다고 설명한다.[19] 서영채 역시 서사적 애정 갈등에는 혼사장애와 삼각관계가 있다고 하면서, 이들은 각각 전통적 가치질서와 자본제적 가치질서라는 상이한 세계관의 산물이라 파악하였다.[20] 근대소설 연구자들이 보기에 고소설에서 동등한 가치의 병존을 바탕으로 선택의 갈등을 유발하는 삼각관계란 존재하지 않는 것이다.

서영채는 고소설에서는 삼각관계가 없으며, 오직 혼사장애만이 애정 갈등을 표현할 수 있는 유일한 길이라 논하였는데 그 논리를 자세히 살펴보자. 고소설의 주인공들은 인륜적 공동체의 이상적 가치를 체현하고 있는 윤리적 영웅들이며, 그들이 표상하는 가치로서의 애정은 그 자체로 고결하고 순정한 것이어서, 일호의 회의나 사사로운 욕망을 허용하지 않는다. 따라서 이러한 윤리적 영웅들이 주인공으로 등장하는 작품에서 갈등의 요소는 주인공의 내면에서 발생하는 것이 아니라 이상적인 가치 실현을 방해하고 위협하는 적대자, 즉 절대적 악의 존재에서 비롯된다고 할 수 있다는 것이다. 선악의 절대적 이분법에 기초한 서사 세계 내에서 애정의 선택을 둘러싼 심적 갈등은 존재할 수 없기에 윤리적 영웅이 사악한 힘을 극복하고 남녀 사이의 정당하고 윤리적인 결합을 성취한다는 혼사장애의 구조만이 애정의 갈등을 표현할 유일한 길이 되는 것이다.

이러한 논의는 애정 갈등을 서사적으로 확장하지 않고, 내면성을 지닌 근대적 개인이 둘 이상의 선택항을 놓고 번민하는 심리적 현상으로 축소시켰으며, 아무리 윤리적 영웅들의 애정이라 할지라도 그것은 당대 사회에서 쉽게 받아들여질 수 없었다는 사실을 간과했다는 문제점을 지닌다. 만약 애정갈등을 두 연인 사이에서 선택의 문제로 축소한다면 고소설에서 애정갈등이 존재하지 않는 것은 당연하다. 일부다처제를 용인하고 있는 사회에서는 애정 대상을 여럿 취할 수 있기 때문에 두 애인 사이에서 남성 주인공이 고심할 필요가 없기 때문이다. 또, 애정을 제재로

19) 이미향, 『근대 애정소설 연구』, 푸른사상, 2001, 79면.
20) 서영채, 「<무정> 연구」, 서울대 석사학위논문, 1992, 9~10면.

한 고소설에서는 재자가인으로 표상되는 윤리적 영웅들의 애정이 그려지지만 이 애정이 단지 주인공이 윤리적 영웅이기 때문에 고결성과 순정성을 갖는다고 말하기는 어렵다. 오히려 윤리적 영웅인 주인공들이 예에 어긋나는 남녀간의 사사로운 만남을 통해 애정을 느껴버렸다는 점에서 당대의 문화적 이상과 갈등을 일으키며 그들의 애정 관계가 문제시되는 것이다.

그러나 이 연구에서 근대소설뿐만 아니라 고소설에도 혼사장애뿐만 아니라 삼각관계가 애정 갈등의 형태로 존재하였음을 주장하고 논증하려는 것은 아니다. 분명 삼각관계는 전통적인 사회보다는 근대적 세계와 친연성이 있어 보인다. 전통적 가치가 규범으로 강제되어 개인의 선택권한이 행사될 여지를 축소키는 과거와는 달리, 근대적인 삼각관계는 전통과 규범의 제약에서 벗어나 있는 자유롭고 이성적인 주체의 열린 선택 가능성을 보장해야 성립할 수 있기 때문이다. 따라서 <쌍미기봉>에 등장하는 세 인물간의 관계를 삼각관계라고 칭하기는 어려울 것으로 보인다.

우선 삼각관계의 중심에 존재하는 황생에게는 둘 중에 하나를 선택해야 하는 필연적인 이유가 없다. 또는 하나를 선택할 것인가, 둘 모두를 선택할 것인가를 고심해야 할 필요도 없다. 두 미녀를 얻게 되었다고 좋아하는 황생에게 그가 취할 수 있는 여성의 수는 실로 다다익선인 것이다. 그러하기에 관계의 중심이 되는 인물에게 가치의 선택을 두고 고민하고 갈등하게 하면서 서사를 추동해 나아가는 내적 형식으로서 삼각관계와는 거리가 멀다고 할 수 있다. 이런 점에서 볼 때, 삼각관계라는 명칭은 문화적 개념으로서 근대소설의 내적 형식을 지칭하도록 놓아두는 것이 타당하리라 여겨지며, <쌍미기봉>에 나타난 남녀의 다각적인 관계는 편의상 '삼각 구도'라고 칭하겠다.

<쌍미기봉>의 삼각 구도는 교환가치처럼 존재하는 삼각관계의 선택항과는 다른 전제를 가지는데 그 배후에는 앞 절에서 설명한 애정과 예의 관계가 놓여 있다. 앞서 예가 애정을 관리하는 방식을 살폈는데, 그것

은 남녀의 삼각 구도에도 적용된다. 이를 도식적으로 설명하면 다음과 같다.

<1>

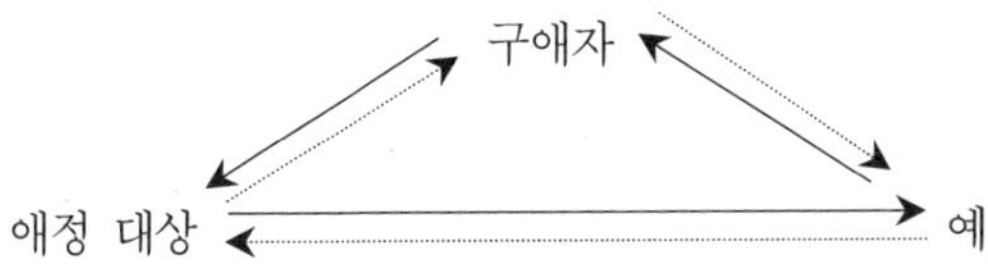

<2>

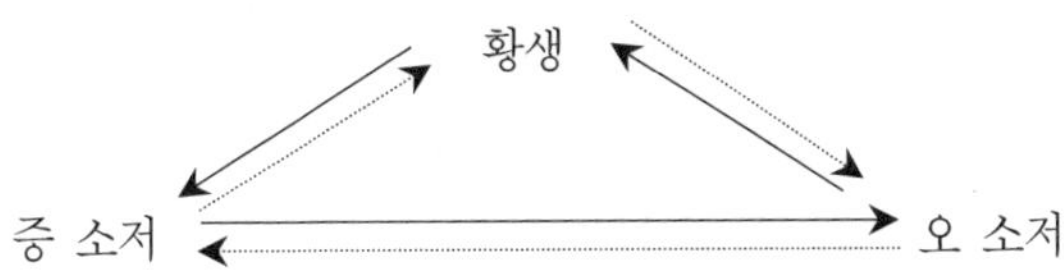

앞 절에서 설명한 <1>을 <2>와 나란히 놓고 볼 때, '예'의 자리에 '오 소저'가 들어가 있을 뿐 기본적인 형태나 작용 방향은 같다고 할 수 있다. 황생과 증 소저, 오 소저 사이에 삼각 구도가 형성될 수 있었던 근본적인 원인은 바로 예이다. 황생이나 증 소저는 잠시 예의 길에서 벗어난 만남으로 서로에 대한 애정을 느꼈지만, 이들은 문화적 규범을 중시하는 인물들이다. 증 소저는 자신의 애정을 포기하면서도 예를 지키려 하는데, 예를 따른다 함은 곧 부모님이 정혼한 대로 오 소저와 황생을 맺어주는 것이다. 증 소저가 주공과의 혼인이 가까워오자 도망가라고 권유하는 오 소저에게 자신은 죽어도 여한이 없으니 황생과 쌍을 이루라고 당부하기까지 말하는 장면에서 예의 강렬한 추구자로서 그의 모습을 확인할 수 있다. 이렇게 증 소저는 예를 지향하기에 예에서 비롯된 황생과 오 소저의 인연을 결코 부정할 수 없었다. 이로 인하여 증 소저-황생-오 소저 사이의 삼각 구도가 발생하는 것이다. 이렇게 이 소설의 삼각 구도는 자발적인 만남을 통해 스스로 애정 상대를 찾았으나 예를 중시하는 주인공들의 성향으로 인해 발생하며, 예가 발휘하는 강력한 영향력 아래 놓여 있다고 할 수 있다.

예가 애정을 통어하고 관리하는 사회적 기제가 문학적으로 형상화된 것이 삼각 구도라고 할 때, 이 삼각 구도가 모든 인물을 행복하게 만들어 주었던 것만은 아니다. 이미 언급한 바대로 일부다처제가 용인되는 사회에서 황생은 재색을 겸비한 두 미인을 함께 취할 수 있기에 이 삼각 구도는 특별한 문제가 되지 않았다. 그러나 증 소저의 경우는 달랐다. 증 소저는 애정을 포기할 수도, 예를 부정할 수도 없는 진퇴양난의 곤경에 빠져 결국 투신 자살을 시도하였던 것이다. 투신 자살이란 증 소저가 황생의 사랑에 보답하는 최선의 방법인 동시에 예로 맺어진 황생과 오 소저의 관계를 인정하는 최후의 수단이었다. 만약 증 소저가 죽고, 황생은 산천을 유랑하다 행방이 묘연해진 채 이 소설이 끝났다면, 이 소설은 애정이 지선(至善)의 가치임을 주창하고, 자연발생적인 애정을 가로막는 사회적 제도나 관습에 대해 항거하는 작품으로 읽힐 수도 있었을 것이다. 그러나 계보 상 귀족소설의 끄트머리에 위치하는 작품으로, 정을 느낄 수 있기는 하지만 여전히 전통적 규범인 예를 추구하는 인물들을 등장시키는 이 작품은 그런 결말을 선호하지 않았다.

이 소설은 소설 초반부의 열정적 구애자의 모습과 달리, 일부다처로 귀결되는 한계를 가진 결말을 갖는데, 이는 '쌍미(雙美)'를 기이한 방식으로 만난다[奇峰]는 제목에서부터 이미 암시된 것이기도 하다. 이 소설의 전반부에 생생하게 묘사되던 애정은 후반부로 갈수록 생기를 잃어간다. 보다 정확히 말하자면, 증 소저가 신약을 먹고 다시 살아나는 부분부터 이 소설은 애정을 그려내기보다 애정으로 인해 초래된 문제들을 해결하느라 바쁜 것이다. 증 소저를 살려내 황생과 다시 만나게 해야 하고, 궁녀로 끌려가는 오 소저도 구출해야 하며, 황생에게 누명을 씌우고 증 소저와 오 소저를 곤경에 빠뜨린 주 상서도 벌하고, 도움을 준 자들에게는 상을 내리는 등 황생과 증 소저의 자연발생적인 애정이 발단이 된 모든 사건들을 처리하여야 하기 때문이다. 이처럼 촉급하게 상투적 절차에 따라 일을 마무리 지음으로써 이 소설은 여전히 예가 지배하는 문화적 이상에 안착할 수 있었다.

4. 결론

이 소설의 간행 연도는 1916년으로 <무정>이 간행된 1917년의 바로 이전 해이다. <무정>의 형식은 재래의 일부다처를 부정하였기에 선영과 영채 중 한 사람을 골라야겠다고 생각하며 이로 인해 갈등하였다. 그래서 형식은 일부일처와 정신과 육체의 결합으로서 사랑을 주창한 인물로서 문제적일 수 있었으며, <무정>은 새로운 남녀 관계를 소설에 형상화하면서 최초의 근대 소설이라는 지위를 얻을 수 있었다. 이에 비해 이 소설의 남성 주인공은 애정 대상의 선택 문제와 같은 갈등을 겪지 않으며, 이 소설이 변화의 시기에 새롭게 부상하는 문화를 문학적으로 충분히 구현해 내는 것도 아니다.

그렇지만 이 소설은 자연발생적인 애정의 자유로운 실현을 가로막는 실체가 예임을 분명히 드러냄으로써 당대인들의 애정 문제가 곤경에 처한 상황을 잘 보여주고 있다. 이 소설이 가슴 저리는 연애를 형상화할 수 있었던 것도 예로 인해 남녀 주인공들이 서로에게 다가서기를 주저하는 태도에서 비롯되었다. 그리고 애정과 예의 관계에서 보았듯이 예는 애정을 효과적으로 통어하는 사회적 기제로서 기능하여 구애자를 끝 모르는 비애감에 젖게 하거나, 아예 구애자의 애정을 변질시키고 만다. 또 예는 남녀의 다각적 구도를 가능하게 하여 한 사람을 향한 절대적이고 유일무이한 애정을 제약하기도 한다. 이렇게 이 소설은 애정이 예에 의해 순치되고 관리되는 모습을 보여줌으로써 당대인의 애정 문제가 예라는 장애를 결코 넘어설 수 없었음을 여실히 알려준다.

그렇다고 등장인물이나 서술자가 애정의 질곡을 의식하고, 이를 극복하기 위한 방도를 제시하는 것은 아니었다. 그러나 이미 이 소설에 흐르는 정은 예라는 전통의 문화적 이상을 넘어서려 하고 있었다. 예로 인해 가로막힌 애정이 활로를 찾지 못해 제자리를 맴돌면서 '연애'라는 감정을 발생시켰으며, 주인공들이 애정으로부터 예로 퇴각하는 과정은 병리적 징후를 동반하여 진행되었다. 그리고 예가 마련해준 남녀의 다각 구도도 애정을 추구하는 이에게는 기꺼이 받아들이기 힘든 것이었다. 이렇게 이 소설의 문면에 흐르는 정은 전개되는 이야기에 차고 넘치려 하는 것이다. 바로 이러한 점에서 앞서 언급한 진부한 이야기 속의 새로운 감수성이라는 불일치가 생겨나는 것이라 할 수 있다.

이 불일치는 곧 문화적 곤경의 표상으로 볼 수 있다. 즉, 문화의 변화는 인간의 가장 내밀한 정의 차원에까지 스며들었으나, 아직 그것을 담아낼 문화적 형식이 마련되어 있지 않아 과거의 문화적 이상에 기댈 수밖에 없는 곤경이 이러한 불일치로 나타나는 것이다. 실로 정, 그 중에서도 애정이 문화가 집약적으로 드러나는 창이자 문화의 변화를 추동하는 중핵적 계기임은 이미 조선 후기 문사인 이옥(李鈺)에 의해 통찰되기도 하였다.21) <쌍미기봉>은 정의 차원에서는 예라는 질곡을 넘어서려 하나, 아직 그 질곡을 훌쩍 넘기에는 구조적 차원의 전통 규범이 여전히 강력히 작용하고 있는 이행기의 문화적 곤경을 표상하고 있는 것이다.

21) 무릇 천지 만물을 살피는 데는 사람을 보는 것보다 중대한 것이 없고, 사람을 보는 데에는 정보다 묘한 것이 없으며, 정을 살피는 데는 남녀간의 정을 살핌보다 진실한 것이 없는 것이다. 不天地萬物之觀, 莫大乎觀於人, 人之觀, 莫妙乎情, 情之觀, 莫眞乎觀於男女之情-李鈺, 「俚言引: 二難」, 『藝林雜佩』.

Ⅱ. 서사의 효용론

문학을 통한 인문지리적 사고력 교육의 가능성 탐색

-평양을 배경으로 한 고전소설을 대상으로-

1. 서론

사고력 교육은 국어교육의 주요 관심사 중 하나이다. 사고력 교육을 표방한 국어교육학 개론서도 나와 있으며,[1] 언어사용기능의 신장을 국어교육의 목표라 여기는 부류도 언어사용기능이 인간의 고등정신능력이라고 할 수 있는 사고력과 관련된 것임을 주장한다.[2] 한편, 언어의 속성에 따라 국어교육의 교육내용을 마련하고자한 연구에서는 사고를 형성하는 언어의 기능에 따라 사고 영역의 교육내용을 제안한 바 있다.[3] 사고력 교육은 국어교육만의 영역은 아니다. 그러나 국어교육은 '언어'를 대상으로 하는 교과라는 점에서 다른 교과의 사고력 교육과는 차이를 갖는다.

인간의 사고는 대부분 언어로 이루어진다는 점에서 언어는 사고의 도구이기도 하다. 한편, 언어는 사고를 형성하는 기능을 한다. 예를 들면,

1) 이삼형 외, 『국어교육학』, 소명, 2000.
2) 노명완·이차숙, 『문식성연구』, 박이정, 2002, 58~60면.
3) 김대행, 「청산별곡과 국어교과학」, 『고전문학과교육』 7, 한국고전문학교육학회, 2004.

상위어를 알게 되는 것은 단지 어휘의 습득에 그치는 것이 아니라 사물을 분류하고 범주화하는 사고를 가능하게 하는 것이다. 이처럼 언어는 인간이 부리는 도구이기도 하면서, 인간을 형성하는 도구라는 이중성을 갖는다.[4] 그렇지만 개별 주체의 의도 실현을 위해 언어의 다양한 기능과 전략을 알게 하고 익숙하게 사용할 수 있게 하는 기능중심의 국어교육은, 인간이 언어를 도구로 '사용'하는 점은 강조하되, 언어가 인간을 형성하는 '정신적 도구'라는 점은 간과한다. 따라서 기능중심의 국어교육관을 가진 이들은 특정 언어 기능과 전략의 습득을 위해 텍스트를 취할 뿐, 텍스트가 경험하게 하는 의미 내용이나 텍스트가 형성하는 사유 형식에 대해서는 큰 관심을 기울이지 않는다.

이 연구는 언어활동을 통한 인간의 변화와 배움이 중요하다는 관점을 갖는다. 사고력 교육도, 사고의 기능과 전략을 익히는 방식이 아니라, 텍스트가 다루고 있는 사고의 영역, 그리고 텍스트가 의미를 구성하는 방식을 배움으로써 학습자의 사고 영역을 확장하고 그 사유 형식을 도야(陶冶)하는 방향으로 이루어져야 한다고 생각한다. 이러한 사고력 교육을 위해 이 연구는 실험적으로, 지역 공간을 문학적으로 표상함으로써 지역성을 창조하는 고전소설을 연구 대상으로 하여 인문지리적 사고력 교육의 가능성을 탐색해 보도록 하겠다.

본고에서 다루려는 연구 자료는 평양을 배경으로 한 고전소설로서, 이에 해당하는 작품은 <옥단춘전>, <부용의 상사곡>, <채봉감별곡>, <이진사전>, <이춘풍전> 등이 있다. 이들 작품은 평양의 지역성을 문학적으로 표상(representation)한다. 소설에 표상된 지역성은 곧 인간의 마음속에 있는 심리적 공간[心想空間]이자, 자연 그대로가 아니라 인간의 역사와 정신이 창조한 문화(文化)라고 볼 수 있다. 인문지리적 사고력 교

4) 이러한 점이 비고츠키가 언어를 다른 도구와는 다른 '정신적 도구'로 명명했던 이유이다. 이와 관련해서는 다음 참조. L. S. Vygotsky, *Mind in Society: The development of higher Psychological processes*, M. Cole, V. J. Steiner, S. Scribner & E. Souberman(Eds. & Trans.), Harvard University Press, 1978, 조희숙 외 역, 『사회 속의 정신: 고등심리과정의 발달』, 성원사, 1994, 52~55면.

육은 이러한 지역에 새겨진 '인간이 만들어내는 문양[人文]', 곧 인문지리(人文地理)를 사고의 대상으로 삼게 하며, 인문지리적 사고의 문화적 수준을 높이는 데 그 목적이 있다.

이러한 관점에서 본고는 평양을 배경으로 한 고전소설을, 인문지리를 탐구하기 위한 유용한 자료인 동시에 인문지리적 사유 형식의 모델이 될 수 있는 범례적인 역할을 하는 것으로 취급할 것이다. 고전소설을 교육 자료로 삼아 인문지리적 사고력 교육의 가능성을 탐색하기 위한 이 연구의 절차는 다음과 같다. 먼저, 본격적인 논의에 앞서 인문지리적 사고력의 교육적 의미를 논할 필요가 있다. 여기서 지리적 사고력의 신장을 목표로 삼는 지리교육과 문학을 통해 인문지리적 사고력을 교육하는 문학교육의 차별성을 밝히고, 사고력 교육이 강조되는 국어교육의 지형도 내에서 인문지리적 사고력이 갖는 위상을 정립하도록 하겠다. 이어서 본격적으로 평양을 배경으로 한 고전소설에 표상된 지역성을 분석하고, 이를 바탕으로 인문지리적 사고력 교육의 설계에서 지표가 되는 항목들을 추출하여 제시하겠다.

2. 문학교육과 인문지리적 사고력

사고력의 사전적 의미는 '생각하는 힘'으로 풀이되며, 국어교육 영역에서 사고력은 주로 인지적 능력을 중심으로 하는 어휘 능력, 사실적 사고 능력, 추리·상상적 사고 능력, 비판적 사고 능력, 논리적 사고 능력으로 규정된다.[5] 한편, 문학교육에서는 학습자가 문학 작품 읽기를 통하여 정서적·심미적·윤리적 감동을 체험하는 것도 중요한 교육내용이기 때문에, 사고력을 정의적 능력으로 확대할 필요가 있음을 지적하기도 하였다.[6] 또한, 사고력중심의 국어교육을 표방한 저서에서는 인지중심적

5) 서울대 국어교육연구소, 『국어교육학사전』, 대교출판, 1999, 380면.
6) 윤여탁, 『리얼리즘의 시 정신과 시교육』, 소명, 2003, 127면.

사고를 '명료화하기, 상세화하기, 객관화하기, 주관화하기'로 나누고, 정의중심적 사고를 '알기, 따지기, 느끼기, 즐기기'로 범주화하였다.[7] 이처럼 사고력의 하위 범주를 다양하게 설정한다고 하여도 이 논의의 주요 개념인 인문지리적 사고력을 기존의 분류에 포함시키는 것은 쉽지 않다.

그리고 인문지리적 사고력이라고 하면, 국어교과가 아니라 지리교과가 담당해야 하는 부분이라고 여기기 쉽다. 지리교육에서는 지리적 사고력의 신장을 교과의 목표로 삼고 있다. 지리교과에서 말하는 지리적 사고란 지리적 사실이나 현상을 지리의 기본개념이나 법칙에 맞추어 생각하는 것이라고 한다.[8] 지리교육에서도 자연지리와 함께 인문지리를 다룬다. 인문지리학은 인간에 의해 창조된 환경을 연구하는 학문으로서, 인종과 인구 분포의 공간적 분석, 인구와 자연 환경과의 관계에 대한 생태학적 분석, 그러한 분석 결과를 토대로 하는 지역 구성 등에 관심이 집중된다. 그리고 인문지리학은 연구 분야에 따라 사회지리학, 인구지리학, 도시지리학, 경제지리학, 정치지리학, 문화지리학, 역사지리학 등으로 세분된다.[9] 이러한 인문지리학에 대한 설명을 참조하면, 문학에 의해 창조된 환경을 연구하는 분야를 인문지리학의 하위 분과 중 문학지리학으로 칭할 수 있을 것이다.

전통적인 인문지리학의 주요 연구 대상은, 앞선 설명에서도 확인할 수 있다시피, 인종과 계층, 인구 분포, 자연과의 관계 등 인간의 실제적인 삶이다. 이에 비해 문학 분야의 인문지리학은 지역성을 창조하는 인간의 정신적인 삶에 그 초점을 맞추는 특성을 갖는다. 이로 인해 문학교육은 인문지리적 사고력을 다루되, 인간의 정신문화가 만드는 지리적인 인문 형상을 대상으로 삼는다는 점에서 지리교육과 차별성을 가질 수 있다. 특히 문학교육이 인문지리적 사고력 교육에 긴요한 영역이 되는 근거는

---

7) 이삼형 외, 앞의 책.

8) 김연옥, 『사회과 지리교육연구』, 교육과학사, 1992, 69~70면; 임덕순, 『지리교육원리: 이론과 적용』, 법문사, 1993.

9) R. J. Johnston and Others (eds.), *The Dictionary of Human Geography*, The Free Press, 2000, pp.153~155.

다음과 같다. 첫째, 지역을 배경으로 한 문학 작품에서는 지역성에 대한 구체적인 삶의 감각과 정서가 녹아 있는데, 이는 인문지리의 주요 내용을 구성한다. 둘째, 국어교과의 교육 대상인 인문지리서나 기행문처럼 지역을 주제로 한 텍스트는 인문지리적 사고의 전범(典範)이 된다. 특히, 소설 등에서 지역에 대해 묘사한 부분은 경관의식을 보여줌으로써 지역에 대한 문화적 관념을 추출하기 위한 자료적 가치가 높다.

그래도 여전히 남는 문제는 국어교육 내에서 인문지리적 사고력 교육이 갖는 위상과 관련된 것이다. 이 문제에 접근하기 위해 문학과 사고력의 관계를 살필 필요가 있다. 문학은 사고력이나 상상력 교육의 관점에서 보았을 때 실로 풍부한 효용을 갖는다.[10)] 이런 특성으로 인해 문학이 계발하는 사고력을 정의적 혹은 심미적 영역으로 한정하여 그 기능을 범주화하는 것은 어려워 보인다. 이는 기존 사고력 교육의 틀이 내포한 문제이기도 한데, 모든 텍스트에 일반적으로 적용될 수 있는 사고 기능 이외에 특정 텍스트(군)가 계발하는 사고력이 들어설 사리를 마련해 놓고 있지 않기 때문이다. 즉, 모든 텍스트를 읽고 쓰는 데 적용되는 언어 전략 혹은 사고 기능이 아니라면 텍스트의 특수한 의미 내용과 교섭하기 위한 사고력, 텍스트의 의미 경험 결과 생성된 사고력은 국어교육 안에서 설 자리를 잃는 것이다.

이러한 문제는 쉽게 해결될 수는 없는 성격의 것이다. 그러나 논의의 진행을 위해 잠정적인 제안을 하는 방식을 취하도록 하겠다. 사고력 교육은 사고의 기능뿐만 아니라, 지식의 구조적 기강(紀綱)이 되는 '개념'

---

10) 소설은 그것이 다루는 제재를 통해 우리 삶에서 중요한 문제를 발견, 분별하게 하는 '도덕적 지혜'를 계발하고, 갈등 상황을 서사적으로 추론하는 능력을 도야시키며, 가치 갈등에 상상적인 해법을 제시하여 '도덕적 상상력'을 확장하게 하는 등 '도덕적 사고력'을 신장시킨다(졸고, 「가치경험을 위한 소설교육 내용 연구」, 서울대 박사학위논문, 2006). 한편, 역사소설은 역사적 사건을 가상 세계에서 다룸으로써, 그 사건을 체험한 사람들의 감정과 인식을 상상적으로 만날 수 있게 하는 '역사적 상상력'을 계발하는 효용을 갖기도 한다(서보영, 「역사소설의 역사적 상상력 교육 연구」, 서울대 석사학위논문, 2006). 문학은 삶을 총체적으로 다루기에 이처럼 다양한 국면과 영역의 사고력의 신장과 세련화 및 사고 영역의 확장에 기여한다.

을 중심으로 이루어질 필요가 있다. 이를테면, 지리적 개념은 입지, 장소, 장소내의 관계, 이동, 지역 등인데 이를 지리교육의 5대 근본 주제(basic themes)라고 한다.[11] 국어교육, 문학교육에서도 이러한 교육적 주제들을 선별하여 해당 주제와 관련된 사고력 교육을 시행할 수 있지 않을까 한다. 가령, 소설교육의 주제라면 시간(역사), 공간(지역),[12] 인간, 이념(가치), 정서, 문체(담론) 등이 포함될 수 있을 것이고, 각 주제 영역의 개념들을 중심으로 적절한 교육 제재들을 모을 수 있을 것이다. 이렇게 개념을 중심으로 교육 내용을 선정, 배열한다고 해도 개념 자체보다는 그 개념을 통해 세상과 자신을 볼 수 있는 안목과 사고력을 갖춘 개인의 형성이 교육의 목표가 되어야 하며, 이러한 교육을 기능중심과 대별되는 개념중심 사고력 교육이라고 칭할 수 있을 것이다.

인문지리적 사고력 교육이라고 명명되지는 않았지만 그간 문학에 표상된 공간성을 교육적 관점에서 논한 연구들이 적지 않다. 염은열은 기행가사를 자료로 대상 인식과 내용 생성의 관계를 연구하여, 이를 표현교육의 교육내용으로 구성한 바 있으며,[13] 기행가사의 문화적 의미를 추출하기도 하고,[14] '공간'을 기행가사 교육의 핵심 개념으로 도입하여 기행문학의 '공간' 체험이 지닌 교육적 의미를 논하기도 하였다.[15] 김종철은, 산천과 문물을 통찰할 수 있는 안목(眼目)을 제공할 범례(範例)로서

---

11) Joint Committee on Geographic Education, *Guideline for Geographic Education*, NCGE & AAG., 1984. 미국의 지리교육계에는 이 주제들을 설정하여 국가 수준의 'Guideline for Geographic Education(지리교육지침)'으로 발표하였다.

12) 염은열도 기행가사 교육의 핵심 개념으로서 '공간'을 제안한 바 있다. 그에 따르면, 기행가사의 '공간'은 공간의 중심에 있는 사람과 그 사람들의 삶, 그리고 공간을 형성한 당대의 문화에 대한 이해의 실마리를 제공해 줄 수 있다고 한다(염은열, 「기행문학의 '공간' 체험이 지닌 교육적 의미」, 한국고전문학교육학회 2006년도 동계학술발표회 논문집, 2006, 19면).

13) 염은열, 「대상 인식과 내용 생성의 관계에 대한 표현교육론적 연구」, 서울대 박사학위논문, 1999.

14) 염은열, 「19세기 금강산 가사의 특징과 문화적 의미」, 『고전문학연구』 14, 1998; 염은열, 「19세기 무명씨 금강산가사의 생활문화적 의미」, 『고전문학연구』 별집 8호, 한국고전문학회, 2001.

15) 염은열, 앞의 글, 2006.

근대 이전의 기행문학을 교육 대상으로 삼으면서 기행문학교육의 설계를 위한 지침에 해당하는 항들을 기행문학교육의 과제로 논한 바 있다.16) 박기석도 고전이 범례로 활용될 수 있다는 시각에서, <왕오천축국전(往五天竺國傳)>을 기행문 글쓰기 방식의 전범으로 가르칠 것을 제안하였다.17)

선행 연구의 공통적인 시각은 기행문학을 대상으로 공간이나 여행 체험에 대한 표현교육의 내용을 마련할 수 있다는 것이다. 본고는 연구 대상과 교육적 활용의 측면에서 선행 연구와 차이를 갖는다. 즉, 본고의 연구 대상은 본격적인 기행문학이 아니라 고전소설이며, 이를 표현교육이 아닌 사고력 교육의 입지에서 조명하기에 선행 연구와 구별된다고 볼 수 있다. 그렇지만 이 연구는 기존 연구의 관점을 확장된 범위의 대상에 적용하며 그 교육적 활용 영역을 넓히려 하는 성격의 것이기에 선행 연구의 흐름에서 크게 빗이나는 것은 아니다. 그리고 선행 연구는 근대 이전의 기행문학을 표현교육의 전범으로 다룬다. 본고에서 논하려는 사고력 교육에서도 고전소설은 사고의 대상과 방식에 범례를 제공하는 것으로 취급되기에, 본고는 선행 연구에서 고전문학을 보는 시각을 공유한다고 할 수 있다.

인문지리적 사고력 교육은 '아는 만큼 보인다'는 전제를 갖는다. 보고 생각할 수 있기 위해서는 우선 알아야 한다는 것이다. 그렇다면 무엇을 알아야 하는가라는 문제가 뒤따르는데, 본고에서는 이를 둘로 나눠, 문학 작품에 나타난 지역성의 내용과 그 지역성이 표상되는 방식에 대한 이해로 파악하고자 한다. 전자와 관련해서는, 문학교육에서 '지역'을 주제로 한 교육이 이루어질 수 있는데, 이를 위해 교재 구성에서 공통의 지역적 배경을 갖는 텍스트군을 묶어내는 방식이 유용하다. 더불어, 문

16) 김종철, 「근대 이전 기행문학교육의 시각」, 한국고전문학교육학회, 2006년도 동계학술발표회 논문집, 2006.

17) 박기석, 「<왕오천축국전>의 문학교육적 의의」, 한국고전문학교육학회, 2006년도 동계학술발표회 논문집, 2006.

학이 지역이나 공간을 표상하는 방식도 인문지리적 사고력 교육의 대상이 된다. 문학이 지역성을 창조하는 형상화 방식은 곧 지역을 사유하는 '정신적 형식(form)'이라고 할 수 있다. 인문지리학의 한 분과로 문학지리학이 성립할 수 있는 까닭도 문학이 고유의 형식으로 창조한 지역성이 경제지리학, 인구지리학 등 다른 분과의 지역성과 구별될 수 있기 때문이다.

그러나 이처럼 인문지리적 사고력의 교육 내용을 나누어 살피더라도 둘은 통합적으로 접근되어야 할 것이다. 문학 작품에 나타난 지역성의 내용도 문학의 형상화 과정을 거쳐 창출된 것이자 문학의 제 형식으로 매개된 것이기 때문이다. 그래서 문학교육의 교육내용으로 도입될 수 있는 '지역'은 의미 내용으로만 접근해야 할 대상이 아니라 반드시 문학적인 형식과 관련해 이해해야 할 성격의 것이다. 이러한 관점에 따라 본고에서는 지역성의 내용과 그 표상 방식을 구분하지 않고 통합적으로 다루려 한다. 이를 위해 이 연구에서는 '평양(平壤)'이라는 지역을 중심으로 소설 작품들을 모으고, 그 소설들이 창조한 지역성의 내용과 그것이 소설적으로 만들어지는 방식을 '형상화된 지역성'이라는 관점에서 통합적으로 살피고자 한다.

3. 소설에 형상화된 평양의 지역성

1) 인간사(人間事)를 펼치는 무대

소설의 지역적인 배경은 인물을 둘러 싼 객관적 환경이다. 객관적인 환경으로서 지역은 그 안에 존재하는 인물에게 행위 가능성과 함께 제약을 부여하는 구조적 밑그림을 제공한다. 평양은 조선과 중국의 사신이 오가는 길목에 자리 잡고 있으며, 함경도와 평안도의 물산이 모두 모이는 곳이자, 상공업이 발달한 경제 도시였다. 이 지역의 최고 권력자인 평안감사는 중앙과는 어느 정도 거리를 두면서 조세, 사법, 행정에 대한 권력을 행사하며, 재정 면에 있어서는 왕 못지않은 부를 축적할 수 있었기에, "평안감사도 제 싫으면 그만"이라는 속담을 낳기도 했다. 김홍도의 그림에서 평양의 부를 바탕으로 대동강변에서 열리는 연회의 규모와 화려함을 짐작할 수 있다<그림 1>. 평양은 물산뿐 아니라 기생도 풍부한

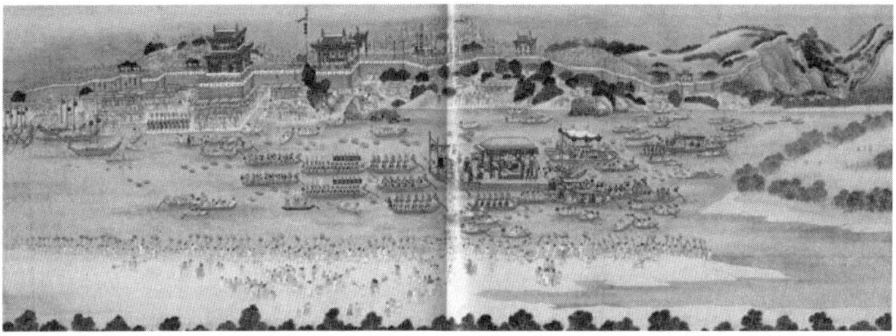

<그림 1> 김홍도(1745~1806), <평안감사향연도 월야선유(平安監司饗宴圖 月夜船遊)> 국립중앙박물관 소재

곳이다. 사신 영접과 연회에 필요한 수요와 이들을 먹여 살릴 수 있는 사회적 부가 있었기에 평양기생의 수는 16세기 180여명에 다다랐다. 예부터 개성은 소나무가 많아 송도(松都)라 불리며 절개를 지닌 여성들이 많이 나왔다고 하는 데 비해, 평양은 유흥의 상징인 대동강 버들로 인해 유경(柳京)이라 불리며 풍류를 즐기는 기생이 많은 색향(色鄕)으로 그 명성을 떨쳤다.

그래서 평양의 기생과 관련된 야담(野談)은 상당히 많다. 대표적으로 양녕대군(讓寧大君, 1394~1462), 임제(林悌, 1549~1587), 김이양(金履陽, 1755~1845)의 일화가 있다. 양녕대군은 평양으로 가면서 아우인 세종대왕에게 색향인 평양에 가니 몸조심하라는 충고를 듣는다. 그러나 풍류를 즐기던 양녕대군은 평양 명기인 정향(丁香)과 정을 나누었고, 헤어지는 마당에는 그 치마폭에 시를 써주기도 하였다. 이 치마폭은 평안감사에 의해 곧장 세종대왕에게 보내져, 세종대왕이 평양에서 색을 멀리 했다고 시치미 떼는 양녕대군 앞에 이를 펼쳐냈다는 얘기가 전해진다. 또, "오늘

은 찬 비 맞았으니 얼어잘까 하노라"하는 임제의 시조에 한우(寒雨)가 의뭉스럽게, "원앙침(鴛鴦枕) 비취금(翡翠衾) 어듸 두고 얼어 자리/ 오늘은 찬 비 맞았으니 녹아 잘까 하노라."라고 응대하는 시조도 유명하다. 평양 근방의 성천에서 부사를 지낸 김이양은 77세의 나이에 19세 김부용(金芙蓉)을 만나 소실로 들여 서로의 시를 알아주는 지음(知音)의 관계를 맺었다. 이런 일화들은 평양과 관련된 소설을 꾸며내는 작자의 상상력을 자극하는 한편, <부용의 상사곡>에서처럼 이야기의 원재료가 되기도 하였다.

평양은 기생뿐만 아니라 지기(志氣)를 기르고 견문을 넓히기 위해 평양을 찾는 풍류재자들도 많은 곳이라, 이 두 부류의 사람들이 만날 수 있는 가능성이 높았다. 소설은 이러한 가능성을 서사 세계에서 실현시키고 있다. <부용의 상사곡>에 나오는 김유성의 집은 한양 안국동인데, 그는 자신의 배우자를 스스로 찾으려는 마음을 먹고 부친의 부임지였던 평양을 찾아와 이름난 기생인 부용을 만나게 된다. <옥단춘전>에서 이혈룡의 고향도 서울이었으나 옛 친구를 찾아 의식(衣食)을 도모하려 평양에 왔다가 평안감사가 된 친구의 곁에서 수발을 들던 기생 옥단춘을 만난다. <이진사전>에서, 이혈룡처럼 도움을 구하기 위해 평안도에 사또로 있는 외척을 찾아왔던 이 진사는 우연히 연광정에서 열리는 백일장에 참여하는 계기로 기생인 경패와 가까워지게 된다. 이처럼 평양은 승경지를 찾는 풍류재자(風流才子)와, 번화한 인물 가운데 옥석(玉石)을 가릴 수 있는 지인지감(知人之鑑)이 있는 기생의 애정담이 펼쳐질 수 있는 무대로서 그 역할을 하고 있다.

평양은 흥미로운 일이 벌어질 수 있는 가능성을 갖고 있는 동시에 소설의 사건 구성에도 관여한다. <채봉감별곡>에서 채봉의 부친은 "평양 갓혼 시골 구셕"는 채봉의 짝이 없을 것이라 생각하고 신랑감을 구하러 서울로 간다. 또 다른 서울행의 목적은 벼슬을 사기 위해서인데, 이 역시 평양 양반의 요부(饒富)한 경제력과 서북출신이 인사에 있어서 차별을 받았던 사정이라는 지역적 특색과 밀접한 연관이 있다. 평양이 서북지방의 부유한 도시라고는 하지만 권력의 중심부에서 비껴나 있으며, 인물의 번화함으로 보자면 서울을 따라 갈 수 없기에 채봉의 부친은 서울로 가는 것이다. <옥단춘전>에서 이혈룡을 배반하고 출세한 친구인 김진희는 평안도 관찰사, 즉, 평안감사의 직분을 맡고 있다. 이혈룡은 사월 초파일 평양감사가 연광정에서 베푸는 화려한 연회에 거지꼴로 나타나며, 그 연회에 참석하였던 옥단춘의 눈에 들어 대동강 사공에 의해 목숨을 구하게 된다. 이후, 암행어사가 되어 평양에 돌아온 이혈룡은 다시 선유 연회장에 출도한다. 이처럼 <옥단춘전>에서는 평양이 아니고서는 있을 수 없는 풍물(風物)을 끌어오며 지역적으로 개연성이 있는 사건들로 이야기를 이어가고 있다.

<부용의 상사곡>는 부용이 감사가 배설한 선유연에서 평안감사에게 능욕을 당할 위기에 처하자 대동강에 몸을 던지는데 능라도 어부인 최기남이 구해준다. 이렇게 이 작품에서도 평안감사, 대동강 뱃놀이, 능라도 어부(대동강 사공) 등의 평양의 풍물이 사건 진행에 있어 중요한 역할을 한다. <이진사전>에서는 평안감사의 주최로 연광정에서 여는 백일장에서 장원으로 뽑힌 이 진사가 이어진 연희에서 기생 경패를 만나게 되니, 이 역시 평양이 아니라면 있기 힘든 사건이라 하겠다. 한편, <이춘풍전>에서 이춘풍이 장사하러 평양에 오고, 평양 기생인 추월이에게 빠지며, 비장으로 변장하고 평안감사를 따라 온 본처에게 혼쭐이 난다. 이 작품에서도 평양은 사건이 일어나는 지역적 배경이자 사건의 형상을 만드는 재료가 된다. 이처럼 사건과 지역이 긴밀한 관계를 가지기에 평양을 배경으로 한 소설은 평양이라는 지역이 아니라면 있기 힘들거나, 평양을 지역적 배경으로 삼는 것이 가장 적절하다는 느낌을 갖게 한다. 그래서 우리는, 남원과 <춘향전>의 관계처럼, 평양 이외의 지역에 살고 있는 채봉을 상상하기 힘들고, 대동강, 연광정 없이 <옥단춘전>의 사건을 떠올리기 쉽지 않게 되는 것이다.

지역적인 배경은 인물을 구성하는 데에서도 중요한 역할을 한다. 이 점은 주요 인물을 소개하는 서두에서 산천경개에 대한 서술 이후에 인

물이 등장하는 것으로써 확인할 수 있다.

> ① 어제 밤 부든 바람 금셩(金聲)이 완연ᄒᆞ다. 모란봉 치운 바람 단풍락엽(丹風落葉)을 홋날녀셔 평양셩즁으로 드러가니 ᄉᆞ졍업시 너머가는 져녁빗에 호올로 셔창을 의지ᄒᆞ야 바람에 붓쳐 ᄯᅥ러지는 락엽을 뮉업시 보고 완즌 ᄉᆞ람은 평양셩 외 김진ᄉᆞ(平壤城外金進士)집 쳐녀 치봉이라. -<채봉감별곡>(3)[18]
>
> ② 차흡다 조션의 승디강산 의론ᄒᆞ면 평양이 뎨일이라. 쟝셩일면용용수(長成一面溶溶水)와 대야동두뎜뎜산(大野東頭點點山)은 고려 문장 김황원(金黃元)의 졀창이라. 능라도 연긔 속에 홍엽은 분운(紛紜)ᄒᆞ고 모란봉 느진 비에 황화은 란만ᄒᆞᆫ듸 대동문 안 ᄒᆞᆫ 모롱이 쇼됴링락ᄒᆞᆫ ᄒᆞᆫ젹은 집 후원 별당 붉은 란간 우희 일위 미인이 운빈(雲鬢)은 삼사ᄒᆞ고 ᄡᅵ 무든 의샹에 얼골에 지분(脂粉)을 더ᄒᆞ지 아니ᄒᆞ고 초연히 ᄒᆞᆫ 손으로 턱을 괴오고 시름 업시 안자시니 -<부용의 상사곡>(3)[19]

평양을 배경으로 하고 있는 대표적인 두 고전소설은 여주인공을 소개하기에 앞서 평양이라는 지역의 풍경을 파노라마식으로 그려낸다. 이는 마치 영화에서 카메라가 다양한 위치에서 풍경을 담아내다가 인물에 점점 가까이 가는 것과 유사하다. <채봉감별곡>에서는, 모란봉에서 불어오는 서늘한 가을 바람에 단풍 낙엽이 떨어져 평양성에 나부끼는 풍경을 배경으로 그린 후에, 노을을 보며 서창에 비껴 앉은 채봉을 등장시킨다. <부용의 상사곡>의 도입에서도 능라도에 단풍 낙엽이 흩날리며 모란봉에 어지럽게 피어있는 황국화가 밑그림으로 그려진 후, 대동문 안 한적한 집 후원 별당의 난간에 선 부용이 등장한다. 이처럼 미인도(美人圖)에 어울리는 풍경을 갖춘 평양은 인물이 존재하는 배경으로서 도입에서부터 강조되고 있다. 미인도에서 풍경은 미인의 내면적 아름다움을 암

---

18) <彩鳳感別曲>(박문서관, 1913), 활자본고전소설전집(10), 아세아문화사, 1975.
19) <芙蓉의 相思曲>(신구서림, 1913), 활자본고전소설전집(3), 아세아문화사, 1975.

시하는 주요 기제가 될 수 있다는 점을 고려하면 평양이라는 소설의 배경은 인물을 이루는 요소 중의 하나가 된다고 이해할 수 있다.

이 절의 논의를 간단히 정리하자면, 지역이 인간사(人間事)를 만드는 산실(産室)이자, 인간을 형성하는 모체(母體) 역할을 한다는 것이다. 이는 전통적인 동양의 지리학 관념과 밀접한 관련을 맺는다. 현재 지리학에서 자연지리와 인문지리가 대별되지만, 동양적 전통에서는 이 둘이 구분되지 않았다고 한다. 동양에서는 땅을 살아있는 존재로 인식하고, 인간은 땅으로 대표되는 자연의 일부라고 생각해 왔기 때문이다. 그래서 땅은 능동적으로 만물을 키워내는 활력(活力)을 가지며, 이 활력의 후박(厚薄) 정도에 따라 인간의 길흉화복(吉凶禍福)이 정해지는 것이라 여겼다.[20] 이러한 지리관은 단지 풍수설에 입각한 전근대적 사고가 아니라 자연의 이치를 깨닫고 인간생활에 있어서 자연과의 조화가 얼마나 중요한가를 깨닫게 해주는 삶의 지혜인 동시에 실생활에 도움을 주는 삶의 기술로도 평가된다.[21] 평양을 배경으로 하는 고전소설은 지역이 인간 사이의 관계를 만들고, 서사적 삶을 펼치게 하는 바탕이자 인간됨을 형성하는 요소임을 형상적으로 보여줌으로써 이러한 동양적 지리관을 생생하게 구현하고 있다. 이러한 점으로 인해, 고전소설은 지역과 인간사, 지역과 인간을 결합시켜 사유하며, 그 조화를 모색하는 삶의 지혜를 제공하는 원천이 될 수 있다고 판단된다.

2) 유정(有情)한 존재인 자연

고전소설에서 지역적인 배경이 단지 인물이 처한 객관적인 환경으로 그 역할을 다하는 것은 아니다. 평양의 풍물과 정취는 인물의 마음을 움직이는 원인을 제공하기도 한다. 이렇게 인물과 자연이 감정적으로 조응하는 관계는 '감정이입적인 공간', '감정투사적 표현' 등으로 연구되기도

20) 최영준, 「<택리지>: 한국적 인문지리서」, 『진단학보』 69, 진단학회, 1990, 169~170면 참조.

21) 최영준, 앞의 글, 169면.

하였다.[22] 감정이 이입되거나 투사되는 방향은 주체에서 객체로 향하는 일방적인 것이다. 이로 인해, 고전소설에서 그려진 지역과 풍경을 감정이입, 감정투사로 설명하기에는 미진함이 남는다. 감정이입, 감정투사는 대상에 대한 주체의 작용만을 설명할 뿐, 대상이 외물(外物)로서 주체[內我]에 자극을 가하는 작용을 포괄하지 못하기 때문이다. 평양의 절경은 개별 인간의 감정이 이입된 대상만은 아니다. 오히려 그 자체가 유정(有情)한 존재로 그려져 특정 인간과 인간사에 반응을 하는 듯하다.

> 용낭이 후원 별당 쥬슈헌(秋水軒)에 연셕을 빅셜ᄒᆞ야 공ᄌᆞᄅᆞᆯ 젼별ᄒᆞᆯ ᄉᆞ이 쥬슈헌은 비록 놉지 아니ᄒᆞ나 산을 의지ᄒᆞ야 ᄒᆞᆫ 번을 나 ᄉᆞ면을 둘너보면 부벽루의 아름다온 경물과 대동강의 ᄆᆞᆰ은 물이 안젼에 버려잇ᄂᆞᆫ 곳이라. 공ᄌᆡ 용낭의 손을 잇ᄭᅳᆯ고 헌상에 오르니 잇대ᄂᆞᆫ 츈말하초(春末夏初)ㅣ라. 멀니 ᄇᆞ라봄에 락화ᄂᆞᆫ 젹젹ᄒᆞ고 류슈ᄂᆞᆫ 용용ᄒᆞ며 버들 ᄉᆞ이의 쐬고리 소ᄅᆡᄂᆞᆫ 간관ᄒᆞ고 시ᄂᆡ가의 방초ᄂᆞᆫ 쳐쳐ᄒᆞ니 심상ᄒᆞᆫ ᄒᆡᆼᄀᆡᆨ이라도 이러한 풍물을 ᄃᆡᄒᆞ면 넉이 살아지고 ᄋᆡ ᄭᅳᆫ허지려든 ᄒᆞ믈며 미인이 옥랑을 보ᄂᆡ며 옥랑이 미인을 리별ᄒᆞᆷ이리오. –<부용의 상사곡>(38)

부용과 김유성이 있는 곳은 대동문 안 부용집 후원 별당인 추수헌(秋水軒)이다. 이 별당은 부벽부와 대동강을 바라볼 수 있는 전망을 갖고 있다. 이별하기 앞서 별당에 오른 남녀의 눈에 든 경치는 꽃잎이 흩날리는 강 풍경이다. 이 소설의 서술자는 이러한 풍물을 대하면 심상한 행객이라도 넋이 스러지고 애가 끊어지려 함을 강조하며, 미인과 옥랑이 이별하는 데에는 이런 감정이 더 심화될 것임을 이야기한다. 여기서 주목해야 할 것은 인물의 감정이 자연에 이입되었던 것이 아니라 자연이 먼저 인물의 정을 움직이는 주체로 작용한다는 점이다. 자연이 인물의 감정이나 정황을 반영하는 수동적인 존재가 아니라 인물과 다양한 관계를 맺

22) 신태수, 「고소설의 공간에 대하여」, 『영남어문학』 28, 한민족어문학회, 1995, 223~227면 참조.

는 자기완결적 주체로 표상된다는 것은 다음과 같은 인용에서도 확인할 수 있다.

① 감히 만류치 못ᄒᆞ고 먼리 나와 젼별ᄒᆞ더라. 이ᄯᆡ 용낭이 뒤뫼ᄒᆡ 올나 공ᄌᆞ의 ᄒᆡᆼ진을 ᄇᆞ라보니 텹텹ᄒᆞᆫ 먼산은 ᄂᆞ진 볏을 ᄯᅵ여 푸르럿고 망망ᄒᆞᆫ 들빗은 졈은 연긔에 널녓ᄂᆞᆫᄃᆡ ᄒᆞᆫ뎜 푸른 라귀의 가ᄂᆞᆫ 곳이 점점 멀더니 나죵에ᄂᆞᆫ 그 그림ᄌᆞ도 보이지 아니코다. 만수 풀ᄉᆞ이의 ᄉᆡ소ᄅᆡᄂᆞᆫ 바람에 지져괴며 하늘가에 도라가ᄂᆞᆫ 구름은 슯흔 긔ᄉᆡᆨ을 씌엿ᄂᆞᆫ지라. -<부용의 상사곡>(42)

② 용낭이 사챵을 의지ᄒᆞ야 길이 탄 왈, 뎌 명월은 응당 우리 공ᄌᆞ의 옥갓흔 얼골을 빗최리로다. 어졔 밤에ᄂᆞᆫ ᄂᆡ 공ᄌᆞ로 더브러 뎌 명월을 ᄃᆡ하야 쥬ᄇᆡ를 ᄂᆞᆯ니며 졍화ㅣ 무궁ᄒᆞ더니 아지못게라 오늘밤에ᄂᆞᆫ 우리 공ᄌᆡ 어ᄂᆞ 쥬뎜에셔 뎌 달을 ᄃᆡᄒᆞ야 나를 ᄉᆡᆼ각ᄒᆞ시ᄂᆞᆫ고 ᄯᅩ ᄒᆞᆫ숨지며 왈 뎌 명월은 비록 이지러질지라도 다시 둥글 ᄯᅢ 잇거니와 이 일ᄉᆡᆼ은 ᄒᆞᆫ번 리별ᄒᆞ면 다시 모도히기 녜로붓허 쉽지 아니ᄒᆞ니 -<부용의 상사곡>(43)

③ ᄉᆞ월 팔일을 당ᄒᆞ야 일긔 적이 더운지라. 긔남이 일엽쇼션을 흘니 져어 릉라도 하류로 ᄂᆞ려가 그물을 강즁에 더지고 리파로 더브러 션두에 앗져 월ᄉᆡᆨ을 ᄃᆡᄒᆞ야 주ᄇᆡ를 ᄂᆞᆯ니더니 이윽고 ᄃᆞᆯ은 셔산에 지고 거문 안ᄀᆡ 슈면에 둘니며 슯흔 바람이 니러ᄂᆞ거ᄂᆞᆯ 긔남 부부ㅣ 괴이히 녁이더니 문득 무엇이 ᄇᆡ젼에 다닷치거ᄂᆞᆯ -<부용의 상사곡>(74)

①은 부용이 김유성을 전별하는 장면인데, 첩첩한 먼 산이 오후의 햇빛을 따라 푸른 모습과 망망한 들에 널려있는 검은 연기는 임을 보내는 부용의 마음 속 풍경이라고 할 만하다. 더욱이 하늘가에 돌아가는 구름이 슬픈 기색을 띄었다는 것도 부용의 슬픈 마음이 구름에 투영된 것이라 파악된다. 이처럼 자연은 인물의 감정에 따라 그 정취를 달리한다. 감정에 휩싸인 인물이 바라보는 자연에는 이러한 감정이입이 있게 마련이다.

②에서 자연물인 달은 인간사와 비교의 대상이 된다. 어제의 달은 임의 얼굴을 비치고, 자기는 달을 바라보며 임과 함께 술잔을 들었건만 오늘은 임과 헤어져 각기 다른 곳에서 달을 보며 서로를 생각하게 되었다. 또한 부용이 생각하기를, 명월은 이지러져도 다시 둥글 때가 있지만 인생은 한 번 이별한 후, 다시 합쳐지기 쉽지 않다고 했다. 이처럼 자연과 인간을 비교한다는 것은 둘 사이의 거리를 전제로 한다. 그리고 이 거리는 자연을 인간의 확장으로 파악하는 것이 아니라 그 자체의 이법(理法)으로 움직이는 독자적 존재라고 여기는 관념을 드러낸다.

③의 장면은 부용이 대동강에 투신한 후, 능라도 어부인 최기남에게 구출되기 직전에 해당한다. 최기남은 날이 더워 능라도 하류에서 그물을 던져 놓고 자기 부인과 함께 달빛을 대하며 술을 마시고 있었다. 이런 그의 눈앞에는 서산에 지는 달과 수면에 깔리는 검은 안개가 슬픈 바람 등이 어우러진 풍경이 펼쳐진다. 이렇게 최기남의 감정과는 이질적인 풍경은 인물의 감정이입만으로는 설명하기 어렵다. 자연이 스스로 느낄 수 있는 존재여야만 부용의 투신자살을 슬퍼하여 풍경으로써 자신의 표정을 나타낼 수 있는 것이다.

위에서 살펴보았듯이 자연은 인간과 다종의 관계를 맺고 있다. 자연에는 인간의 감정이 확장되어 반영되기도 하고, 자연은 어느 정도 독립적인 자기 원리를 갖고 있는 대상이기도 하며, 인간사에 스스로 반응하는 주체이기도 하다. 이렇게 자연은 인간의 감정이 투영되는 대상일 뿐만 아니라 스스로 인간적인 반응을 만들어내는 것이기에 자연은 인간처럼 취급되기도 한다.

자연이 유난히 인간의 감정을 가진 것으로 표상되는 작품은 <옥단춘전>이다.

> ① ᄒᆞ늘ᄋᆞ 우러러 방셩통곡ᄒᆞ야 왈, "명명ᄒᆞᆫ 쳥쳔은 져져히 ᄒᆞ감 하옵소셔. 불상ᄒᆞᆫ 리혈룡을 살녀 쥬옵소셔. 경셩에 부모쳐ᄌᆞ 나를 평양에 보낸 후에 쥭게 된 쥴 ᄆᆞ로고셔 오날올가 ᄂᆡ일 올가 쥬야쟝쳔 바라

ᄂᆞᆫᄃᆡ ᄂᆡ 팔ᄌᆞ 무ᄉᆞᆷ일노 갈소록 이러ᄒᆞᆫ고 방셩통곡 슬피우니 뉘 아니 슬허ᄒᆞ리요. 산쳔초목이 다 슬허ᄒᆞ더라. –<옥단춘전>(481)[23]

② 일월이 무광ᄒᆞ고 산쳔초목비금주수가 다 슬허ᄒᆞ고 ᄃᆡ동강 말근 물도 흐르지 아니ᄒᆞ고 울넝츌넝 머물드라. –<옥단춘전>(483)

③ ᄃᆡ동강 상 일엽션아, ᄂᆞ를 실고 만경청파 둥둥 써셔 가든 ᄇᆡ야 ᄂᆞ 오ᄂᆞᆫ 줄 모르고셔 어ᄃᆡ 가셔 ᄆᆡ엿ᄂᆞ냐 산수도 ᄉᆡ로옵다. 운무쳥쳔 져 구름은 ᄂᆞ오ᄂᆞᆫ 모양을 보고 뭉실뭉실 피여잇고 범파치창낭 ᄇᆡᆨ고들은 무심ᄒᆞᆷ도 무심ᄒᆞ다. ᄂᆞ를 어이 모르ᄂᆞᆫ고. 강수ᄂᆞᆫ 은은ᄒᆞ야 건너 산을 둘너잇고 츌림 비죠 져 물ᄉᆡᄂᆞᆫ 농춘화답 쌍을 지여 쌍쌍이 나라들고 –<옥단춘전>(491~493)

④ ᄃᆡ동ᄀᆞᆼ 말고 말근 물 바라봄 ᄃᆡ셩통곡ᄒᆞ야 왈, ᄃᆡ동강 말근 물아, 날과 무ᄉᆞᆷ 원슈 잇셔 ᄒᆞᆫ번 죽기 어려운ᄃᆡ 두 번이ᄂᆞ 죽이랴고 이 모양을 식키느냐 –<옥단춘전>(502)

①의 대목은 김진희에게 죽음을 당할 위기에 처한 이혈룡이 하늘에 빌며 자기 신세 한탄을 하는 부분이다. 여기서 산천초목은, 그 자리에서 있던 다른 사람들이 이혈룡의 딱한 처지를 듣고 슬퍼하듯이 이혈룡의 말을 듣고 그에 반응한다. ②에서는 같은 상황에 대한 자연의 반응을 일월이 무광하고, 산천초목금수가 슬퍼하며, 대동강 물은 흐르지 않고 울렁출렁 머문다고 보다 구체적으로 표현해 놓았다. 여기에 동원된 자연물의 움직임과 색채는 자연이 자신의 반응을 나타낼 수 있는 '표정'이라고 볼 수 있다. 이렇게 자연이 단지 인물의 감정을 받아 안는 수동적 존재가 아니라 자기 감정을 갖고 인간에 대한 반응을 스스로 나타낼 수 있는 주체이기에 자연은 인간처럼 느껴지기도 한다. 그래서 ③에서 암행어사로 출세한 이혈룡의 말을 듣는 청자의 자리에 놓이게 된 자연물은 이혈룡과 함께 흥을 나눌 수 있는 독자적 존재로 그려진다. ④에서 옥단춘이 대동강

23) <玉丹春傳>(박문서관, 1916), 활자본고전소설전집(4), 아세아문화사, 1975.

에 빠져 죽기 전에 원망의 말을 듣는 대상으로 대동강이 등장하는데 이 역시 자연이 인간적인 감정을 가지는 유정한 존재임을 보여준다.

자연은 스스로 느끼고 인간의 말을 들을 수 있고 그에 대한 반응을 나타내는 존재일 뿐 아니라 인간사에 개입하여 직접 행동할 수 있는 주체이기도 하다. 이혈룡을 배반한 옛 친구인 김진희를 벌하는 것은 인간이 아니라 바로 자연이었다.

> 어ᄉᆞ도 어진 마음 다시 ᄉᆡᆼ각ᄒᆞ고 ᄒᆞᄂᆞᆫ 말이 데ᄂᆞᆫ 뎨 죄로 죽을망졍 션의를 ᄉᆡᆼ각ᄒᆞ고 녯정을 ᄉᆡᆼ각ᄒᆞ니 ᄂᆡ ᄯᅩᄒᆞᆫ 져와 ᄀᆞᆺ치 죽일 수 차마 업다 ᄒᆞ고 나졸 한 놈 급히 불너 분부ᄒᆞ되 네 급히 ᄇᆡ에 가셔 그 양반 물에 한참 너엇다가 긔의 쥭게 되거들낭 도로 건져 실고 오라 ᄒᆞ니 나졸놈 쳥령 후 급히 갈 데 난ᄃᆡ 업ᄂᆞᆫ 뇌셩벽역이 ᄃᆡ작ᄒᆞ며 진희를 잡어ᄂᆡ여 쳔벌일셩에 시신도 업셔 젓더라. -<옥단춘전>(507)

어사인 이혈룡은 옛정을 생각하여 김진희를 죽일 수 없어, 나졸들에게 자신이 당한 방식대로 물에 빠뜨리긴 하되, 죽기 직전에 도로 건져 살리라고 명령한다. 그런데 나졸들이 명을 받아 가는 사이, 하늘에서 천둥소리와 함께 벼락이 내려 김진희를 벌한다. 불탄 시신도 없는 것으로 보아 하늘이 '잡아갔다'는 표현이 적절하다고 하겠다. 이와 같이 고전소설에서 유정한 존재로 그려지는 자연은 선악을 판단하는 주체이자 인간 같은 행동을 할 정도로 인간화된다.

이 절에서 논의한 내용은 반드시 평양을 배경으로 한 소설에만 국한되는 것은 아니다. 그러나 빼어난 경관을 갖추고 있는 평양의 자연물은 다른 지역의 그것보다 인간의 감정을 이끌어내기 쉽다는 특성을 갖는다. 굳이 백일장을 경치 좋은 야외에서 하는 것도 외물인 자연이 인간의 정을 움직이는 작용을 하기 때문이다. 더구나, 평양은 그 풍경을 언어로 묘사할 수 있으되, 그 풍경이 주는 감흥은 인간의 언어로 표현하기 힘들 정도의 승경지이다. 대동강 풍경을 제재로 시를 쓰려했던 고려의 문장가 김황원(金黃元, 1045~1117)도 위대한 조화를 이루는 자연 앞에서 인간적인 언어의 한계를 깨닫고 통곡하며 부벽루를 내려올 수밖에 없었다.[24] 이처럼 평양의 자연물은 인간의 감정을 끌어내되, 자연을 인간의 언어로 표현하는 것이 불가능함을 느끼게 한다. 그래서 평양을 배경으로 한 소설에서는 자연이 인간을 초월해 있는, 자기 감정과 의지를 가진 독자적 존재로 표상되는 경향이 잘 드러나는 것이다.

3) 명승지(名勝地) 중심의 지역관

앞선 두 절은 소설을 통해 창조된 지역성과 관련되나, 이 절에서 논할 것은 주로 소설로 반영된 당대의 지역에 대한 관념이라고 할 수 있다. 이 관념은 그 자체로 존재하는 것이 아니라, 소설을 비롯한 기행문의 여정이나 지리지의 서술을 통해서, 혹은 평양의 지형을 그린 지도나 풍속도 등 문화적 형식을 통해서만 접근할 수 있는 문화적 성격의 것이다. 특히 소설은 당대를 살았던 사람들의 삶의 감각이 녹아 있기에 다른 문화 형식보다 생생한 지리적 관념을 드러낸다. 연대기를 기록한 역사보다 문학이 당대의 역사적 리얼리티를 복원할 수 있는 미시사적인 자료로 가치를 지니는 것과 같은 이치이다.

평양이 배경인 소설의 남주인공들은 <채봉감별곡>의 필성을 제외하고는 모두 외지에서 온 사람들이었다. 이들이 평양의 승경을 즐기려는 목적으로 여행을 떠난 것은 아니었으나, 평양 또는 평양 근방을 찾은 이들은 대부분 평양의 명승지를 돌아보는 유람을 행한다. 평안도 암행어사였던 박내겸(朴來謙)도 여정에서 연광정에 들렀다. 그는 "하늘을 찌르는 누각, 어지럽게 정박하여 있는 나루의 커다란 배들, 땅 끝까지 가득한 동

24) 시와 관련된 일화는 다음과 같다. 김황원은 부벽루(浮碧樓)에 올라가, 예부터 지금까지 써 붙인 모든 시를 보고 그 시의(詩意)가 마음에 들지 않아서 서판(書版)을 거두어 불살라 버린 후, 종일 기둥에 기대어 애써 읊었으나 위의 구절밖에 얻지 못해 통곡하며 부벽루에서 내려왔다고 한다. 서거정(1420~1488), <東人詩話> 참조. 해당 원문은 다음과 같다. 金學士黃元登浮碧樓 見古今題詠不滿其意 旋焚其版 終日憑闌苦吟 只得長城一面溶溶水 大野東頭點點山之句 意涸痛哭而去

네, 강을 따라 계속되는 숲… 빼어난 경치에 이리저리 둘러보느라 정신이 없었으니, 무어라 이름붙일 수 없는 형상이 진실로 평생토록 잊지 못할 장관이었다."라고 기술하고, 임진왜란 때 선조도 피난지에서 돌아오는 도중, "평양을 한번 돌아보고자 한다. 이때 안보면 언제 다시 오겠는가? 한 바퀴 돌면서 방어시설 등을 보려고 하는 것이니, 유람이나 하는 것으로 생각하지는 말아 달라"며 사정을 했다고 기록한다.[25] 특수 임무를 띤 암행어사나 몽진(蒙塵) 중의 임금도 반드시 들렀다는 평양의 명소는 소설 속 인물들에게도 역시 유람의 대상이었다.

<이진사전>에서 이 진사는 강서 현감으로 있는 친척의 도움을 구하기 위해 길을 떠난다. 그의 또 다른 목적은 팔도 중에 제일 명구승지(名區勝地)라고 하는 평양을 들려 지기(志氣)를 기르고 흉회(胸懷)를 넓히는 것이었다.

> 평양에 다다르니 십리 장림 푸른 수풀 원ᄀᆡᆨ을 반기ᄂᆞᆫ 듯 련광뎡에 올나셔셔 ᄉᆞ면을 ᄉᆞᆲ혀 보니 릉라도 연긔 속에 양류ᄂᆞᆫ 의의ᄒᆞ고 모란봉 구름 아ᄅᆡ 창숑은 울울ᄒᆞ며 부벽루에 빗긴 ᄒᆡ에 금슈병풍 둘너잇고 슝령젼의 잠긴 구름 학의 소ᄅᆡ 머러잇고 영명ᄉᆞ 져믄 쇠북 산승이 밧비 가며 ᄃᆡ동강 푸른 물결 정연이 침벽ᄒᆞ니 이 진짓 데일강산이라. -<이진사전>(79~80)[26]

그는 평양 경치를 한 눈에 볼 수 있는 연광정에 올라 사면을 둘러보며 경물(景物)을 탐한다. 그가 본 곳은 능라도, 모란봉, 부벽루, 숭령전, 영명사 등 평양의 이름난 누정(樓亭)과 고적(古蹟)이다. <이춘풍전>에서도 부인에게 서약하고 호조에서 돈을 빌려 평양에 장사하러 온 이춘풍도 평양의 경치에 무심하지 않았다.

---

25) 박내겸, <서수록(西繡錄)>(오수창, 「암행어사의 길-1822년 평남 암행어사 박내겸(朴來謙)의 성실과 혼돈」, 『역사비평』, 2005, 겨울호 참조.) 서수록은 1822년 평안도 암행어사가 쓴 개인 일기로 규장각에 소재한다.

26) <李進士傳>(회동서관, 1925), 활자본고전소설전집(7), 아세아문화사, 1975.

동선령을 바삐 넘어 황주 병영 구경하고, 중화로 평양을 바라보고 형제교를 얼른 지나 십리 장림을 지나 대동강에 다다라서 모란봉 쳐다보니 그 아래 부벽루 둘러있고 물색도 좋을시고. 대동문 연광덩 제일강산이 여기로다. 기자 단군 이천 년의 보통문 유전일다. 정자도 좋거니와 영명사 극히 좋다. 성내에 들어서니 인가도 번성하고 물색도 번화하다. 춘풍의 거동 보소. 최성루 돌아들어 좌우 산천 구경하고 또 한편 바라보니 옛마음이 절로 난다. -<이춘풍전>(8)[27]

이 진사와 이춘풍의 눈으로 본 평양 풍경은 각 인물의 특성에 따라 조금씩 차이가 난다. 이 진사는 평양의 경치를 한 눈에 볼 수 있는 연광정에서 평양 전체를 조망하며 특정 명소를 회화적으로 표현하였다. 능라도, 모란봉, 부벽루 등의 명소는 그 정취를 돋우는, 안개 낀 수면 위의 버들, 푸른 구름과 소나무, 석양빛에 물든 산천 등과 함께 그려지는 것이다. 이에 비해 이춘풍은 평양의 경치를 완상하는 느긋함 없이 주마간산(走馬看山)격으로 이것저것 좋다는 식으로 경물을 대한다. 이는 아마도 평양을 승경지로 여기기보다는 유흥지로 생각했던 춘풍의 태도와 관련이 있는 듯하다. 그래서 춘풍은 성내의 청루(青樓)를 보자마자 단단히 고쳐먹었던 옛마음이 절로 나는 것이다.

두 인물의 개성과 태도에 따라 경물이 조금씩 달리 묘사되었지만 명승지를 거점으로 삼아 평양이라는 지역을 그려냄에 있어서는 공통적이다. 지역을 바라보는 데에는 다양한 관점이 있을 수 있다. 행정구역으로 나눌 수 있고, 풍수설에 입각해 그 산천경개를 살필 수도 있다. 그런데 이처럼 명소를 중심으로 지역을 스케치하듯 묘사하는 것은 특징적인 현상이라고 하겠다. 이는 명소의 형태가 시선을 끄는 이유도 있겠지만 명소에 대한 정보를 미리 알고 있는 상태에서 그 모습을 자신의 눈으로 확인하는 견문(見聞)의 문화에서 비롯된 것이라 파악된다. 명소에 대한 정

27) <李春風傳>(성산본), 김기동 · 전규태 편, 『이춘풍전』, 서문당, 1994.

<그림 2> <해동지도(海東地圖)>, 평양부(부분), 서울대 규장각 소재

보를 미리 알고 있기에 명소 중심의 여정이 이루어질 수 있고, 명소에 대한 자신의 감상을 덧붙이는 유람 체험의 표현이 가능하다. 이처럼 명소를 중심으로 지역을 파악하는 지역관은 명소를 큼직하게 그리고 이름을 명기한 평양지도에서도 시각적으로 확인된다<그림 2 참조>.

명승지 중심의 지역관은 <부용의 상사곡>에서도 찾아볼 수 있다. 이 소설은 다른 소설에 비해 인물이 지역 풍물을 완상하는 과정과 그 소회를 자세히 그리고 있다.[28] 김유성의 여정을 살피면, 그는 먼저 신인(神

---

28) 평양에 다다르니 산쳔이 수려ᄒᆞ고 인물이 번화ᄒᆞ야 진실로 명구승지러라. 공지 라귀에 ᄂᆡ려 거러 셩문에 드러가 김달죵의 집을 차자가니 공지 수일을 편히 쉬고 각쳐 풍물을 완상홀 식 몬져 슈령뎐(崇靈殿)에 쳠알(瞻謁)ᄒᆞ니 태빅산의 ᄂᆞ린 신인(神人) 유상(遺像)이 완연ᄒᆞ고 긔ᄌᆞ릉에 례비ᄒᆞ니 숑츄(松楸)만 푸르럿고 팔됴유풍(八條遺風) 막연(漠然)이오, 조천굴(朝天窟) 도라드니 텬마(天馬)는 간곳 업고 동명왕의 녯 자최를 무를 곳이 바이 업다.
거름을 도로혀셔 물을 ᄯᅡ라ᄂᆞ려가니 강ᄉᆡᆨ이 광활ᄒᆞ고 슈셰는 평온혼ᄃᆡ 벽운은 취수(翠樹)에 어래엿고 량량백구는 평사에 멀엇스며 금범슈장(錦帆繡帳)은 바람결에 ᄂᆞ붓기는 곳에 혼 뎡지 강을 림ᄒᆞ엿스니 취와홍란(翠瓦紅欄)은 반공에 소삿스며 현판에 크게 쎴스되, "데일강산(第一江山)"이라 엿스니 이는 명ᄂᆞ라 ᄯᅢ 한림편수(翰林編修) 쥬지번(朱之蕃)이 죠션에 ᄉᆞ신으로왓다가 이 뎡자에 올ᄂᆞ 풍광을 구경ᄒᆞ고 크게 칭찬ᄒᆞ며 현판을 만ᄃᆞ라 텬하데일강산이라 쓰려 ᄒᆞ다가 닐ᄋᆞᄃᆡ 우리 즁국의 금릉물ᄉᆡᆨ(金陵物色)이 가히 이에 ᄂᆞ리지 아니리라 하고, 다만 데일강산이라 쓴 바이오, 그 후 병화를 당ᄒᆞ야 그네글ᄌᆞ 즁에 물 강(江)ᄌᆞ를 일흠으로 필가(筆家)에 유명혼 빅하윤판서순(白下尹判書淳)이 다시 물강ᄌᆞ를 쎳스니 이 곳은 이에 련광뎡(鍊光亭)이라
뎡ᄌᆞ 아래 거마와 ᄉᆞ람이 물쓸듯ᄒᆞ며 뎡자 우의 소인묵긱(騷人墨客)이 무리무리 모혀 안져 혹 시구도 읇쥬어리며 혹 주븨(酒杯)를 눌녀 즐기는지라. 공지 그 열요(熱*)홈을 슬히 녁여 다시 ᄃᆡ동문으로 드러오며 좌우를 살혀보니 쥬란화각(朱欄畵閣)이 동셔로 버렷는ᄃᆡ 텹텹(疊疊)혼 비 단장은 풍편의 ᄂᆞ붓쳐 상셔의 구름이 니러나며 몽몽(濛濛)혼 향연(香煙)은 구살발에 엉긔엿고 딜탕혼 풍류와 청아혼 노래 소ᄅᆡ 곳

人)인 단군을 모신 숭령전에 찾아간 후, 기자릉에 참배한다. 이후, 동명왕의 사적이라 추정되는 조천굴에서 지나간 역사에 대한 감회에 젖는다. 그리고 그는 물을 따라 내려가며, 강이 넓고 잔잔한데 강둑에는 푸른 버들이 줄을 잇고 흰 갈매기 모래사장에서 놀며 돛단배들이 유유히 떠다니는 경치를 완상한다. 그러한 강을 바라보며 푸른 기와에 붉은 난간을 한 아름다운 정자가 솟아 있는데, 그 현판에는 "뎨일강산"이라고 쓰여있다. 그 정자 아래는 거마(車馬)와 사람이 물 끓듯 모여 있으며, 정자 위에는 떠들거나 무언가를 쓰는 사람들이 모여 앉아 즐기고 있다. 김유성은 그러한 시끄러움을 피해 대동문으로 들어와 상서로운 구름과 흐릿한 연기가 구슬발에 엉기고 질탕한 풍류와 청아한 노래 소리가 나는 곳에 이른다. 이처럼 김유성은 단군 사당, 기자릉, 조천굴의 역사적 유적을 답사한 후, 대동강변의 경치를 완상하다가 평양 입구인 대동문 안으로 들어와 홍등가를 발견한다.

김유성이 찾아간 곳 역시 평양의 명승지로서 평양 유람에는 빠지지 않고 등장하는 장소이다. 김유성은 각처를 찾아다니며, 지역 소개와 더불어 짧은 감상을 덧붙인다. 이를테면, 기자릉에 찾아가 보니, 소나무, 오동나무만 푸르고 그가 남긴 풍속은 막연하다든지, 동명왕 유적인 조천굴에 가본 후, 천마는 간 곳 없고 동명왕의 옛 자취는 남아 있지 않다는 등 무상한 인간사에 대한 감회를 덧붙인다. 이러한 감회는 역사와 자연을 대비해 인간사의 무상함을 느끼게 하는 한시의 문화적 전통과 관련 깊다. 특히 조천굴에 대한 김유성의 감회는 이색(李穡, 1328~1396)이 <부벽루>에서 노래한 "기린마(麒麟馬)는 돌아오지 않으니 천손은 어디에 있느뇨(麒馬去不返 天孫何處遊)"라는 구절의 변형이기도 하다.

한편, 연광정에 대한 소개는 비교적 자세하다. 명나라 사신인 주지번(朱之蕃, 1595~?)이 평양을 들렀다가 연광정에서 본 대동강의 경관에 대해 "天下第一江山"이라고 했다가 '天下'를 뗀 일화,[29] 현판의 '江'자를

곳이 루딕를 흔드는지라.-<부용의 상사곡>(14~16).

29) <부용의 상사곡>에서는 주지번이 '천하'라는 글자를 안 쓴 것으로 되어 있으나,

명필가 백하 윤순(白下 尹淳, 1680~1741)이 쓴 내력 등이 소상히 서술된다. 김유성의 여정에 대한 서술에서 볼 수 있듯이 평양의 명소는 그 자체의 형태나 위치로 의미를 갖는다기보다는 역사와 문화가 만들어내는 것이다. 그리고 김유성이 그러하였듯, 한 개인은 그러한 명소를 매개로 하여 단군과 동명왕, 기자조선의 역사와 자기를 연결할 수 있으며, 고인(古人)들이 오랜 세월을 거쳐 공동으로 만들어낸 문화에 참여하고 있다는 의식을 가질 수 있었다.

문화에 참여하고자 하는 의식은 "긴 성벽 한쪽 면에는 늠실늠실 강물이요, 큰 들판 동쪽 머리에는 띄엄띄엄 산들일세(長成一面溶溶水 大野東頭點點山)"30)이라는 고려 시인 김황원의 미완성 시가 여러 소설에서 자주 인용되는 현상에서도 확인된다. 이 시는 <옥단춘전>과 <부용의 상사곡>, <이진사전>, <이춘풍전> 등에 인용된 것을 비롯하여, 광한루에서 남원의 경치를 완상하기 전에 팔도경개를 개관(槪觀)하던 몽룡도 읊었으며, 박씨를 물고 흥부네를 찾아오던 제비의 여정을 서술한 부분에도 인용된다. 이처럼 이 시는 서사적 맥락에서 굳이 필요한 정보가 아님에도 불구하고 인용되는 경향이 있다. <부용의 상사곡>에서도 소설의 첫 줄을 장식하고 있으며, <옥단춘전>에서는 사공에게 붙잡혀 가면서 바라본 대동강의 풍경을 소묘하는 데 소용되었다. 그렇다고 이 시가 뛰어난 문학성을 가지고 있는 것은 아니다. 서거정도 "늙은이들이 늘 하는 말[老儒常談]"31)이라고 하였으며, 박지원과 이중환도 김황원의 시는 별 것도 아닌데 유명해졌다고 하였다. 그럼에도 이 시가 맥락과 긴밀한 관

<택리지>에 의하면, 주지번은 '天下第一江山'이라고 현판에 썼지만, 병자호란 때 인조에게 항복을 받고 가던 청 태종(淸太宗)이 여기에 들렀다가 중국도 명승지가 많은데 여기가 천하제일 수 없다고 현판을 떼어버리라 명했다고 한다. 그런데 청태종이 보기에 풍경도 아름답거니와 글씨도 버리기 아까워, '천하'라는 두 글자만 없애버리도록 했다고 한다. 어느 것이 맞는 얘기인지 모르지만, 한 현판을 두고 다른 역사 이야기가 만들어졌다는 것은 흥미로운 현상이다.

30) 시 번역은 현재 연광정 주련에 걸려 있는 번역문을 옮겼다(유홍준, 『나의 북한유산답사기(상)』, 창작과비평사, 1998, 54면 재인용).

31) 서거정, <東人詩話>.

련 없이도 자주 인용되는 이유에 대해서는 상세히 고찰해 볼 필요가 있다고 판단된다.

평양을 배경으로 삼는 소설은 남녀 간의 이별을 사건 구성에 필수적인 요소로 삼고 있음에도 정지상(鄭知常, ?~1135)의 절창(絶唱), <송인(送人)>이 인용되지 않았음을 볼 때, 이 시가 갖는 장력(張力)을 확인할 수 있다. 『나의 북한 문화유산답사기』를 쓴 유홍준은 제1권에서 평양을 다루면서 이 시와 관련된 회상에 한 장을 할애하였다.[32] 그리고 미완성의 시는 나머지 구를 채우고자하는 독자의 창작 의욕을 불러일으키는 속성을 갖기도 한다. 한시의 매력에 심취한 한 성형외과 의사는 자기 병원 홈페이지의 칼럼에 스스로 이 시에 뒷내용을 완성한 사연을 써 놓았다.[33]

이처럼 동시대인들도 평양과 관련해 이 시의 깊이 각인된 인상과 이 시의 나머지 구절을 완성하려 하는 의욕을 통해 짐작해 볼 때, 한시문화

---

32) 그는 학교를 다니면서 평양에 대한 이야기를 교과서에서 읽은 적이 있는데, 그것이 언제이며 시를 제외한 나머지 부분이 어떤 내용인지 잘 기억이 나지 않았다. 그래서 그는 같은 또래의 지인들을 찾아다니며 그 실체를 확인하려 했으나 이미 오랜 세월이 흐른 뒤라 다른 사람들의 기억도 희미했다. 그러나 신기하게도 다른 사람들도 그런 내용을 언젠가 배웠다는 사실은 모두 기억하고 있었다. 결국, 수소문 끝에 유홍준은 이 시가 초등학교 3학년 국어교과서에 실렸다는 것을 확인하고 교과서 전문을 그대로 옮겨다가 책에 실었다(유홍준, 「대동강3-부벽루와 김황원: 넓은 들 동쪽으로는 먼 산이 점, 점, 점」, 앞의 책, 46~54면). 이처럼 미완성의 시는 유홍준으로 하여금 집요한 수색을 하게 할 만큼 평양의 심상으로 오래도록 기억된다.

33) 오래 전부터 저는 시인도 아니고 아무 것도 아니지만, 위에 말씀드린 한시의 뒷구절을 생각하며 고쳐 오다가 오늘은 이렇게 써 보았습니다.

春風樓下飄飄吹(춘풍루하 표표취) / 桃花紅葉紛紛散(도화홍엽 분분산)

봄바람 누각아래 산들산들 불어오니 / 복사꽃 붉은 잎이 어즈러이 흩어지네

기승전결(起承轉結)의 전과 결에 해당되는 부분이니 쓰는 이의 심상(心像)이라든가 혹은 세상살이에 대한 경구(警句)나 관조(觀照)가 녹아 들어가 있는 시구면 얼마나 좋겠습니까만, 저 같은 사람이 가능하기나 한 일이겠습니까? 격식에 잘 맞는지도 모르니 제대로 된 시도 아닐 것이며, 더구나 부벽루 근처엔 가 본 일도 없으니, 그냥 쓴 것이지 살아있는 시(詩)는 더더욱 아닐 것입니다. 저는 시인도 아니면서, 옛 시인이 미완성으로 남긴 이 뒷부분에 대한 생각이 늘 머릿속을 떠나지 않고 있습니다. 바쁜 세상에 별 생각을 다 하면서 산다고 탓하실 분도 있겠지만……. 단지 제가 좋아서 그 생각을 자주 취미 삼아 반추한다는 것을 알면 시(詩)도 저를 욕하지는 않겠지요? -윤○○ 성형외과의원 홈페이지, 의료 칼럼(http://www.beautyoon.co.kr)

의 전통 안에서 있는 사람들은 김황원의 못다 이룬 시를 온전히 하고자 하는 마음은 이보다 더 했을 것이리라. 더구나 부벽루에 가서 용용(溶溶)히 흐르는 물과 점점(點點)이 솟아있는 산들을 확인한 후라면, 그러한 경(景)에 이어지는 정(情)을 언어화하려 더욱 고심했을 것임을 상상할 수 있다. 이렇게 이 시는 그 자체의 뛰어난 문학성을 가지고 있어서가 아니라, 그 미완적 형태가 후대인들에게 나머지 부분을 채우려하는 의욕을 불러일으켰기 때문에, 공동의 기억에 새겨지고 여러 소설에서 자주 인용되는 것이라 할 수 있다.

김황원의 미완성 시를 완성하고자 하는 독자들의 의욕은 곧 소통의 욕구이다. 지역과 인간의 소통, 지역을 매개로 한 인간과 인간의 소통의 욕구는 이 시로 인해 촉발되고 이 시를 완성함으로써 어느 정도 충족되는 것이다. 더불어, 이 시의 의미 완성에 관심을 기울인다는 것은 김황원을 비롯하여, 이 시를 인용하며 그 완성을 바랐던 옛사람들과 함께 만드는 공동의 문화에 참여하는 것을 말한다. 김종철은 김창협(金昌協, 1651~1708)의 <동유기(東遊記)>를 인용하며, 당대 문장가 김창협도 다른 사람이 쓴 와유록(臥遊錄)을 휴대하며 여행을 하였을 정도로, 기행문학은 다른 사람의 글을 읽고, 그것을 가지고 현지에서 확인하고, 그런 다음 자신의 견문을 쓰는 여행과 작문의 문화가 있었음을 지적하였다.[34] 명소는 이러한 문화를 일구게 하는 지역적인 매개이며, 명소를 거점으로 한 소통[글쓰기]는 한 개인을 지역성이라는 공동체의 문화를 함께 창조하는 문화 주체로서 자기정체감을 갖게 한다.

4. 결론: 인문지리적 사고력 교육의 방향

언어사용능력을 국어교육의 목표로 삼는 논의에서 강조하듯이 개인의

34) 김종철, 앞의 글, 2006.

의도 실현을 위하여 전략적으로 언어활동을 해야 할 삶의 국면은 분명 존재한다. 그렇지만 여러 가지 전략을 선택적으로 사용하면서, 의미를 언어로 입력(encoding), 해독(decoding)하는 정보처리의 과정이 언어생활 전부를 포괄할 수는 없다. 언어활동 및 사고를 정보처리과정이라고 하는 논의는 인간을 정보를 처리하는 컴퓨터를 모델로 이해하기에 문제가 있다고 판단된다. 컴퓨터는 정보를 통해 새로운 정보처리방식을 배우지는 않는다. 미리 프로그램화되어 있는 기능을 반복할 뿐이다. 이를테면, 이 글을 작성하고 있는 '흔글' 프로그램으로 수많은 텍스트를 읽고 쓴다고 한들, 컴퓨터에 저장된 정보량은 많아질지언정 처음 컴퓨터에 깔아 놓은 '흔글' 프로그램이 진화하지는 않는다는 것이다.

그러나 인간은 다르다. 언어활동을 함으로써 그 사람됨과 사유형식이 변한다. 즉, 읽기와 쓰기, 말하기와 듣기를 통해 자기를 형성하는 것이다. 사고력은 사고의 기능을 통해서뿐만 아니라 사고 대상의 의미 내용과 문화적 형식을 경험함을 통해서도 확충·도야된다.[35] 이전에는 생각해 보지 못했던 영역을 발견하고 이를 사유의 대상으로 삼는 것, 그리고 개인의 정신적 형식을 도야하게 하는 문화적 형식을 자신의 사유 방법으로 수용하는 것도 사고력 교육에서 주목해야 할 바이다. 사고력 교육에서도 이러한 사고 대상의 영역 확충, 사고 방법의 도야가 없다면, 언어사용기능 교육처럼 몇 가지 사고 기능을 순환, 반복하게 하는 우(愚)를 범하게 될 것이다. 본고는 이러한 사고력 교육을 위하여 문학에 표상된 지역성을 사고의 대상으로 삼고, 문학이 지역성을 표상하는 형상화 방식을 교육되어야 할 사유 형식으로 제안하였다.

또한, 이 연구에서는 그러한 사고력 교육을 위해 고전문학이 유용한 범례가 됨을 강조하였다. 고전은 주체가 홀로 방법론을 정립하고, 가치척도를 만드는 수고를 덜어 주며 시행착오를 줄이는 효용이 있다. 높은 데 올라가기 위해서는 구릉을 딛고, 낮은 데로 내려가기 위해 계곡을 활

35) 김대행도 사고가 경험을 기반으로 이루어짐을 강조하며, 경험이 바탕이 되지 않고는 사고가 불가능하다고 하였다(김대행, 앞의 글, 14면).

용하는 것과 같은 이치이다. 이렇게 고전문학을 교육적으로 활용하는 것은 학습자를 수직적으로 전승되는 문화에 입문시키기 권위적 성격을 갖기도 한다. 그러나 이러한 교육이 개인을 구속하는 권위만을 갖는 것은 아니다. 왜냐하면, 전승된 문화를 내면화하는 사회화 과정에서 개인은 한정된 시공간에 속한 존재라는 제약성과 개체라는 한계를 벗어나 자기를 확장하는 자유를 누릴 수 있기 때문이다. 이러한 관점에서 고전문학이 지역을 어떻게 사유하였으며, 인간과 지역의 관계를 어떻게 설정하였는지를 알게 하고, 그것을 학습자의 새로운 사유 가능성으로 수용하게 하는 교육은 가치 있는 문화의 전승을 도모하는 동시에 그것을 통해 현재의 수용자와 문화를 새로이 할 수 있는 법고창신(法古創新)의 실천이라고 할 수 있다.

평양을 배경으로 한 소설들은 평양이라는 지역을 문학적으로 형상화하였다. 문학 작품에 표상된 지역성의 교육적인 의미를 정리하면 다음과 같다. 첫째, 평양은 인간사가 펼쳐지는 무대로서 사건이 일어날 수 있는 개연성을 제공하고, 사건의 구체적인 형상을 만드는 재료가 되어 이야기 전개에 관여한다. 뿐만 아니라, 평양의 정취는 인물 자체에도 깃들어 있기에 지역은 인물상의 일부가 되기도 한다. 이처럼 지역은 그 안에서 벌어지는 인간사의 무대가 되기도 하고, 그 지역에 터한 인간을 형성하기도 한다. 이를 인문지리적 사고력 교육적으로 변환하자면, 학습자로 하여금 지역의 인문지리를 사고의 대상으로 삼아, 지역에서 일어날 수 있는 인간사, 그리고 그 지역의 특성이 만들어낼 수 있는 인간상 등을 사유할 수 있게 해야 한다는 것이다. 만약 우리가 역사와 문화를 모르는 낯선 도시에 떨어진다면 이러한 사고를 작동시키는 것은 쉽지 않다. 문학은 특정 지역에서 벌어질 수 있는 전형적인 이야기를 빚어내고, 지역성과 결합된 특수한 인간상을 형상화해 낸다. 이러한 문학을 통해 지역은 비로소 인문지리적 사고가 적용되는 대상이 된다.

둘째, 고전소설에서 자연은 인간처럼 유정한 존재로 형상화된다. 자연이라는 수동적 대상에 인간의 감정이 일방적으로 투영되는 것이 아니라,

자연은 스스로 느끼고, 인간에 감응하며, 인간사에 개입하는 행위를 할 수 있는 주체로 다루어지는 것이다. 특히, 평양의 자연은 인간의 언어로 이루 다 그려낼 수 없는 경지의 것이기에 자연이 인간을 초월한 숭고한 가치를 지닌 것으로 여겨진다. 인문지리적 사고력 교육의 관점에서 이러한 자연관은 현재 지배적인 인간중심적 자연관과는 다른 사고의 형식을 제공할 수 있다. 주지하듯, 근대의 자연관은 풍경을 관찰자의 관점으로 객관적으로 묘사하는 데에서 확인할 수 있는 바, 자연과 인간 사이의 감응 관계를 끊어낸 후, 풍경을 묘사하는 것과 동시에 내면 풍경[심리] 묘사도 가능해졌다.36) 고전소설의 자연관이 반드시 근대적인 것보다 더 나은 것은 아니다. 그렇지만 사고력 교육에서 중요한 것이 다양성을 확보하는 것이라고 할 때,37) 현재와 다른 자연관은 그 자체로서 사고력 교육의 의의를 지닌다.38) 또한, 유정한 존재로서 인간에 감응하는 자연관은 전통문화의 일부이기도 하다. 따라서 이러한 자연관에 따라 지역의 자연을 사고하는 정신적 형식을 계발함은 학습자를 공동체 문화에 입문시키는 교육의 중요한 임무가 된다.

마지막으로, 고전소설에서 지역은 명승지를 중심으로 하는 관념적 지도를 그리는 대상이 된다. 고전소설에서 평양을 유람하는 이들은 명소를 중심으로 여정을 짰으며, 그러한 여정은 이미 알고 있는 정보의 확인 및 명소에 집적된 역사와 문화에의 참여라는 의미를 갖는다. 특히, 평양의 경개를 그려낼 때, 김황원의 미완성 시가 자주 인용되는 현상은 고인(古人)이 남긴 정신적 자취를 쫓는 바탕 위에서 새로움을 일구는 인문지리적 문화의 수준을 잘 보여주고 있다. 인문지리적 사고력의 교육의 문화적 원리는 바로 여기에 도출될 수 있을 것이다. 인문지리적 사고력 교육

36) 가라타니 고진, 박유하 역, 『일본근대문학의 기원』, 민음사, 1997.
37) 김대행, 「사고력을 위한 문학교육의 설계」, 『국어교육연구』 5, 1998, 10면.
38) 이는 타자성에 대한 교육적 관점과 통하는 바가 있다. 다음과 같은 염은열의 지적은 충분히 음미할 만하다. "문학교육이란 '타자'에 대한 이해를 통해 결국 나와 내가 사는 세상에 대한 이해를 넓히려는 인문학적 기획이며, 따라서 문학 작품의 존재 의의는 타자성이나 인문정신에 놓여있다."(염은열, 앞의 글, 2006)

은 비교하기, 분류하기, 관점 바꾸기 등 사고 기능의 반복적 훈련만으로 이루어지는 것이 아니라, 그 사유 대상을 통해 자기를 형성하고, 공동의 문화에 기꺼이 참여하려는 태도의 확립까지 포괄해야 한다. 이런 점에서 인문지리적 사고력은 지역의 인문지리를 구성하는 일원으로서 자기의 문화적 정체성을 만드는 데 소용되는 것이기도 하다. 더욱이, 현시대에도 여전히 민족문제를 해결하지 못한 분단국가인 상황에서 국가 기구의 일환으로 교육제도가 운영되기에, 북한의 수도인 평양의 인문지리에 대한 교육은 실천적 의의를 지닌다.

독자 비평 자료를 통해 본 고전소설의 효용

1. 서론

고전소설의 효용(效用)이란 고전소설을 통해 무엇을 할 수 있는가라는 질문의 답에 해당한다. 그런데 여기서 효용은 넓게는 세교(世敎)에 도움이라는 사회적 차원에서 좁게는 글을 익히기 위함이란 개인적 차원에까지 걸쳐있기 때문에 이를 논하는 데 있어 범위를 한정할 필요가 있다. 효용이란 특정한 주체에게 주는 만족과 관련되기에 이 연구에서는 효용의 주체를 독자로 삼아 개인으로서 독자가 소설을 읽고 발견한 소설의 효용을 논할 것이다. 그리고 이 연구에서 주로 다루는 소설의 효용은 교훈적인 성격의 것이다. 고전소설의 독자가 쓴 비평 자료에서 삶의 도(道)를 알려주며 따르게 하는 고전소설의 효용이 다른 어떤 용도보다 많이 발견되기 때문이다. 이 연구는 개인적인 차원에서 삶의 필요나 관심과 직결된 실제적 용도라고 고전소설의 효용을 정리하고, 이러한 입장에서 독자 개인이 소설을 통해 발견한 교훈적인 의미와 그러한 읽기 경험이 이루어질 수 있게 한 경로가 드러낸 자료를 취해 고전소설 향유 방식의 일단을 드러내고자 하는 목적을 갖는다.

문학의 효용을 논하는 것은 문학을 심미적 대상으로 보는 미적 태도와 구별된다. 미적 대상으로 문학예술을 봄은 문학이 뿌리내리고 있는 삶의 관심으로부터 거리를 두고 바라봄을 의미한다.[1] 그렇지만 바로 이러한 거리두기를 통하여 오히려 문학 작품과 같은 미적 가상이 현실을 더 잘 보여주며, 현실이 닮아야 할 모델을 제시하고, 이로 인해 실제 현실을 견인할 수 있는 힘을 갖기도 하였다. 따라서 효용론과 예술론이 완전히 배치되는 것이라고는 성급히 판단할 수 없을 것이다. 그래서 이 연구에서는 예술 작품에 대해 개인적인 차원에서의 필요(need)나 실용적인 삶의 관심(interest)을 적용하는 것으로 효용을 설정하여 리얼리즘 문학의 사회적 효용과 차이를 두겠다.

심미적인 대상으로 문학을 보는 예술관이 문학 제도의 근간을 형성한 근대 이후, 문학을 삶의 실제적 관심과 결부시키는 효용적 관점은 문학을 예술작품으로 이해하는 데 불필요하며, 심지어는 극복해야만 할 것으로 파악된다. 이 입장에서는, 이 소설에 나오는 주인공처럼 살고 싶다, 이 소설을 읽고 어떤 교훈을 얻었다는 감상보다 이 소설은 이러저러한 형식과 기법을 활용했기에 이러저러한 미적 성취를 이루었다는 독자의 감상을 더 높이 평가할 것이다. 후자의 감상은 일상적인 관심이나 필요로부터 자유롭게 거리를 두며 보편인으로서 자기를 형성해가는 과정이라고 할 수 있는 교양(Bildung)의 산물이기 때문이다.[2]

그러나 '재도지기(載道之器)'라는, 동양의 문(文)의 전통에서 볼 때, 오

1) "우리가 예술작품이라고 부르고 미적으로 체험하는 것은 추상 작용의 성과에 기초한다. 한 작품이 근원적인 삶의 연관으로 뿌리내리고 있는 모든 것, 그리고 그 작품이 생성되고 의미를 획득하게 된 종교적이거나 세속적인 모든 기능을 도외시하면, 우리는 그 작품을 '순수예술작품(Fine Art)'으로 볼 수 있다."(H. G. Gadamer, 『진리와 방법』 1, 이길우 외 역, 문학동네, 2000, 162면)

2) 가다머는 헤겔에 의거하여 교양의 의미를 다음과 같이 정리하였다. "교양에는 자기 자신에 대한 절도와 자기 자신으로부터 거리를 두는 것에 대한 보편적 감각이 있으며, 그리고 이 점에서 교양에는 자기 자신을 넘어 보편성에로의 고양이 있다."(H. G. Gadamer, 앞의 책, 55면) 이렇게 교양은 삶의 직접적인 관심이나 욕구로부터 거리를 두도록 요청하는 기능을 한다. 물론 그렇게 함으로써 교양은 유적 존재로서 자기 자신을 형성하게 하지만, 보편성에 대한 강조가 보편적인 '형식'에 대한 관심을 증대시키는 효과를 갖는다는 점에서 교양과 형식주의의 친연 관계를 상정할 수 있다.

히려 삶의 필요나 관심으로부터 벗어나, 용도가 있는 그릇[器]이 아니라 그 자체로 완결된 자율적 존재로서 오직 감상만을 위해 만들어진 예술 작품이라는 관념이 더 낯설다. 고전소설을 즐겨 읽었던 여성 독자를 대상으로 고전소설의 어떤 점이 재미있었느냐라는 물음을 던졌을 때, 대부분은 충효의 사상, 주인공의 인품과 덕행 등을 그 답으로 들었다. 이들은 소설을 윤리적 준거로 파악하고 덕행의 표준으로 삼아 이를 배우려는 실제적인 목적을 가지고 문학 작품을 대했던 것이다.[3] 그리고 이들의 답이 어떤 점이 재미있느냐란 질문에 대한 것이기에 더욱 흥미로운데, 이들은 심미적 쾌락과 교훈을 전혀 분리하여 생각하고 있지 않기 때문이다. 오히려 이들에게는 교훈적인 내용이 소설을 읽는 가장 큰 이유이며, 즐거움이기도 했다는 것이다. 그리고 소설에 대해 실제적인 관심을 적용하는 태도는 필사본이나 방각본, 구활자본 소설에서 쉽게 확인된다. 옛사람들의 선한 일은 본받고, 악한 일을 경계하라는 내용의 전언(前言)이나 후언(後言)은 비록 작자에 의해 진술된 것이나 작자이기 이전에 독자로서 자신이 절실히 경험한 바를 다른 독자들과 나누고 싶었던 바람이 담긴 것이기에 이 역시 소설을 읽는 효용적인 관심을 대변하는 것이라 할 수 있다.[4]

고전소설 비평 자료 중 효용론으로 범주화할 수 있는 자료를 취급함

3) 이원주, 「고전소설 독자의 성향-경북 북부 지역을 중심으로」, 『한국학논집』 3, 계명대 한국학연구소, 1980, 12면. 물론 이 연구의 조사 대상이 특정 지역(경북 북부 지방)에 거주하는 사대부 집안의 60세 이상 여성으로, 이들이 주로 읽는 작품도 록(錄)류가 대부분이라는 제한점을 갖는다. 그러나 이들은 고전소설을 즐겨 읽던 독자들의 마지막 세대라는 점에서 이들의 진술은 고전소설의 향유방식에 대한 중요한 시사를 준다고 하겠다.

4) 오춘택은, 서술자가 직접 나서서 윤리적인 효용을 강조하는 현상에 대해 세상의 규범이 흐려짐에 따라 전통적인 도덕심을 고취하려는 의도나 몽매한 대중을 권선징악의 세계관으로 교화시켜 긍정적인 인생관을 갖게 하려는 데에서 비롯되었다고 설명한 바 있다(오춘택, 「한국고소설비평사연구」, 고려대 박사학위논문, 1990, 218면). 그러나 본고에서는 어떤 다른 의도를 실현할 방편으로서 윤리를 강조한 것이 아니라, 실제로 작자를 포함한 해석공동체는 교훈적 요소를 중심으로 소설을 읽었으며, 소설의 감동 요인도 이와 관련된 것이라는 가정을 갖는다.

에 있어 기존 연구들이 공통적으로 보여준 시각을 정리하자면 다음과 같다. 효용론은 소설의 입지를 강화하기 위한 방편적 수단으로 허구성이나 심미성에 대한 논의에 비교해 소설에 대한 저급한 인식을 보여준다는 것이다. 그 구체적인 사례를 들어 연구자들의 인식적 전제를 드러내 보고자 한다. "보다 후대로 올수록, 소설에 대한 긍정적 인식이 공고해질수록 도덕적 측면에서의 효용성을 포괄하거나 혹은 넘어서서 심미적-쾌락적-측면에서의 효용론이 강조됨으로써 소설효용론은 도덕적, 심미적 측면을 모두 포괄한 수준에 도달하였던 것으로 평가된다."[5] 이 설명에는 효용론과 예술론이 모두 '소설효용론'으로 묶여 있는데 이를 다시 분리시켜 그 내용을 다시 이해해 보자.[6] 인용된 진술의 내용은, 소설에 대한 인식이 발전함에 따라 소설에서 도덕적인 효용을 찾는 태도에서 나아가 소설을 미적 대상으로 파악하여 소설에서 심미적 만족을 얻는 수준에까지 이르렀다는 것이다. 이러한 설명은 '예술론'이 '효용론'보다 상위의 것임을 인식적 전제로 갖고 있기 때문에 가능한 것으로서 현재 지배적인 소설관의 특성을 잘 드러내준다.[7]

선행 연구물들에서는 고전소설 비평에 있어서 효용성을 논한 자료들이 많이 소개되고, 의미 있는 분석이 이루어졌다. 특히 고전소설 비평 전

5) 김경미, 『소설의 매혹-조선 후기 소설비평과 소설론』, 월인, 2003, 283면.

6) 김경미는 소설의 효용론이라고 분류한 장에서 '미적 쾌감을 통한 심미적 효과'를 포함시켜 논하고 있다. 김경미는 '심미적 효과'를 논하는 부분에서 심심파적 거리로서 소설을 읽는 '재미'를 언급한 비평 자료를 들어 설명하고 있다(김경미, 앞의 책, 275~281면). 본고에서는 '심미적 효과'를 거리를 두고 미적 대상을 바라보는 무관심한 관조의 태도에서 비롯되는 것으로서 파악하고, 심심파적의 재미는 미적 경험이 아니라 단순한 쾌(快)에 그치는 것으로 여겼기 때문에 효용론을 논하는 데 있어 심미적 효과를 논외로 할 것이다. 소설이 무언가에 이롭다는 관점이 효용론이라면, 소설은 그 자체의 미(美)를 가진 대상으로 독자에게 미적 경험을 하게 한다는 관점은 예술론이 될 것이다. 이 둘을 '효용'이라는 범주로 한꺼번에 논하는 것은 개념의 혼란을 초래할 수 있다고 판단된다.

7) 여기서는 하나의 사례로서 김경미의 글을 인용하였을 뿐 유독 이 연구자만이 효용론에 대해 위와 같은 태도를 가진 것만은 아니다. '인식적 전제'는 근대 이후 형성된 문학관이 만들어낸 산물이기에 연구자 한 개인의 문제는 아니다.

반을 다룬 연구들은 효용론을 독립적인 절로 취급하여, 효용론의 전체적인 양상을 밝혀내었다.[8)] 이러한 연구들이 효용론의 실상을 드러내는 데 관심을 가지면서 효용론을 포함하여 고전소설에 대한 비평 전반을 이론화하려는 목적을 갖고 있는 데 비하여, 이 연구는 효용론 자체에 주목하여, 독자들이 발견한 고전소설의 효용은 무엇이고, 그 효용은 어떠한 읽기 과정의 산물인가를 밝히는 것을 목적으로 한다. 그렇다면 이 연구는 효용론을 살피는 데 있어서 이전의 연구물과 다른 관심을 적용하여 효용론을 재론하는 성격의 것이라 할 수 있다. 그리고 이 연구에서 소설 읽기의 효용을 논하는 데 있어서 다음과 같은 몇 가지 전제를 가질 것이다. 첫째, 인물을 본받거나 경계하며, 세상 돌아가는 이치를 깨닫고, 살아가는 도(道)를 익히는 것은 소설 읽기 경험의 중핵적 실체가 될 수 있다. 특히 소설을 심미 체험의 대상으로 삼지 않았던 전통 사회의 향유물인 고전소설의 경우 더욱 그러하다. 둘째, 허탄하고 황당하다는 유학자의 소설 비판을 굳이 허구성에 대한 인식이라고 치켜세우며,[9)] 고작 심심파적으로 소설을 본다는 겸양마저도 심미성에 대한 이해라고 평가하는 것은 우리 시대 소설관이 낳은 편견일 가능성이 있다.

이와 같은 연구 목적과 전제를 가지고 이 연구가 활용할 자료들은 다음과 같다. 첫째는 유학자의 소설 읽기 경험에 대한 기록으로서, 이 연구에서는 소설의 대(對) 사회적 역할로서 세교(世教)의 효용성을 논한 소설 일반론보다는 구체적인 작품을 읽으면서 경험한 바에 대한 성찰이 담겨

8) 오춘택과 김경미는 효용론을 독립적인 절로 설정하여 자세히 논하였다. 그런데 그 체제를 볼 때, 효용론이 어떻게 취급되고 있는지 재차 확인할 수 있다. 오춘택은 소설을 긍정하는 입장의 소설 비평을 허구론, 현실론, 계몽론으로 나누어 살폈다. 허구론이나 현실론의 항목이 먼저 나오는 것은 계몽론이 이들보다 부차적인 것으로 파악했기 때문으로 추정된다. 김경미의 경우, 소설의 본질에 관한 논의들을 다루면서 허구론과 인정물태를 설명하였다. 그리고 소설의 효용성에 관한 논의들은 따로 묶어서 논의하는데, 이 역시 효용론은 소설의 본질에 관한 논의가 아니라는 인식적 전제를 보여주는 것이다.

9) 예컨대 이덕무의 '가허착공(架虛鑿空)'은 소설의 허구론을 설명할 때 많이 거론되나, 원래는 소설을 비판하기 위한 맥락에서 쓰인 표현이다.

있는 자료를 중심으로 살필 것이다. 둘째는 필사본이나 방각본, 구활자본의 비평 자료를 활용할 것이다. 자기를 드러내지 않은 많은 고전소설 작자들도 작자들이기 이전에 기존 소설의 독자였으며, 이들은 자신의 소설 읽기 경험을 쓰기를 통해 표출하였다.[10] 특히 독자들을 위해 서사 진행과는 별도로 존재하는 전언과 후언(말미 기록)에는 소설 읽기나 쓰기에 대한 의식이 집약적으로 드러나 있기에 이를 주요 자료로 참조할 것이다. 덧붙여, 위와 같은 자료들은 선행 연구의 성과로 인하여 자료집의 형태로 출간되었으며 이 연구는 그러한 자료집에서 많은 도움을 받았음을 밝힌다.[11]

2. 전통사회에서 고전소설 읽기의 효용

1) '복선화음(福善禍淫)'의 이치에 대한 재확인

소설에 대해 부정적인 인식을 가지고 있었던 유학자들도 세교(世敎)에 도움이 된다는 이유로 소설의 효용을 인정했음은 주지의 사실이다. 그런데 복선화음, 권선징악, 창선징악 등을 강조한 효용은 소설을 옹호하기 위한 방편적 가치가 아니라 실로 소설을 읽는 가장 중요한 이유가 될 수도 있지 않을까란 생각을 해 볼 수 있다.[12] 지금까지 소설의 교훈

10) 이러한 의미에서 국문소설의 창작이나 번안, 이본 생성은 기존의 소설 읽기에 대한 반응이자 비평이라고 할 수 있지만 이 연구에서 이를 다루는 것은 아니다.

11) 대표적인 것으로, 류탁일 편, 『한국고소설비평자료집성』(아세아문화사, 1994), 무악고소설자료연구회 편, 『한국고소설관련자료집』 1(태학사, 2001) 등이 있다.

12) 이렇게 소설의 교훈적 효용을 이해하는 것이 위험한 발상일 수도 있다. 왜냐하면 소설 배척론이 공식적 입장으로 표명되던 시기에, 소설을 옹호하면서 편 효용론의 논리가 실제로 고전소설이 효용을 가졌기에 그러한 것인지, 아니면 당시 가장 설득력 있었던 수사적 토포스(topos)를 활용한 것에 불과하였는지 확인하기 힘들기 때문이다. 소설 배척론이 연구에서는 효용론 자체의 진실성을 따지기보다는 독자의 감상 과정에서 소설의 효용이 어떤 방식으로 적용되었는지를 살피는 것에 관심을 갖는다. 그렇지만 후대로 올수록 효용론의 논리가 세련화되고, 논거가 풍부해졌다는 사실로 미루어, 독자에게 소설의 효용이 어느 정도 실제적 힘을 발휘하고 있었음을

적 효용론은 소설의 사회적 역할이라는 관점에서 논의된 경향이 주가 되었는데,[13] 이 연구에서는 독자의 측면에서 소설의 윤리적인 효용이 어떠한 경로를 통해, 어떠한 방식으로 이루어졌는지 살펴봄으로써 서사를 통해 교훈적 가치나 세상의 이치를 확인하는 효용을 논할 것이다.

'복선화음(福善禍淫)'이란 선한 자가 복을 받고 악한 자가 앙화를 입는다는 뜻으로 풀이할 수 있다. 이 복선화음은 주로 소설의 서사 내용으로 구현되는데, 선인과 악인 등 인물의 운명과 그들의 운명을 결정짓는 서사 구조와 주로 관련되기 때문이다. 강재철은 권선징악과 복선화음을 구별하면서 권선징악의 주제가 복선화음의 서사 구조로 드러난다고 설명한 바 있다.[14] 복선화음과 권선징악의 선명한 구분은 무리이지만 복선화음은 주로 소설의 내용과 관련하여 언급되기에 이러한 구분은 일견 타당한 것으로 보인다. 이 연구에서도 복선화음에 대하여 인물의 운명을 결정짓는 서사 구조와 관련된 것으로 파악할 것이다. 그리고 고전소설의 독자는 복선화음의 이치가 구현된 소설을 읽으면서 그 이치가 우여곡절의 굴곡을 거쳐 절묘하게 작용되는 방식을 확인할 수 있었다. 이렇게 복선화음은 소설에서 주로 서사 구조로 구현되며, 읽기 과정에서는 복선화음 이치에 대한 인식으로 나타난다.

안동 김씨 가문 출신의 관료 문인 김이양(金履陽, 1755~1845)[15]의

짐작할 수 있다.

13) 대표적인 것으로서 오춘택의 연구를 들 수 있다. 그는 '교훈적 효용론'을 '계몽론'이라고 칭하면서 조선 후기 간행된 대중 소설이 인간을 가르치는 교과서적 역할을 하였다고 이해하였다. "말하자면 많은 사람들이 같은 교재를 가지고 교육을 받는 것과 별로 다를 것이 없는 것이다."(오춘택, 앞의 글, 217면) 오춘택의 연구가 소설이 대중을 계몽하는 구체적인 내용은 무엇인가에 관심이 있다면, 이 연구는 독자가 어떤 경험의 경로를 거쳐 교훈적 가치의 수용을 소설 읽기의 효용으로 삼는가에 주목한다.

14) 강재철, 「권선징악 이론의 전통과 고전소설」, 인하대 박사학위논문, 1993, 137면.

15) 김이양은 정조, 순조 대에 활동한 관료 문인이다. 그는 문집에 국문소설에 대해 논의한 <언패설>을 남겼다. <언패설>은 권진호가 소개한 이래(권진호, 「淵泉 김이양의 문학론과 작품세계」, 성균관대 한문학과 석사학위논문, 1991), 소설 비평 자료로 주목받았다. 여기에는 그가 소설을 보게 된 동기, 소설의 주요 내용, 소설의 출현 배경, 소설의 감동 요인 등이 기록되었는데, 이 연구에서는 독자로서 김이양이

<언패설(諺稗說)>은 제목 그대로 국문소설을 논한 글이다. 이 글은 국문소설을 읽은 경험을 자세히 서술하고 있어 독자가 복선화음의 이치가 구현된 소설을 어떻게 받아들였는지 확인하는 자료로 유용하다.

> 대개 그 일은 낭군과 소녀의 일이고, 그 시대는 한, 당, 송, 명이며, 그 뜻은 선한 것을 좋아하고 악한 것을 미워하는 것이다. 어진 남자와 착한 여자는 비록 구렁텅이에 빠지고 험악한 산과 위험한 물에 출몰해도 끝내는 깨끗이 벗어나 빛을 보고 갖은 복을 누리게 되고, 간사한 남자와 투기하는 부인은 음모를 짜고 악행을 꾸미되 교묘하게 모습을 숨겨서 귀신이나 사람의 그림자를 쏜다는 물여우도 헤아리기 어렵지만 끝내는 어긋나고 탄로되어서 죽음에 이르게 된다. 이는 천리의 바름으로 선한 이는 복을 받고 나쁜 이는 화를 당하는 것(福善禍淫)이 단청의 색과 같이 분명하다.[16] (김이양, <언패설(諺稗說)>)

글쓴이는 선한 이는 복을 받고 나쁜 이는 화를 당하는 복선화음(福善禍淫)의 이치가 국문소설에 '단청의 색'과 같이 분명하게 드러나 있음을 지적하고 있다. 유학자인 그는 굳이 세교(世敎)를 논하지 않고 천리(天

논한 소설의 감동 요인을 중심으로 살펴볼 것이다.

16) "盖其事則郎君小女, 其世則漢唐宋明, 其義則善善惡惡. 賢人淑女媛雖顚躓坑磻埳, 出沒於刀山劒水之間, 而卒乃洗濯光潔, 身享諸福, 姦人妬婦之陰鋪機毒, 巧匿形影鬼蜮之所難測, 而終底敗露, 身陷大戮. 此天理之正, 而福善禍淫, 賁若丹靑." 김이양, <언패설> 『김이양문집』 3, 국립도서관 소장본. 복선화음이라는 표현은 이 인용문에도 있지만 <一樂亭記>의 序에도 등장한다. "이 책을 지음은 비록 가공허구지설에서 나왔으나 또한 복선화음의 깊은 이치가 있으므로, 어찌 나를 죄주고 나를 벌함도 이로 말미암지 않겠는가?(是書之作, 雖出於架空虛構之說, 便亦有福善禍淫底理, 則此豈非罪我, 知我者乎.)"(晩窩翁, <一樂亭記> 序, 김기동 편, 『필사본 고전소설전집』, 아세아문화사, 1977, 343면) 그리고 이양오도 "복선화음의 이치는 믿지 않을 수 없는 것이다.(福善禍淫之理, 不可以不信也.)"라고 한 바 있다. 복선화음과 유사한 개념으로는 彰善懲惡, 勸善懲惡 등이 있음에도 불구하고, 이 연구에서 이를 주로 쓴 이유는 彰善, 勸善 등의 표현이 풍속의 관리, 즉 世敎의 의미로 수용될 수 있는 가능성이 있는데 비해, 복선화음은 소설의 내용인 동시에 독자가 발견한 의미가 될 수 있기 때문이다.

理)가 구현되는 소설에서 느낀 자신의 만족감을 이렇게 표현하는 것이다.[17] 물론 그러한 만족감을 얻기까지 어질고 착한 남녀 주인공들은 구렁텅이에 빠져야 하고, 이들을 모함하는 악인들의 음모와 악행은 물여우도 헤아리기 어려운 것이어야 한다는 조건이 있다. 소설의 서사는 이렇게 선한 사람들이 악인들의 모함에 빠지는 것으로 시작하여, 왜 선인은 고통 받고, 악행은 명천지하에 드러나지 않는가라는 의혹으로 추동된다. 그러나 결국 복선화음의 이치가 단청 색갈이 선명하게 드러날 때, 독자는 만족감을 느끼며, 주인공의 우여곡절에 안타까워하며 책을 읽었던 '보람'을 느끼는 것이다. 이로써 국문소설의 교훈적 효용은 단지 표면에 선명히 도드라진 유교적 주제에서 그치는 것이 아니라 독자가 스스로 발견하고 만족감을 느끼는 읽기 경험의 대상이었음을 이해할 수 있다.

> 외사는 말한다. 동청이 사부인을 모함함이 이 지경에까지 이른 것은 말이 심히 교묘하고 기미가 심히 비밀스러웠기 때문이었다. 스스로 꾀를 얻음이 이와 같을 것이 없다고 하면서 참소를 피해 행동에 옮겼으나 발꿈치를 돌리지 않아 화를 입었다. 천도가 되돌려주기를 좋아함이 이와 같으니, 두렵지 않다 할 수 있으리오.[18] (이양오, <사씨남정기후서(謝氏南征記後敍)>)

위 자료는 사평(史評)의 형식을 빌려 <사씨남정기>의 등장인물에 대한 평을 행한 이양오(李養吾, 1737~1811) 글이다.[19] 이양오는 <사씨남

17) 비록 김이양이 다른 유학자들과 달리 국문소설을 적극적으로 긍정하고 국문소설의 감동 요소를 자세히 서술하고 있지만, 그 역시 유학자로서 풍속을 계도하는 입장에서 국문소설의 교훈적 효용을 논했을 가능성이 있다. 그래서 이 연구에서 인용하는 그의 논의는 주로 세교와 관련해서 소설의 효용을 논한 대목이 아니라, 독자 개인의 소설 읽기 경험을 서술한 부분이다.

18) "外史曰, 董淸之構陷謝夫人, 至於此極, 言甚巧矣, 機甚密矣 自謂得計莫此若也 計纔得行 禍不施踵 天道之好還 如此 可不懼哉" 이양오, <사씨남정기후서(謝氏南征記後敍)>, 『磻溪初敲』.

19) 이문규는 이양오의 소설 비평에 대해, 등장인물의 행동 특성을 '세교'와 연결시켜

정기>에서 동청이 화를 입은 까닭을 '천도의 되돌려줌(天道之還)'으로 이해하였다. 이러한 이해의 바탕에는 선한 사람이 잘 되고, 악인이 벌을 받는 것은 개인의 행위에 따른 인과적 결과가 아니라 하늘이 그의 행위에 대한 보상을 하는 것이라는 관념이 자리 잡고 있다. 만약 한참을 비가 오지 않다가 하늘에 제사를 지낸 후, 비가 오게 되었다면, 같은 상황을 두고 근대인이라면 우연의 일치로 파악하지만, 그들은 하늘의 은혜라고 생각했을 것이다. 이렇게 고전소설을 읽었던 사람들의 관념 속에 '그럴듯함'은 과학적 합리성에 기초한 필연성이라기보다는 눈에 보이는 현실을 넘어서는 개연성이라고 할 수 있다. 그러므로 복선화음이라는 천편일률적인 고전소설의 구조는, 비록 악인이 잘 살 수도 있는 경험적 현실이 여실히 존재한다고 하더라도, 천도가 궁극적으로는 실현될 것이라고 믿었던 소설 향유자들의 관념이 반영된 결과로 이해해야 할 것이다.

유학자가 이해한 복선화음의 이치가 천도(天道)의 실현과 관련된 것이라면 구활자본이나 필사본의 작자나 독자들에게 이 관념은 좀더 세속적으로 이해되었다. 필사본이나 구활자본 고전소설에서 "오자낙서(誤字落書)가 많사오니 눌러보시압"라는 겸양의 표현과 함께 가장 많이 발견되는 후언(後言)은 "적선지가(積善之家)에 필유여경(必有餘慶)이요, 적악지가(積惡之家)에 필유여앙(必有餘殃)이라"라는 구절이다. 의아하리만큼 반복적으로 등장하는 이 구절에 당대인들의 소설 읽기 경험의 요체가 담겨 있다고 했을 때, 자신과 자기의 가문, 나아가 자손이 잘 되기 위해 고전소설을 읽는다는 논리는 실로 실용적이라고 평할 수 있다. 그렇지만 이는 현재의 관점에서 볼 때 생경하기에 어째서 소설을 읽는 것이 집안이 잘 되게 하는 것인지 논리적 단계를 세분화하여 설명할 필요가 있다. 우선 독자는 소설을 읽고 선인이 잘 되고, 악인이 재앙을 당하는 것을 보면서 복선화음의 이치를 깨닫는다. 그러고선 소설에 등장하는 인물을

분석하는 데 있어 매우 구체적이고도 치밀하여 이전의 단순한 인상비평적인 차원을 훨씬 넘어서고 있어, 당시로선 수준 높은 도덕 비평의 선례를 남겼다고 평가한다. 이문규, 『고전소설비평사론』, 새문사, 2003, 185면.

삶의 모범으로 삼아 효칙(效則)하면서 살아간다. 그러면 하늘이 감동하여 복을 내린다. 결국 자신은 천복(天福)으로 인해 영화롭게 되고, 가문이 흥하고, 자손이 번창하는 것이다. 아래 자료들은 모두 이러한 구도를 전제로 하여 서술된 것이다.

- 대저 녯말의 젹덕지가에 필유여경이오 젹악지가에 필유여앙이라 하니 텬하만사의 보복지리는 자연한 리치라 쳔디신명이 은연 중 소소하니 이 책 보는 첨군자는 유의하여 볼지어다. (<명사십리> 후언)[20]
- 복션화음녹은 부인네 효측할 만ᄒᆞ기로 벗겨 측ᄒᆞ고 유식ᄒᆞᆫ 부인들이 부ᄃᆡ부ᄃᆡ 눈으로 보고 귀로 드러 효측기을 ᄇᆞ라노라 며ᄂᆞ리 보이려ᄒᆞ니 부ᄃᆡ부ᄃᆡ 보고 명심ᄒᆞ여 승슌군ᄌᆞᄒᆞ고 효봉구고ᄒᆞ고 슉흥야미ᄒᆞ여 숙녀되기을 원ᄒᆞ하노라 되지못ᄒᆞᆫ ᄉᆞᄅᆞᆷ덜언 이런 ᄎᆡᆨ을 보면 비쇼ᄒᆞ고 도라본쳬 안할 거시요 착ᄒᆞ고 어진 ᄉᆞ람들은 신통ᄒᆞ다 ᄒᆞ리요 셰상녀ᄌᆞ들이 ᄎᆡᆨ의 부인갓치 ᄒᆞ여서면 다 십안이 흥ᄒᆞ리로다 부ᄃᆡ부ᄃᆡ ᄉᆞ람들이 천심으로 할지어다 (<민중젼덕힝록> 후언)[21]
- 이 착보는 ᄉᆞᄅᆞᆷ덜도 허냥이 아지말고 옛 일을 ᄉᆡᆼ각ᄒᆞ야 낭ᄌᆞ의 빙셜갓헌 졀ᄒᆡᆼ을 본바다 ᄂᆡ일갓치 알면 천심이 ᄌᆞ연 감동ᄒᆞ여 복녹이 도라올 거시니 부ᄃᆡ 예차로 보지말고 각심ᄒᆞ고 명심ᄒᆞ소서 (<숙힝낭자젼> 후언)[22]
- 이러ᄒᆞᆷ으로 인간ᄉᆞᄅᆞᆷ이 마음을 어질게 먹고 젹션을 만이 ᄒᆞ면 업든 복록이라도 ᄉᆡᆼ기려니와 만일 마음을 악ᄒᆞ게 먹고 악ᄒᆞᆫ 일만 ᄒᆡᆼᄒᆞ면 권세와 위력이 금일에는 비록 제일이 될지라도 명일에는 하걸은쥬와 돌목의 신세가 될는지 안이 될는지 졍ᄒᆞ야 말할 것 업스나 동셔양 민족은 ᄇᆡᆨ이사지ᄒᆞ야 하ᄂᆞ님의 주시는 은혜 밧을 사업만 마니 실ᄒᆡᆼᄒᆞ시

20) 영화출판사, 1959, 94면(『구활자본고소설전집』 31, 인천대학 민족문화연구소, 1984).
21) 필사본 류탁일 소장(류탁일, 『한국고소설비평자료집성』, 아세아문화사, 1994, 231면 재인용).
22) 羅孫本 『필사본고소설자료총서』 27, 345면.

기 바라노니 독ᄌᆞ시여 명심불망ᄒᆞ야 십분 건신ᄒᆞ실지어다 (<류문셩전>, 후언)[23]

- 편즙자 가로ᄃᆡ 셰상ᄉᆡ 효ᄒᆡᆼ이 웃듬이라 정셩이 지극ᄒᆞᆫ즉 텬리 무심치 아니ᄒᆞᄂᆞ니 장풍운을 두고 보라 (<쟝풍운젼> 후언)[24]
- 슯흐다 남의 ᄒᆡᄒᆞ고 나의 ᄒᆡᆼ복을 구ᄒᆞᄂᆞᆫ 자ᄂᆞᆫ 그 몸과 그 집안이 망ᄒᆞ지 안ᄂᆞᆫ 자 업고 내 몸이 쥭어 남을 구ᄒᆞᄂᆞᆫ 자ᄂᆞᆫ 그 집안이 창셩ᄒᆞ고 그 자산이 진진ᄒᆞᆷ은 한우님의 큰 권능으로 화복의 서로 갑ᄂᆞᆫ 터이다. (<장화홍련전> 전언)[25]
- 대져 인간의 화복은 분명이 한ᄂᆞᆯ님의 뎡ᄒᆞ시ᄂᆞᆫ 바오 그 화복을 뎜지ᄒᆞ시ᄂᆞᆫ 방법은 ᄉᆡᆼ시의 ᄒᆡᆼ위를 됴사ᄒᆞ야 착ᄒᆞᆫ 쟈ㅣ 복을 주고 악ᄒᆞᆫ 쟈ㅣ 화를 주어 이 셰상일을 뒤집ᄂᆞᆫ 것은 한ᄂᆞᆯ님의 근본 뜻이라 엇디 변통이 잇스리오 (<제마무젼>, 후언)[26]

위 자료에서 밑줄 친 부분은 소설의 복선화음이 독자의 삶으로 전이되는 데 있어서 ‘하늘[天]’이 중요한 역할을 한다는 관념을 드러낸다. 인용된 자료에서 ‘하늘’은 다양한 지칭으로 사용되는데, “쳔디신명”, “쳔심”, “하ᄂᆞ님”, “텬리”, “한우님”, “한ᄂᆞᆯ님” 등이다. 이 중 하늘에 대한 인격적 비유인 ‘하느님’이란 표현은 특정 종교에서 연유했다기보다는 선악을 분별하는 인격적 존재로 하늘을 이해했던 당대인의 관념이 만들어낸 표상이라고 파악된다. 인간의 선한 행위나 지극한 정성이 하늘을 감동시켜, 결국 인간에게 복을 내리게 한다는 생각은 낯선 듯도 하지만 사실 속담이나 관용적 표현에 많이 남아 있다. 예를 들면, ‘지성이면 감천이다’, ‘하늘이 알고 땅이 안다’, ‘하늘이 보고 있다’, ‘하늘도 무심하시지’

23) 김기동 편, 『필사본 고전소설전집』, 아세아문화사, 1977, 363면.
24) 영창서관, 1925, 31면(『구활자본고소설전집』 31, 인천대학 민족문화연구소, 1984).
25) 경성서적업조합, 1915, 1면(『구활자본고소설전집』 13, 인천대학 민족문화연구소, 1984).
26) 조선도서주식회사, 1922, 75면(『구활자본고소설전집』 31, 인천대학 민족문화연구소, 1984).

등의 상투적 표현도 하늘이 인간의 삶에 어떤 방식으로든 개입하는 존재임을 잘 보여주고 있는 것이다. 이렇게 소설에 나타난 복선화음의 서사 내용은 인간의 길흉화복을 주재하는 하늘을 매개로 독자의 삶에 수용되었다. 유학자들의 한문 문장에서는 '천도(天道)', '천리(天理)' 등으로 표현되고, 한글 소설의 작자 겸 독자들은 하늘을 지시하는 다양한 표현을 사용하였지만, 이들 모두 '하늘'을 복선화음의 이치를 정당화하는 근거로 활용하였다는 것을 알 수 있다.[27]

앞서 살핀 자료들을 통해 알 수 있는 것은 읽기를 통해 확인되는 복선화음의 이치가 독자에게 천편일률적인 도덕률이라고 평가되는 것이 아니라 만족과 즐거움을 줄 수 있는 속성을 가지고 있다는 점과 복선화음을 행하는 궁극적 주체로 하늘이 설정되며, 이 복선화음의 이치는 소설의 세계와 현실의 세계에 공통적으로 적용되는 원리라는 것이다. 가문의 경시를 위해서라도 소설을 읽는다는 수많은 국문소설의 기록처럼 독자들은 소설을 읽으면서 하늘의 이치를 새삼 깨닫거나 하늘의 뜻이 인간에게 행해지는 방식을 재확인할 수 있었다. "하늘은 놉하도 나즌듸 말을 듯는다 ᄒᆞ고 하늘씌 죄를 지으면 빌어볼 것도 업다 하나니"[28]라고 하며, "악독ᄒᆞᆫ ᄌᆞ는 죠만간에 악독ᄒᆞᆫ 형벌을 밧고 만일 혹시 당듸에 맛지 안이ᄒᆞ야도 반다시 앙화가 ᄌᆞ손에게 나린다"[29]고 독자가 공포감을 느낄 정도였으니 복선화음의 이치가 독자에게 얼마나 강렬한 메세지였는지 짐작할 수 있다. 이렇게 국문소설은 천도가 선을 권하고 악을 벌하는 구체적인 양상을 제시함을 통해 하늘의 도를 따라 선하게 살 것을 독자에게 종용하는 역할을 하였다.

---

27) 소설의 향유 방식이 신분에 따라 달랐을 것이기 때문에 신분을 구별하지 않고 논하는 것은 무리가 있다. 그러나 향유 방식의 차이에도 불구하고, 한 시대에 공유하는 향유 방식이 있었을 것이라 파악되며, 이 연구에서는 주로 이 부분을 다루고 있다.

28) <장비마초실긔> 후언, 신구서림, 1915, 97면(『구활자본고소설전집』 13, 인천대학 민족문화연구소, 1984).

29) <심부인젼>, 후언, 광동서국, 1915, 89면(『구활자본고소설전집』 8, 인천대학 민족문화연구소, 1984).

> 만약 (소설로) 선을 닦는 방도로 삼으면 반드시 선한 결과의 응보가 있을 것이며, 만약 악을 깨닫는 자취로 삼는다면 반드시 액을 막는 보답이 있을 것이니, 보는 자는 적연히 잘못을 끊어 버리려는 뜻이 있게 되며 읽는 자는 유연히 행실을 맑게 하려는 뜻이 있게 된다. 이로 본다면 패관의 공을 역시 미미하다고 할 수야 있겠는가?[30] (탕옹, <패설론(稗說論)>)[31]

위 자료는, <옥선몽>이라는 필사본 한문소설에서 과거의 논제[稗說論]에 답을 쓰는 방식으로 논한 소설론의 일부로서 고전소설이 어떻게 세교(世敎)라는 사회적 실천력을 가질 수 있는지 보여주고 있다. 고전소설은 독자들이 선인을 보며 행할 바를 알게 하고, 악인을 보고 경계하여 스스로 삼가게 함으로써 풍속을 도탑게 하고 세상을 교화할 수 있었다. 그러기 위한 조건으로 위 인용문에서는 "선을 닦는 방도로 삼고(設爲修善之方), 악을 깨닫는 자취로 삼아야 함(設爲稔惡之跡)"이라는 독자의 수용 태도가 명시되어 있다.[32] 앞서 살핀 바와 같이 '하늘'이라는 감시자적 존재는 독자가 윤리적 태도를 갖도록 격려하고 때로는 협박하기도 하였다. 이렇게 형성된 수용 태도를 매개로 소설의 도덕적 내용이 독자의 삶으로 흡수되고, 결국 세교가 이루어지는 것이다. 이처럼 고전소설은 독자의 삶에 직접적으로 영향을 끼치는 '세속적'인 기능을 충실히 수행하였다. 그렇다면 고전소설에서 설정한 이상적인 독자는 세속적 관심을 배제한 무관심한 태도로 미적 대상을 관조하여 심미적 즐거움을 얻

---

30) "設爲修善之方而必有善果之應, 設爲稔惡之跡而必有坫厄之報, 見之者, 翟然段過之意, 讀之者, 油然有潔行之志, 由此觀之, 稗官之功, 亦可微哉."(<玉仙夢>, 『필사본고전소설전집』 3, 아세아문화사, 1980)

31) <옥선몽>에서 작자는 탕옹(宕翁)이라고 명시되어 있으나 어떤 인물인지 자세히 알려지지 않았다. 다만 소설 내용으로 미루어 유가의 경서에 통달하고, 도선, 풍수설, 관상 등에도 조예가 깊은 박식한 인물로 추정된다(홍형숙, 「<옥선몽> 연구」, 이화여대 석사학위논문, 1984, 4면). <패설론>에 대한 자세한 논의로는 이문규, Ⅷ. 탕옹의 '패설론', 앞의 책 참조.

32) 이문규는, 탕옹이 패설을 수용하는 독자의 마음가짐을 특별히 강조한 점은 독자의 능동적 독서태도를 강조한 것이라는 점에서 다른 도덕론적 관점의 고전소설비평보다 진보적이라고 평가하였다(이문규, 앞의 책, 240면).

는 주체가 아니라 고전소설에 등장하는 인물을 귀감이나 경계의 대상으로 삼고, 고전소설이 제시하는 윤리적인 주제를 복선화음의 서사 구조를 통해 재확인하며 이에 따라 자신의 삶을 방식을 변화시키는 주체라고 할 수 있다.

2) '인정물태(人情物態)'에 대한 정서적 경험

조선 후기 소설 비평에서 자주 언급되었던 '인정물태'는 "사람과 사물들이 구체적인 상황 속에서 이러저러하게 얽히고, 움직이며, 살아가는 모습"[33]이라고 풀이된다. 복선화음의 이치가 서사 구조를 통해 드러나며 서사에 대한 구조적 체험과 관련 있는 것이라면, 인정물태는 일종의 표현법으로 이 뼈대와 같은 서사 구조를 채우면서 독자들을 서사세계의 인(人)과 물(物)을 생생하게 느끼게 해주는 역할을 한다. 또 복선화음의 서사 내용이 고전소설 향유자들의 관념적 현실을 반영하면서 보편적인 하늘의 이치가 인세(人世)에 실현되게 마련이라는 관념을 상화해주는 역할을 하였다면, 세상의 인정과 물태를 곡진히 드러내는 인정물태(人情物態)는 경험적 현실의 구체성과 관련된다. 그간의 연구에서 인정물태는 주로 현실 반영의 소설론이나 작법과 관련되어 조명되었기에,[34] 독자들이 인정물태가 곡진히 그려진 글을 어떻게 수용하였는지에 대한 측면은 충분히 해명하지 못하였다. 독자의 측면에서 고전소설의 효용성을 해명하려는 기획을 가진 이 연구에서는 선행 연구를 바탕으로 인정물태 논의의 또 다른 면모를 드러내려 한다.

인정물태라고 개념화되어 있지는 않지만, 사실의 기록을 중시하는 유

---

33) 김흥규, 『한국 고전문학과 비평의 성찰』, 고려대학교출판부, 2002, 242면.

34) 오춘택은 인정물태를 "리얼리즘의 중요한 기법"(오춘택, 앞의 글, 199면)으로 이해하였고, 김경미는 "현실의 여러 가지 모습을 있는 그대로 묘사"하는 현실 반영이란 측면에서 이를 파악했다(김경미, 앞의 책, 208면). 한편, 간호윤은 인정물태론의 현실 반영적인 성격을 인정하면서 이에 대해 "고소설 비평과 뚜렷한 결별이며, 소설 개념의 정립"이라고 그 의의를 부여하기도 하였다(간호윤, 『한국 고소설비평 연구』, 경인문화사, 2002, 101면).

교 문화에서 '자질구레한 현실'을 글쓰기의 제재로 삼아 사실대로 기록하는 전통은 이미 오래 되었다. 다음 자료에서는 패관잡기(稗官雜記)를 옹호하기 위한 논거로 사실을 그대로 기록하는 글쓰기 전통이 활용된다.

> 사(事)는 가히 속됨을 깨우친다면 아름다움과 추악함을 모두 기록함이 옳고, 언(言)은 족히 이치에 합당하다면 정밀하게 닦은 것과 거칠게 어지러운 것을 가릴 필요가 없다.35) (홍서봉, <속어면순발(續禦眠楯跋)>)

세상의 어지러운 천태만상에 대한 정제하지 않은 기록을 중시하는 유학자의 글쓰기 전통이 조선후기 소설론과 직접 관련된 것은 아니다. 그러나 이와 같은 논의가 조선 전기에도 있었다는 사실은 인정물태가 조선 후기에 새롭게 발견된 현실주의적, 경험주의적 세계관의 산물만은 아니라는 것을 말해준다. 그렇지만 유학자들이 장기나 바둑을 두는 대신 읽는 패관잡기가 아니라 사회적 파급력을 지닌 소설을 논하는 맥락에서 인정물태가 강조되는 것은 다른 의미를 갖는다. 지배층이 생각하기에 여항의 인물이나 사건, 떠도는 이야기 등에 대한 기록은 풍속과 인정을 살피기 위한 자료를 마련하기 위함이었으며, 한문으로 쓰인 패관잡기들은 지배층 내부에서만 읽혀 풍속 그 자체에 다시 영향을 줄 수 있을 만한 여지가 거의 없었다.

그러나 계층을 막론하고 두루 읽혔던 소설에 담아낼 수 있는 인정물태의 구체성은 자칫 복선화음으로 구현되는 천리(天理)의 보편성을 뛰어넘을 수 있는 위험스러운 것이었다.36) 왜냐하면 복선화음의 이치는 세상사가 마땅히 그렇게 되어야 한다는 당위로서 관념이며, 곡진한 인정물태

---

35) "事可以驚俗, 則美惡可以記也, 言足以諧理, 則精粗所擇也." 홍서봉, <속어면순발(續禦眠楯跋)>, 『한국문헌설화전집』 7, 동국대학교 한국문학연구소, 1981, 83면.

36) "만물이란 서로 다른 만 가지 사물이니, 그런 까닭에 하나로 할 수 없는 것(萬物者, 万物者, 故不可以一之)"하는 이옥의 언급(<俚諺引: 一難>, 『藝林雜佩』)은 현실의 구체성과 천리의 보편성의 불화와 대립을 간명하게 드러내고 있다(『譯註이옥전집』 1, 실시학사 고전문학연구회 편, 소명, 2001).

는 나날이 변하는 경험 세계의 구체성과 현실성을 지향하기 때문이다. 그러나 이러한 인정물태의 가능성은 충분히 실현되지 못하였는데, 그 이유는 보편·당위의 선험성과 우월성에 의지하여 사람살이와 문학의 근본 문제들을 해명하려 했던 중세적 사유의 견고함 때문이기도 하지만,[37] 인정물태가 인정을 중심으로 하는 독법으로 인해 경험적 현실을 핍진하게 그려내는 현실반영의 힘을 쉽사리 발휘하지 못해서가 아닐까 추측해 볼 수 있다. 이옥(李鈺, 1760~1813)의 인정물태에 대한 글을 논의의 실마리로 삼아 이 문제를 풀어가고자 한다.

> 세상살이가 있어서 그것을 귀로 듣고, 이 몸이 있어 이런저런 일들을 겪으며, 이런저런 일들이 있으니 이런저런 정이 나타난다. 그러므로 이를 살피면 그 마음의 사정(邪正)과 그 사람의 현부(賢否)와 그 일의 득실(得失)과 그 풍속의 사검(奢儉)과 그 땅의 후박(厚薄)과 그 집의 흥쇠(興衰)와 그 나라의 치란(治亂)과 그 시대의 오융(汚隆)을 알 수 있다.[38] (이옥, <俚諺引: 二難>)

앞선 논의에서 인정물태란 마치 정제하지 않은 곡식과 같은 거친 세상살이에 대한 묘사라고 이해하였는데, 이옥의 글에서는 다양한 사건을 경험하는 세상살이의 과정에서 나타나는 인간의 정이 강조됨을 확인할 수 있다. 즉, '이런저런 일' 자체보다는 그것을 겪으면서 나타나는 '이런저런 정'이 바로 사람과 풍속, 나라와 시대를 이해하는 자료가 되는 것이다. 물론 세상살이[物態]를 핍진하게 그려내어야만 그 세상을 살아가는 인간의 정[人情]이 곡진하게 나타날 수 있기에 물태와 인정을 함께 논하는 것이 타당하다. 그러나 물태와 인정이 반드시 서로에게 필요충분조건

---

37) 김흥규, 앞의 책, 243면.

38) "有是世, 有是耳, 有是身, 有是事; 有是事 便有是情, 故觀乎此而其心之邪正可知, 人之賢否可知, 其事之得失可知, 其俗之奢儉可知, 其土之厚薄可知, 其家之興衰可知, 其國之治亂可知, 其世之汚隆可知矣." <俚諺引: 二難>, 『藝林雜佩』, 『譯註이옥전집』 1, 실시학사 고전문학연구회 편, 소명, 2001.

이 되는 것은 아니다. 인정물태를 비중 있게 다루고 있는 서유영의 비평 자료에서도 이를 확인할 수 있다.

> 대개 한 편의 큰 뜻은 남녀가 혼인하는 이야기로 시작해 규방의 행적을 서술한 것이다. 서로 다르기는 해도 모두 없는 이야기를 지어낸 데다가 지리번쇄하여 실로 취할 만한 것이 없었다. 그러나 인정물태 같은 것은 있는 그대로 잘 그려내고 있어서 무릇 슬프고 기쁜 경우, 얻고 잃는 경우, 현명함과 어리석음의 구분, 착한 것과 악한 것의 구분이 왕왕 사람으로 하여금 보고 느끼게 하는 바가 있었다. 이러한 까닭에 여항 부인네와 어린 아이들이 탐독하며 꺼리지 않는다. 그리고 서로 이야기를 베끼고 돌려보아 마침내 이야기책이 세상에 성행하게 되었다.[39] (서유영, <六美堂記> 小序)

<육미당기>라는 소설의 작자이기도 한 서유영(徐有英, 1801~1874?) 그 서문에 국문소설에 대한 감상을 위와 같이 피력하였다. 그의 논지는 국문소설이 비록 없는 이야기를 지어내었으나[架虛鑿空], 인정물태를 잘 그려내어 보고 느끼게 하는 바가 있기에 세상에 이야기책이 성행하게 되었다는 것이다. 여기서 서유영은 인정물태를 “비환득실의 경계, 현우선악의 구분(悲歡得失之際, 賢愚善惡之分)”으로 풀어 설명하면서 이는 사람들이 보고 느끼는 경험의 대상[人觀感處]가 된다고 하였다. 그런데 이렇게 인정물태의 중요성을 인식했던 서유영은 정작 자신이 쓴 소설인 <육미당기>에 초현실적인 요소를 많이 가미하였다. 이로 인해 논자는 낭만적 성격을 극복하지 못한 시대적 한계가 현실반영의 한계로 나타난 것이라는 평가를 하기도 하였다.[40] 그러나 만약 서유영이 인정과 물태 중 인정을 더 중시하고, 인정을 곡진하게 드러내는 데 더 많은 공력을

---

39) “盖一篇宗旨始於男女婚媾, 而歷敍閨房行蹟, 互有異同 , 皆架虛鑿空, 支離煩瑣, 固無足取. 然至若人情物態, 善於模寫, 凡悲歡得失之際, 賢愚善惡之分, 往往有令人觀感處., 此所以街巷婦孺之耽讀不厭, 而轉相謄專, 遂致稗官諺書之盛行於世者也.” 서유영, <六美堂記> 小序, 김기동 편, 『필사본 고전소설전집』 1, 아세아문화사, 1980, 305면.
40) 김경미, 앞의 책, 217면.

들여 소설을 썼다고 한다면, 그는 초현실적 요소를 활용해서라도 인정을 감발하게 하는 표현 효과를 노렸을 수 있는 것이다. 그렇다면 그의 비평적 관점으로 그의 소설을 조명해도 그리 어긋나지 않는다고 볼 수 있다.

김흥규는 '인정물태'에서 정(情)을 "'감정, 정서'라는 제한된 심리적 사실만을 뜻하는 것이 아니라, 감정 · 욕구 · 사고 · 태도 · 행위 · 상태 등의 구체적 양상 전반을 지칭하는 포괄적 개념"[41]으로 이해하였다. 그래서 정은 곧 사정(事情), 정경(情景), 정황(情況)이라는 말과 동의어로 취급되었다. 이렇게 정을 확장하여 이해할 때, 인정물태는 인과 물의 정태(情態)로 파악된다. 한자의 조어법으로 미루어 설득력 있는 이 설명에서 강조점은 정보다는 태에 놓인다. 그러나 이 연구에서는 다시 인정물태를 '人情'과 '物態'의 합성어로 이해할 것이다. 정약용은 <문체책(文體策)>[42]에서 말하기를, "신이 생각하기에 천지간의 큰 문장으로는 물태와 인정을 담은 것보다 나은 것이 없습니다. ……신이 일찌기 물태를 살폈습니다. ……신이 일찌기 인정을 살폈습니다.(臣以爲天地間人章, 莫如物態人情……臣嘗觀物態矣……臣嘗觀人情矣)"이라 하였다. 여기서 인정과 물태가 따로 논의되고 있는데, 이는 물태와 인정이 각각 독립된 개념이었을 가능성을 말해주기도 한다. 그리고 인정물태론에 비견될 수 있는 중국의 비평용어인 '세정론(世情論)'은 삶의 진실성과 풍부함에 대한 재현[物態]와 더불어 삶을 재현하는 데 있어서 중요한 관건이 되는 것이 깊이 있는 인정 파악임을 분명히 하고 있다.[43] 이로 미루어 볼 때, 인정물태론을 이해함에 있어 물태에만 초점을 맞추기보다는 인정에도 그에 못지않은 강조점을 두는 것이 타당할 것이다. 다음 자료는 곡진히 인정을 드러내는 것과 물태를 구체적으로 그려내는 것이 서로 다른 글쓰기 방식을 요구할 수도 있음을 잘 보여준다.

---

41) 김흥규, 앞의 책, 242면.
42) 『여유당전서』 1, 경인문화사, 1981, 167면.
43) 方正耀, 『中國小說批評史略』, 홍상훈 역, 을유문화사, 1994, 363면.

옛날에 춘화도(春畵圖)를 잘 그리는 자가 있었다. 그는 먼저 푸른 오동과 대나무 열댓 그루를 그리고, 다음으로 초가 삼간에 그림자가 오동나무, 대나무 사이로 은은히 비치는 모습을 그렸다. 달은 사창에 비치고, 사창은 굳게 닫혀 있는데, 창 밖에 다만 남녀의 신발 한 쌍씩만 놓아둔다면, 방 안의 즐거움은 그리지 않아도 마치 눈으로 보는 것 같으리라.[44] (<水山 廣寒樓記> 3회)

이 자료는 묘사의 방식을 춘화도에 비유하여 논하고 있다. 그 내용은 남녀의 정사 장면이 아니라 남녀의 신발이 가지런히 놓여 있는 장면을 그려내는 것이 더 나은 묘사의 방식이라고 평가하는 것이다. 객관적 현실을 핍진하게 묘사하기 위해서는 노골적인 춘화도가 필요하고, 남녀의 정을 곡진하게 드러내기 위해서는 암시적인 춘화도가 요구된다. 이렇듯 물태를 자세히 표현함과 인정을 지극히 표현하는 것은 대립할 수도 있는 문제적 사안이라는 점에 주목해 볼 때, 인정물태를 일상적인 현실을 반영한 것만으로는 이해할 수 없는 것이다. 구체적 현실의 물태는 인정을 드러내기 위해 소용되는 것이었으며, 조선 후기 대부분의 고전소설 독자가 소설을 읽으며 주로 경험하는 대상은 소설로 형상화된 현실이라기보다는 다채로운 인간사에서 비롯된 다양한 인정이었다.

· 이 소셜 전편은 규즁에 잇는 녀ᄌᆞ의 모범도 될만ᄒᆞ고 사회에 잇는 남ᄌᆞ의 경계도 될 만ᄒᆞ야 그 극진ᄒᆞᆫ 졍ᄉᆞ에는 동졍의 눈물을 앗길 슈 업고 통분한 사졍에는 의긔의 칼날을 감초기 어려와 희로ᄋᆡ락 칠졍의 감동이 글 보는 자의 심졍을 고동케 ᄒᆞ니 (<녀ᄌᆞ귀감 苦盡甘來>, 전언)[45]

---

44) "古有善畵春花圖者. 先畵碧梧綠竹十數株, 次畵草堂三間, 隱映於梧竹之間, 而月斜紗窓, 紗窓深閉, 窓外只有男履女鞋各一雙, 則房中之樂, 不畵而如見." <水山 廣寒樓記> 3회, 성현경 외 편, 『광한루기 역주 연구』, 박이정, 1997.

45) 태학서관, 1916, 2면(『구활자본고소설전집』 18, 인천대학 민족문화연구소, 1984).

· 춘향뎐이 셰상에 뎐ᄒᆞᆫ지 오ᄅᆡ라 그 사연은 일ᄀᆡ가인과 ᄌᆡᄌᆞ의 일을 빌엇스되 그 글은 능히 텬하 사람의 연연ᄒᆞᆫ 사랑과 불갓흔 욕심과 ᄭᆞᆺᄭᆞᆺᄒᆞᆫ 절개와 억울ᄒᆞᆫ 한탄과 참옥ᄒᆞᆫ 정상과 상쾌ᄒᆞᆫ 신명과 뎡ᄃᆡᄒᆞᆫ 톄모와 긔절묘절ᄒᆞᆫ ᄉᆡᆼ각을 모왓스며 ᄯᅩ 그 사연과 글 밧게 ᄯᅳᆺ으로 은근히 셰상인정에 대ᄒᆞ여 큰 교훈을 ᄭᆡ친 바ㅣ 잇스니 이ᄂᆞᆫ 참 죠선문예의 조ᄒᆞᆫ 산물이라 (<옥즁가인> 서문)[46]

위와 같은 구활자본 소설의 전언이나 서문을 통해 독자가 인정물태를 경험하는 방식에 대한 암시를 얻을 수 있다. 첫째 자료에서 작자는 독자에게 자신이 쓴 소설이 칠정(七情)을 감동시킴을 강조하면서 일독을 권하고 있다. 작자는 독자가 어떤 점에서 흥미를 느끼는지 자신의 독서 경험으로 미루어 파악하고, 이를 바탕으로 자기가 쓴 이야기를 홍보하고 있는 것이다. 둘째 인용문에서는 인정과 물태 중에 인정이 독자의 경험 대상으로서 우위에 놓여 있음을 확연히 드러난다. '재사가인'의 일 자체는 인정을 드러내기 위해 빌려온 것으로서 <춘향전>의 독법은 춘향과 몽룡의 애정사를 넘어서 "연연한 사랑", "꼿꼿한 절개", "억울한 한탄", "참혹한 정상", "상쾌한 신명" 등 그 속에 흐르는 간간(懇懇)한 정을 읽어내는 것임을 분명히 하고 있다. 이어지는 인용에서는 인정을 경험하는 독자의 반응이 보다 구체적으로 기술되어 있다.

· 바야흐로 효자 숙녀가 어려움을 당하여 정처 없이 떠돌면서 위기를 당해 거의 죽게 될 지경이면 말을 잃고 발을 구르며 놀라 외치며 안타까워하다가, 마침내 악행을 저질러온 자가 형벌을 받고 아름다운 마음을 품은 자가 허물을 벗게 되면 천지가 바로 판별이 되고 화복이 분명히 갈라지니 자기도 모르게 박수를 치며 쾌재를 부르고, 상쾌하게 답답하던 마음이 풀리고 시원한 바람이 들어오는 것 같은 것이다. 이

---

46) 신구서림, 1923, 1면(『구활자본고소설전집』 30, 인천대학 민족문화연구소, 1984).

는 참으로 어떠한 마음인가? 떳떳함을 지키고 덕을 좋아하는 양심이라 할 만하다.[47] (김이양, <언패설>)

이 인용문에서는 놀라 외치며 안타까워하는 심경이 박수를 치며 쾌재를 부르고, 상쾌하게 바뀌어 가는 과정을 실감나게 묘사하고 있다. 주인공이 처한 현실이나 인물의 사실적인 행위 자체보다는 그러한 상황에 처하거나 특정한 행위를 하는 인물의 '정'에 공감하며 감흥하는 독법으로 인하여 독자는 안타까움에서부터 상쾌함까지의 정을 경험할 수 있었다. 그러니까 인정을 중심으로 소설을 읽는 독자는 구체적인 물태를 통해 현실 자체를 경험하고 새로이 인식하기보다는 자신이 현실에서 느끼는 감정을 인물을 통해 재확인하거나 극대화하는 경험을 하는 데 더 큰 만족감을 느꼈던 것이다. 그런데 감상자가 인정의 경험을 "떳떳함을 지키고 덕을 좋아하는 양심(好德之良心)"이라고 의미화하고 있음에 주목해 보자. 물태를 통해 인정을 경험하고, 다시 인정에 대한 경험을, 천(天)으로부터 품부 받은 본성(本性)과 관련지어 논하는 것은 '인정물태에 대한 경험'이 '복선화음의 이치에 대한 확인'과 그리 멀리 떨어져있지 않음을 보여준다. 독자가 서사 전개에 맞추어 인정에 감흥(感興)하는 읽기를 행한 결과, 복선화음의 이치가 구현되는 행복한 결말이 독자에게 마음에 시원한 바람이 들어오는 것 같은 정을 발하게 하며, 이 정이 다시 독자에게 '양심'으로 의미화되는 것이다.

이 과정을 좀더 자세히 살피면 다음과 같다. 독자들은 인정물태가 지극히 묘사된 소설을 통해 다양한 사태와 다채로운 정을 경험하게 된다. 그런데 이 정은 개별적 사태나 인물에 대해 감발되기는 하지만, 서사 구조로 인해 질서를 갖추어야만 비로소 문화적 의미를 갖는 정서가 된

47) "方基孝子淑女, 困殢播越阽濱死也, 則若將失聲頓足, 驚呼而惜之也 終焉 稔惡子伏刑, 懷玉者無玷, 霄壤立判, 禍福分類, 則自不覺鼓掌叫快 爽然若拓煩襟而懷好風, 是誠何心哉. 亦曰秉彝好德之良心也." 김이양, <언패설> 『김이양문집』 3, 국립도서관 소장본.

다.[48] 생래적 감정이 어느 정도 보편적인 것이라고 하여도 특정한 사태나 인물에 대해 어떠한 정을 가져야 할 것인지, 또, 그러한 정의 유로(流路)는 어떠해야 하는지를 결정하는 것은 문화이며, 이는 주로 이야기를 통해 교육된다.[49] 즉, 이야기의 구조는 다채로운 정서적 경험을 질서화하며, 의미화하는 역할을 하는 것이다. 이러한 맥락에서 복선화음의 이치가 구현된 서사의 도식은 정이 조율되고 흘러가야 마땅할 길을 제시함으로써 인정물태에 대한 다채로운 정서적 경험을 본성으로 복귀시키는 역할을 했다고 볼 수 있다.[50] 이렇게 고전소설은 복선화음의 견고한 서사 틀 속에서 다채로운 인정에 대한 경험을 본성의 확인[歸於正]으로

---

48) 이 논의에서 정서는 문화적인 성격을 갖는 것으로 파악하였다. 이러한 관점은 사회 내의 문화적 여건과 상호관계에 따라 청소년기의 정서 발달이 다르게 나타난다는 M. 미드(M. Mead, 『세 부족사회에서의 성과 기질』, 조혜정 역, 이화여대출판부, 1988)의 연구나 M. 푸코가 행하였던 지식과 윤리, 정서의 관련상에 대한 계보학적 연구의 전제가 된다. 김종철도 문학적 관습에서 중시되어야 할 것은 표현에서의 관습이 아니라, 관습화되어 표현되는 감정이라고 하면서, 이 정서 자체가 관습적인 것임을 강조하였다(김종철, 「옥수기 연구」, 서울대 석사학위논문, 1985, 65면). '한(恨)'이라는 정서가 문화적 합의의 특수한 실현인 '시'라는 담론과 '전통'이라는 이념을 텍스트 조건으로 하여 실현된 것임을 밝히는 최지현의 논문에서도 정서가 "정서적 담론을 통해 '표현됨으로써' 문화적으로 제한"됨을 분명히 하였다(최지현, 「한국근대시 정서체험의 텍스트조건 연구」, 서울대 박사학위논문, 1997, 10면).

49) 문학의 형식을 삶에 대한 관점의 표현이라고 보는 윤리철학자 M. 너스바움은 감정은 이야기를 통해 교육된다고 주장하였다(M. C. Nussbaum, *Love's Knowledge*, Oxford University Press, 1990, p.287). 그리고 비츠는 감정과 이야기의 관계에 대해 서사적 플롯은 우리의 계획, 우리의 추억, 심지어는 우리의 사랑과 미움을 안내하는 역할을 한다고 논하였다(P. C. Vitz, 'The Use of Stories in Moral Development: New Psychological Reasons for an old education Method', *American Psychologist* 45, 1990, p.711).

50) 대표적인 성리학 논자인 퇴계(退溪) 이황은 사단(四端: 측은(惻隱), 수오(羞惡), 겸양(謙讓), 시비(是非))이 발하는 도심(道心)과 칠정이 발하는 인심(人心)이 본성과 작용에 있어 다름을 주장하였다. 그에 따르면, 인심은 인욕(人欲)에 연결되지만 도심은 천리(天理)와 통한다고 생각했으며 인심과 그에 따른 인욕을 극복하고 천리를 지향하는 도심을 북돋움으로써 기질의 한계를 벗어나 본연성을 실현하기 위해 수양(修養)이 요구된다고 하였다(유초하, 1994, 130면). 이 틀에 따라 설명하자면, 복선화음의 서사 구조는 다채롭게 경험되는 인정이 천리를 지향하는 도심으로 질적인 비약을 이루게 하는 계기로서 작용하는 것이다.

견인해낼 수 있었다.

요약하자면, 고전소설의 독자들은 소설에 그려진 다양한 세상사를 접하면서 날로 새로워지며[生生], 구체적으로 경험되는 물태(物態)를 인식하기보다는 물태를 통해 드러나는 인정에 감흥하기를 즐겼다. 그래서 고전소설은 물태를 사실적으로 그려내기보다는 인정에 대한 독자의 깊이 있는 감흥을 이끌어내는 방식으로 자신의 표현 기법을 심화시켜왔다. 그러나 보편적인 인정에 대한 공감이 복선화음 서사에서 구현된 천리와 만날 때, 소설 읽기의 진진한 정서적 경험은 본성의 확인으로 귀결될 수밖에 없었다. 그러니까 인정물태는 현실에 대한 구체적 경험의 반영이고, 복선화음은 보편적 당위로서 긴장 관계에 놓여있는 것이 아니라 복선화음의 원리 속에 인정물태가 복속되어 있는 것이다.

3. '복선화음'과 '인정물태'의 시대적 추이

앞선 논의를 정리하면, 고전소설 읽기의 효용은 인정물태를 경험함으로써 복선화음의 이치를 확인하는 것이라고 정리할 수 있다. 그러나 인정물태과 복선화음의 공존과 상생이 언제까지나 지속될 수는 없었다. 인정물태와 복선화음의 긴장 관계는 이미 정약용에 의해 통찰된 적이 있었던 바, 대표적인 소설 배격논자인 정약용은 인정을 중심으로 소설을 읽고, 아래와 같이 자신의 감상을 피력하기도 하였다.

> (소설은) 음탕한 곳에만 마음을 두며 비분한 장면에만 한눈을 팔고 간장을 녹이는 말에만 누에가 실 뽑듯이 하고 뼈를 에이는 듯한 문구를 벌레 소리처럼 슬프게 내고 있다. 그것을 읽고 나면 마치 푸른 달이 서까래를 보는 듯하며 산 귀신이 휘파람을 불고 음산한 바람이 촛불을 꺼뜨리며 원한의 여인이 구슬프게 우는 것 같다.[51] (정약용, <위이인영증언(爲李仁榮贈言)>)

이 인용문은 1820년에 정약용이 소설과 시문에만 마음을 빼앗기고 있는 이인영이라는 젊은이에게 주는 글에서 발췌한 것이다. 정약용은 정조의 문체반정책에 호응하여 당시의 신문체(新文體)와 소설, 패사(稗史), 소품(小品)의 성행에 대해 혹심한 비판을 가하는 <문체책(文體策)>을 썼다. 그는 문학이 창작 주체의 도덕적 성숙에 바탕한 진지한 지의(志意) 및 도(道)의 표현이어야 하며, 또 그러한 경지에로 작자와 독자 모두를 이끌어 올리는 엄숙한 소명에 봉사해야 한다는 신념을 갖고 있었다.[52] 그는 소설이 음탕하게 하고, 비분하게 하며, 간장을 녹이고, 뼈를 에이듯 슬프게 한다고 지적하면서, 비록 복선화음의 이치가 서사 구조로 구현되어 있지만 소설을 읽고 나면, 귀신이 구슬피 우는 것 같은 느낌이 든다고 하였다. 정약용이 여기서 문제 삼은 것은 소설의 인정에 대한 반응이 편벽된 데로 치우쳐 작용[用]으로서 정(情)이 본체[體]인 성(性)[53]을 넘쳐흐르는 현상이다. 즉, 여기서 정약용은 복선화음의 이치가 구현된 서사 구조로도 인정을 본성으로 귀속시킬 수 없는 가능성을 날카롭게 지적한 것이라 할 수 있다.

> 고셔에 왈 션ᄒᆞᆫ ᄌᆞᄂᆞᆫ 하늘이 복으로써 갑고 악ᄒᆞᆫ ᄌᆞᄂᆞᆫ 하늘이 화로써 갑ᄂᆞᆫ다 ᄒᆞ였스ᄂᆞ 이 세상을 ᄒᆞᆫ번 도라보건ᄃᆡ 가장 의심된 바ᄂᆞᆫ 션ᄒᆞᆫ ᄌᆞ도 죵죵이 비참ᄒᆞᆫ ᄋᆡᆨ회를 당ᄒᆞᆷ이 잇고 악ᄒᆞᆫ ᄌᆞ도 왕왕히 쾌락한 복록을 엇음이 잇스니 텬리가 엇지 이ᄀᆞᆺ치 공변되지 아니ᄒᆞᄂᆞᆫ고 (<봉황금(鳳凰琴)> 전언)[54]

---

51) "栖心於淫蕩之巢, 游目於悲憤之場, 銷魂斷腸之語, 引之於蠶絲, 刻骨鐫髓之詞, 出之如蟲唫, 讀之如靑月窺椽, 而出鬼吹歔陰颸滅燭, 而怨女啾泣." 정약용, 『增補與猶堂全書』 1, 경인문화사, 1981, 372면.

52) 김흥규, 앞의 책, 223~224면.

53) "인의예지는 성이요 체다 측은 수오 사양 시비는 정이요 용이다.(仁義禮智 性也 體也 惻隱羞惡辭讓是非 情也 用也)" 朱子, <문집 권56>. 성리학에서 말하는 性과 情의 관계에 대해서는 山田慶兒, 『주자의 자연학』, 김석근 역, 통나무, 1998, 377~384면 참조.

54) 회동서관, 1918, 1면(『구활자본고소설전집』 2, 인천대학 민족문화연구소, 1984).

정약용의 지적이 하늘이 품부한 성(性)과 소설을 읽으면서 발(發)하는 정(情)의 긴장 관계를 암시했다면, 위의 인용문에서는 사필귀정(事必歸正)하게 하는 천리와 천리가 제대로 구현되지 않을 수도 있는 현실의 갈등을 보여준다. 이러한 당위와 현실의 불일치는 사마천도 번민했던, 유교 사회의 오래된 숙제였다. 사마천은 <사기>에서 백이와 숙제가 맑고 어진 행동을 쌓으며 살았음에도 불구하고 끝내 굶어죽었던 일을 논하면서, “이른바 ‘하늘의 도리[天道]’라는 것이 이러고도 과연 옳다고 할 수 있단 말인가?(儻所謂天道, 是邪非邪)”라며 천도의 시비를 따졌다.[55] <봉황금>이라는 구활자본 소설의 작자도 이렇게 천도로서만 설명되지 않는 현실을 문제 삼았던 것이다.

이렇게, 인정물태에 대한 경험을 통해 복선화음의 이치를 깨닫게 하는 고전소설의 효용은 인정이 본성으로, 잡다한 현실이 천도로 귀속되지 않을 수도 있는 가능성으로 인하여 내부로부터 균열을 겪게 된다. 이로 인해 인정물태와 복선화음의 불화가 야기되는 것이다. 이 불화는 1910년대에 들어 이해조와 이광수에 의해 다음과 같이 천명된다.

· 말ᄒᆞᆯ진ᄃᆡ 츈향젼은 음탕교과셔요, 심청뎐은 쳐량교과셔요, 홍길동젼은 허황교과셔라 ᄒᆞᆯ것이니 국민을 음탕교과로 가ᄅᆞ치면 엇지 풍속이 아름다오며 쳐량교과로 가ᄅᆞ치면 엇지 장진지망이 잇스며 허황교과로 가ᄅᆞ치면 엇지 졍대ᄒᆞᆫ 긔상이 잇스릿가 우리나라 란봉남ᄌᆞ와 음탕ᄒᆞᆫ 녀ᄌᆞ의 졔반 악징이 다 이에셔 나니 그 영향이 엇더ᄒᆞ오. (이해조, <자유종>)[56]

· 人情의 複雜多樣함이 宇宙의 森羅萬象과 如하거늘 어찌 數條의 道德으로 此를 律할 수 有하리오. 某種 특정한 도덕을 고취하기 위하여 …… 문학을 作하지 말고, ……實在한 思想과 感情과 生活을 如實하게 萬人의 眼前에 再現케 하라 (이광수, 「文學이란 何오」)[57]

---

55) 사마천, <史記>.
56) 광학서포, 1910, 10면.

이해조와 이광수는 같은 대상으로 논하고 있으면서도 서로 상반된 견해를 드러낸다. 이해조는 정을 중심으로 읽는 전통을 따라 <춘향전>을 읽으면 음탕한 정이 발하게 되고, <심청전>을 읽으면 처량한 정이 요동치고 있게 됨을 지적하고 있다.[58] 한편, 이광수는 전래의 문학이 인정의 복잡다양함을 도덕으로 제약해 왔음을 비판한다.[59] 그러니까 두 평자는 각각 고전소설이 인정에 치우쳐 윤리성을 상실했음과 윤리로 인해 인정을 그려내지 못함을 논하고 있는 것이다. 두 평자의 시각은 <춘향전>을 각각 <獄中花>로, <一說春香傳>으로 개작하는 데에서 구체화된다. 이해조는 '학문이 부족한 광대들이 여러 번 전하면서 잃어버린 정대한 본뜻'을 회복하는 방향으로 개작하여 윤리적 요소를 강화하였고, 이광수는 "춘향과의 사랑 때문에 번민하는 낭만적 주인공"[60]으로 몽룡을 그려내어 정에 충실한 인물을 형상화할 수 있었다. 이렇게 20세기 초반에 <춘향전>이 두 방향으로 개작되었다는 사실은 작자가 가진 취향이나 개성의 문제로만은 볼 수 없다. 복잡하고 다양한 인정이 하나의 본성으로 귀

---

57) 매일신보, 1916.11.14.

58) 이해조는 고전소설에 대해서 이렇게 비판하였음에도 불구하고, 심청전, 춘향전, 흥부전, 별주부전 등을 개작하였다. 따라서 이해조가 등장인물의 입을 빌어 행한 이 발언을 어디까지 믿을 수 있는지 확신하기 어렵다. 그러나 고전소설에 대한 이와 같은 반응은 적어도 이해조가 정을 중심으로 고전소설을 읽었음을 드러내준다.

59) 이광수가 여기서 말한 정이란 인간의 정신을 지(知, Erkenntnis), 정(情, Gefühl), 의(意, Begehrung)이라는 세 가지 능력으로 구분하는 이론을 바탕으로 하고 있기에 전통적인 정(情)과는 전혀 다른 맥락에서 쓰인 것이라고 볼 수 있다. 이광수는 정은 지나 의와 마찬가지로 그 자체의 만족에 대한 요구를 가지고 있고, 그러한 정의 요구는 바로 문학이 존재하는 이유가 된다고 역설하고 있다. 이렇게 정에 바탕한 문학은 전통적인 문의 전체성에서 분리되어 자율적이고 독립적인 예술로 성립되었다(황종연, 「문학이라는 譯語」, 『동악어문논집』 32, 1997). 앞서 살펴보았듯이 복선화음의 이치를 확인하는 것과 인정물태를 경험하는 것은 비록 대립할 계기는 갖고 있었을지언정 적대적이며 각기 독립적인 관계는 아니었다. 그런데 인용문에서 이광수는 전자를 意로, 후자를 情으로 분리시켜 사유하며, 각각을 독립적인 영역으로 간주하고 있는 것이다. 이러한 분리 자체가 인정물태와 복선화음의 불화를 반영하는 것이기에, 이 글에서 쓰인 情이 전통사회에서의 정와 다른 의미를 가짐에도 불구하고 인용할 가치가 있다고 판단된다.

60) 조동일, 『한국문학통사』 4, 지식산업사, 1991, 298면.

결되지 않으며, 현실에서 경험되는 구체적인 물태를 관념적 인식으로만은 파악할 수 없을 정도로, 복선화음의 이치가 모든 사람에게 적용되고 세상에 구현된다는 믿음이 깨졌다는 상황을 드러내기 때문이다. 이러한 현실에 대해 이해조는 윤리의 회복을 주장하였으며, 이광수는 새롭게 정(情)을 발견해야 한다고 외쳤던 것이다.

그 이후, 복선화음과 인정물태의 운명이 어떻게 되었는지 후일담식으로 정리하면 다음과 같다. 따라갈 '별'을 잃은 소설의 주인공이나 독자는 더 이상 복선화음의 이치에 대한 믿음을 갖지 않게 되었으며, 이념적 가치를 표나게 드러내는 것은 소설로서 세련되지 못한 것으로 취급되었다. 서사를 통해 탐구하고 추구하는 도덕이 아니라 이미 사회적으로 합의된 도덕이 서사로 포장되는 도덕서사는 하물며 윤리교육에서도 비판되고 있는 바이다.[61] 인정물태의 경우, 이보다 좀더 나은 상황에 있다고 할 수 있는데, 그 강조점은 뒤바뀌게 되었다. 즉, 인정보다는 물태가, 즉 보편적 정서의 경험보다는 객관적 현실의 인식이 우선시되는 것이다. 더욱이 경험의 대상으로서 인정은 개성적이며 심미적인 감수성에 밀려 그 보편성을 상실하고 말았기에 인정물태의 중세적 핵심은 거의 남아 있지 않다고 할 수 있다.

4. 결론

19세기 말에 외교관으로 와서 순수한 학술적 동기에서 『한국서지』를 집필한 모리스 꾸랑(Maurice Courant)은 한국의 고전소설에 대한 감상을 다음과 같이 기술하였다.

> 성격의 연구는 전혀 없고 등장인물들은 언제나 똑같다. 급제하는 선비

61) 이왕주 외, 『서사와 도덕교육』, 부산대학교출판부, 2003, 12면.

나 적을 무찌르는 젊은 용사, 신체적 도덕적으로 완벽한 젊은 여성, 젊은이들의 행복을 반대하는 아버지, 젊은 처녀를 탐내다 그 모략이 탄로 나는 사악한 양반, 자비로운 고관, 점술과 비술에 능통한 승려 등 도처에 같은 유형이 발견되어 곧 오랜 지기처럼 되어버린다. 이러한 책 두세 권만 읽으면 전부 읽은 거나 다름이 없는 것이다. 때때로 신선한 풍경의 묘사나 적절히 표현된 성격의 취급, 그리고 풍자적 의도가 보이는 것도 있으나 묘사가 언제나 똑같아 곧 싫증이 나게 되며 성격의 취급도 지나치게 과장되어 곧 얼굴을 찌푸리게 된다. 때로는 줄거리가 환상적인 상태로 전환되어 전혀 예기치 못한 급반전이 일어나기도 하나 있음직하지 않은 일이 너무도 많고 인물들을 이어주는 관계도 매우 잘못되어 우리네 아동용 우화 중의 가장 볼품없는 것보다도 흥미 면에서는 떨어진다. (모리스 꾸랑, 『한국서지』)[62)]

유형적인 인물의 등장이나 진부한 표현, 비현실적 서사와 비개연적인 인간관계의 설정 등을 지적한 19세기 서지학자의 고전소설에 대한 평가를 그저 한국의 소설 향유 문화에 대해 정통하지 못한 이방인의 시각일 뿐이라며 폄하해 버릴 수는 없다. 근대 교육 제도에 의해 훈육되고 근대 국가의 관료로서 파견되어, 근대 학문의 방법에 의거하여 자료를 수집하고, 범주화하며 분석한 그는 근대적 인간의 전형이다. 그의 역작인 『한국서지』가 여전히 서지학적인 가치를 지니며, 한국학의 가장 기초적인 자료로서 빛을 잃지 않은 것처럼, 국문으로 쓰여진 우리네 고전소설을 보는 그의 시각 역시 여전히 유효하다.

고전소설을 읽고 가르치는 필자의 입장에서도 천편일률적인 이야기에 질려 버릴 때가 한두 번이 아니다. 어느 교수도 고백하고 있듯이, "(꾸랑의 지적은) 평면적인 인물의 성격, 판에 박힌 듯한 사건의 전개, 한결같은 권선징악의 결말 등 우리가 예전부터 귀가 아프도록 들어왔던 고전소설의 특징을 일컫는 다른 이름"[63)]이기도 했던 것이다. 꾸랑이 지적했듯

62) M. Courant, 이희재 역, 『한국서지(Bibliographie Coréenne)』, 일조각, 1994, 69~70면.
63) 정출헌, 「고전소설 연구의 몇몇 국면에 대한 반성적 고찰」, 『한국문학연구』 3, 2002, 108면.

이 국문본 고전소설은 인물의 성격을 탐구하려 하지도 않았고, 정형화된 관습적 묘사를 손쉽게 활용했으며, 진부한 서사 구조를 되풀이하였다.

소설관이나 소설의 향유 문화는 지역과 시대에 따라 다르기에 현재 우리가 소설을 보는 관점만으로 고전소설을 평가하는 것은 문화적 독선이 될 수 있다. 꾸랑의 경우도 마찬가지이다. 근대인으로서 꾸랑은 심미적인 대상으로 소설을 파악하였다. 그래서 그는 비개성적인 인물 형상화 방식과 진부한 관습적 표현, 권선징악의 결말로 치닫는 천편일률의 서사 구조 등 소설이 근대의 예술적 구조물로서 갖춰야 할 형식 요소들을 중심으로 고전소설을 평하였던 것이다. 그러나 보편적 인정을 담아내기 위해 필요한 유형적 인물을 등장시키고, 이미 감흥력에 있어서 유효성을 인정받은 관행의 표현을 활용하며, 복선화음의 이치를 확인하여 본성을 깨닫게 하기 위해서 필연성과는 상관없이 예정된 결말로 마무리하는 것은 독자가 윤리적인 삶의 태도를 형성하게 돕는 효과적인 기법이 될 수 있었다.

그렇다고 우리가 고전소설 독자들의 독법을 익혀 그에 따라 고전소설을 읽으면서 그들처럼 복선화음의 이치를 재확인하고, 다채로운 인정을 경험함을 통해 본성의 작용을 이해하는 것을 소설 읽기의 효용으로 삼을 수는 없는 노릇이다. 탈주술화된 시대에 살고 있는 현대인으로서 하늘이 인간사에 개입하여 그 이치나 도를 실현한다는 믿음을 갖기 힘들며, 자율적이며 독립적인 주체로 존재하기 위한 근거로 개성이 필요한 시대에 인간의 보편적 성(性)을 운위함은 시대착오적인 것으로 여겨질 수 있기 때문이다. 그러나 적어도 고전소설의 독자들이 소설에서 발견한 효용은 소설과 삶이 연속적으로 이어질 수 있는 한 가능성을 보여준다. 비단 소설의 교훈을 곧바로 자신의 삶으로 이끌어오지 않더라도, 서사를 구성하는 방식 자체가 개개인의 삶에 의미를 부여하는 틀로 전이될 수 있으며, 가치를 탐색하고 실험하는 장으로서 서사는 간접적인 가치 경험의 대상이기도 하다. 이렇게 소설을 비롯한 다양한 서사물은 여전히 살아갈 길[道]을 알려주는 재도지기로서 그 역할을 수행한다고 할 때, 문학교육에서 학습자가 다양한 방식으로 문학과 관계를 맺으면서, 자기 삶에 필요한 무엇인가를 문학을 통해 구하고 얻어가게끔 하는 효용론적인 방법의 탐구는 문학교육 연구자가 행할 중요한 연구 과제 중 하나가 될 것이다.

III. 서사의 수용론

설화를 통한 자기 성찰의 사례 연구

1. 서론

본고는 문학 작품을 통한 자기 성찰의 한 사례를 연구하고 그 결과를 소개, 분석하는 성격의 것이다. 연구에 참여한 사례 집단은 20대 초중반의 미혼 여성들로서 현재 여학교에 재학하고 있는 대학생들이다. 이들은 국어국문학을 전공하는 학생들을 비롯하여 국어국문학을 부전공으로 택한 여자대학교 3~4학년 학생 28명으로 구성되어 있다. 연구자는 '고전문학연습'이라는 강좌를 맡아 고전문학의 자기화, 생활화를 목표로 강의를 진행하였다(2006.9~2006.12). 이 과정에서 설화 문학을 통한 자기 성찰을 시도하였으며 이 글은 이에 대한 보고의 성격을 갖는다.

연구의 구체적인 과정은 다음과 같다. 첫째 단계에서는 문학 작품을 통한 자기 성찰의 의의를 설명한 후, 자료의 출처에 대해서 안내하고 가장 쉽게 공감할 수 있는 인물과 거리감이 느껴지는 인물을 택하고 그 이유를 기술하라는 과제를 내주었다.[1] 일주일 후 과제를 수합한 다음, 제

1) 여기서 공감(empathy)이란 작중인물의 입장에서 그 인물의 행위의 이유와 필연성 및 궁극적으로는 그 인물의 감정을 함께 느끼는 것을 의미한다. 그리고 인물에 대한 거리감은 인지적으로나 정의적으로 그 인물을 이해할 수 없는 경우 독자에게 느

시한 자료들을 개별적으로 검토하며 학생들의 반응을 공론화하였다. 공론화는 수업 시간에 칠판에 표를 반응수를 써 넣어가면서 공감과 거리감의 이유를 발표하게 하는 방식으로 이루어졌다.[2] 그리고 마지막으로, 공론화의 경험을 거친 후 인물에 반응하는 자기를 성찰적으로 기술하라는 과제를 내었다.

자기 성찰의 경험을 가질 수 있게 하는 교육적 실험을 설계하기 위해서는 성찰(省察)의 의미를 규정하는 작업이 선행되어야 할 것이다. '성찰'의 사전적 정의는 "자신이 한 일을 돌이켜 보고 깊이 생각함"(표준국어대사전)으로서 자기가 한 일, 이미 형성된 자기를 돌아본다는 뜻을 갖는다. 이와 같은 성찰의 의미는 영어에서 쉽게 확인할 수 있다. 어원적으로 '다시 구부리다, 휘다'의 뜻을 갖는 'reflect'이나 'reflex'도 외물에 반사되는 자기를 성찰의 대상으로 삼는다. 이러한 성찰의 의미는 자기동일성을 기초로 하는데 데카르트로부터 헤겔에 이르는 서양의 정신사적 맥락에서도 이를 발견할 수 있다. 서양의 근대 철학자들은 내가 오직 나 자신과의 관계를 통해 나를 정립하면서 이를 바탕으로 자기동일성을 가진 주체로 자기를 의식하였던 것이다.

그렇지만 자기를 되비치는 것, 즉 자기동일성의 반복은 타자를 사랑할 줄도 모르며 타자로 인해 자기를 상실할 줄 모르는 병든 나르시시즘이라는 비판에 직면하기도 한다.[3] 그리고 서양 철학의 흐름 속에서도 자기동일적 주체에 대한 반성의 기운이 일고 있다. 그 대표적인 사례로 들 수 있는 리쾨르는 자기란 '자기 동일적 정체성(identité comme mêmeté)'을 갖는 항존적 실체가 아니라 '공유된 자아로서의 정체성(identité comme soi)', 즉 '나'와 '너'와 '그'가 함께 나눌 수 있는 속성을 가지며, 항상 문화적이며 상징적인 매개를 통해 이해되는 것이라고 하였다.[4]

껴지는 감정으로서 인물 속으로 들어가 함께 그와 함께 느끼는 공감을 방해하는 요인이 된다고 학습자들에게 설명하였다.

2) 전시의 과제 안내에서 공감이 가는 인물, 거리감이 느껴지는 인물이라는 기준을 제시하였기에 호감도 측정에 있어서 계량화가 용이하였다.

3) 김상봉, 『나르시스의 꿈』, 한길사, 379면 참조.

이러한 자기동일성에 대한 비판을 바탕으로, 이 연구에서는 있는 그대로의 자기를 되비쳐 보는 데에서 나아가, 자기를 발견, 형성할 수 있게 하는 타자라는 매개를 통해 자기의 변화가능성을 도모하는 데에까지 이르는 것으로서 자기 성찰의 의미를 규정하고자 한다. 그리고 타자는 자기 아닌 것의 의미가 아니라 자기가 될 수 있는 가능성을 갖고 있는 대상으로, 자기는 이러한 타자와 더불어 빚어지는 '공유적 존재'로 이해할 것이다. 이러한 관점에서 볼 때, 문학 작품을 해석하는 '나'는 작품을 읽어가면서 작품과 함께 나를 '쓰고 있는' 존재이지 미리 확고히 만들어진 주체는 아니라고 이해할 수 있다. 그렇지만 이러한 자기에게 자기통합적인 정체성이 아예 없는 것은 아니다. 다만 그것은 자기복제적 정체성이 아니라 텍스트의 해석과 생성 과정에서만 드러나고 유지될 수 있는 잠정적인 성격의 것이다.

문학교육에서는 문학능력이 발달함에 따라 작품의 세계와 독자의 세계를 상호교섭할 수 있는 '교섭적 경험'의 경지로 나아가는 것으로 본다.[5] 이러한 교섭을 통해 형성된 '자기'는 문학 작품과 함께 빚어지는 '공유적 존재', '성찰된 자기'라고 이해할 수 있을 것이다. 문학교육은 이처럼 문학을 통해 성찰된 '자기'의 형성을 중요한 목표로 삼고 있으며 문학 작품을 자기화하는 경로를 탐색한 연구는 다양하게 존재하여, 서사 구조에 해당하는 갈등과 해결 과정을 통해 감동과 자기 변화를 도모하는 요인을 규명한 연구,[6] 인물을 중심으로 동화와 거리두기라는 독법을 활용할 것을 제안한 연구,[7] 주제적 의미인 가치를 중심으로 자기

4) 폴 리쾨르, 김동윤 역, 「서술적 정체성」, 석경징 외 편, 『현대 서술 이론의 흐름』, 솔, 1997. 리쾨르의 견해에서 주목할 점은 자기 성찰이 항상 문화적이며 상징적인 매개를 통해 이루어진다는 것이다. 이를 수용한다면, 문학 작품을 해석하는 과정을 통해 자기 성찰을 유도하는 것은 성찰을 위한 방편(方便)이 아니라 가장 유효하고 특권적인 방법이 된다.

5) 박인기, 「문학교육과정의 구조에 관한 연구」, 서울대 박사학위논문, 1994, 107~113면.

6) 김중신, 「서사 텍스트의 심미적 체험의 구조와 유형에 관한 연구」, 서울대 박사학위논문, 1994.

7) 최인자, 「작중인물의 의미화를 통한 소설 교육 연구」, 서울대 석사학위논문, 1993.

화의 교육내용을 구안한 연구[8] 등이 있다. 위 연구들은 수용자의 실제 반응에 터한 것이 아니라 이론적 가설을 제안한 수준에 머무는 데 비하여, 최근의 연구들[9]은 실제적인 독자 반응에 기초하여 문학 작품의 경험에 대한 이론적 설계와 검증을 행하고 있다. 본 연구도 이와 같은 연구의 흐름에 합류하는 것으로서 문학 작품에 대한 독자의 실제 반응을 탐색하려 한다.

이 연구에서 취한 자기 성찰의 매개인 타자는 두 종류의 것이다. 그 하나는 남녀 문제를 다룬 삼국 시대의 문헌 설화이다.[10] 남녀 관계에서 발생하는 사건을 제재로 삼고 있는 설화를 택한 이유는 애정 문제라는 보편적인 인간사(人間事)가 공감이나 거리감을 이끌어내기 쉽다고 판단했기 때문이다. 또한 삼국시대의 설화는 각 편이 남녀 관계에 대한 풍부한 원형성을 지니면서도, 통합적으로는 등장인물의 신분이나 처지, 애정 문제와 관련된 감정 등이 다채롭다는 특성을 지닌다. 이로 인해 삼국 시대의 애정 설화는 수용자의 해석과 반응이 다른 텍스트군에 비해 보다 적극적이며 자유로울 수 있다는 장점을 갖고 있는 것으로 판단하였다.

또 다른 성찰의 매개는 수업에 참여하고 있는 전체 학생 집단, 즉 '해석공동체'이다. 해석공동체는 단지 개별적 해석의 집합체일 뿐만 아니라 그러한 해석을 어느 정도 수렴하고 특정한 방향으로 조정, 정향하는 역할을 한다. 따라서 여러 개인의 다양한 해석적인 반응이 해석공동체에서 논의되면서 종류가 같은 것끼리 묶이고, '인정투쟁'[11]의 결과 해석공동

8) 졸고, 「가치경험을 위한 소설교육내용 연구」, 서울대 박사학위논문, 2006.
9) 김남희, 「현대시의 서정적 체험 교육 연구」, 서울대 박사학위논문, 2007; 김효정, 「문학 수용에서의 공감 교육 연구」, 서울대 석사학위논문, 2007.
10) 성찰을 위한 읽기 자료가 되는 것은 삼국 시대의 문헌 설화 중 남녀 간의 애정 문제를 제재로 다루고 있는 설화 8편이다. 설화적 제재의 분류를 위해 『삼국시대 설화의 뜻풀이』(조동일, 집문당, 1990)의 '제5장 男女관계의 문제'를 취하였으며, 이 텍스트의 번역을 학습자들에게 읽혔다. 그 자세한 목록은 다음과 같다. (1) 왕자 호동 (2) 개루왕과 도미의 아내 (3) 산상왕과 시골 여자 (4) 도깨비 비형랑 (5) 불귀신이 된 지귀 (6) 의상과 선묘 (7) 김현과 호랑이 처녀 (8) 머리에 꽂은 석남

체의 동의를 얻는 것과 그렇지 못한 것의 지위가 생기며, 해석공동체 전체의 해석적 경향성이 드러나기도 한다. 이렇게 해석공동체는 한 개인을 구성원으로 포함시키고는 있으나 개인과는 다른 집합적인 의견을 형성하는 타자가 될 수 있다. 그러나 우리가 남의 말을 자기 생각으로 취하듯이 이 타자 역시 자기화 될 수 있는 가능성이 있는 대상이다.

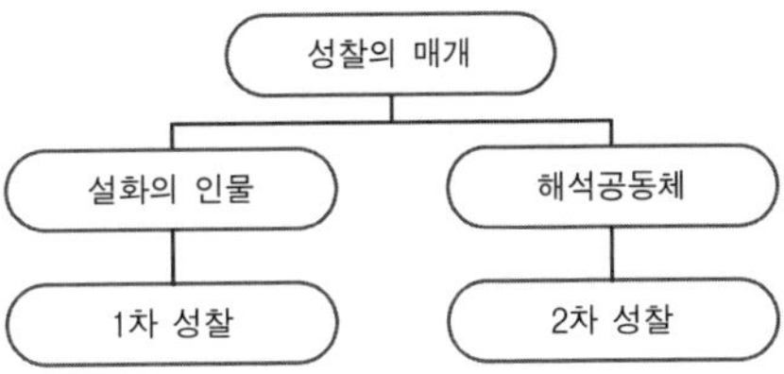

<그림 1> 매개물에 따른 단계적 성찰

<그림 1>은 이 연구의 구도를 도시화한 것이다. 그림에서 확인할 수 있듯이 이 연구는 자기를 비춰볼 수 있는 성찰의 매개로 설화의 인물과 해석공동체를 상정하였다. 설화의 인물과 자기를 겹쳐 보면서 학습 독자는 자기가 어떤 사람인가를 알게 된다.[12](1차 성찰) 그런데 이러한 성찰은 교육적 계획이나 치료를 위한 처치가 필요한 상황이 아니더라도 자연스럽게 이루어질 수 있다. 그리고 본 연구에서 상정하고 있는 자기의 변화가능성까지 유도하는 성찰의 의미에서 볼 때, 1차 성찰은 자기 복제물에 대한 나르시시즘에 그칠 우려가 있다. 그래서 필요한 것이 해석공동체라는 매개를 통한 성찰이다. 설화의 인물에 대해 반응하는 자기를 해석공동체에 비춰 보는 과정을 통해 자기가 자신을 해석할 수 있는 메타적 관점을 확보하게 된다. 본고는 이를 2차 성찰이라고 하여, 교육적, 치료적인 과정에 포함시켜 논의하겠다.

11) 악셀 호네트, 『인정투쟁』, 동녘, 1996 참조.

12) 그러나 이는 문학 작품들과 관계하고 있는 현존재인 자기에 대한 대체적인 윤곽일 뿐, 원래 확고히 존재하고 있던 자기가 공감과 거리감 반응이라는 척도를 통해 나타나고 있는 것은 아니다.

2. 설화 속 인물을 통한 자기 성찰

1) 공감하는 인물에 대한 반응

<그림 2>는 남녀 관계의 문제를 다룬 삼국 시대의 설화 속 인물에 대해 학습 독자가 공감한 정도를 나타낸다. 조사 대상은 총 28명이다. 그림에서 알 수 있듯이, 개루왕의 횡포에 맞선 도미의 아내에 대하여 총 6명이 공감한다는 반응을 보였으며, 호랑이 처녀의 헌신적 사랑에 공명하는 이와 호동 왕자의 현실적인 애정에 공감하는 경우는 5명, 선덕 여왕을 짝사랑한 지귀, 석남 가지를 꽂고 애인을 찾아간 최항 등은 각각 3명의 공감을 얻었다. 산상왕의 아들을 갖게 된 주통촌의 시골 여자에게는 2명의 공감자가, 낙랑 공주, 주통촌의 여성을 죽이려했던 산상왕의 왕후, 지귀의 불같은 사랑은 일으킨 선덕 여왕, 도미의 아내를 취하려 하였던 개루왕에 공감한 이들은 한 명씩 있었다.

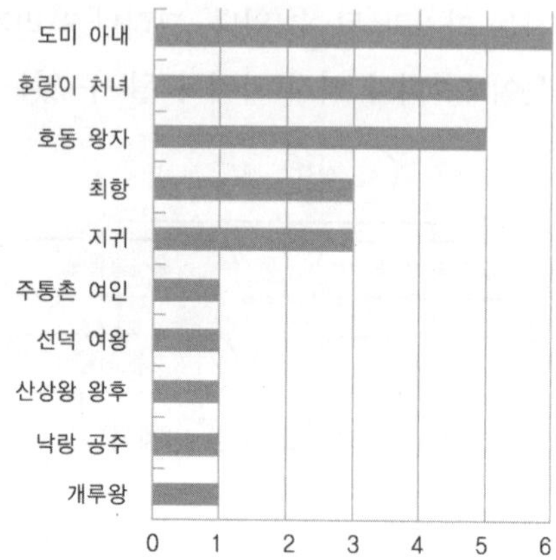

<그림 2> 공감 반응

주요 인물에 대한 공감에 이유를 살피면 다음과 같다. 도미의 아내에 공감한다는 이들은 대부분 부부의 도리나 정절의 측면보다는 도미에 대한 인간적인 신의를 지켰다는 점, 권력의 횡포에 대해 용감하게 맞섰다는 점에서 그녀를 공감 대상으로 취하였다. 호랑이 처녀는 애정 상대에게 희생적인 자세에 공감하였다는 의견이 대다수였다. 불귀신이 된 지귀에 공감하는 이들은 논리를 초월하는 사랑의 원형적 형상에, 죽어서도 애인을 찾아 온 최항에 대해서는, 그가 보여준 현실 논리를 넘어서는 사랑에 공감을 나타내었다. 한편, 호동 왕자에 공감하는 이들은 호동 왕자가 공적인 인간으로서 가져야 했던 의무감과 갈등을 이해하거나 서로를

이용하는 애정 세태에 익숙하기에 공감이 쉽다고 하였다.

한편, 학습 독자들은 다양한 공감의 방식을 보여주었다. 첫째 방식은 자기의 직접적인 경험이나 평소에 가지고 있던 생각에 터하여 그와 유사한 경험이나 생각을 지닌 대상에 공감하는 것이다. 호랑이 처녀에 공감하는 한 학생은 자신의 현재 애정 관계에서 기꺼이 희생을 할 수 있는 태도를 가지고 있다고 하였으며, 최항을 공감 대상으로 택한 한 학생은 자신이 최근에 부모님의 뜻에 따라 남자 친구와 헤어졌던 일을 들어 자기도 최항과 같은 열정과 힘이 있기를 바란다고 했다. 자신의 체험과 직접적인 관련성은 없으나 애정관 및 가치관이 공감의 과정에 크게 작용한 경우도 있었다. 애정 관계를 비롯한 모든 인간관계에서 신의가 중요하다는 가치관이 도미처에 공감하게 하는 데 영향을 끼친 것을 비롯하여, 사랑은 수평적이며 서로에게 도움이 되어야 한다는 관점에서 호랑이 처녀를 공감 대상으로 택하고, 부모의 반대나 신분의 차이나 죽음, 권력의 횡포에 굴하지 않는 애정의 순수성을 옹호하는 입장에서 최항, 지귀, 도미처에 공감하기도 하였다. 한편, 사랑을 이용하여 신분을 상승시키려는 욕망은 자연스럽다는 이유로 주통촌의 시골 여자에, 서로를 이용하는 현실적 애정관과 상통한다는 관점에서 호동에, 원하는 바를 어떻게든 이루어야 한다는 점에서 개루왕에 공감을 표현한 학생들도 있었다.

둘째 방식은 이야기의 개연성과 관련하여 인물에 대한 공감적 경로를 확보하는 것이다. 낙랑 공주에 공감한 한 학생의 경우, 그 처지나 상황의 논리적인 개연성에 비추어 인물을 이해하였으며,[13] 또 다른 학생은 오히려 개연성이 부족한 이야기, 이해하기 힘든 인물을 이해하는 과정에서 공감이 이루어질 수 있다고 하면서 목적을 이루기 위해 수단과 방법을 가리지 않았으나 원비의 모함에 허무하게 자살했던 호동을 공감 대상으로 취하기도 하였다. 지귀의 사랑에 대한 심리적 태도가 무엇인지에 대

13) "감정을 가졌고 자신의 감정이나 생각에 비추어 행동이 이루어졌으며 그 결과 또한 행·불행을 떠나 타당하고 이해가능한 결과라고 생각"하며, "호동 왕자를 사랑한 나머지 그의 소원을 들어 줄 수밖에 없는 상황은 그녀의 행동을 수긍하게 한다."

한 자세한 정보가 작품에 제시되어 있지 않음에도 불구하고, 팔찌를 지귀의 가슴에 얹고 갔으며, 지귀에 대한 주문을 한 선덕 여왕의 심리적 상태를 상상하여 그에 공감한 경우도 있었다. 이런 사례는 공감이 반드시 잘 짜인 이야기 구조와 치밀하게 형상화된 인물에 대해서만 이루어지는 것이 아님을 말해주기도 한다. 오히려 수용자가 자기의 경험과 상상력을 통원해 채워 넣어야 할 '빈자리'가 공감을 유발할 수 있는 텍스트 조건이 될 수 있다는 것이다.

셋째 방식으로는 정서적인 보편성에 의해 공감이 이루어지는 경우가 있었다. 자신의 경험 및 가치관과 결부되거나 이야기의 서사 구조 및 인물 형상화의 합리성을 기초로 한 공감과는 달리, 이러한 유의 공감은 보편적인 감정을 형상화한 경우에 두드러진다. 이를테면, 지귀나 쇠항에 공감하는 경우, 지귀가 왜 선덕 여왕을 사랑하게 되었는지, 쇠항이 왜 죽었는지에 대해 논리적으로 분석하는 과정 없이 지귀의 열정의 형상이 불로 표현된 것에 공감하거나 죽음마저 뛰어넘는 쇠항의 절대적 애정 자체에 공명하는 것이다. 한편, 감동의 요소에 주목한 학생도 있는데 호랑이 처녀를 택한 한 학생은 자기로서는 도저히 불가능한 행위이지만 숭고한 행위를 했다는 점에 감동을 느꼈다고 했다. 이러한 사례들은 자기를 서사적 세계로까지 확장하거나 그러한 확장을 위한 서사적 경로를 거치지 않더라도 공감이 가능하다는 것을 말해주기도 한다.

인물에 대한 공감적 글쓰기는 성찰의 매개인 서사 속 인물에 자기를 투사하고 투사된 것을 자기에게 되비치는 성찰의 구체화이다. 그리고 학습 독자의 다양한 공감의 방식은 반영의 매개인 타자와 반영물인 자기가 갖춰진 성찰의 한 방식이라고도 이해할 수 있다. 여기서 주목해야 할 것은 독자가 어떻게 매개에 자기를 투사하느냐 하는 점이다. 이는 앞서 기술한 공감의 방식에서 시사점을 발견할 수 있다. 학습 독자들은 자기와 유사한 경험의 상황이나 평소에 가지고 있던 자기의 가치관 등으로 미루어 인물과 자기의 관계를 맺으며 쉽게 공감한다. 이러한 공감을 성찰이라는 관점에서 보자면, 매개물인 타자를 통해 이미 있는 자기를 돌이켜 보이는 것이라 할 수 있다. 이미 자기에게 존재하고 있던 것이기는 하여도 타자를 매개로 하여 자기를 본다는 것은 직접 보지 못하던 자기 자신을 볼 수 있다는 성찰적인 의미를 갖는다. 즉, 자신이 모호하게 인지하고 있었던 경험적인 환경을 서사적으로 질서화된 형태로 알게 되거나 드러내 분명하게 할 수 없었던 자신의 가치 척도를 가시화하여 자신에게 되돌려 준다는 것이다.

그런데 이러한 유의 성찰은 이미 있는 자기를 성찰의 매개를 통해 확인하는 것이지 타자를 통한 자기의 확장에 이르기는 어렵다는 한계를 지닌다. 이에 비하여, 공감을 하기 위해 서사적 논리를 따라 상상적인 추론하여 인물을 공감 대상으로 수용하는 경우나 희로애락과 같은 보편적인 감정(feeling)을 인물을 매개로 하나의 정서(emotion)로 체험하는 경우[14]는 자기 확장의 가능성이 높다고 할 수 있다. 우리는 신문 기사나 뉴스에서 그 행위를 도저히 이해할 수 없고 그와 공감할 수 없는 다양한 반사회적 인물들을 매일 접한다. 그런데 그런 사람이라고 할지라도 서사의 인물로 형상화되면 공감의 가능성은 커진다. 이처럼 서사는 인물에 대한 공감을 유발하는 자체적인 동력을 지닌다. 이로 인해 우리는 서사를 통해서 경험할 수 없었던 환경에 처해 있거나 자기와 다른 내적 느낌을 지닌 인물과도 공감할 수 있게 되는 것이다. 그리고 정서에 대한 공감은 감정 그 자체가 아니라 그 감정이 형상적인 질서에 따라 문학적으로 표현되어 있을 경우에 일어날 수 있는 것으로 보인다. 지귀나 최항에 공감한 경우, 짝사랑의 번민과 열정이 마음의 불로 일어나 자기의 몸을 태웠다는 설정이나 최항이 죽은 뒤에도 머리에 나무 가지를 꽂고 애인을 찾아왔다는 불가해한 상황이 오히려 보이지 않는 감정에 형상을 부여하여 특정한 정서로 받아들이게 하는 효과적인 장치로 기능하였다.

---

14) 여기서 감정과 정서의 차이는 다음과 같은 설명을 참조할 것. "정서는 감정의 영역에 속하되 질서화된, 그리고 유기적인 모습을 띤 감정이다. 그래서 감정은 감각이나 지각에 의해서 촉발되어 본능적이고 일차적인 것에 반해서, 정서는 그 일차적 단계를 넘어선 정제의 단계를 거친다."(김대행 외, 『문학교육원론』, 서울대출판부, 2000, 197면)

이러한 공감이 유의미한 까닭은 문학 작품에 대한 성찰의 효용이 단지 자기의 재생산과 자기를 이해하는 데에 그치는 것이 아니라 자기를 변화시키는 계기를 만들 수 있다는 점 때문이다. 문학 작품을 읽기 전에는 자기의 일부이자 가능성이라고 여기지 않았던 부분을 자기화함을 통해 보다 확장된 자기를 형성할 수 있게 된다. 이러한 자기 형성 과정은 교양이라고 할 수 있으며, 교양을 통해 확장된 자기는 문학교육의 최종적인 목표 중 하나이다. 이렇게 문학은 현재의 독자가 속해 있는 시공간적인 제약을 넘어서 새로운 자기를 발견하고 그것을 자신의 가능성으로 수용하며 유적 인간(類的 人間)으로서 개체를 확장하게 하는데 바로 이러한 속성으로 인하여 문학교육은 한 개인의 현실적 제약을 넘어 인간의 정신적 문화에 참여하게 하는 자유교육으로 자리매김될 수 있다. 마찬가지의 맥락에서 문학치료의 영역에도 공감이 유의미하다. 자기 문제에 외곬으로 빠져 끊임없이 문제가 있는 자기만을 복제해내는 우를 피할 수 있기 때문이다. 자기를 타자에게 열고 타자를 자신의 가능성으로 수용하면서 비로소 자기의 변화가 가능한 것이라면, 타자와의 공감을 유발하는 기제를 가진 문학작품을 읽히는 것 자체가 치료의 중핵적인 과정이 된다.

2) 거리감을 느끼는 인물에 대한 반응

<그림 3>은 거리감을 느끼는 대상을 수량화한 표이다. <그림 2>와 비교해 보았을 때, 차이는 그 분포가 넓게 퍼져 있다는 점이다. 이러한 분포가 시사하는 바는 거리감을 가진 인물에 대한 반응이 공감을 하는 인물에 대한 반응보다 개별화되어 있다는 것이다. 이러한 개별화는 거리감을 두는 인물이 자기에 대한 많은 정보를 담고 있음을 암시하기도 한다. 사람들은 좋아하는 데 굳이 이유를 따지지 않지만 싫어하는 것에 대해서는 나름의 이유를 갖는다. 사람과의 만남에 있어서도 사람이 좋은 것은 '그냥' 좋아 사귀게 되지만 헤어질 때는 구구절절 그 이유를 나열할 수 있게 된다. 이처럼 거리감을 두는 인물에 대해서 학습 독자들은

비교적 자세히, 그리고 논리적으로 자신의 반응을 기술하였다. 그래서 공감하는 대상에 대한 서술에서는 자기의 느낌이나 경험을 표현하는 데 주력한 반면, 거리감을 두는 대상에 대해서는 비교적 합리적인 논증의 과정이 포함되었다. 이러한 논증은 공감의 과정에서 잘 드러나지 않았던 가치관 및 정서 구조를 분명히 드러내기도 한다. 이로 인해 거리감을 두는 인물에 대한 반응도 공감하는 인물에 대한 반응과 함께 성찰을 연구하는 중요한 자료가 된다.

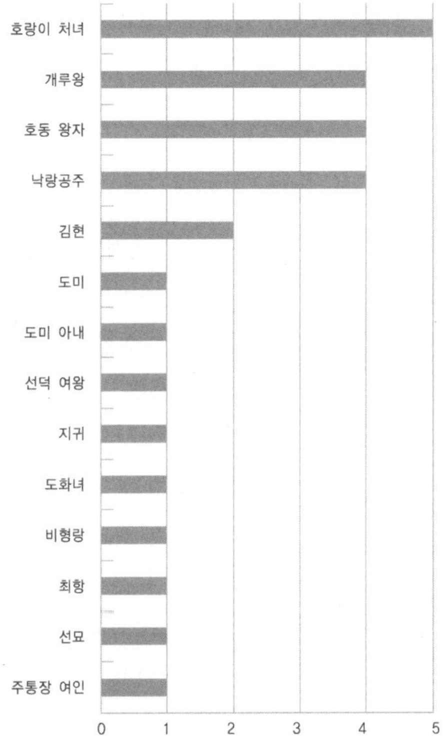

<그림 3> 거리감 반응

<그림 3>에서 보듯이 호랑이 처녀에 대해서 거리감을 갖는 이가 가장 많았다. 호랑이 처녀에 대해서 거리감을 두는 이유로는 호녀가 김현에 대해서 일방적인 희생을 했다는 점을 지적하였다. 개루왕은 권력을 이용하여 남의 아내에게 횡포를 부리고 부부의 불행을 초래하였기에 부정적인 평가가 내려졌다. 그런가 하면, 호동 왕자에 대해 거리감을 느끼는 독자들이 많았는데, 여기에는 호동 왕자가 정치적인 야심으로 애정을 이용했다는 점이 크게 작용하였다. 낙랑 공주에 대해서는 사적인 애정 때문에 공주이자 딸로서 행해야 할 의무의 불이행에 대해서 반감을 느낀 것으로 조사되었다. 김현에 대해서는, 호동 왕자를 비판한 것과 같은 맥락에서 여성을 자기 성공의 제물로 삼았다는 점에서 부정적 반응을 보였다.[15)]

앞서 서술한 거리감의 이유를 검토할 때, 학습 독자는 거리감을 반감(反感)으로 받아들인 것으로 보인다. 거리감은 자신이 인지적으로 이해할 수 없고, 따라서 공감도 되지 않는 대상에 대해서 느껴지는 것임에도 학생들은 인지적으로 이해하고 그 행위를 평가하였다.[16] 그렇지만 대부분의 학생들은 거리감을 느낀 인물에 대하여 자신의 가치 척도에 근거해 '외모지상주의', '남성중심적', '이기주의', '권력 남용', '사랑이 가지는 신성함과 순결성의 훼손', '말과 본심의 괴리', '무책임', '매정함과 잔인함', '공적 의무에 대한 무심함' 등의 윤리적인 평가를 하였다. 이처럼 거리감은 전혀 이해할 수 없는 인물이 아니라 서사적 맥락 속에서 이해는 하지만 윤리적 가치 척도에 비추어서 공감해서는 '안 되는' 인물, 공감하기 '싫은' 대상에 대해 느껴지는 부정적 태도로 학생들에게 수용되었다. 이러한 사실은 문학적 인물에 대한 거리감은 전혀 이해를 못하는 대상이 아니라 대상 속에서 그 대상과 함께 느끼기를 꺼려하는 독자의 태도와 밀접한 연관이 있는 것으로 파악된다.

거리감을 주는 인물에 대해 대다수의 학생들은 여성주의적인 관점을 적용한 것으로 나타났다. 특히 호랑이 처녀가 1위로 선정되었다는 점은 연구자로서도 의외의 결과라고 여겨졌다. 목숨마저 내줄 정도의 헌신과 자기 희생은 그 자체로도 숭고한 것임에도 굳이 여기에 반감을 가진 이유는 아마도 여학교 학생들의 여성주의적 성향 때문에 여성 일반의 희생에 대해 부정적인 태도가 있었을 것이라 판단된다. 뿐만 아니라 개루왕이나 호동, 김현에 반응하는 데 있어서도 남성 일반에 대해 가지는 불신과 분노, 편견이 작용하였다. 개루왕은 외모의 아름다움에만 현혹된 무자비한 욕망 추구로 인해 여성의 불행을 야기했으며, 호동 왕자는 이

15) 이 밖에, 도미는 아내를 두고 내기를 하는 무책임함 때문에, 도미 아내는 왕의 권력에 대항하는 무모함 때문에 거리감을 두게 된 대상이 되었으며, 선덕 여왕은 매정함, 지귀와 선묘는 불가능한 사랑을 소망했다는 점에서, 주통촌 여인은 너무 계산적이기에, 도화녀는 남편과의 신의를 지키지 못했기에 독자의 거리감을 유발하였다.

16) 이러한 범주에서 벗어나 인간으로서는 불가해한 도깨비 비형랑에 대해 거리감을 표시한 학생도 한 명 있었다.

기적인 기회주의자로서 여자를 자기 야망 실현의 수단으로 삼았고, 김현 역시 결과적으로 호녀를 이용해 출세했으면서도 죄의식을 무마하려 절을 세우는 위선적인 행동을 했다는 것이다. 이처럼 학생들은 한 인물을 그 자체로 보는 것이 아니라 자신이 가진 남녀의 불평등한 관계에 대한 상상적인 관념이 투영시켜 대상을 이해한 후 거리감을 느끼는 경향이 있었다.

3) 공감과 거리감 반응의 관련성

공감과 거리감 반응을 비교해 보았을 때, 주목할 만한 점은 공감을 느끼는 대상과 거리감을 느끼는 대상이 서로 겹친다는 것이다. 즉, 한 부류의 독자들이 적극적으로 공감하는 인물에 대해 다른 부류의 독자들은 거리감을 표현하였다는 것이다. <그림 4>는 3명 이상의 공감이나 거리감 반응을 얻은 인물을 나타낸 것이다. 호랑이 처녀나 호동 왕자의 경우에는 공감과 거리감을 느꼈다는 반응이 팽팽히 맞서고 있으며, 각각 피해자이자 가해자라고 할 수 있는 도미 아내와 개루왕에 대해서도 한 가지 태도만을 보이는 것은 아니다. 이처럼 공감과 거리감의 대상이 되는 인물은 독자를 자극하며 반응하게 할 만한 흡입력 있는 매개체가 된다. 성찰의 관점에서 보았을 때, 이러한 인물은 '나는 어떤 사람인가'라는 자기 이해를 유도하고 측정하는 리트머스 용지와 같은 역할을 하는 것으로 이해할 수 있다.

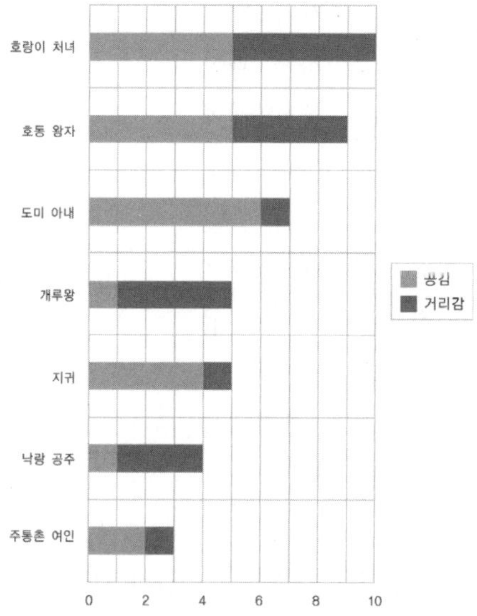

<그림 4> 인물별 반응 누계

<그림 4>에서 다룬 인물이 성찰 교육에 유용하다면 이러한 인물들이 등장하는 설화 제재는 작중인물에 대한 반응을 이끌어내기 위한 촉매제로서 효용을 지닌다고 할 수 있다. 따라서 이러한 제재를 교육이나 치료에 활용한다면 반응도가 낮은 설화를 제재로 하는 것에 비하여 효과적일 것이라 판단된다. 이에 <그림 4>의 인물들이 등장하는 설화를 소개하면 <그림 5>와 같다.

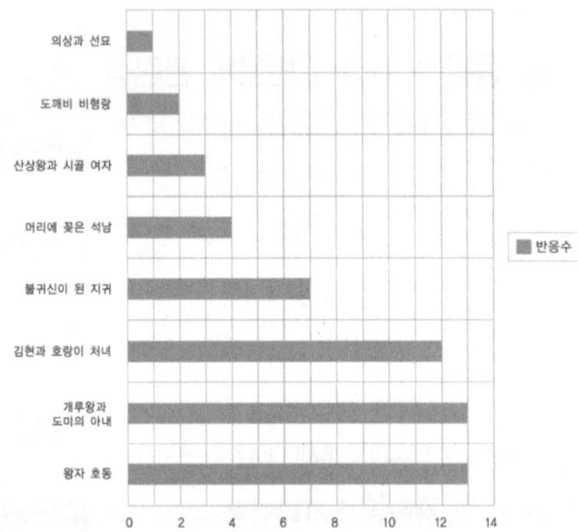

<그림 5> 작품별 반응

한편, 공감의 이유와 거리감을 이유를 기술한 학습 독자의 자기 성찰을 분석하는 과정에서 흥미로운 문제와 조우할 수 있었다. 바로 양자의 모순이나 불일치의 문제이다. 대다수의 학생들은 '사욕이 섞이지 않은 순수한 애정', '서사적 맥락에서의 인물의 개연성', '남녀 간의 수평적인 애정', '주체적인 삶의 태도' 등 자아의 가치 척도를 드러내며 같은 기준으로 공감과 거리감의 반응을 나타내었다. 그리고 자신의 가치 척도에 대한 언급이 말미에 포함된 자료가 많은 것으로 보아 다수의 학생들이 이러한 반응의 과정에서 자기의 가치 척도를 스스로 깨닫거나 형성하는 성찰적 경험을 하였던 것으로 판단된다. 또 명료하게 진술되어 있지는 않으나 일관된 척도의 적용은 매우 의식적인 행위이기에 해석적인 자기정체성이 확보되었다고 볼 수 있다. 따라서 이렇게 공감과 거리감을 판단하게 하는 글쓰기는 그런 판단을 하는 자기를 성찰하게 하는 교육적 성취가 증명된다고 할 수 있다. 그런데 문제는 공감과 거리감에 대한 판단 기준이 서로 다르거나 불공정하게 적용되는 경우이다.

공감과 거리감의 판단 기준이 서로 다른 것은 자기정체성의 견지에서 볼 때 그리 큰 문제는 되지 않는 것으로도 보인다. 예를 들어, 낙랑공주에 공감한 학생은 서사적 맥락에서 그의 행동이 충분히 이해가 가며 그 감정을 함께 느낄 수 있다고 하였다. 이렇게 이 학생은 서사적 개연성이라는 기준으로 인물에 공감하는 태도를 보여주었다. 그런데 같은 학생은 도화녀에 거리감이 느껴진다고 하면서 그 이유로 남편이 살아 있을 때는 허락되지 않던 일이 남편이 죽자마자 가능해졌다는 것은 원래 도화녀에게 남편을 배신할 마음이 있었다는 것을 말한다면서 그 신의 없음을 탓하였다. 이러한 불일치는 오히려 이 학생이 가지고 있는 인간에 대한 판단 기준을 드러내주는데 그것은 개연성 있는 삶의 서사를 통해 확인할 수 있는 인간의 행위와 그런 행위의 이면에 있는 본심이 일치해야 한다는 것, 즉 표리부동(表裏不同)하지 않아야 한다는 것이다.

그리고 왕자로서 본분과 아들의 역할에 최선을 다했기에 호동 왕자에게 공감한다는 한 학생은 김현이 호녀를 사랑하지 않고 결과적으로 이용만 했다는 이유로 얄밉고 이해할 수 없다고 하였다. 그러나 호동 왕자 또한 낙랑 공주를 사랑하지 않았고, 오히려 김현보다 더 적극적으로 여성을 이용했다는 점을 상기하면 이러한 불일치는 모순에 가깝다고 할 수 있다. 그렇지만 이 학생에게 사회적 역할에 충실해야 한다는 가치와 다른 사람을 이용하지 말아야 한다는 가치가 가치 체계 내에 공존한다면 이러한 불일치는 여러 가치 체계를 동시에 드러내는 것이라고 이해할 수도 있을 것이다. 위 사례와 더불어 볼 때, 이처럼 척도 자체가 다르다는 것은 둘을 포괄하는 제3의 척도를 추론할 수 있는 가능성 및 한 개인이 가지고 있는 가치 체계에 대한 정보를 제공할 수 있다는 점에서 개인의 자아가 위기에 봉착했다는 징후로는 여겨지지 않는다.

그런데 다음의 경우를 보자. 한 학생은 최근에 부모의 강요에 못 이겨 남자 친구와 헤어진 경험을 들어 최항에 공감하는 반응을 보이며 그의 열정을 닮고 싶다고 하였다. 그런데 이 학생은 낙랑 공주가 부모님과 부모의 나라를 고려하지 않고 자신의 안위만을 생각하고 행동했으므로 거리감을 느낀다고 했다. 즉, 낙랑 공주는 최항처럼 부모의 뜻을 거스를 수 있는 용기를 가졌다는 이유로 거리감을 유발한다는 것이다. 문학교육에서의 성찰은 공감과 거리감을 느끼는 자기를 기술하게 함으로써 어느 정도 교육적 효과를 달성했다고 볼 수 있으나, 문학치료는 교육에서 세밀히 다루지 못하는 문제적 상황에 개입하는 것이라고 이해한다면, 이 사례는 문학교육의 대상이라기보다는 문학치료에서 적극적으로 고려해야 할 종류의 것이다. 이 학생은 아직 자신이 부모의 뜻에 따라 남자 친구와 헤어지기로 한 결정에 대해서 매우 혼란스러워하고 있으며, 자기 경험을 스스로 이해할 만한 보다 성숙한 시각을 갖고 있지 못하기 때문이다.

이처럼 동일한 이유로 공감과 거리감 인물을 선정한 경우가 있었는데 이를 간략히 소개해 보겠다. 자기도 사랑하는 이성에 대해 그렇게 느끼고 있다고 하면서 사랑하는 남자를 위해 목숨도 아끼지 않는 호랑이 처녀의 마음에 공감한다는 학생은 도미 아내가 정절을 지키기 위해 목숨을 걸고 왕을 기만했다는 점에서 거리감을 느낀다고 했다. 둘 다 목숨을 내걸고 애정을 지켰음에도 이처럼 다른 평가를 내린 것이다. 그리고 현실적이며 계산적으로 애정 관계를 맺는 호동은 현실에서도 익히 봐온 것이기에 공감했던 한 학생은 개루왕처럼 남성이 가진 권력을 이용해 여성을 농락하는 현실이 너무 많기에 개루왕에 대해 화가 나고 절대로 공감하고 싶지 않다고 했다. 이 학생의 경우 역시 유사한 인간이 현실에 존재하느냐, 자신이 현실 경험을 통해 만든 인간 이해의 틀에 맞느냐라는 기준을 일관되게 적용하는 것은 아니다.

이들 학생들이 가지고 있는 개인적인 문제에 대해서 심층면접을 하지 못했기 때문에 왜 이러한 결과가 생겼는지 짐작하기는 힘들다. 그러나 자기정체성이 아무리 유동적인 것이라고 해도 인물을 해석하는 시점에서 동일한 이유로 공감과 거리감의 대상을 택했다는 문제를 드러내었다면 자아가 위기에 처해있다는 신호일 가능성이 크다. 이런 상황에 놓인 독자의 반응지를 해석하는 교사나 상담자, 치료사는 '조하리(Johari)의 마음의 창'17)의 '공개적 영역'에 위치한 반응지의 기술 내용을 피상적으로 이해하는 것이 아니라 독자도 정확히 인지하고 있지는 않았던 그의 판단과 행위의 경향성('맹목의 영역')을 읽어내야 하며, 타인에게 숨기고 싶은 개인의 '숨겨진 영역'에 대해 말문을 열게 할 수 있는 계기를 발견할 수 있어야 할 것이다. 이를 바탕으로 더 심층적으로는 공동으로 '미지의 영역'을 탐구하는 치료적 과정이 요구될 수 있다.

한편, 세 명 이상이 같은 오류를 범하고 있는 경우가 있는데 이는 특기할 만한 사례라고 할 수 있다. 공감할 만한 인물로 지귀나 최항을 선택한 학생 중 다수가 호랑이 처녀에 대해 거리감을 나타내었다. 사랑하는 사람을 위한 열정과 헌신이라는 점에서 두 인물이 공통적인데도 이러한 결과가 발생한 것은 문제적 현상이라고 판단된다. 이들의 공통점은 성별에 따라 같은 행위를 했는데도 하나는 남성이기에 공감하고, 다른 하나는 헌신과 희생의 주체가 여성이기에 거리감을 느끼는 것이다. 이처럼 성별에 따른 부당한 판단은 순수하고 헌신적인 애정의 가치를 인정하면서도 그 주체가 여성일 경우 일방적인 희생일 뿐이라는 인식을 저변에 깔고 있는 듯하다. 이러한 사례는 대다수의 여성 독자가 자신이 가진 남녀의 불평등한 관계에 대한 상상적인 관념을 투영한 대상에 대해 거리감을 느꼈던 것과 맥락을 같이 한다. 그러하기에 여기서 다루고 있는 사례는 해석공동체 자체가 공유하고 있는 문제가 불거진 것이라고 이해할 수 있다. 무리하게 일반화하자면, 20대 초중반 여성들은 모든 것을 다 주어도 아깝지 않을 헌신적이며 열정적인 '낭만적 사랑'을 바람직한 것으로 여기고 있는데 이러한 애정관은 다수의 여성들이 남성 일반에 대해 갖고 있는 피해 의식과 충돌하고 있는 것이라고 할 수 있다.

---

17) '조하리의 창'이라는 명칭은 이 모델을 개발한 조셉 루프트와 해링톤 인그램의 이름을 첫 자를 딴 것이다. 이 창문은 다른 사람과 내가 아는 '공개적 영역(open self)', 다른 사람은 아는데 나는 모르는 '맹목의 영역(blind self)', 나는 알지만 다른 사람은 모르는 '숨겨진 영역(hidden self)', 나도 다른 사람도 모르는 '미지의 자아(unknown self)'로 구성되어 있다. 이 모델은 주로 의사소통 이론에서 개인적 자아를 표현하는 과정에서 어떻게 자신을 적절하고 효과적으로 드러낼 것인가 하는 문제를 설명하는 데 활용된다(이창덕 외, 『삶과 화법』, 박이정, 2000, 152~153면 참조).

이러한 충돌로 인한 내적인 갈등에 대해서 자신의 내적 경험을 질서화하고 혼돈스러운 감정을 정돈할 만한 사회적인 해법이 마련되어 있지 않은 상황에서 위 사례가 가진 문제를 개선할 방안을 제시하는 것은 무리라고 생각된다. 그런데 결혼을 앞 둔 여성들 다수가 남성에 대한 피해의식을 갖고 있는 현상 자체는 여성의 정신건강 측면에서 보았을 때 대단히 문제적이라고 할 수 있다. 여성들은 남녀 관계에서 벌어질 수 있는 모든 문제에 대해 여성들은 끊임없이 '낭만적 사랑'과 '여성의 주체성' 사이에서 고민을 해야 한다. 이 문제는 아무리 훌륭한 교사, 상담사, 치료사라 할지라도 일반적인 해결책을 내 놓기 힘들다. 단지 문제에 당면한 개인의 개별적인 돌파가 있을 뿐이다. 이를 위해 개인에게 요구되는 것이 자신이 놓인 특수한 상황과 관계 속에서 유연하게 대처하는 삶의 자세라고 한다면 과장된 피해의식을 미리 전제하는 것이 해로운 것임을 깨닫게 해 줄 필요는 있을 것이다.

3. 해석공동체의 매개를 통한 자기 성찰의 효과

이 연구에서는 자기 성찰의 과정을 두 단계로 설계하고 그 매개를 둘로 설정하였다. 하나는 설화의 인물이며, 다른 하나는 해석공동체이다. 해석공동체에서 성원들의 반응을 공론화하는 과정에서 설화의 인물에 반응하는 자기에 대한 메타적인 성찰이 이루어질 수 있다는 것이 이 연구의 가설이다. 이를 입증하기 위하여 이 연구에서 취한 방법은 해석공동체에 비추어 개별적인 학습 독자의 반응을 검토한 후, 그러한 경험에 대해 보고하는 글쓰기를 하게 하는 것이다. 이 장에서는 학습 독자의 보고문을 인용하면서 해석공동체를 매개로 한 자기 성찰의 효용을 보여주고자 한다.

해석공동체를 통한 자기 성찰은 타인의 반응을 보면서 자기 반응을 정돈하며 교정하는 작업이다. 이를 통해 개인의 반응은 어느 정도 변화되기 마련이기에, 이러한 자기 성찰의 과정이 개체적 자기를 깊숙이 들여다보는 성찰의 경험을 보장하는 것은 아니다. 그렇지만 자기란 온전히 스스로 만들어낸 존재만은 아니다. '일반화된 타자(the generalized other)'[18]로 자기를 구성하는 것도 자기의 발견과 형성에 기여한다고 볼 때, 다른 사람의 반응을 듣는 것은 자기성찰의 주요 과정이 될 수 있을 것이라 판단된다. 그럼에도 불구하고, 이하에 제시된 자기성찰은 학생들의 보고서를 받는 형식으로 이루어졌기 때문에 해석공동체가 자기성찰에 끼친 영향을 실시간으로, 그리고 직접적으로 반영하지는 않는다. 이에 따라 이하의 인용과 해석에는 어느 정도 한계점과 제한점이 노정된다.

자기를 비롯하여 교실에 있는 다른 학생들의 반응을 수렴한 결과를 보거나 의견을 나누고 때로는 논쟁을 한 한 경험은 자기의 반응이 여러 반응 중의 하나라는 자기 객관화를 가능하게 하였다. 아래의 인용은 그러한 사례에 해당한다.

> ① 내가 선택한 호감과 비호감은 다른 사람들과의 차이를 보였다. 개인마다의 생각이나 가치관의 차이로 인한 것이므로 당연한 결과라고 생각한다. 이것은 옳다 그르다의 문제가 아닌, 견해의 차이이다.
>
> ② 수업 시간에 다양한 의견들을 서로 교류하면서 느낀 것은, '어떤 것이 더 옳다 그르다'보다는 '어느 관점에 더 비중을 두느냐'가 생각의 차이를 불러온다는 걸 느꼈다. 다른 사람이 비록 나와는 정반대의 의견을 지니고 있다고 하더라도, 그 의견에 반발심이 생기기보다는, '아, 저런 관점에서 보면 저럴 수도 있겠구나' 하면서 공감대를 형성할 수 있었다.

18) 인류학자인 M. Mead의 개념으로 어떤 특정한 사람의 구체적인 행위 하나하나가 아니라 자기 자신이 타인들로부터 받는 기대, 즉 사회 속에서 일반적인 타인들이 자기에게 무엇을 어떻게 행위하기를 기대하는 것이라고 설명된다(Mead, G. H.(1934), *Mind, Self, and Society from the Standpoint of a Social Behaviorist*, University of Chicago Press. 1934).

③ 나는 항상 나의 생각이 대다수의 의견이려니 했는데, 호동 왕자의 호감도가 그렇게 낮을지 생각하지 못했다. (…) 개루왕 역시 의외의 결과였다. 단연코 거리감 최고의 자리에 오를 줄 알았던 그가 호랑이 처녀에게 밀리다니…….

④ 다른 사람들의 생각을 듣는 과정이 나에게는 그저 놀라울 뿐이었다. 같은 내용의 이야기를 읽고도 생각하는 방법들이 나와는 천차만별이었던 사람들. 설화가 현대에 계속해서 재생산될 수 있는 이유도 바로 이런 데에 있는 것이 아닐까?

그리고 다른 사람의 말을 듣고 자신의 생각을 정리하면서 공감과 거리감의 반응을 하면서 미처 인지하지 못했던 자기정체성에 대해서 알게 된 학생들도 있었다. 앞서 설명한 '조하리의 창'을 활용해 설명하자면, 주체는 해석공동체를 매개로 한 2차 성찰의 과정에서 점차 자기도 몰랐던 '맹목의 영역' 혹은 '미지의 영역'으로 접근하는 것이다. 타인뿐만 아니라 자아와의 의사소통도 필요하다고 보면, 이러한 성찰은 개인의 통합을 위해 중요한 과정이 된다고 할 수 있다.

① 내가 어떤 가치관을 가지고 있는지 알 수 있었다.

② 설화 속 인물에 반응하고 친구들의 의견을 들어보면서, 나도 모르고 있었던 잠재된 나의 생각들을 알게 되었다.

③ 아무래도 나 자신은 사랑에 있어 너무나 감상적이고 순정만화 속의 주인공과 같은 아름다운 사랑을 그리며 또한 꿈꾸고 있는 것 같다. 나의 백마 탄 왕자가 사랑의 이름으로 든든히 나를 지켜주는 그런 사랑.

④ 아마도 과제를 수행하던 시점에 얼마간 지속해오던 만남을 정리하게 되면서 생각해 본 것들이 자연스레 드러나지 않았나 싶다.

⑤ 난 신뢰를 저버리는 사람을 가장 나쁜 사람으로 생각하며 비난 받아 마땅하다고 생각한다. 이렇게 생각하는 나는 누군가에게 뒤통수를 맞을까 두려워하는 심리를 갖은 듯하다.

2차 성찰의 결과, 자기정체성을 인지하는 데에서 더 나아가 자기 교정에 이른 학생들도 있었다.

> ① (다른 학생들의 말을 듣고) 도대체 어떤 면이 맘에 들었던 것인지 내 자신이 당혹스러웠다.
>
> ② 산상왕의 왕후에 대해 무조건 나쁘다는 생각을 했다. 하지만 수업을 듣고 나서 내가 왕후요, 자식이 없는 상황에서 그렇게 왕이 다른 여자와 관계를 맺었다면 질투가 생기는 건 당연하다는 생각이 들었다. 나의 의식 속에서도 선, 악의 구분이 명확해서 고전이나 현대소설의 선악의 대립을 찾고 무의식적으로 약자의 입장에서만 생각하는 나를 바라보게 되었다. 그러나 인간사가 생각처럼 그렇게 단순하지는 않다.
>
> ③ …… 유교적 관념이 나의 가치관에도 영향을 미친 것 같다. 희생적이고 헌신적인 여성(호랑이 처녀), 순종적이고 소극적이며 수동적인 아내(도미 아내와 상반되는 모습)이 내가 가지고 있는 여성상임을 보게 되었다. 이번 비평문을 쓰며 나의 편협한 시각에 대해 깨닫고, 이제 시간이 많이 흐르고 시대가 바뀌었으니 소극적 여성에서 벗어나 진취적이고 적극적인 여성의 모습도 긍정적으로 바라볼 필요도 있다는 것을 느꼈다.
>
> ④ 나의 판가름을 해준 기준이 되는 가치였던 '사랑' 덕분에 나의 공감과 거리감을 쉽고 명확하게 나눌 수 있었지만, 너무 가벼운 기준에 치우쳐 더 많은 생각과 가능성들을 배제하고 단순하게만 보려고 했던 약점도 있었던 것 같다.

①과 같은 자기 교정이 반드시 바람직한 것으로만은 보이지 않는다. 해석 당시의 자기정체성을 일주일 후 스스로 당혹스러운 것으로 여기고 있는 이 학생은 자기정체성이 지나치게 유동적이라는 문제를 갖고 있다. 물론 자아는 계속 빚어 나아가는 도중에 있는 조형물이지만 해석하는 주체, 서술하는 주체는 어느 정도의 자기정체성을 가져야 한다. 그리고

그러한 자기정체성과 자기존중감을 바탕으로 외물과 관계를 맺어 나아가야 한다면 이 사례는 불안정한 상태에서도 세계와의 관계에서 균형을 유지하는 자기 조절과 자기에 대한 배려가 부족하다는 것을 보여준다. ②나 ③은 자신의 반응을 다른 사람들의 반응과 비교해 보면서 자기에게 부족하거나 치우친 생각을 반성하는 내용을 담고 있다.

④의 사례는 매우 중요한 지적을 하고 있는 소중한 성찰의 결실이라고 판단된다. 앞서 공감과 거리감의 반응에 대한 이유가 불일치하거나 모순되는 것의 문제를 위주로 논하였는데, 그 기준이 단순하고 공감과 거리감을 명쾌하게 나누는 반응들도 자아의 문제를 함축하고 있을 수 있다는 점을 보여주고 있다. 문학 작품을 읽는 경험은 독자에게 새로운 세계를 보여주며 내적인 혼란을 야기하는 일종의 '충격'이다. 그러한 충격에 반응하지 못하는 마음은 오히려 마비 상태에 놓여 있다고 할 수 있다. 그래서 문학교육은 스스로 완벽하게 통합적인 자아를 갖고 있다고 여기는 학습자에게 생산적 혼란을 야기하여 더 풍부해지고 깊어진 자기를 형성할 수 있게끔 추동해야 한다.

마지막으로 2차 성찰의 효용을 입증할 사례들은 자기 교정적 성격의 것이지만, 앞서 해석공동체 자체가 가지고 있는 문제적 현상이라 지적한 바 있으므로 아래에 따로 묶어 논하도록 하겠다.

> ① 많은 학생들은 물론 나도 여성을 이용하려는 남성들에 대한 불만을 가지고 있었다.
>
> ② 가장 공감가는 인물로 지귀를, 이해할 수 없는 인물로 호랑이 처녀를 꼽았는데 친구들의 의견을 듣고 생각을 정리해 보니 내가 모순된 주장을 했다는 생각이 들었다. (…) 이는 여성이 남성에게 순종하는 것을 당연하게 받아들였던 당시의 사회적 풍토, 그로 인해 이야기에서도 남성의 희생보다는 여성의 희생을 더 많이 다룬다는 것에 대한 반감의 표시였다고 생각한다. 개인적인 선입견을 접어두고 작품 자체를 이해하려는 노력이 좀 더 필요할 것 같다.

③ (지귀와 호랑이 처녀가) 자신의 모든 것을 걸며 사랑하는 모습은 같았으나 공감과 거리감으로 나뉜 까닭은 무엇일까? 나는 이것이 여대라는 특성에서 나타나는 페미니즘의 발견이라는 생각이 든다. 남자가 여자에게 하는 것은 어느 정도 당연하거나 그럴 수도 있다고 생각하나, 여자가 남자를 위해 그렇게까지 했다는 것은 여성의 지위 하락으로 보기도 하는 극단적인 경쟁의식 같은 것이 어느 정도 작용하지 않았나 생각한다.

④ 나는 호랑이 처녀가 보여준 남자를 위한 희생적인 모습에 대해 공감할 수 없었다. 그와 반대로 지귀의 여왕을 향한 정열적인 사랑에 대해서는 공감한다고 생각하였다. 그러나 수업 시간에 다른 사람의 의견을 들어보니 호랑이 처녀와 지귀가 보여준 사랑의 근본적인 모습은 똑같다는 생각이 들었다. (…) 나는 처녀와 지귀의 사랑의 표현보다는 그들의 성별에 대해 다시 생각해 볼 필요가 있다고 생각하였다.

조사 결과, 나 이외에도 여자인 호랑이 처녀의 희생은 공감할 수 없지만 남자인 지귀의 희생은 받아들일 수 있다고 공감한 이가 많았다. 이것은 여대를 다니면서 남녀 성별을 떠나 뭐든지 자기 주도적으로 해낼 수 있다는 여성으로서의 자기존중감이 길러졌기 때문이 아니었을까 생각한다. 여성으로서 자기 존중감이 높아져있다는 것은 나의 발전을 위해 좋은 것이긴 하지만 편중되지는 않아야 한다는 생각이 들었다. 여성의 존중감이 남자의 희생을 바탕으로 세워져야 하는 것은 아니기 때문이다.

①은 남성과 여성이라는 성별을 전제로 한 공감과 거리감 판단이 몇몇 개인의 의견이 아니라 해석공동체 전체의 경향성임을 보여준다. ②, ③, ④는 공감의 인물로 지귀, 거리감의 인물로 호랑이 처녀를 선정한 학생들의 의견인데, 공통적으로 이들은 2차 성찰의 결과 자신들이 한 기준의 모순적인 적용을 했음을 알게 되었으며, 그 원인을 스스로 분석하였다. 그리고 자신의 문제점을 '개인적 선입견', '극단적 경쟁의식', '편

중성' 등으로 지적하였다. ④의 경우는 모범적인 성찰을 행하고 있다고 파악된다. 인물에 대해서 반응하는 과정에서 자기를 솔직하게 드러내고, 해석공동체에 속한 다른 주체들과 의견을 교류하는 경험을 통해 자신의 문제를 깨닫고 반성하는 데에까지 이르렀다. 그러나 그러한 반성은 이전의 자기를 부정하는 방식이 아니라 이전의 자기를 감싸 안으면서도 새로 얻은 깨달음을 자아의 일부로 수용하는 형태로 이루어졌다. 이러한 자아 형성의 기술은 절대적 규범이 존재하지 않으며 개개인의 삶의 방식을 스스로 만들어가야만 하는 현대 사회를 건강하게 살아가기 위한 삶의 지혜가 되지 않을까 생각한다.

4. 결론: 요약 및 제언

이상의 논의에서는 문학 작품을 통한 자기 성찰의 사례를 소개하고 그 결과를 분석하였다. 이 연구에서 자기 성찰의 의미는 이미 완결된 자기를 되돌아보는 것이 아니라 문화적이며 상징적인 타자를 매개로 자기를 발견, 형성, 변화시키는 것을 의미한다. 이러한 자기 성찰의 교육적, 치료적 프로그램을 설계하기 위하여 이 연구는 두 가지 성찰의 단계를 설정하였다. 하나는 삼국 시대의 애정 설화의 작중인물에 대한 호오감의 반응을 나타내는 것이고, 다른 하나는 같은 수업에 참여하고 있는 해석공동체 안에서 자신의 반응을 검토하는 것이다.

연구 결과, 문학 작품의 인물에 대한 반응의 글쓰기는 자기 성찰을 유도하는 효과적인 교육 방법임이 확인되었다. 설화의 인물에 대한 공감과 거리감의 반응을 하면서 학습 독자들은 자신의 해석적 정체성을 구성하고 표현할 수 있었다. 특히 독자의 자아에 대한 중요한 정보를 암시하고 있는 것은 공감과 거리감에 대한 반응의 기준과 그 적용 방식이다. 한편, 문학 작품의 인물에 대한 자기 반응은 타인의 반응을 매개로 확장·심화되는 경향도 볼 수 있었다. 해석공동체를 매개로 한 자기 성찰의 경험에 대한 보고문을 보면, 자기 객관화, 자기정체성에 대한 인지, 자기 교정 등 다양한 성찰의 효과가 있음을 확인할 수 있었다.

위와 같은 결과는, 자기 성찰을 위한 문학 작품의 읽기라는 교육적 목표를 설정하는 문학교육에 참조가 될 만한 가치가 있는 것으로 여겨진다. 한편, 문학교육뿐만 아니라 문학치료 영역에도 자기 성찰의 공효(功效)는 적지 않을 것으로 예상된다. 본 연구에서는 문학교육과 문학치료의 관계를 연속적이며 상호보완적인 것으로 설정하였다. 즉, 문학교육을 특수한 개별 학습자를 대상으로 심화시키면 문학치료적인 처치가 필요한 경우가 있을 것이며, 문학교육의 대상이 공유하고 있는 문제적 상황이 존재할 경우에 진행되는 문학교육은 문학치료적인 접근이 요구될 수도 있다는 것이다. 이러한 관계 맺음을 통해 문학교육은 교육의 개별화를 진전시키고 문학치료는 일반적 적용 가능성을 확장하는 실효를 거둘 수 있을 것이다.

설화를 통한 자기성찰 방법의 실행 연구

1. 서론

이 글은 필자가 지난 번 발표한 「설화를 통한 자기성찰의 사례 연구」(황혜진, 2007)에 이은 후속 연구이다. 그럼에도 다른 사례에 대한 연구가 아니라 '(교육)방법에 대한 실행 연구'로 후속 연구를 수행한 까닭은 현재 진행되고 있는 교육 이론의 학문적 논의 수준에 미치지 못한 연구자 자신에 대한 반성과 더불어 문학교육 연구 방법론으로 주목을 받고 있는 질적 연구의 실천적 함의를 드러내는 데 기여하기 위함이다.

이전 연구(이하에서는 '1차 연구'라고 함)의 문제는 사례 연구라는 질적 연구의 외양을 하고서 질적 연구방법론의 규칙을 따르지 못하였으며, 본론의 서술은 학습 독자의 반응지를 해석하여 사례 집단의 질적 특수성을 드러내려 한 반면, 결론은 공감과 거리감의 반응에 대한 쓰기와 해석공동체 안의 공론화가 자기성찰에 유효하다는 자명한 사실의 재확인에 그쳤다. 이렇게 연구주제와 방법론, 논의 내용과 결론이 따로 놀게 된 문제는 연구 방법론에 대한 천착과 고민이 부족했던 데에서 비롯된 것으로 판단된다.

이번 연구에서는 연구방법론에 대한 인식을 분명히 하여 지난 연구가 지닌 문제를 극복하고자 한다. 이런 의도에 따라 이번 연구는 질적 연구를 표방하며, 질적 연구방법론에 입각하여 문제를 설정하고 자료를 다루며 논증을 행하도록 하겠다. 그리고 무엇보다 질적 연구가 교육 실천에 환류되어 교육자의 자기 갱신과 교육의 개선에 기여하는 교육 연구의 의의를 고려하였다. 이를 위해 본고에서는 작중 인물을 대상으로 한 학습 독자의 반응 글쓰기와 반응에 대한 메타적 글쓰기라는 자기성찰을 위한 교육방법을 부각시키며, 이 방법의 실행에서 비롯된 연구자의 이론적, 실천적 이해를 기술하려 한다.

이 연구는 질적 연구의 다양한 방법 중 연구와 실천이 순환적으로 전개되는 '실행 연구(action research)'로 분류될 수 있다. 실행 연구의 특징을 설명하면 다음과 같다. 첫째, 일상사에 유용한 실천적 지식의 산출을 중요한 목적으로 한다. 둘째, 행위 없는 이론은 공허하며, 성찰과 이해 없는 행위는 맹목이라는 인식에서 실천적인 결과뿐만 아니라 그에 대한 새로운 이해를 창출하려 한다. 셋째, 연구자뿐 아니라 연구 대상이 함께 참여하여 수행될 때 의미 있는 연구가 된다. 넷째, 탐구 결과뿐 아니라 탐구 과정 자체를 중시하기에 실행 연구에서 얻는 지식은 명사형이 아니라 동사형으로 취급된다(Kemmis & McTaggrt, 2000).

이러한 특징에 비추어 이 연구의 청사진을 제시해 보도록 하겠다. 우선 이 연구는 자기성찰을 위한 교육방법을 실행하는 실천적 지식의 산출을 목표로 한다. 그리고 이 연구는 문학을 통한 자기성찰의 이론을 만들어내는 작업보다는 학습 독자의 자기성찰이 교육적 상황에서 어떻게 이루어지는지에 대해 이해하는 데 초점을 두겠다. 이러한 연구를 위해 학습 독자들은 연구의 참여자로서 자기성찰의 내용을 담은 자료를 연구 자료로 제공한다. 또한, 이 연구는 연구 결과보다는 과정을 중시하기에 연구주제를 설정하고 연구를 설계하며 실행한 제 과정에 대한 연구자의 관점과 문제의식을 드러내도록 한다.

그렇지만 이 연구에서 최종적으로 산출된 결과는 신뢰성과 타당성으로 평가하면 그리 만족스러운 것이 되지 않을 수 있다. 실행 연구뿐 아니라 대부분의 질적 연구의 결론은 양적 연구와 같은 수준의 신뢰성과 타당성을 확보하기 힘들다. 이로 인해 질적 연구를 행하는 학자들은 고정관념처럼 되어버린 타당도와 신뢰도라는 평가 잣대에 대한 두려움을 용감하게 버려야 한다는 지적을 있기도 하다(이용숙 외, 2006: 39). 그렇지만 아무리 용감한 질적 연구자라도 자신의 연구 작업이 잘 된 것인지 자신이 도출한 결론이 타당한 것인지 평가해 보아야 할 것이다.[1] 이를 위해 본 연구자는 스티븐슨(1996)이 제안한 실행 연구의 타당성 기준을 수용하여 연구의 타당도를 높이려 할 것이다.[2]

2. 문제의식과 연구주제

1차 연구에서는 연구 목표에 대한 분명한 인식이 없었기에 사례 집단

1) 질적 연구에서 타당도의 적용이 필요한 것인지에 대해서는 다양한 입장이 있으나 연구가 신뢰할 수 있게 수행되었음을 인정할 수 있는 최소한의 평가준거는 질적 연구물에도 적용되어야 한다는 입장이 전반적으로 수용되고 있다(이용숙 외, 2006, 39면).

2) 질적 연구의 타당도를 높이는 구체적인 기준은 다음과 같다. 단, 연구자가 이하에 제시된 모든 기준들을 연구 원칙으로 삼지는 못하였음을 밝힌다.

- 연구자가 연구자 자신의 가치 헌신이나 이론적·경험적 지식과 관련지어 연구의 중요성을 명료화한다.
- 연구자가 자신의 의도나 신념을 명료화하고 정당화할 수 있어야 한다.
- 연구와 관련된 모든 참여자들이 진정한 협력관계를 형성하는 민주적 타당성을 충족시킨다.
- 상황을 변화시키는 실제적 행동으로 이어지기 전에, 혹은 단 한 번의 실행연구 사이클 후에 중지되는 연구 프로젝트는 바람직하지 않다.
- 연구가 다양한 관점을 표상하고 있다.
- 연구자의 가치와 그 가치가 관련된 실제 행동 사이의 계속적인 변증법적 상호작용이 일어난다.
- 연구가 체계적으로 진행되면서도 연구 상황과 이해의 진전에 탄력적으로 반응한다.
- 연구가 연구자의 이해, 행동, 상황의 변화를 이끌어내는 변혁성이 있다.
- 연구자가 연구 결과를 공개하고, 그에 대한 토론에 참여한다.
- 하나의 연구 결과를 다른 상황이나 장면에 적용할 수 있는 전이력이 있다.

의 반응을 소개하고 분석한다는 논문의 개요를 목표로 제시하는 데 그쳤다. 이에 비해, 2차 연구에서는 자기성찰을 이끄는 교육방법의 개선이라는 분명한 목표를 갖는다. 그러나 이러한 연구 목표는 뚜렷한 목표성이 부각되지 않으며 범위도 구체적으로 한정되어 있지 않고 연구 진행의 상이 좀체 잡히지 않는 등 실행 연구의 주제로 적합한 것은 아니다. 보다 초점화된 구체적 연구주제를 제시하기 위해 연구자는 왜 이 연구를 실행하게 되었으며, 이 연구와 관련된 연구자(이하 '나')의 문제의식이 무엇인지 성찰적으로 기술해 보도록 하겠다.

나는 문학이 예술적 가치를 지닌 미적 대상일 뿐만 아니라 인간과 삶에 영향을 주는 실제적 가치를 지니는 대상임을 믿으며, 문학교육이 문학이라는 대상을 가르치는 교과이면서 문학을 교육의 매개로 삼아 인간의 성장과 발달을 도모하는 교과라는 관점을 갖는다. 그래서 내 학위 논문의 연구 문제는 '문학이 어떻게 자기화, 내면화되어 '도덕적 인간'을 형성하고 '좋은 삶'의 도구가 되는가?'라는 것이었다(황혜진, 2006). 자기성찰이라는 주제도 이와 같은 관점의 연속으로 이해할 수 있다.

자기성찰은 사전적으로 "자기의 마음을 반성하고 살핌"이라고 풀이되는 것에서 알 수 있듯이, 있는 그대로의 자기를 재생산하는 것으로 파악된다. 그리고 데카르트에서 헤겔에 이르는 서양의 근대 철학자들도 내가 오직 나 자신과의 관계를 통해 나를 정립하면서 이를 바탕으로 자기동일성을 가진 주체로 자기를 의식하였다.[3] 그러나 문학이 인간을 변화시킨다는 전제에서 보면 문학적 경험을 한 후, '나'는 이전의 나와는 다른 존재가 된다. 이러한 문학 경험을 통해 '자기(self)'는 끊임없이 변모해 가는 구성물이라면, 자기를 있는 그대로 '되비치는(reflect)' 거울을 '손바닥으로, 발바닥으로' 닦아본다고 한들 자기에 대한 성찰에는 한계가 있을 것으로 여겼다.

그래서 나는 자기성찰을, 있는 그대로의 자기를 되비쳐 보는 데에서

3) 서양 정신의 자기동일적 주체에 대한 비판은 김상봉(2002) 참조.

나아가, 자기를 발견, 형성할 수 있게 하는 타자라는 매개를 통해 자기의 변화가능성을 도모하는 데에까지 이르는 것이라는 의미로 이해하였다. 이렇게 자기성찰을 파악하면 자기성찰 교육에 있어서 일기 쓰기나 자화상 그리기보다 문학을 읽고 쓰는 활동이 유효함을 인정할 수 있었다. 특히, 자기성찰이 항상 문화적이며 상징적인 매개를 통해 이루어진다는 리쾨르의 논의를 수용하면, 문학 작품을 해석하는 과정을 통해 자기성찰을 유도하는 것은 성찰을 위한 방편(方便)이 아니라 유효하고 특권적인 방법이 된다.[4] 나는 이러한 이론적 관점에서 '설화를 통한 자기성찰의 사례 연구'라는 제목의 1차 연구를 행하였다. 그러나 1차 연구는 앞서 언급했다시피 연구방법론에 대한 숙려가 없었기에, '이러저러한 방법으로 자기성찰을 시도해보았더니 효과가 있더라'라는 식의 한 사례를 통한 교육방법의 검증에 그치고 말았다.[5]

이러한 내적인 여정과 시행착오를 거쳐, 나는 교육방법에 대한 연구가 필요하며, 교육방법을 대상으로 삼는 연구는 문학 자체를 연구하는 것과는 다른 연구방법론이 요구됨을 절감하였다. 솔직히 나는 학위 논문을 쓰면서도 교육방법에 대해서는 깊이 고민하지 않았다. 나는, 국어교육이라는 용어가 '교육'이라는 표현 때문에 '국어국문학+교육학'이라는 오해를 낳으며, 교수법 개발에 몰두하여 정작 교육내용으로 삼을 만한 것들을 개발하는 연구를 소홀히 해왔다는 지적을 행한 김대행 교수의 의견에 동의하고 있었다. 그리고 "(…) 국어교육에만 독특하게 적용할 교육방법이 별로 없다 (…) 사실 교육에서 깜짝 놀랄 정도의 신기한 방법이 개발된다는 것도 무망한 노릇이고, 다른 모든 일이 그러하듯이 방법은 목

4) 자기성찰의 개념화는 황혜진(2007) 참조.

5) 내가 조금만 연구방법론에 관심을 가졌더라면, 화려한 그래프와 수치를 보여주는 양적 연구를 어설프게 흉내 내느라 고생하지도 않았을 것이며, 자기를 성찰하는 풍부한 내용과 다채로운 방식들을 보여주는 글쓰기 자료들을 해석하기보다는 계량화하는 데 집중하지도 않았을 것이고, 연구 결론 역시 연구방법에 대한 성찰과 아울러 이어질 연구에 대한 계획의 수립에까지 나아가지 못한 채 일회적 교육방법의 타당성 검증에 머무르지는 않았을 것이다.

적과 내용이 결정하기 마련이다."(김대행, 2004: 7)라는 진술은 내 학위 논문에서 교육방법에 대한 장을 일종의 '부록'처럼 다루는 위안이 되기도 하였다.6)

그러나 시간이 갈수록, 교육방법은 교육의 목적과 내용에서 자동적으로 도출될 수 있는 것이 아니며, 목적과 내용에 대한 교육연구도 교육적인 실행과 병행하지 않으면 그 의미가 퇴색할 수밖에 없다는 문제의식이 명확해졌다. 이러한 문제의식은 학위논문을 쓰면서 국어교육, 문학교육을 바꿔보고 싶다는 의욕이 과연 무엇으로 남았나를 돌아보면서 형성된 것이리라. 문학으로, 문학교육으로 인간과 사회를 변화시키는 교육내용과 프로그램을 만들고 싶었지만 실행되지 않는 이론은 공허한 메아리로 내 안에만 머물 뿐이었다. 그래서 내가 수행할 앞으로의 교육 연구는 교육적 실천이나 참여 관찰의 경험을 바탕으로 진행하고 싶었다. 그리고 교육학자로서 나의 정체성을 강화하여 '국어교육 현상'을 탐구하기 위해 인문학적 방법론뿐 아니라 사회학적 방법론을 적극적으로 수용하려 하였다.7)

이러한 시각에서 연구사를 훑어보니, 나만 그런 생각을 갖고 있는 것이 아니었다. 오히려 질적 연구방법론이 국어교육의 새로운 패러다임으로 자리 잡으려 하는데 나만 몰랐던 것이 아닐까 느껴질 정도로 이미 많은 훌륭한 연구들이 수행되어 왔음을 확인할 수 있었다. 사회학적 방법

6) 김대행 교수의 교육내용에 대한 강조는, '가르쳐야 할 분야를 정돈하고 경중에 따라 균형을 기하며, 교육의 대상에 따라 먼저 가르쳐야 할 것과 나중에 가르쳐야 할 것을 가리키는 위계를 세우는 내용 체계에 대한 탐구'(김대행, 2004, 7면)가 국어교과에 시급히 필요하다는 문제의식에서 비롯된 것으로 교육방법에 대한 연구가 필요 없다는 논의는 분명히 아니다.

7) 국어교육에 사회과학적 방법론인 질적 연구와 양적 연구의 도입이 필요하다는 논의는 정현선(2004: 9장) 참조. 정현선(2004)은 문학교육에서 평가의 문제에 대해 질적 접근을 하였으며, 국어교육 영역에서 잘 기획된 실행 연구의 사례를 보여주기도 하였다(정현선 · 이미숙, 2006). 특히 교수로서 연구자가 초등학교 교사와 함께 수행한 실행 연구는 이러한 성격의 연구가 취해야 할 이론적 태도 및 연구 설계와 진행에 대한 실천적 지식을 제공하였다.

론의 도입을 주창한 연구를 비롯하여, 질적 연구의 제 방법을 적용한 많은 연구들이 이미 행해지고 있었으며 이러한 연구들이 다시 교육 현장으로 환류되어 교육의 실제적인 개선에 기여하는 움직임들로 가시화되고 있음도 감지되었다.8) 더욱이, 국어교육 연구의 영역 밖으로 눈을 돌리면 질적 방법론의 적용을 통한 교육의 개선이나 교육 현상의 이해라는 뚜렷한 연구 흐름이 존재하고 있음을 쉽게 알 수 있었다.9)

덧붙여, 질적 연구가 아니라도 현장과 관련된 수많은 교육방법에 대한 연구들이 많다는 사실도 재삼 확인되었다. 이와 같은 연구물들은 주로 교육대학원에서 나온 교사들이 행한 것들이 대부분이었다. 안타까운 점은 일반적인 교육방법을 국어교육에 도입해 실행해 본 단기적 실험은 일회적 성과에 그쳐 해당 교수법에 대한 검증 작업으로 끝나 버려 이론적 탐구의 대상이 되지 못하며, 다른 교사들의 실천적 지식으로 확산되지 못한다는 것이었다. 이로 인해 나는 이론가로서 교사, 실천적 이론가가 교육 현실의 개선을 위해 긴요한 존재임을 깨달았다.

이런 차에 나는 이번 학기에 국립대 사범대학의 국어교육과 4학년 수업을 담당하게 되었다. 특히 이들은 교생 실습을 나가기에 교육방법에 대한 관심이 매우 높았다. 그렇지만 나는 이들에게 특정한 교육방법을 전수할 경험과 능력은 부족했다. 그래서 이들 자신이 설계하거나 도입한 교육방법을 성찰적으로 연구할 수 있는 소양을 길러주는 프로그램을 통해 이들이 동료 교사나 연구자와 협력하여 교육 현실을 개선할 수 있는 '연구하는 교사'에 대한 자기정체감을 갖게 하고 싶었다. 이것이 바로 예비교사들과 함께 실행 연구를 행한 주된 이유이다.

연구 문제로 접근하기까지 다소 장황한 서술을 행하였으나 이러한 기술 내용은 내가 왜 이 연구주제에 관심을 갖게 되었으며, 연구주제로 나

8) 문학교육학 영역에서 질적 연구의 동향과 실천적 사례는 김상욱(2006), 최지현(2006), 최인자(2006), 정현선 · 이미숙(2006) 참조.

9) 이에 대해서는 한국교육인류학회의 성과를 참조할 수 있다. 홈페이지(http://www.kssae.or.kr/index.htm)의 자료실에서 교육인류학과 관련 학위논문 및 학술지에 실린 논문들을 확인할 수 있다.

를 이끄는 인식관심이 타당한 것인가를 학문적 담론의 장에서 공론화하고 검증받기 위해 필요한 연구 절차라고 생각한다. 이 연구의 문제의식을 그려내기 위해 앞서 서술한 내용에서 세 가지의 요점을 간추리자면, 첫째, 문학은 자기성찰의 매개이며, 자기성찰은 문학을 자기화하는 의미있고 가치 있는 수행이라는 이론적 전제, 둘째, 이론을 실행하는 과정에 대한 실천적 지식이 요구되며 이러한 성격의 지식은 실행 연구를 통해 산출되는 것이 바람직하다는 인식, 셋째, 교사 양성 교육에서 실행 연구에 참여해 본 경험은 이론적 실천가, 실천적 이론가로서 '연구하는 교사'의 형성에 도움이 될 수 있다는 전망 등이다.

이러한 문제의식은 다음과 같은 연구주제로 설정될 수 있다.

첫째, 연구자가 제안한 자기성찰의 글쓰기 방법은 과연 자기성찰을 유도하는가?

둘째, 자기성찰이 이루어졌다면 그것은 어떤 방식으로 행해졌는가?

셋째, 실행 연구에 대한 이해와 연구에 참여한 경험이 교육자로서 자기 형성에 도움이 되는가?

3. 연구의 개요

1) 1차 연구의 반성과 수정

이 연구를 기획하고 설계하게 된 동력은 무엇보다 1차 연구에 대한 반성적 성찰이다. 따라서 이 연구의 설계는 앞서 행한 이론적 탐구를 정련하고 수행적 절차를 수정하는 과정을 거쳐 마련될 수 있을 것이다. 연구자 본인이 파악하는 1차 연구의 이론적 접근과 연구 수행의 주요한 문제점은 두 가지로 정리될 수 있는데, 하나는 '자기성찰'을 문학교육적으로 재개념화하기는 했으나 그 함의가 너무 넓어서 문학의 자기화, 내면화라는 문학교육의 일반적 목표와 구별되는 지점이 선명히 드러나지 않았다는 점이고, 다른 하나는 자료 분석의 초점이 자기성찰의 내용과 그 방식 중 어느 하나로 모아지지 않았다는 점이다. 이러한 문제를 개선하기 위해 연구자는 자기성찰을 개념을 이론적으로 보완하고 그에 따른 연구 자료의 수집과 자료 해석의 계획을 다시 짜야했다.

문학을 읽으면서 작가의 세계관에 동의하고 기호학적 존재들을 자기의 가능성으로 수용하며 문학적 형상을 느낌과 사유의 체험 모델로 삼게 되는 것은 분명 자기 변화를 동반하는 자기성찰의 경험이다. 그렇지만 이 변화의 작용태는 볼 수도 없고 그 자체를 분석하기는 힘들다. 또 한 가지 난제는 문학을 통한 자기 변화의 모든 경험을 자기성찰이라고 하면, 지금까지 행해진 문학의 수용과 해석과 관련된 논의를 자기성찰이라는 용어로 대체하는 우를 범하게 된다는 것이다. 이로 인해, 이 연구는 자기성찰의 개념을 좁히고, 그 수행을 보다 구체화할 필요가 있었다. 그래서 성찰의 대상을 문학작품을 읽으면서 작품과 함께 재구성한, 혹은 새롭게 발견한 '의식된 자기의 영역'으로 분명히 하고, 자기성찰의 수행은 문학 독서 행위 전체가 아니라 문학 수용의 경험 후 자기에게 일어난 변화를 스스로 이해하는 활동으로 한정하였다.

위와 같은 이론적 탐구를 거쳐 연구자는 연구주제를 한층 조작적으로 실행할 수 있는 방안을 구상할 수 있었다. 1차 연구에서는 자아성찰의 개념과 수행을 너무 넓게 잡았기 때문에 작중 인물에 대한 공감과 거리감의 반응 자체를 자아성찰 활동으로 파악하였다. 1차 연구를 수행할 때, 전제는 공감과 거리감 반응의 주체인 자기는 문학에 대한 해석적 글쓰기를 통해서 구성되고 가시화된다는 것이었다. 그래서 연구자는 독자의 반응지를 분석하면서 자기 서사를 추출하고 그 의미를 밝히며 공감과 거리감 반응을 통해 자기성찰이 이루어지는 과정을 추론하고 재구성하려 하였다.

그렇지만 이러한 작업은 독자의 자기성찰을 그대로 보여주기보다는 연구자에 의해 해석되고 재구된 영역이 지나치게 넓었으며, 자기성찰의 내용 분석을 통해 사례 집단의 특성을 드러내려는 의욕과 자기성찰의 작용을 이해하고 싶은 관심이 혼재되어 있어 분석 내용이 잘 정돈되지 못하였다는 문제를 안고 있었다. 그래서 이번 연구에서는 학습 독자 스스로 문학에 반응하는 자기에 대한 성찰적 글쓰기를 연구 자료로 취하고 그것을 분석할 때에도 사례 집단의 특성을 드러내기보다는 문학을 통한 자기성찰이 어떻게 이루어지는지와 관련된 자기성찰의 작용 방식을 이해하는 데에 초점을 두기로 하였다.

2) 연구 절차

이 연구는 실행 연구의 모델 중 주버-스케리트의 비판적/해방적 실행 연구(critical/emancipatory actoin reserch)에서 제안한 "(1) 전략적 계획(strategic planning)→(2) 계획의 실행(implementing)→(3) 관찰, 평가, 자기평가→(4) (1)~(3)의 결과에 대한 비판적, 자기 비판적 성찰 및 다음 연구를 위한 의사결정"(Zuber-Skerrit 1996: 96, 정현신·이미숙, 2006: 123에서 재인용)의 연구 절차를 따르려 한다. 앞 절에서 1차 연구에 대한 반성과 수정을 거쳐 도출한, 문학에 반응하는 학습자의 성찰적 글쓰기를 연구 자료로 취해 문학을 통한 자기성찰이 어떻게 이루어지는지 이해하려 하려는 것은 연구주제에 접근하기 위한 '전략적 계획'에 해당한다. 이 계획은 사범대학 3~4학년 수강생(35명)이 듣는 '고전산문교육론' 과목(2007년 1학기 서울대학교 국어교육과 전공 과목)에서 실행되었다. 예비교사로서 수강생들은 이 실행 연구와 관련된 두 차례의 강의와 두 번의 과제를 부여받았으며, 이 과제물은 이 연구의 자료가 된다.

이 '계획의 실행' 과정은 좀더 상세히 진술될 필요가 있다. 고전산문교육론을 소개하면서, 연구자는 문법과 더불어 학습자들이 어려워하는 고전문학을 어떻게 재미있고 유의미하게 가르칠 것인가에 대한 문제를 던지고 이 강좌를 통해 고전문학을 즐겁고 가치 있게 향유하기 위한 여러 실험을 제안하였다. 그중 하나가 고전문학을 통한 자기성찰이었다. 덧붙여, 연구자는 교사라는 인격적 존재가 학습자와 상호작용하는 교육이 바람직하다는 신념을 갖고 있다. 이 신념은 학습자가 교육적으로 경험해야 할 내용을 교사가 먼저 경험해야 한다는 원칙으로 환원된다. 교사는 자신이 경험한 '이리도 좋은 세계 남대되 뵈이고저'라는 마음으로 문학을 가치롭게 대하는 태도와 문학을 통해 세계를 보는 안목, 문학적으로 사고하는 정신적 형식 등을 체현해야 하며 이를 잠재적 교육과정으로 구성해야 한다. 그리하여 자기성찰도 직접 해보는 경험 대상이자 그 프로그램도 (예비)교사 스스로 수정・보완해야 하는 한 사례가 되어야 했다.

연구자는 설화에 대한 교육을 설화를 통한 자기성찰 교육으로 구성하려 하였다. 그래서 첫째 시간에는 수강생들에게 1차 연구와 동일한 방식으로 공감과 거리감 반응을 기술하는 과제를 내주었다. 그 자료로 삼국시대 애정설화[10]를 택한 까닭은 1차 연구와 동일하여, 애정설화가 애정이라는 보편적 인간사를 다루고 있으며 각편이 원형성을 지니면서도 통합적으로는 등장인물의 신분이나 처지, 애정 문제와 관련된 감정 등이 다채로워 수용자의 반응이 적극적이며 자유로울 수 있다는 장점 때문이다. 이러한 장점을 실현하기 위해 이번 연구는 1차 연구와는 달리 공감과 거리감 반응을 하는 자기에 초점을 두라는 글쓰기 방향을 제시하지 않았다. 공감과 거리감의 반응을 의식적으로 통제할 우려가 있기 때문이다. 이로 인해 이 연구에서는 공감과 거리감 반응지를 본격적인 분석 자료로 취하지는 않았다. 그러나 공감과 거리감의 반응지 쓰기는 문학에 반응하는 자기를 자신에게 드러낸 것으로서 이후 글쓰기의 자료가 되기에 이 연구의 필수적인 과정이라고 할 수 있다.

이어지는 2차 수업에서는 반응지를 수합하고 사례 집단의 반응 특성

---

10) 성찰을 위한 읽기 자료가 되는 것은 삼국 시대의 문헌 설화 중 남녀 간의 애정 문제를 제재로 다루고 있는 설화 8편이다. 설화적 제재의 분류를 위해 『삼국시대 설화의 뜻풀이』(조동일, 1990)의 '제5장 男女관계의 문제'를 취하였으며, 이 텍스트의 번역을 학습자들에게 읽혔다. 그 자세한 목록은 다음과 같다. (1) 왕자 호동 (2) 개루왕과 도미의 아내 (3) 산상왕과 시골 여자 (4) 도깨비 비형랑 (5) 불귀신이 된 지귀 (6) 의상과 선묘 (7) 김현과 호랑이 처녀 (8) 머리에 꽂은 석남

을 인물별 공감과 거리감 반응수의 그래프로 그려가면서 다른 사람들이 행한 공감과 거리감 반응과 자신의 반응을 비교할 수 있게 하였다. 이렇게 한 까닭은 자신의 반응이 가능한 여러 반응 중 하나였음을 스스로 확인하게 하기 위함이다. 이 과정이 진행됨에 따라 학습 독자의 관심은 '어떤 인물에 대해 공감과 거리감 반응을 할 것인가'에서 '나는 왜 그 인물에 대해 반응했는가'로 옮겨가게 된다. 즉, 공감과 거리감 반응을 하는 자기에 대한 관심이 환기되는 것이다. 이러한 준비 과정을 거쳐 학습 독자는 '공감과 거리감 반응을 하는 나'에 대한 2차 과제를 수행하였다. 2차 과제의 성격은 '나(①)는 나(②)를 잘 모르겠어.'라는 진술에서 ②를 ①의 입지에서 해명한 메타적 기술이라고 이해할 수 있다.

이 연구의 이론적 관점에서 보았을 때, 문학에 대한 자기 반응을 구성하며 글쓰기로 외화하는 과정은 자기성찰에 해당한다. 자기성찰의 교육을 위해서 문학작품에 반응하게 하는 절차는 반드시 필요하다. 그렇지만 자기성찰을 심화하게 하기 위해서는, 문학과의 만남으로 인한 사기 변화가 담겨 있는 반응지 속에서 재구성된 자기를 발견하고 이해하는 과정이 뒤따라야 할 것이다. 이 연구에서는 반응지와 메타반응지는 모두 자기성찰의 산물이지만, 자기를 대상으로 초점화되고 자기성찰의 과정에 대한 자기 이해는 메타반응지에서 더 심도 있게 이루어진다고 보았다.

2차 수업이 끝날 무렵, 연구자는 본인의 1차 연구를 읽고서 문제점을 발견하라는 과제를 내주고, 학습 독자의 반응지 및 메타반응지는 이어질 연구의 자료가 될 것임을 알려주어 자신들이 이 실행 연구의 관찰자이자 참여자임을 인지시켰다. 3차 수업에서는 양적 연구와 질적 연구의 사례를 비교하면서 질적 연구의 특성을 설명하고, 질적 연구방법론의 측면에서 볼 때, 1차 연구에 어떤 문제가 있는지 함께 분석해 보았다. 이후, 메타반응지를 검토하면서 연구자는 분류가 어렵거나 자기성찰 과정이 잘 드러내지 않은 몇몇 학생들과 개별적인 면담을 가져 분석을 정교화하였다.

'(3) 관찰, 평가, 자기평가'는 메타반응지에 대한 분석을 통해 문학을 통한 자기성찰이 어떻게 이루어지는지 보려는 것으로서 이어지는 장에서 그 결과를 확인할 수 있도록 기술하겠다. '(4) (1)~(3)의 결과에 대한 비판적, 자기 비판적 성찰 및 다음 연구를 위한 의사결정'의 절차는 이 연구를 학회에서 발표하여 다른 학자들과 토론을 하고, 연구 결과를 실행 연구의 참여자들에게 읽혀 공동으로 개선 방향을 논의하는 과정을 거치는 것으로 삼으려 하였다. 그래서 이 연구는 문학의 자기성찰 작용에 대한 관심이 지대한 문학치료학회(제42회 학술대회, 2007.4.29)에서 발표하였으며, 연구 결과를 다른 참여자들에게 읽힌 후 설문조사(2007.5.4)를 하였다. 이러한 과정에서 새로이 인식한 내용과 연구의 개선점을 결론으로 구성하겠다.

4. 연구 결과의 분석: 설화를 통한 자기성찰의 양상

이 장에서는 학습 독자들이 문학을 통해 반응하는 자기를 기술한 메타반응지를 자료로 취하여 문학과 자기가 만나는 어름에서 어떤 일들이 일어나고 있는지 이해하려 한다. 1차 반응지를 작성하면서 학습 독자들은 문학의 작용에 대해 되울리는 울림으로서 문학과 함께 쓰여진 '공유된 자기로서 정체성(identité comme soi)'(리꾀르, 1997)을 가진 자기를 구성하고 글쓰기를 통해 대상화하였다. 2차 자료인 메타반응지는 이렇게 구성된 자기를 관찰한 기록이라고 할 수 있으며, 이 자료에는 '공유된 자기'가 만들어지는 과정에 대한 성찰적 진술이 담겨 있다. 이 장에서는 메타반응지를 대상으로 자기성찰의 양상을 분석하여 문학을 통한 자기성찰에 대해 이해하고자 한다.

자기성찰을 이해하기 위해서는 무엇보다 분류의 틀이 요구된다. 이 연구는 몇 차례 자료를 검토하여, 성찰의 결과 이해하게 된 자기의 범위를 기준으로 이미 알고 있는 자기의 영역, 명료하게 이해하지 못했던 자기의 영역, 자기가 의식하지 못했던 자기의 영역으로 나누어 보았다. 이러한 틀은 자기성찰의 양상을 포괄할 수 있는 유연성을 갖는다. 이 큰 틀을 먼저 마련해 놓고서 35편의 자료에 담긴 자기성찰의 작용을 큰 틀의 하위 분류로 포괄하려 하였다. 그러나 이론적 전제에 따라 미리 틀을 확정짓지 않았기 때문에 개별 자료의 특수성을 다룰 수 있는 장점에도 불구하고, 그 틀이 견고하지 않기 때문에 사례 집단이 달라지면 하위 분류 항목이 들고날 수 있다는 점이 있음을 인정해야 할 것이다.

1) 알고 있는 자기에 대한 재확인

자신의 반응에 대한 성찰이 이미 알고 있는 자기에 대한 재확인과 강화의 방식으로 드러나는 경향은 다수의 글에서 발견되었다. 지각에는 자기 개념(self-conception)이 관여하는데(오미영・정인숙, 2005), 이러한 자기 개념은 공감과 거리감을 느끼는 인물에 대해 서술된 반응지에 외화된다. 이하 서술된 내용은 메타반응지에서 자기 개념을 대상적으로 파악하며 이미 알고 있는 자기를 강화하는 성찰의 유형이다.

(1) 체험적 조회를 통한 자기 재생산

> 경험은 대개 나 자신이 겪은 일로부터 형성되고, 경험을 통해 쌓인 지식은 아무래도 그 경험 자체보다는 내가 중요하다고 여긴 사건들이 중심일 것이다. '~했더니 ~더라'는 식으로 말이다. (…) 어느 샌가 나도 모르게 ①나 자신을 어떤 일에 대한 비교 대상으로 놓고 있다. 문학 작품을 대할 때도 마찬가지이다. 여기서는 '공감'이라는 말을 사용했는데 ②'내가 지금까지 해 왔던 경험들과 비교해보면' 공감할 수 있어, 혹은 공감할 수 없다는 결론에 도달하게 되는 것이다.
>
> (…) 개인적으로 영화를 보거나 소설을 읽으면서 주인공의 심리를 따라가다 보면 ③어느 새 주인공의 모습이 '나'로 바뀌어 있고, 주인공의 세세한 행동을 '나'로 치환해서 생각하는 경향이 있다. ④영화의 엔딩 크레딧이 올라가고, 책의 마지막 장을 덮으면서 대개 주문이 풀려버리는 경험 덕에

나는 조금 더 쉽게 영화를 이해하고, 소설을 느낄 수 있는 것 같다. (JA)

문학적 인물과 공감하기 위한 자기의 준비 태세로 많은 학생들은 '나라면?'이라는 의문을 가상적인 상황에 던진다. 자신의 체험에 조회하여 나는 유사한 상황에서 어떻게 반응하고 행동했던가를 확인하거나(①, ②) 가상현실 속의 인물의 자리에 자기를 놓아보는 것이다.(③) 이렇게 이미 알고 있는 자기를 재확인하는 것도 분명 자기성찰의 경험이기는 하다. 그러나 그것이 경험의 확장과 더불어 자기의 변화까지 가져다주는 것은 아니다. 간접 체험이라는 마술적 경험은 "영화의 엔딩 크레딧이 올라가고, 책의 마지막 장을 덮으면서 풀려버리는 주문"(④)에 지나지 않기 때문이다.

> 나는 지귀설화의 선덕여왕을 가장 공감이 가는 대상으로 꼽았다. 지귀가 자신을 사모한다는 소문을 듣고 선덕여왕 역시 어느 정도는 설렘과 호기심을 느꼈을 것이라는 상상을 통해 공감을 한 것인데, 다른 사람들이 선덕여왕에 공감을 표하는 이유는 나와는 전혀 달라 흥미로웠다. 대부분 선덕여왕의 자애로운 면모에 감동을 받았다고 했는데, ①내가 선덕여왕의 마음을 그렇게 달리 추측한 데는 예전 나의 경험이 영향을 미친 것 같다. 나는 전혀 생각지도 못했던 어떤 사람이 나를 좋아한다는 말을, 주위의 다른 사람들로부터 들었을 때 괜히 들떴던 기억이 난다. 설화 속의 주인공도 결국은 나와 같은 감정을 가진 인간일 것이라 동일시한 것이다. ②그런데 여기서 한 가지 더 생각해 볼 것이 있다. 자신의 경험으로부터 등장인물의 심정을 짐작하고 공감하는 것이라면, 나는 지귀를 대상으로 해도 충분히 공감할 수 있다. 누군가를 애타는 마음으로 짝사랑해 본 적이 있기 때문이다. ③그럼 나는 왜 지귀와 선덕여왕 중에서 선덕여왕을 택해 공감적 글쓰기를 한 것일까? 연애 관계에 있어서는 더 많이 사랑하는 사람이 늘 지는 것이라고 하니까, 좀더 우위에 있는 선덕여왕과 자신을 동일시하고 싶었던 건 아니었을지. 어쩌면 보답 받을 길 없는 일방적인 짝사랑에 피해의식

> 을 가지고 있는 것 같기도 하다. (…) ④연애에 피해 의식을 가지고 있으면 안 된다고 생각하면서도 은연중에 '손해보지 않겠다'는 마음이 도사리고 있었던 것일까. (PN)

PN의 경우는 체험의 조회가 반드시 자기 재생산으로 이어지는 것만은 아님을 보여주는 사례이기에 인용해 보았다. PN 역시 체험적 유사성을 바탕으로 작중 인물과 공감할 수 있었다.(①) 그러나 앞의 사례와 다른 점은 작중 인물과 관련된 체험을 택하는 선별성을 의식하게 되었다는 것이다.(②, ③) 이를 바탕으로 PN은 '선별하는' 자기에 대한 이해에까지 도달할 수 있었다.

(2) 가치의식의 강화

> 죽음을 ①무릅쓰고 불구가 되어버린 남편을 찾아, 산 속에서 ①나름 행복한 삶을 살다가 죽은 '도미의 아내'는 ①분명 공감 가는 인물이다. 결혼을 할 ②것이라면, 부부의 연을 맺을 ②것이라면, 이 정도의 마음가짐은 가져야 한다고 생각한다. 결혼식장에서 부인의 손을 잡고 ③'검은 머리 파뿌리될 때까지'와 같은 주례사를 들으면서, ③내 목에 칼이 들어와도 반려자와 함께 하겠다는 마음가짐을 가져야 ③하거늘, 오늘날의 결혼관은 마치 결혼은 인생의 경험쯤으로 생각하고 이혼을 ①너무 쉽게 생각한다. 이제 25살인 내 주변에는 벌써 결혼하는 친구들이 생겨날 만큼 사회는 자유로워졌지만, 그만큼 이혼에 대한 마인드도 넓어져, 과거 부끄러움에 고개를 들지 못했던 이혼 경력이 일종의 능력처럼 평가되는 ①기현상도 발생하고 있다. (…) '인스턴트 사랑'이 넘쳐나는 요즘 사회에 '도미의 아내'가 시사하는 바는 ①분명 크다고 생각한다. (JJ)

호랑이처녀를 제일 공감이 가는 인물로 선택한 것은 우선 자기 사랑에 대한 '배려' 때문이 아닐까 싶다. 물론 다른 설화 속의 몇몇 인물들 또한

> 그녀처럼 열렬한 사랑을 하지만 현명한 사랑을 한다고는 생각되지 않는다. 호랑이처녀처럼 철저하고 준비하는 사랑이 혹시 주변에 아무 것도 보이지 않는 눈먼 사랑보다 가치가 떨어진다고 보는 사람도 있을지 모르지만 결과적으로는 그것이 상대에 대한 '배려'다. 즉, 눈먼 사랑을 하는 이들은 사랑을 하고 있는 '자신'에게 집중하여 더욱 불타오르는 반면, 호랑이처녀의 사랑은 '사랑하는 이'에 집중하는 면이 더 큰 것이다. 현명한 사랑이라 할 수 있겠다. 또한, 이야기 속에서 호랑이처녀는 자신이 해치고 간 사람들을 다시 살리는 묘책을 내놓고 간다. 사실 사랑하는 상대의 앞날을 준비하면서 여느 다른 이들을 생각하는 것은 쉽지 않다. 특히 요즘처럼 자신들의 사랑만이 제일 값지고, 소중한 것인 줄 아는 현상에 경종을 울리는 태도가 아닐 수 없다. 그러고 보면, 필자도 호랑이처녀처럼 현명하고 어른스러운 사랑을 가장 이상적인 사랑의 형태도 꼽는 것 같다. (PD)

이 절에서 말하는 가치란 자신이 의식적으로 지향하는 것으로서, 명료화되어야 할 대상인 자신이 분명히 인지하고 의식하지 못했던 가치와는 구별된다. 이 절의 가치는 명료화 대상으로서 가치보다는 분명한 체계를 갖고 있다. 위 두 글은 그 체계를 잘 보여준다. JJ의 경우, 결혼/이혼, 의무에의 헌신/자유롭고 무책임한 의무의 방기 등의 의미론적 이원론을 발견할 수 있으며, 밑줄 그은 표현들(①은 강조하는 어휘, ①'는 가치평가적 어휘, ② 통념화된 상투적 표현, ③은 단정적 어미 등)은 그 체계에 대한 자기 확신의 태도를 보여준다. PD 역시 의미론적 이원론에 기초한 가치의식을 드러낸다. 담론 분석의 방법을 적용하면 박두의 글에서 배려성/이기성, 현명함/맹목성, 타인 중심/자기 중심, 어른스러움/미숙함의 의미론적 체계를 확인할 수 있다. 지마(Zima, 1996)는 이데올로기적인 담론의 가장 큰 특성으로 의미론적 이분법을 들었다. 자기의 가치체계를 강화하는 것도 자기성찰의 성과라고 할 수 있으나 그 잘 짜인 가치체계가 오히려 자신의 지각 활동에 부정적 영향을 끼치는 것은 아닌지 다시 검토할 필요가 있을 것이다.

2) 자기에 대한 앎의 증진

의식된 자기가 알지 못하지만 무의식의 영역이라고는 할 수 없는, 자신이 분명하게 깨닫지 못했던 자기의 영역이 있다. 메타반응지에서는 자신의 태도나 습관, 관점(standpoint), 가치, 강박관념 등에 대해 구상적으로 이해하거나 명료화하는 등 자기에 대한 앎이 증진되는 성찰적 과정을 볼 수 있었다.

(1) 지각 방식과 관점의 이해

> 공감, 거리감에 대해 쓸 때만 해도 충분히 생각하고 다각도로 분석한 후 썼다고 생각했는데, 다른 사람들의 공감, 거리감 반응을 들으며 나의 반응이 너무 뻔하면서도 보편성이 없다는 생각이 들었다. 또한 우선 정서적으로 공감하기보다는 머리로 분석하려 애쓰고 행위의 일관성을 애써 짜 맞추려 한다는 생각이 들었다. 물론 인지적 이해가 공감의 중요한 요인이라고 해도 정서적 공감을 애써 무시하려거나 이해의 아래에 두려는 습관은 문학작품을 공감하며 읽는 데에 그다지 좋지 않은 습관이라는 생각이 들었다. (LE)

> 고뇌하는 존재가 인간이다. 호녀처럼 당연한 듯이 희생의 길을 가는 존재는 인간이라는 생각이 들지 않는다. 뭔가 일관된 기준으로 올바른 선택을 하고 주저 없이 실천하는 존재는 멋지게 보일 수는 있지만 공감은 되지 않는다. 왜 나는 뭔가 부족한 듯한, 우유부단하고 고민 많은 인물에 공감을 느끼는가? 문학 감상에서만 그런 것이 아니라 현실에서도 나는 그런 사람을 선호하는 경향이 있다. 아니, 선호한다기보다는 저절로 마음이 간다. 완벽한 사람은 좋아하면서도 왠지 정이 들지는 않는다. (…) 무엇보다 확실한 것은 나의 호기심이 크게 작용한다는 점이다. 사람을 사귈 때에도 얼마나 궁금함이 많이 생기나가 나에게는 중요한데, 너무 예측 가능한 캐릭터는 재미가 없다. 인간이란 한 치 앞을 알 수 없기에 인간일 수 있는 것이 아닐까? 그런 나의 인간관이 인물에의 공감도에 결정적 영향을 주는 것 같다. (ND)

위 사례들은 자기성찰의 결과, 자신이 인간과 세계를 지각하는 방식의 특성을 이해하게 된 경우들이다. LE는 인간과 세계를 이해할 때 논리적 인과성과 행위의 일관성이라는 자기 기준을 갖고 있음을 인지하게 되었으며, ND는 작중 인물뿐 아니라 현실의 인간과 관계를 맺을 때에도 호기심이라는 지각적 태도가 있음을 알게 되었다. 물론 이러한 사실은 평소에 자신이 이미 알고 있었던 내용일 수 있다. 그러나 일상적인 상황에서 지각 내용이 아니라 지각의 방식들은 쉽게 대상화되지 않는다. 이러한 점에서 문학에 반응하는 자기를 성찰하는 수행은 이미 자동화된 지각 방식 자체를 대상화하고 자신에게 이해시키는 효과를 발휘한다고 할 수 있다.

> 나는 기본적으로 여성이라는 지위 속에서 거의 대부분의 경우에 같은 여성의 편에 서는 것이 일상화되어 있었던 것 같다. 이것은 어쩌면 당연한 일이 아닐까 하는 생각도 들지만, 한편으로는 누구나가 꼭 그렇지만도 않은 듯하다. 성의 구별이 아닌 다른 다양한 기준을 적용해 판단을 한 사람들이 많았다는 것이 그를 말해준다고 하겠다.
>
> 생각을 정리해 본 결과, ①<u>여성의 입장에 나를 투영하고, 여성이 남성에 비해 약자의 위치에 있는 상황을 매우 못마땅하게 생각한 것이 나의 공감, 거리감을 구분 짓는 핵심적인 기준이 된 것 같다.</u> ②<u>이런 태도는 아무래도 남성을 우월하게 대우해 온 우리 사회의 뿌리 깊은 사고방식과 둘째 딸로 태어나 아들 귀애하기는 조부모님으로부터 남동생과의 은근한 차별을 겪어야 했던 시간이 나에게 일종의 피해의식을 가져온 결과인 것으로 생각된다.</u> (…) 나도 모르게 페미니즘적인 성향이 짙어진 나 자신을 발견하면서 한편으로 놀라웠고, 또 잘 알지 못했던 나의 잠재의식을 들여다볼 수 있는 기회가 되어 뜻깊은 시간이었다. (HJ)

HJ는 메타반응지를 작성하면서 자신이 여성주의적 관점을 적용하고 있음을 깨달을 수 있었으며(①), 그 관점이 왜 형성된 것일까에 대해 생애사를 구성할 수 있었다.(②) 개인이 처한 사회적 환경이 세상을 이해하고 구성하는 데 어떻게든 영향을 미치기 마련이다. 여성으로 살아온 주체는 당연히 여성적 관점을 갖는다. "남성과 여성은 물질적, 사회적, 상징적 환경 내에서 공통점을 지니고 있지 않으며, 이로써 성이 개인의 관점을 형성하는 의미 체계로 작용한다."라는 우드(Wood, 1992)의 지적은 여성의 관점, 남성의 관점이 개인적 편향의 산물이 아님을 말해준다.

여성 연구자인 나도 HJ처럼 여성주의 관점을 드러내는 것이 혹시 내 피해의식의 영향인가라는 생각을 종종 하곤 하면서 '보편성'을 가장해 남성 목소리를 흉내 내며, 여성의 관점이 적용된 연구를 두려워하는 경향이 있다. 자기를 주도하는 관점-특히 그것이 비주류일 경우에-을 인정하고 편향성을 인식하는 것은 용기를 필요로 하는 자기성찰이지 "피해의식"을 드러내는 것만은 아닐 것이다.[11] 덧붙여, 다양한 정체성의 인물을 등장시켜 그만큼 다양한 관점을 채택할 수 있게 해주는 문학은 자기 관점을 이해하게 하는 것을 넘어서 관점을 수정할 수 있게 하는 자기성찰의 작용을 한다고 할 수 있다.

(2) 가치의 명료화

① 이상형의 구상화

선묘의 적극적인 고백 행위는, 나도 그럴 것 같다는 차원에서 공감을 부른 것이 아니라 멋지다, 좋아 보인다, 등등의 느낌에서 공감이 형성된 것이다. 또, 선묘가 완성해가는 사랑의 형태 역시 나의 이상형-짝사랑은 싫지만 그 상황에서는 가장 현명하고 아름다웠다고 생각한다-에 가까웠기 때문에 내가 공감한다고 느낀 것 같다. 즉, <u>공감의 대상은 어쩌면 내가 그래</u>

11) 관점이론은 모든 관점이 편파적이지만 어떤 관점은 특히 편파적인 이유를 권력관계에서 상위에 있는 사람은 억압받는 사람의 관점을 채택할 필요가 없으며, 생존을 위해 타인을 이해할 필요도 없다는 점에서 찾고 있다. 한편, 비주류이거나 복종적인 개인은 생존을 위해 다양한 정체성을 소화해내며 살아나가야 하기 때문에 다양한 관점을 동원하는 한편, 강자의 관점도 채택할 줄도 안다(Harding, 1991).

야 한다고 생각하는 것, 혹은 나에게 없는 면의 발현 등에 끌려서 선택하게 된 것 같다. (KJ)

선묘라는 인물은 내가 추구하는 인간상이라는 생각이 들었다. 나는 비단 사랑에 있어서뿐만 아니라 인생을 살아가면서, 힘든 목표(스님)라 할지라도 그에 도달하기 위해 노력하고, 설사 그것이 성취되지 못할지라도 그것을 위해 최선을 다하는 삶을 살아가고 싶기 때문이다. (…) 나는 선묘를 단순히 의상 스님을 짝사랑하는 여인으로만 본 것이 아니라, 자신의 인생에 있어서의 지향점을 향해 포기하지 않고 나아간 사람으로 바라본 것이다. (SJ)

문학의 인물에 공감하는 까닭은 반드시 자기와 같기 때문은 아니다. 위 글은 있는 그대로의 자기보다는 자기의 이상을 구현하고 있는 인물에 공감하는 구조를 잘 보여준다. 이러한 공감은 자신이 구상적으로 이해하지 못했던 자신의 이상형을 구체화시켜 가치를 명료하게 인식시키는 문학을 통한 자기성찰의 작용이라고 할 수 있다.

② 자기 개념(self-conception)의 수정

①나는 지귀의 모습을 통하여 '소극적인 성격 탓에 좋아하는 사람이 있어도 쉽게 표현하지 못하고 가슴앓이를 하는 나'의 모습을 발견할 수 있었다. ②평소에 다른 사람들에게는 '사랑이라는 것은 적극적으로 표현해야 하는 것'이라고 말해왔기에, 나는 나 스스로에 대해서, 사랑에 대해서 적극적인 사람이라고 생각해왔다. 그러나 막상 설화에서 공감하는 인물을 찾는 구체적인 상황에서는, 짝사랑을 하면서도 자신의 마음을 말하지 못하는, 사랑에 대해서 소극적인 지귀에게 공감을 하였던 것이다. 아마 어쩌면 지귀가 선덕여왕에게 자신의 사랑을 적극적으로 표현하고 구애하였다면, 지귀를 공감하기 어려웠을지도 모른다. 즉, ③나는 겉으로는 적극적인 사랑을 원하는 듯 보였지만, 사실은 소극적인 사랑이 더 아름답고 진실된 사랑이라고 생각해왔던 것일지도 모른다. 이러한 점에 유의하면서, ④그 동안

의 나의 삶을 되돌아보니, 내가 누군가에게 적극적으로 다가간 적도 없었고, 또 어떤 사람이 나에게 적극적으로 다가올 때에도 긍정적으로 생각하기보다는 일단 경계부터 하였던 나의 모습을 발견할 수 있었다. (BE)

BE가 자기 개념의 수정을 한 과정은 다음과 같다. ① 인물을 통해 자신의 모습을 발견한다. ② 그런데 그 나의 모습은 내가 알고 있던 나와는 다르다. ③ 나의 자기 개념을 수정한다. ④ 이전의 행위를 스스로 이해한다. 사실 자기 개념을 수정하는 것은 상당히 어려운 일이다. 인간에게는 자기 개념이 약해지지 않도록 자기를 보호하려는 본성이 있기 때문에, 우리는 자기 개념을 강화시키는 여러 전략을 사용한다.[12] 그러나 여러 전략을 구사하며 자기 개념에 대한 공격에 대해 방어하려는 성향 때문에 성장의 기회가 제한되기도 한다. 일상적인 상황에서 자기 개념의 수정을 요구한다면 우리는 자기가 공격받고 있다고 여기고 분노감을 느낄 것이나 문학의 작용은 자존감을 잃지 않게 하며, 분노와 수치심을 일으키지 않도록 하면서 이루어진다. 따라서 자기 개념을 수정하여 자기를 더 잘 이해하게 되는 성찰적 경험은 문학을 통해 도모하는 것이 바람직하다고 볼 수 있다.

③ 자기 문제에 대한 진단과 교정적 자기 서사의 구성

공감하는 인물과 그렇지 않은 인물로 도미 아내와 김현을 선택하고 보니 ①나는 사랑하는 사람들 사이에서는 서로가 지켜야 할 책임감도 있고 어떠한 고통이든 이겨낼 수 있는 희생정신을 갖추고 있어야 진정한 사랑이라 말할 수 있다고 생각한 것 같다. 사람을 사랑한다는 것에는 언제나 시련이 닥치기 마련인데 이에 대해 기꺼이 희생하고 이겨내려 노력하지 않는다

12) 윌못(Wilmot)이 분석한 자기 개념의 강화 전략은 다음과 같다. 첫째, 나의 자기 개념을 지지하는 사람들만 선별적으로 접한다. 둘째, 나의 행동이나 타인의 행동을 선별적으로 해석한다. 셋째, 내가 달성하고 싶은 목적을 선별적으로 선택한다(오미영 · 정인숙, 2005, 28면).

면 누군가를 사랑할 자격도 없다고 생각한다. 연애 경험이 없다보니 사랑을 지키기 위한 희생을 만만하게 보고 있는 건지 모르겠지만 오히려 ②내가 사랑을 쉽게 시작하지 못하는 이유가 사랑하는 상황 속에서 받게 될 고통을 이겨내지 못할까봐 미리 겁먹고 있기 때문이란 생각이 든다. (KE)

①(나는) 선덕여왕에게서 여왕으로서의 면모와 여인으로서의 심정을 모두 느낄 수 있었으면서 그녀가 이 둘 지위의 과업을 적절하게 조화했다는 점에서 공감한 반면 낙랑공주는 자신의 사랑도 중요하지만 그녀의 공적(신분적) 위치를 고려하지 못했다는 점에서 공감하지 못했다.

내가 지향하고 있는 삶에 대해서도 생각해보았다. 스스로 '자리에 맞지 않는 행동을 하는 것을 특별히 더 비판하는 경향을 지니고 있는가' 하는 생각도 해보았다. ②나는 내가 진행해야 하는 공공의 일이 있을 경우에 이것저것 완벽을 추구하는 편이다. 특히 여러 사람들이 함께 관련되어 있거나 공식적인 행사일 경우 그에 대한 강박도 큰 편이다. 그에서 후에 하는 반성과 후회도 뼈아프다. 특히 결과에 대한 책임에서 더욱 그렇다. 모두 그 자리에 맞는 역할을 제대로 해내지 못한 내 책임이라고 느끼는 편이다. (PM)

위 글은 명료화된 가치로 인해 자기 삶의 문제를 진단하게 된 사례들이다. KE과 PM의 글에서는 공감과 거리감의 이유를 추론하는 과정에서 자기의 가치를 명료화하게 되는 성찰이 이루어졌다.(①) 그런데 명료화된 가치는 오히려 기준이 너무 높거나(KE의 "진정한 사랑"에 대한 강조), 그 가치의 완전한 충족을 요구하여(PM의 "완벽"에 대한 "강박") 삶의 질곡으로 작용하기도 한다.(②) 이처럼 이 두 사례는 도달하기 힘들거나 충족되지 어려운 가치 목표가 오히려 문제를 일으키는 원인이 되고 있다는 자기 진단이라는 자기성찰의 한 양상을 잘 보여준다.

(도미 부인이) 사실 정절을 지켰다는 것은 중요하지 않다. 정절을 지키는 것은 수많은 열녀가 해온 것이고, 이러한 이야기가 무수히 전해오기도

한다. 슬기롭게 재치를 발휘하여 권력자를 속였다는 그 점이 통쾌하고 속이 시원하다. 거창하게 말하면 권력자이지만, 아주 좁은 의미로는 남자이다. 한때 스스로 남자 혐오증 혹은 기피증이 아닌가 하고 의심한 적이 있었다. 그것의 원인이 무엇인지도 대강은 알고 있지만 이 글에 자세히 쓰고 싶지도 않고, 그 일을 다시 떠올리고 싶지도 않다. 아주 오래된 일이기는 하나 이것이 마음속에 앙금으로 남아 있는지, 왕을 속여야만 하는 상황까지 가게 한 것도 썩 기분 좋은 일은 아니지만, 도미의 부인이 왕을 두 번이나 농락했다는 것은 나의 눈에 들 만한 행동이었다. (LN)

나도 나와는 다른 감정을 가지고 있는 사람을 만난 적이 있었지만 동정과 연민으로 그 사람과 감정을 나누고 친밀한 사이가 될 수는 없는 일이었다. 때문에, 미안하지만 거절의 의사를 밝힌 적이 있는데, 그러나 그 때의 나는 선덕여왕의 행동과 비교해서 그녀가 보여준 인간에 대한 공간과 이해의 넓은 마음에 비해 너무나 나 자신만을 생각한 행동을 했던 것 같다. (…) 꼭 친밀한 사이가 되지는 않더라도 좋은 결말을 지을 수 있었을 텐데 하는 아쉬움이 남는데, 선덕여왕의 행동에서 그러한 모범적 보기를 본 것 같아 공감하게 되었다. (KS)

LN의 경우에는 자기성찰의 글에서도 언급되거나 떠올리기조차 끔찍한 기억을 갖고 있다. 이 과거의 기억은 본인의 말처럼 "마음속에 앙금"으로 남아 있는 상태이다. 도미 부인이 슬기롭게 재치를 발휘하여 권력자(남자)를 속였다는 사실이 통쾌하다는 것은 이전 기억에서 자신이 그러지 못했기 때문이리라. 비록 본인이 그 기억을 떠올리고 싶어하지 않지만 그 기억이 지속되기 때문에 도미 부인의 행동이 눈에 들었다는 사실은 부정할 수 없었다.

서사치료학회의 활동이 텔레비전에 소개되어 필자의 눈길을 끈 적이 있었는데, 그 내용은 대구 지하철 참사를 겪은 당사자나 유기족들의 심리 상담을 하는 것이었다. 상담의 목적은 그 충격적 사건을 잊게 하는 것이 아니라 그것과 함께 살아가게 하는 것이었으며, 상담의 진행은 계속 회피하고 싶은 기억을 떠올려보게 하고 그 기억을 삶의 충격적 에피소드로 삼게 하는 것이 아니라 삶의 서사적 맥락 속에 자리 잡게 하는 것이었다. 강박은 그 원인을 알고서 털어버리는 것이 좋으나 충격적 사건이나 그로 인한 상심(傷心)은 이해하는 것이 필요하다.

LN의 경우, 자기 문제도 알고(남자혐오증, 남자기피증), 그것의 원인도 알고 있다. 본인은 그것을 "다시 떠올리고 싶지" 않아 하지만, 그 원인이 된 사건은 "아주 오래된 일"임에도 "앙금"처럼 남아서 본인을 괴롭히고 있다. 도미 부인을 통해 유사한 상황에 처했을 때 다른 행위의 가능성을 확인하며, 그런 행위에 대해 심정적 쾌("통쾌하고 속이 시원했다")를 느꼈다면 본인이 겪었던 사건을 다른 식으로 재구해볼 수도 있는 '교정적 상상력'(Kekes, 1993)을 작동시킬 준비가 되어 있음을 암시하기도 한다.

KS의 경우는 작중인물의 행위 방식을 과거의 자기 경험에 적용하는 교정적 상상력을 발휘하여 과거의 삶을 서사적으로 재구성해 본 사례이다. 이러한 교정적 상상력은 단지 과거의 삶을 반추하고 거기에 머무는 역할만 하는 것이 아니라 미래의 자기 삶에 대한 서사적 계획을 세우는 것과도 관련된다(Kekes, 1993). 따라서 작중인물을 모델로 한 교정적 상상 활동은 자기변화까지 이끄는 적극적인 자기성찰이라고 할 수 있다.

(3) 강박된 관심에 대한 이해

> 버스를 탔다. 택시 한 대가 무리하게 차선을 바꿔 우리 버스가 휘청한다. 기사 아저씨는 인상을 쓰신다. 나는 조마조마한다. 지금 여기서 창문을 열고 내지르는 한 마디가 싸움을 일으키느냐 마느냐를 결정한다. 중요한 것. 싸움의 계기는 택시의 무리한 차선 변경이 아니라 말 한 마디다. ①살면서 말 한 마디에 웃고 말 한 마디에 후회하는 경우가 종종 있다. 나는, 끊임없이 말하고 끊임없이 말을 들어야 하는 상황에 스트레스를 받는다.

> ②어머니는 항상 말을 예쁘게 할 것을 강조하셨고, (…) '해서는 안 될 말'을 내뱉었을 때의 스트레스만큼 ①'하고 싶은 말'을 아꼈을 때의 스트레스도 컸다. 그릇이 작은 탓일까. ③호녀는 자신을 소홀히 하지 말라는 당부로 혹 생길 뻔한 한을 만들지 않았고, 도미는 안 해도 될 말을 퍼뜨려 화를 자초했다. 그래서 나는 이 두 인물에 크게 반응했는지 모른다. (YJ)

이 학생의 말하는 스타일은 매우 독특하다. YJ는 과묵하나 한번 말을 쏟아내기 시작하면 거침이 없다. 또 이 학생은 여성임에도 꽤 굵고 큰 목소리를 가졌으며 쏟아내는 말의 논조는 주장이 강한 편이다. 위 글을 보면, 이 학생은 문학적 인물에 대해 반응을 할 때에도 '어떤 말을 어떻게 하느냐'에 초점을 두었다.(③) 그리고 일상적인 사태를 해석할 때에도 말을 중요한 포인트로 삼고 있었다. 덧붙여, YJ는 어머니로부터 "말을 예쁘게 할 것"에 대한 지적을 받는다고 하였다.(②) YJ의 말하기 스타일은 우리 사회에서 여성적이라고 분류될 만한 것은 아니기에 아마도 YJ는 자기 말에 대한 다른 사람의 견해를 지속적으로 들어왔을 것이다. (심지어 나도 첫 시간에 출석을 부르면서 YJ의 목소리에 대해서 언급한 적이 있다.) 이로 인해 YJ는 말하기 스타일에 강박적 관심(①)을 갖게 되지 않았을까 추측해 본다.

> 왜 자꾸만 나는 비형랑에게 눈길이 갔을까? 자기 고백적인 말들을 꺼내자면, 복학하고 나서의 나는 예전의 실실대던 나와 비교해서 조금 달라졌다. 까칠해졌다고 해야 하나? 아마도 그 이유는 '고민'이 있기 때문이라고, 그것도 '나'에 대한 고민 때문이라는 생각이 든다. 복학 첫 학기였던 저번 학기에 시작되었던 '무엇을 해야 할까?'로 시작되었던 생각들은 꼬리에 꼬리를 물어 이제는 '나는 대체 어떤 사람인가?'라는 질문을 던지며 한시도 내 머리를 쉬게 두려 하지 않았다. (…) 비형랑의 행동들이 내겐 이리저리 방황하는 성장과정에서의 고민들로, 그리고 이후의 삶의 양상에서 드러나는 자신이 있을 곳, 자아를 찾기 위한 노력들로 다가왔다. (OJ)

02학번인 OJ는 2002년 1학기에도 내 수업을 들었다. 그래서 나는 OJ를 '뽀얀 얼굴에 해맑은 소년'으로 기억한다. 그런데 본인의 표현대로 그는 '달라지고 까칠해졌으며', 이전에는 볼 수 없었던 그의 심각한 얼굴도 종종 엿볼 수 있었다. OJ는 비형랑에 공감하는 자기를 대상적으로 이해하면서 '한시도 머리를 쉬게 두려 하지 꼬리를 무는 질문들'과 '그 질문의 답을 찾아가는 고민'이라는, 현재 자기를 지배하고 있는 강박적인 관심을 글쓰기라는 사유의 정돈 행위를 통해 자신과 타인에게 인지 가능한 형태로 제시하였다.

> 내가 공감을 했던 인물은 지귀였다. 지귀는 선덕여왕을 끔찍이 사랑하는 인물로 등장한다. 이야기에서 가장 마음에 와닿았던 부분은 지귀가 불귀신으로 변하여 모든 것을 태우려 할 때 선덕여왕의 글 한귀에 아무것도 못하고 물러나는 장면이었다. 그 애절한 마음에 나는 동감하고 있었다. 나 또한 사랑하는 사람 앞에서 아무 말도 못하고 물러난 경험이 있었기 때문인 것 같다. (…) / 반면 호녀는 김현과 그의 오라비들을 위해 죽음을 선택하는 인물이다. 이유는 여성이 희생당하는 모습이 너무 전형적이어서 반감이 느껴졌거나 약간의 페미니즘이 더해졌던 것 같다. 하지만 진실된 이유는 내가 그런 비슷한 이유로 이별을 경험했다고 생각된 적이 있었기 때문이다. 이 역시 위의 이유와 같이 경험을 통한 거리감이다. <u>사실 위의 경험과 같은 사건으로 한 이야기에는 공감이, 한 이야기에는 거리감이 생긴 것이다./ 공감을 할 수 있는 길이 여러 개라면 나는 그 중에 한 가지를 이유로 공감을 하고 거리감을 느꼈다.</u> 몹시 사랑했던 사람과의 이별이 이야기에 그런 감정을 느끼도록 한 것이었다. 그 이별의 순간이 시간이 얼마 지나지 않은 경험이어서 더욱 그랬는지도 모르겠다. <u>이별이라는 것은 다른 생각들을 모두 마비시키고 그것에 집중하도록 하기 때문이다.</u> (YE)

YE의 경우에는, 최근에 겪었던 경험으로 인해서, 본인의 말대로 "다른 생각들을 모두 마비시키고 그것에 집중"되어 있는 상태이다. 강박적 관심이 나타난 대부분의 사례는 오직 한 가지 이유로 공감과 거리감 반응을 하였으며, 그 이유에 해당하는 것이 강박의 원인을 제공하는 경우가 많았다. 사람들은 조금씩 특정한 삶의 관심에 강박되어 있지 않은가 생각해 보면, 강박 관념이 병적인 현상은 아니라고 판단된다. 그러나 자신이 현재 어떤 강박적 관심에 구속되어 있는지 문학을 통해 대상화시키고 그 강박 관념에 논리적 질서를 부여하는 글쓰기 활동은 그 자체로 문학치료 활동이 될 수 있다고 판단한다.

(4) 체험 및 감정에 대한 형상적 이해

> 지귀의 마음의 불 역시 인상적이었는데, 겉으로 표현되지 않는 마음의 불이 어떤 것인지 이해할 수 있었기 때문이다. 나는 정열적인 삶, 불꽃 같은 삶과 사랑, 무언가에 삶을 던져 버리는 것, 이런 것들을 동경하지만 마음에서만 그럴 뿐 실제로 그러하지 못한다. 표현된 불보다 마음 속에 억눌려서 타오르는 불이 더욱 뜨겁고 강하다는 생각이 든다. 마음속에 있는, 또 간절히 원하던 것이나 사람을 놓친 뒤에 더욱 뜨겁게 타오르는 정열, 욕망…… 이런 것들을 생각하며 지귀의 불을 이해할 수 있었던 것 같다. (JE)

> 한때 내 마음이 내 마음이 아닌 것마냥 미쳐 날뛰었던 때가 있었다. 그 사람 말 한 마디 손짓 하나에도 온 세상이 꺼졌다 살았다 했다. 그 사람과 같이 있으면 너무 행복해서 그냥 하늘하고 땅하고 딱 붙어버렸으면 좋겠다 싶었다. 행복의 극점은 파괴일까, 에로스의 이면에 타나토스가 결합해 있음을 나는 진심으로 체험했다. 사랑이 다 끝난 후에도 사람 마음이 어떻게 그렇게 되는지 나는 아직도 잘 모르겠다. 다만 그럴 수 있다는 것을 알 뿐이고, 지귀 역시 사람이니 그랬으리라 그 가여운 마음을 짐작할 뿐인 것이다. (KJ)

JE와 KJ는 모두 지귀를 공감 대상으로 선택했으며, 지귀의 '마음의 불'이라는 형상에 초점을 두었다. 조은은 자신의 감정을 마음의 불이라는 형상으로 대상화하여 이해하게 되었으며, KJ는 '생 체험'-'이론적 이해(에로스의 이면에 타나토스가 결합되어 있음)'-'형상적 이해'로 옮겨갔다. 이처럼 감정이나 체험을 형상적으로 이해하게 되는 자기성찰의 작용은 '형상적 인식', '심미적 이성'을 강조하는 문학 고유의 세계 인식 방식에서 연유한다.

3) 몰랐던 자기에 대한 탐구

(1) 자기 안에 있는 부정형의 발견

여기서 말하는 부정형은 정신분석학에서 말하는 '그림자'라고 할 수 있다. 그림자 이론에는 인간에 대한 융의 통찰이 담겨 있는데 이해를 돕기 위해 그 의미를 설명한 내용을 인용해 보도록 한다.

> 거의 해마다 우리는 전에는 몰랐던 어떤 새로운 것이 우리 속에서 모습을 나타내는 것을 본다. 우리는 늘, 이젠 우리의 내면적 발견이 끝났다고 생각한다. 그런데 그렇지가 않은 것이다. 우리는 계속 우리가 이것이라는 것, 우리가 저것이라는 것, 또는 그 밖의 다른 것임을 발견하고 때로는 깜짝 놀랄 만한 경험을 한다. 이것은 바로 언제나 거기에 아직 무의식적인 우리 인격의 한 부분이 있다는 것, 그것은 지금도 이루어지고 있다는 것, 우리는 미완성이라는 것, 우리는 자라고 변화한다는 것을 드러내는 것이다. 그러나 우리가 여러 해를 거쳐 이루게 될 미래의 인격은 이미 그곳에 있다. 다만 그것은 아직 그림자 속에 있을 뿐이다. (Jung, 1977: 346; 이부영, 2006 재인용)

선한 의식이 부정하는 열등한 인격인 '그림자'에 대해서 누구나 두려움을 갖기 마련이다. 이하의 자료는 부정형의 발견이라고 분류될 수 없지만 우리가 '그림자'에 대해 갖는 태도를 잘 보여주기에 인용한다.

나는 급작스러운 변화에 매우 두려움을 느낀다. 천성이 보수적이어서인지는 몰라도 늘 그대로였던 주변 환경의 갑작스러운 변화나, 계획했던 스케줄의 변동, 친구들의 일관되지 못한 행동에 알러지가 있다. 이 세상 모든 것이 시작했을 때와 같은 방식으로 끝까지 이어진다면 정말 행복할지 모른다는 생각을 가진 사람이 바로 나다. 어렸을 때부터 나는 변화에 매우 두려움을 느껴서 옛날에 품었던 장래 희망이 지금까지 이어져오고 있다. (…) 나의 이러한 성향 때문인지 의상에 대한 사랑의 마음을 급작스럽게 종교에 대한 귀의로 승화시킨 선묘의 태도는 매우 거부감이 들었다. '의상을 너무 너무 사랑해서'라는 식의 고차원적인 사랑 방정식을 떠나서 인간 본래의 욕구를 가지고 생각해보자. 외간 남자도 아니고 스님에게 사랑을 느꼈을 정도면 보통 사랑이 아니었을 텐데, 금방 태도를 바꾸고 "스님의 깨달음을 위해 제 몸과 마음을……"이라며 태도를 완전히 바꾼 선묘는 거짓말을 한 것이거나, 정말 독한 여자일 수밖에 없다는 생각이다. 용이 되어 항상 따라다니는 선묘가 의상은 얼마나 무서웠을까(농담이다) (SJ)

SJ가 거리감을 느끼며 경계한 인물은 선묘이다. 그러나 이 글에서 선묘는 특정 인물을 지칭하는 것이 아니라 자기의 변화를 요구하면서 자기 안정성을 훼손하려고 하는 '그림자'에 대한 은유로 읽히기도 한다. '그림자'는 어두운 반려자처럼 끊임없이 자기를 따라다닌다. 불자로서 자기완성을 추구하는 의상에게 용이 되어 따라다니는 선묘처럼 말이다. SJ는 농담이라고 덧붙였지만, 사실은 맨 아래 문장은 그림자에 대한 태도를 잘 보여준다. 사실 우리는 '그림자'가 무섭다.

도미에게 거리감을 느낀 이유는 도미가 내가 싫어하는 특성을 가진 캐릭터였기 때문이다. 도미는 1) 무능력하며 2) 책임감이 없고 3) 수동적이다. ①내 삶의 모토는 '성실과 책임'으로 자신의 일에 성실함과 책임감을 보이지 않는 사람을 싫어한다. 이에 비추어 볼 때 도미는 자신의 아내에 대한 '책임'을 '적극'적으로 이행하지 않는 '무능력'을 보여준 것으로 파악하였다. ②내가 무능력을 싫어하는 이유는 내 스스로가 무능력하다고 여길 때가 가장 참담하게 느껴지기 때문이다. ③꿈에서 나타나는 나의 이상은 여러 외국어를 능통하게 하거나, 무술의 고수가 되거나, 퀴즈 프로그램에서 우승하는 능력을 가진 사람이다. 도미는 내가 절대로 되고 싶지 않은 인간의 유형이다. (CS)

CS의 글을 분석하면 '빛'과 '그림자'라는 정신분석학의 비유가 적실하다는 생각을 갖게 된다. CS의 의식 세계를 지배하는 '빛'은 "여러 외국어에 능통한 사람", "무술의 고수", "퀴즈 프로그램의 우승자" 등 뛰어난 능력을 가진 존재이다.(③) 그리고 그 강한 '빛'으로 인해 더욱 어두워진 '그림자'는 CS가 강한 반감을 드러낸, 무책임하고 불성실하며 무엇보다 무능력한 도미 같은 존재라고 할 수 있다.(①) 그렇지만 CS이 말하고 있듯이(②), 그 '그림자' 또한 자기의 일부이다. CS의 글에서는 '그림자'에 대한 관용이나 전체성 실현의 욕구를 볼 수는 없다. 그러나 자기 '그림자'를 '건져내어' 의식의 표면으로 이끌어내는 자기성찰은 '그림자'의 작용을 부정하는 것보다 자기의 전체적 실현에 한 발 나간 것이라고 평할 만하다.

(2) 부정형과의 공존과 화해

사람은 왠지 자기와 비슷한 사람을 만나면 조금은 이상한 느낌을 받는다. ①선묘는 나와 비슷한 점을 많이 가졌다. 누군가를 위해 자신의 욕망을 조금씩 희생하는 것, 남에게 맞춰주려 노력하고 그 사람을 위해 내가 조금 더 고생하는 것, 내가 하기 싫어도 웃으며 부탁을 들어주는 것, 고치고 싶어도 고쳐지지 않는 나의 고질병 중의 하나이다. 싫어도 싫다고 말을 못한다. 그냥 속으로 꾹 참고 웃으면서 해 주면 몸은 힘들어도 마음이 편하니까 말이다. 선묘는 처음부터 끝까지 의상을 위해 희생만 한다. 그 모습은 어쩌면 나의 모습과도 비슷했고, 나보다는 훨씬 더 희생적인 모습이었다. 그렇게 누군가를 위해서 내가 없어지는 것은 싫다. 어쩌면 나는 선묘의 그 바보 같은 사랑과 희생을 닮아갈까 봐 일부러 거리감을 두려 한 것 같다. (…) 정말 나와 비슷하게 사는 사람을 보면 사소한 단점들이 내 눈에 들어온다. 그리고 그렇게 하는 나 자신에 대해 화가 나기도 한다. 조금 더 나 자신을 사랑해야 하는데, 있는 모습 그대로 받아들여야 하는데, 나와 비슷한 사람을 보면 썩 기분이 좋지 않으니, 아직 멀었나 보다. (LJ)

LJ는 CS에 비해 자기 '그림자'를 자신의 일부로 이해하는 인식적 단계를 보여준다. 선묘가 싫은 이유가 자기 그림자의 투사임을 인정하기 때문이다.(①) 그림자와 그 투사 작용을 이해하게 되면, 끝없는 반감을 가지는 타인에 대한 포용력이 생기고 '그림자'를 갖고 있는 자기에 대한 관용적 이해가 가능해진다. 그래서 LJ은 "조금 더 나 자신을 사랑하고 있는 모습 그대로 받아들이려는" 의식으로 그림자를 통합하려는 노력을 하려 하였다. 물론 그것은 결코 쉬운 일은 아닐 것이나.

공감이 가지 않는 인물로 사륜왕을 골랐던 건 성행위에 지나치게 집착하는 모습 때문이었다. 사륜왕을 긍정적으로 해석한 사람도 있었는데 어떻게 보면 그럴 수도 있겠다는 생각이 들면서도, 드러난 행동을 보았을 때는 분명히 죽어서까지 나타나서 성행위를 요구하는 모습이 지나친 욕망의 표출이라는 생각이 들었다. 과연 인간은 그런 존재인가?

그런데 또 생각을 해 보니 어쩌면 내가 사륜왕을 공감이 가지 않는 인물로 해석했던 건 내 속에도 있는 동물적 본능을 부정하기 위한 기제가 작용해서 그런 면이 부각된 인물을 부정하게 된 것은 아닐까? (…)

이상의 분석을 살펴보면 솔직하게 어쩌면 나란 사람은 겉으로는 순수하고 고상한 사랑에 공감하면서도 내면에는 누구나 가질 법한 욕망을 가지고 있으면서 겉으로 잘 드러내지 않는 사람이라는 생각이 든다. 속으로 욕망을 가지고 있으면 변태라고 하던데, 변태가 되지 않으려면 가끔 솔직해질 필요가 있겠다. (KD)

KD는 반감이 드는 인물인 사륜왕을 통해 자신의 '그림자'를 이해하게 되었다. 우리 마음속의 어두운 반려자인 '그림자'는 자기의 일부이자 전체로서 자기를 실현하고 자기 발전을 이루게 하기도 한다. "어둠의 바다를 통과한 태양만이 아침의 바다 위에 떠오르는 일출의 환희와 구원을 주는 존재가 되는 것처럼"(이부영, 2006: 211) 의식의 영역에 '그림자'를 끌어안고 '그림자'와 정신적 대극(對極)의 긴장을 형성함으로써 인간은 자기발전을 이루게 된다. KD가 갖고 있던 집요한 성적 충동은 사륜왕에게 투사되었으며, 이 투사 행위에 대한 성찰을 통해 KD는 자신의 욕망을 의식적 차원에서 이해하기 시작하였다. '그림자'가 의식화된 것이다. KD는 이에 더 나아가 자기의 완전성이 아니라 원만성('욕망에 솔직해지기')을 추구하는 삶의 전략을 취하고 있다.

5. 결론

이 연구에서 다루려했던 주제는 '연구자가 제안한 자기성찰의 글쓰기 방법은 과연 자기성찰을 유도하는가?', '자기성찰이 이루어졌다면 그것은 어떤 방식으로 행해졌는가?', '실행 연구에 대한 이해와 연구에 참여한 경험이 교육자로서 자기 형성에 도움이 되는가?' 등이다. 위 연구주제 중, 첫째 주제는 둘째 주제의 전제이다. 둘째 주제를 이 연구의 주요 과제로 삼아 그 결과를 분석하는 것으로 첫째 주제에 대한 탐구를 심화하였다. 그리고 셋째 주제는 연구의 진행과 분석 결과를 참여자들과 공유한 상태에서 참여자들을 대상으로 설문 조사를 진행하는 것으로 연구 방향을 설정하였다.

먼저, 첫째, 둘째 주제와 관련해, 이 연구는 문학을 통한 자기성찰의 교육방법으로서 공감과 거리감의 반응지 쓰기와 자기 반응에 대한 메타 반응지 쓰기를 실행하였다. 그리고 문학을 통한 자기성찰의 수행이 집약적으로 나타난 메타반응지를 분류하고 해석하면서 문학의 자기성찰적 작용을 이해하고자 하였다. 메타반응지는 자기성찰이 이루어지는 다양한 방식을 보여주었다. 첫째 유형은 이미 알고 있는 자기의 재확인이다. 여기에는 자신의 체험에 조회하여 기존의 자기를 재생산하거나 가치의식을 강화하는 하위 유형이 있다. 둘째 유형은 자기에 대한 앎이 증진되는 것이다. 이 유형에는 지각 방식과 관점의 이해, 가치 명료화, 강박된 관심에 대한 이해 등의 자기 성찰 방식이 속한다. 마지막으로, 몰랐던 자기 탐구라는 셋째 유형 분류에는 부정형의 발견과 공존이라는 자기성찰의 양상이 기술될 수 있었다.

그리고 이 연구는 4장까지 기술된 연구 내용을 학회에서 발표하고 연구 참여자들에게 읽힌 과정을 거쳐 이 연구의 문제점과 개선 방향을 논의하는 것으로 결론의 주요 내용을 삼으려 하였다. 먼저 간단한 설문 조사 결과를 소개하겠다. 설문 조사는 기말고사 답안지와 함께 제출하게 하였다.

1. 실행 연구에 참여해 본 경험이 교사로서 자기 형성에 도움이 되는가?
그렇지 않다(1) / 별로 그렇지 않다(9) / 그렇다(19) / 매우 그렇다(6) (총 35명)
2. 연구의 진행과 분석의 결과가 설득력을 가지는가?
그렇지 않다(0) / 별로 그렇지 않다(3) / 그렇다(31) / 매우 그렇다(1) (총 35명)
3. 본인의 자기성찰 방식이 분류될 수 있는 항목이 있는가?
있다.(34) / 없다(1) (총 35명)
4-1. 이 연구가 성공적이라고 생각하는가?
그렇지 않다(0) / 별로 그렇지 않다(4) / 그렇다(31) / 매우 그렇다(0) (총 35명)
4-2. 4-1에 대한 이유를 밝히시오.

'고전산문교육론'이라는 강좌에서는 실행 연구를 전면적으로 내세우며 한 학기 동안 관심을 가져야 할 지속적인 교육내용으로 구성할 수 없었다. 실행 연구와 관련해서는 단 2강좌에서 부분적으로 언급했으며, 2차례의 과제를 내주었다. 이러한 경험을 바탕으로 수강생들에게 '실행 연구에 참여한 경험이 교사로서 자기 형성에 도움'이 될 것을 요구하는 것은 무리이다. 그럼에도 70% 정도의 수강생들이 실행 연구에 관심을 가지고 교사로서 자기 형성에 도움이 되었다고 하는 반응은 기대 이상이다. 앞으로 다른 강좌에서도 교육 연구방법론으로서 질적 연구가 진행된다면 교사 교육에 있어서 실행 연구의 가치가 재고될 것으로 보인다.

그리고 최대한 모든 자료가 속할 수 있도록 분석의 틀을 만들려는 노력은 비교적 성공적이었다고 판단된다. 3의 설문 결과, 97%의 참여자가 자신의 자기성찰 방식이 분류될 수 있는 항목이 있다고 답하였다.13) 한편, 연구의 진행과 분석의 결과가 참여자들에게 설득력을 갖는 정도나 이 연구를 성공적이라고 평가하는 정도는 각각 91%, 88%였으며, 이 두 설문 항목의 상관성은 매우 높았다.14) 즉, 참여자들은 연구의 진행과 분석 결과의 설득력을 바탕으로 연구의 성공 여부를 판단하고 있었다. 이는 질적 연구의 가능성을 제시하는 유의미한 지표라고 생각된다. 왜냐하면, 질적 연구의 타당성 여부는 연구 진행과 결과 기술의 설득력을 통해 확보될 수 있음을 보여주기 때문이다.

또한, 연구 참여자들이 이 연구가 그리 성공적이지 못했다고 평가하는 이유들도 이 연구의 문제점을 잘 드러내주어 연구의 개선 방향 설정에 큰 도움을 주었다.

> 사실 이 연구가 '국어교육적' 연구라면 성공적 연구라고 생각하지만 중등교육에서의 '국어과교육적' 연구라면 중등학교 학습자와 성인학습자의 차이를 고려하지 않은, 교육방법 연구라고 생각된다. 학습자가 자기 개념을 알게될 때 그것은 반드시 긍정적인 영향을 가져올 것인가? 모든 학습자가 자기의 상처와 강박관념을 모두 직시하고 감당할 만큼 강인할 것인가?

---

13) 한편, 연구자는 분석이 지나치게 정신분석학에 의존하지 않았는지 반성하였다. 비록 참여자들에게 설득력이 있다고 받아들여지더라도 연구 관점이 제한된 것은 큰 문제라고 파악된다.

14) 2와 4-1의 물음에 같은 답을 체크한 학생의 수는 33명으로 2와 4-1이 연동되는 성격이 있음을 잘 보여주었다.

이 방법은 학습자를 강인하게 키우는 것이 아니라 이미 강인한 학습자를 전제하고 있다는 생각이 들어서 이런 의문이 제기된다.

위와 같은 문제점은 학회에서도 지적된 것으로서, 연구자에게 '이 연구에서 말하는 자기성찰이 과연 자기형성의 과정 중에 있는 청소년기 학습자에게 유용한 것인가?'라는 문제의식을 생성하게 하였다. 개인적 경험상, 자기성찰에 대한 관심은 자기 형성의 과정 중에 있는 청소년기보다는 성인기에 더 커진다고 할 수 있다.[15] 그렇지만 청소년기 학습자라 하더라도 자기를 형성, 탐구, 재구성하는 자기성찰의 과정 자체는 성인과 별반 다르지 않다고 여겨진다. 다만, 그 과정이 매우 빠르게 진행될 뿐이지 자기성찰 없이 사회화되는 성장만이 이루어지는 것은 아니다. 그러나 청소년기 학습자, 예비 교사, 성인 학습자라는 대상의 차이를 전제하고 그 특성을 밝히는 것은 연구의 타당성과 신뢰성을 높이기 위해 반드시 보완해야 할 사항이라고 판단된다.

또한 자기성찰 작용에 대한 탐구가 글(과제)로 쓴 자료만으로 행해지는 것이 위험하다는 지적도 있었다. 한 영민한 참여자는, "이 연구를 왜 하는지 알고 참여해서 나도 모르게 짜맞춰서 쓴 의식적 반응으로 글을 구성했다."는 지적을 하기도 하였다. 한편, 글 자체의 한계와 관련하여, "글로써 밝혀낸 사실은 제한적"이라면서 "시간이 걸리더라도 개별 면담 등"을 통해 자기성찰 작용을 이해해야 한다는 제안이 있었다. 전자의 지적은 연구 대상이면서 연구의 참여자이기도 한 학생의 지위를 다시 생

15) 이론적으로도 그러하다. 다음과 같은 이부영(2005: 100)의 설명을 참조할 수 있다. "중년에 이르러–35세 전후–그 동안 철저히 내버려둔 내면세계와의 관계를 다시 맺어야 할 필요를 갖게 된다. 자기실현은 청소년의 과제가 아니라 중년 이후의 과제라고 하는 이유가 여기에 있다. 청소년기와 초기 성인기에는 삶 속으로 나아가야 한다. 청소년기 신경증은 대개 삶을 두려워하고 삶에서 후퇴하는 데서 생기므로 이들의 치료는 다시 삶 속으로 나아가게 하는 것을 돕는 일이다. 반대로 중년 이후의 신경증은 너무 많은 시간을 바깥생활 속으로 나가 있어 본래의 자기를 망각한 데서 발생하기 때문에 이들에게는 내면을 보고 자기를 찾는 개성화의 작업이 바로 치료의 원칙"이 된다.

각해 보게 한다. 교육자로서 연구자와 학생들은 '연구 참여자'라는 공동의 지위를 갖기는 하여도 다른 방식으로 연구에 참여한다. 이는 실행 연구의 민주성과 관련된 문제를 제기하는데, 앞으로의 실행 연구에서는 이 부분에 대한 보다 철저한 사전 계획을 바탕으로 연구 참여자들의 역할 분담을 고민해야 할 것이라는 과제를 안겨주었다.

후자의 지적은 학회의 지정 토론자도 제기한 문제로서, 연구자는 이를 글이라는 매체와 평가의 대상이 되는 과제의 형식으로 제출하게 한 교육적 소통의 맥락에서 어쩔 수 없이 갖게 된 한계라고 생각한다.

> 토론자는 이 연구에 참여한 학생들의 상황과 여러 가지 수업 현장을 고려해 보았을 때, '자기성찰'의 글쓰기가 얼마나 순수한 상태에서 나온 것일까라는 의문이 들었다. 그러니까 학생들은 모두 교사가 되기 위한 과정을 밟고 있으며, 자신들이 경험한 작품 감상이나 글쓰기가 어떤 특정한 목적을 위해 이루어지고 있다는 것을 숙지하고 있는 상태이다. 그러한 상황 속에서 학생들이 실제 자신이 쓰고 싶은 것을 충분히 쓰지 못하거나, 왜곡을 할 수도 있겠다라는 생각이 들었다. 또는 이미 어느 정도 문학교육을 받은 경험이 있다라는 것을 전제 한다면, 자신이 쓰고 싶은 이야기보다는 다른 사람들이 읽었을 때 수긍할만한 이야기를 쓰는 것에 더 집중할 수도 있는 것이다. (나지영, 문학치료학회 토론문)

위 글에서 토론자는 이미 연구의 목적을 알고 있는 참여자들이 공적으로 자기를 내보이는 의식적 활동인 글쓰기를 통해 얼마나 '순수한' 자기성찰이 가능한지에 대한 회의를 드러내고 있다. 연구자가 비록 인물에 대한 공감과 거리감이라는 비교적 즉각적인 호오감의 반응을 조사하여 의식적인 개입을 줄이려고 했으나, 학생들은 글을 쓰면서 '뭔가 독창적인 것'을 글의 주제로 삼아야 한다고 생각하여 자신의 반응보다는 남들이 안 할 것 같은 반응을 기술했으며, '평가에 대한 염려' 때문에 공적인 기준에 자기 반응을 맞추려고 애를 쓰기도 하였다. 이런 점은 이 연구의 결정적인 문제라고 판단된다. 그러나 이는 글이라는 매체와 교육 상황이라는 환경이 갖는 한계이기도 하다. 이로 인해 이 문제는 쉽게 해결될 수 없는 것이다.[16)]

이 연구를 진행하면서, 연구자는 '내가 왜 질적 연구를 하고자 했을까?'라고 몇 번이나 자문했다. 질적 연구는 연구 수행도 어렵거니와 그 결과를 기술하는 것도 힘들었다. 그리고 무엇보다 문제인 것은 연구 결과에 대해 만족스러운 자기 확신을 가질 수도 없다는 점이다. 그러나 이 연구가 연구자에게 위안을 주는 바는, 연구자가 평가하기에 이전 연구보다는 방법론에 대한 인식을 명확히 하게 되었으며, 앞으로 질적 연구를 수행하는 데 필요한 실천적 지식을 많이 갖게 되었다는 것이다. 이 글을 학회지에 발표한 후 얻게 되는 독자의 격려와 질정을 바탕으로 진행될 후속 연구는 보다 타당성과 신뢰성 면에서 높은 평가를 받는 연구가 되기를 감히 바라는 바이다.

16) 그렇지만 토론자는 이에 대한 대안으로서 "작품을 창작하게" 할 것을 제안하기도 하였다. 개작이나 창작 활동은 자기가 상당 부분 투여되면서도 미적 생산물에 대한 관심으로 의식적인 자기 개입이 어느 정도 통제되는 활동이다. 이를 성찰의 대상으로 삼게 한다면, 위의 문제는 상당 부분 해결될 수 있을 것으로 전망된다.

Ⅳ. 서사의 주제론

서사텍스트의 주제 진술 방식 연구

1. 서론

흔히 쓰는 교육 용어임에도 불구하고, 개념이 불확실하거나 전문가 집단 사이에 쉽사리 합의를 보지 못하고 있는 것 중에 하나가 바로 '주제(theme)'이다. 읽기교육에서는 주제에 대해 심도 깊은 논의를 펼친 바 있지만(서혁, 1996a, 1996b), 문학교육에서 주제의 개념을 정리하고, 주제 구성의 방법을 논한 연구들은 비교적 한산하다.[1] 그 까닭은 문학교육이, 다층적 의미망을 지니고 형식과 내용을 나눌 수 없는 담론인 문학을 대상으로 하며, 문학 텍스트와 수용자간의 대화를 통한 의미 구성을 강조

1) 문학교육에서 본격적으로 주제에 대해 논한 연구물들은 적지만 그 가운데 김태기(1991)과 임경순(2003)을 주목할 수 있다. 두 연구 공히 작가를 의미의 기원으로 여기는 주제 찾기를 비판하며, 독자로 하여금 주제를 구성할 수 있게 하는 읽기 방법을 제안하였다. 김태기는 읽는 이의 느낌을 위주로 하는 '느끼며 읽기'와 전체 의미에 대한 가설을 세우고, 그것을 하향 적용하며 다시 전체 의미를 살피는 방식을 포함하는 '따지며 읽기'를 교육 방법으로 구안하였다(김태기, 1991, 14~37면). 임경순은 소설의 구조적 특성과 담론 차원으로부터 주제를 구성하는 방법을 논하였는데, 그 방법은 '1) 담론의 주체를 찾는다. 2) 담론 주체들의 행위와 동기를 파악한다. 3) 담론 주체들의 대립관계를 파악한다. 4) 어떤 세계의 이야기인가를 안다' 등이다(임경순, 2003, 160~174면).

하는 데 있다. 그래서 어쩌면 문학의 주제를 다룬다는 것 자체가 문학과 문학 수용의 속성을 이해하지 못하는 '비문학적인' 발상이라고 여겨질 수 있다.

그러나 문학교육과 관련된 고급의 학술 담론은 정교한 해석적 절차를 구안하고, 문학을 매개로 한 가치와 이념의 소통을 꿈꾸는데, 정작 학습자들은 문학 작품의 주제를 자습서에서 외우거나 교사가 정리해 준 주제를 그대로 옮겨 쓰기에 바쁘다. 텍스트의 중심 내용조차 스스로 진술하지 못하는 학습자는 복잡미묘한 의미를 탐구하기 위해 해석적 절차를 따를 동기도 갖지 못할 뿐더러, 텍스트와 상징적 교섭을 하여 자기를 확장하거나, 텍스트를 매개로 다른 사람들과 나눌 공동의 화제도 찾기 힘들 것임은 쉽게 예상할 수 있다. 이 연구는 이처럼 고차원적인 문학교육 연구 담론과 스스로 주제를 생각해 보려하지 않는 학습자 사이의 거리에 대한 문제의식으로 수행되었다.

본 연구에서 다루고자 하는 것은 주제 진술 방식이다. 주제 진술은 크게 '주제 구성'2)의 일부가 될 수 있지만 주제 구성 전체를 포괄하지 못한다는 제한점이 있다. 그러나 교육내용으로서 주제를 다룰 때에도 논자마다, 교재마다 다른 의미의 주제를 쓰고 있는 상황에서 단일한 주제 구성 방법을 논하는 것은 자칫 혼란을 가중시킬 뿐이라 여겨진다. 그리고 주제 구성 방법이 아무리 정밀하게 구안된다 할지라도 학습자들이 구성한 주제를 어떻게 진술해야 하는가는 또 다른 문제이다. 김태기(1991)가 제안한 바대로 느끼고 읽고 따지고 읽는다고 하더라도, 임경순(2003)이 제시한 바를 따라 담론 주체 찾는 데에서부터 시작하여 최종적으로 '어떤 세계의 이야기인지 안다.'고 하더라도, 그 결과 무엇이 주제이며 그것

2) 주제와 인접하여 쓰이는 용어는 발견, 도출, 파악, 구성 등이 있다. 발견과 도출은 텍스트 내에 확고한 작가 의식이나 객관적 주제가 존재한다는 전제를 바탕으로 쓰이며, 파악은 학습자의 인지적 정보 처리 과정에 방점을 둔 용어이다. 구성은 의미 생산자로서 학습자의 상을 염두에 둔 것으로서 "주제를 표현해내는 것까지 포함"(서혁, 1996b, 107면)한다. 본고에서 말하는 주제 진술은 주제의 표현과 관련된 것이기에 주제 구성이라는 용어가 적합하다고 판단된다.

은 어떤 식으로 진술될 수 있는지는 여전히 모호하다. 따라서 본고에서는 기존의 주제 논의를 포괄하는 틀을 만들고 각 틀에 해당하는 주제를 진술하는 방식을 제안하고자 한다. 본고는 이와 같은 연구 목표 아래, 다음과 같은 몇 가지 사항들을 논점으로 삼으려 한다 .

첫째, 이 연구에서는 '진정한 주제는 이것이다.'라고 선언하기보다는 기존의 주제에 대한 논의를 정돈할 틀을 만드는 데 관심이 있다. 이는 궁극적으로 해석의 갈등을 포함하는 문학을 매개로 한 의사소통을 위해서이다. <구운몽>을 자아의 이중성을 주제로 하는 소설이라고 진술하는 경우와 아기자기한 애정의 즐거움이라고 주제화한 경우, 인생무상이라는 불교의 가르침을 깨닫게 한다고 자기화한 경우가 있다고 하자. 이들 주제들이 소통되기 위해서는 적어도 발화자가 주제라고 생각하는 관념이 무엇인지가 드러나야 하며, 다른 사람의 주제 진술이 주제에 대한 어떤 관념에 터하고 있는지 알아야 할 것이다. 모티프를 주제라고 생각하며 자아의 이중성을 말하는데 그것은 환몽 구조라는 형식적 특성을 고려하지 않는 매우 일반화된 주제화라는 비판을 할 수 없으며, 독자에게 인생무상이라는 깨달음을 주었다는데 굳이 그것을 두고 전체 서사에서 많은 비중을 차지하고 있는 애정의 즐거움을 간과한 오독의 결과라고 나무랄 수도 없는 노릇이다. 이렇게 서로 다른 개념에 근거하여 구성한 주제가 소통되기 위해서는 어떤 종류의 주제인지 구별하고 밝히는 규칙이 필요하다.

둘째, 학습자의 해석이 갖는 권위와 자유를 인정하되, 서사의 양식성에 기초한 주제 구성이 될 수 있도록 하는 방법에 대해 논하겠다. 문학 텍스트의 주제 해석에서 수용자의 자유를 어느 정도까지 인정해야 하느냐 하는 것은 논란거리 중 하나이다. 『해석이란 무엇인가 *Interpretation and Overinterpretation*』라는 제목으로 동시대 석학들의 해석 논쟁을 엮어낸 책을 보면, 가장 큰 논쟁 사안이 수용자의 자유에 있음을 확인할 수 있다.3)

3) 독자에게 무한정하고 무절제한 읽기를 허용하는 데 대해서 불편한 심기를 가진 에코는 '작품의 의도(intentio operis)'라는 개념으로 독자의 의도에 제약을 가하는 '초

교육적 관점에서 볼 때, 학습자에게 무제한의 자유로운 텍스트 이용(use) 권한을 준다는 것에 대해서는 이미 많은 우려가 있었다. 본고 역시 이에 공감하지만, 이 문제는 '얼마나 큰 수용의 자유인가?'가 아니라, '어떤 단계나 절차에서의 자유인가?'라는 접근법을 취하는 게 바람직하다고 판단한다. 이에 따라 본고는 주제 구성의 절차를 구획하고 그에 따른 주관적 의미화의 영역을 드러내도록 하겠다. 특히 이 과정에서 재현 예술로서 서사가 갖는 특성이 주제 구성에 반영될 수 있도록 하는 절차를 포함시키도록 하겠다.

셋째, 개별 수용자가 구성한 주제의 소통 가능성을 높이기 위해 주제 진술의 방식을 제안하겠다. 앞서 강조한 바와 같이, 생산적인 해석의 갈등을 빚기 위해서라도 수용자가 구성한 주제는 소통되어야 할 것이다. 이를 위해 가장 필요한 것은 해석공동체가 주제 진술의 형식을 공유하는 일이라고 판단하기에 주제 진술의 통사적 형태를 구안하려 한다. <춘향전>의 주제는 '신분이나 지위가 다른 남녀의 애정' 또는 '신분 질서에 대한 저항', '인간성 해방' 등으로 진술할 수도 있고, '진정한 애정은 신분이나 지위를 넘어 선다', '남녀의 자연스러운 애정을 제약하는 신분질서는 타파되어야 한다.', '개성과 인간성을 억압하는 사회 질서는 변화되어야 한다.' 등 통사적 구조와 추상도가 다양한 형태로 진술될 수 있다. 본고의 관심은 독자에 의해 구성된 주제 중 어느 것이 더 올바른 것인가 하는 데에 있는 것이 아니라 적어도 내가 구성한 주제와 다른 사람이 구성한 주제를 비교해 보고 그 차이가 어디에서 발생하느냐는 알 수 있게

해석'을 탐색하는데 비하여, 로티는 '텍스트의 본질(What the text is really like)'를 찾으려는 기호학적인 연구를 비판하며, 우리 자신의 목적을 위해 텍스트를 이용(use)하는 것이 우리가 할 수 있는 전부라고 주장하였다. 이에 대해 컬러는 텍스트가 작용하는 방식에 대한 이론적 성찰의 중요성을 강조하면서, 텍스트를 이용하고 텍스트 의미의 구조에 대해서는 그다지 유념할 필요가 없다는 로티의 권고를 받아들이려 하지 않았다(Eco 외, 손유택 역, 1997). 이처럼 의미의 기원으로서 작가가 못미더운 존재로 판명된 현재, 독자가 가진 해석의 권한의 문제가 해석의 주요 관심사가 되고 있다.

해주는 데 있다. 이를 위해 필요한 것은 진술 방식을 어느 정도 규격화하는 일이라고 생각하기에 이를 본고의 논점으로 포함하도록 하겠다.

2. 주제 개념의 혼란상

주제에 대해 탐구하기 위한 최초의 질문은 '주제란 무엇인가?'이다. 그러나 '~은 무엇인가' 라는 질문은 ~에 대한 심오한 본질, 절대적 진리가 있다는 가정 하에 행할 수 있는 것으로서 그러한 질문 자체가 무모한 것일 수 있다. 그래서 질문을 바꾸어, '사람들은 주제를 무엇이라고 생각하는가?'로 정하였다. 그럴 때, 가장 먼저 참조할 수 있는 것은 사전이다. 『표준국어대사전』에서는 주제를 다음과 같이 정의내리고 있다.

① 대화나 연구 따위에서 중심이 되는 문제.
② 예술 작품에서 지은이가 나타내고자 하는 기본적인 사상.
③ 주된 제목.
④ 〖음악〗 하나의 악곡을 이루는 중심 악상.

그렇지만 위와 같은 사전적 설명은 '제재' 또는 '화제'와 혼동을 일으킬 수 있다. 사전에서는 제재를 '예술 작품이나 학술 연구의 바탕이 되는 재료'라고 설명한다. 연구에서 중심이 되는 문제가 주제인데, 그것은 다시 연구의 재료가 되는 것이 아닌가? 또, 예술 작품에서 지은이가 나타내고자 하는 사상이 주제인데, 도스토예프스키의 <카라마조프의 형제들>과 같은 관념적 소설은 현실에 존재하는 사상을 제재로 취하여 탐구하지는 않는가? 한 발 양보하여, 주제는 좀더 추상적인 것이고 제재는 의미로 구성되기 이전의 날재료로 현실에 존재하거나 혹은 재현하고 있는 가상 세계에 속하는 것이라고 해도 여전히 의문은 남는다. 이를테면, <춘향전>에서 다루는 제재가 '몽룡과 춘향의 애정'인데, 주제도 '남녀간의 애정'인가? 이처럼 우리가 알고 있는 '주제'라는 통념은 실상 그리 정밀하지도 실제적이지도 않다.

보다 전문적인 식견과 설명력을 갖춘 국어교육학 사전을 보더라도 주제에 대한 정확한 개념을 갖게 되기는 어렵다. 국어교육학 사전에서 주제는 글의 중심적인 내용이나 중심 생각 또는 작가가 표현하고자 하는 의도나 세계관의 반영체, 작품에 반영된 중심 사상이라고 정의된다. 그리고 이러한 정의는 다시, 글의 내용을 통합하는 중심 의미이며, 전체 글의 함의 혹은 그 글이 설명하는 세상이나 삶에 대한 일반화라고 풀이된다. 주제에 대한 개념 정리로는 다소 느슨하다고 할 수 있는데, 이렇게 설명할 수밖에 없는 저간의 사정은 충분히 이해된다. 주제가 존재한다고 여겨져 왔던 작가의 의도나 세계관에서부터 의미 구조로 짜여진 텍스트 영역을 포괄해야 하며, 주제의 추상도나 일반화 수준도 다양함을 인정하기 때문이다. 그래서 작가의 의도에서부터 세계관의 반영체에 이르기까지, 글의 함의에서부터 세상이나 삶에 대한 일반화라는 데에까지 주제에 대해 포괄적으로 진술한 것이다.

한편, 문학 연구 분야에서는 '주제학' 영역을 설정하여 문학의 주제를 집중적으로 다루고 있는데, 여기서 말하는 주제는 주로 모티프를 말한다. 그러나 주제로서 모티프는 유형, 우화(fabula), 신화, 민담 등과 동의어로 취급되고 있어, 트루송(R. Trousson)은 주제 연구는 "바벨탑에 버금가는 혼란이 지배하고"(Trousson, 최현무 역, 29) 있다고 지적한 바 있다. 모티프의 정의를 살펴보자면, 모티프는 '구전설화가 전승될 수 있도록 하는 어떤 힘을 가진 설화의 가장 작은 구성요소로서 특이하면서도 뚜렷한 특징을 지닌 것'(Thompson, 윤승준, 최광식 역, 1992: 508), "전통 안에서 소재상으로 분리되어 유지될 힘을 가진 문학의 가장 작은 상황적인 기본 요소"(Pollmann, Lüthi, 이민수 역, 56 재인용), "다양한 전개의 가능성을 내포한 줄거리의 시작을 익명의 인물과 주어진 사실로 지시한 것"으로서 하나의 작은 질료적 단위, 하나의 내용 요소이며, 전체 플롯, 한편의 이야기를 지칭하는 것이 아니라 하나의 상황적 요소의 표현으로서 사회적 심리적 긴장감을 갖고 있는 인상적인 것(Frenzel, 이민수 역, 1992) 등으로 정의된다. 모티프에 대한 정의에서 공통으로 중시하는 것은 1) 공동체에서의 전승성(톰슨과 폴만) 2) 특이성(톰슨, 프렌첼) 3) 전체 서사와 분리 가능성(톰슨, 폴만, 프렌첼) 등이다.

이를테면, '이중적 자아[Doppleganger]'와 같이 문화 공통체에서 전승되고, 무언가 문제를 야기할 만한 긴장성을 갖고 있는 특이한 것으로서 전체 서사의 한 부분을 이루는 이야기거리가 곧 모티프에 해당한다. 이 모티프를 가진 작품의 예로, 꿈속에서 또 다른 자아를 실현하는 <조신설화>나 <구운몽> 등의 환몽구조를 가진 서사물을 비롯하여, 전승되는 파우스트 박사 이야기를 집대성한 괴테의 <파우스트>, 출판된 지 100년도 훌쩍 지났으나 여전히 대중적인 인기를 배경으로 뮤지컬, 영화, 패러디물 등으로 서사화되는 <지킬 박사와 하이드>(스티븐슨, 1886) 등이 있다. 그리고 이 모티프는 매체 환경을 달리해서 <베로니카의 이중생활(La Double Vie de Veronique)>(Kieslowski, 1991), <도플갱어>(구로자와 기요시, 2003), <헐크>(이안, 2003)까지 이어진다. 주제학에서는 시공간에 구애받지 않고 되풀이되는 모티프들을 씨줄과 날줄로 엮는 것을 최종적인 목표로 삼고 있으며, 이를 위한 기초 작업으로서 모티프의 색인화, 주제학 사전 편찬 등을 당면 과제로 삼는다.

그렇지만 모티프를 주제로 삼는다는 생각은 일반 독자에게 생소할 뿐이다. 개별 텍스트의 주된 의미 내용을 주제로 여기는 평범한 독자가 <구운몽>과 <헐크>가 같은 주제를 갖는다는 사실을 받아들이기란 어렵기 때문이다. 국어교육에서 주제는 일반적으로 '중심 내용 혹은 중심 생각'으로 정의되며(서혁, 1996b: 110~111), 문예학에서도 주제학 분야를 벗어나면, 텍스트의 의미 내용과 관련되는 주제에 대한 논의가 행해진다. 특히 문학이라는 담론의 속성에 착목한 주제 논의들은 주제를 문학의 기법이나 형식, 의미 작용(semiosis)을 행하는 담론의 특성과 밀접한 것, 나아가 분리될 수 없는 것으로 취급한다. 그래서 1925년 「테마론」이라는 선구적 저작을 낸 토마셰프스키는 개별적 요소들을 응집성 있게 엮어내는 '구조'를 주제로 파악했으며(B. Tomashevsky, 문학과사회연구소 편, 1984), 나아가 쇼러(M. Schorer)는 기법이 주제적 내용을 전달하는 장치가 아니라 그 자체가 소설의 본질이며, 주제를 발견·탐구·개발하는 유일한 수단, 의미를 전달하는 유일한 수단, 마침내는 소설을 평가하는 유일한 수단으로 보았다(Schorer, 1967: 66). 그렇지만 아무리 구조나 기법, 문체 등의 형식적인 요소를 주제적인 의미 내용의 일부로 파악하는 과정을 거친다고 하더라도 주제 자체는 의미와 관련된 것이다. 그래서 텍스트의 의미 내용에 속한 표면적 주제, 이면적 주제가 있으며(서혁, 조동일), 독자의 주제 구성 활동에 따라 텍스트가 말하는 바로서 독자가 경청해야 할 주제, 텍스트와의 의미 교섭 결과 독자에게 적용된 주제(Gadamer), 독자가 자유롭게 사용(use)한 주제(Rorty) 등 다양한 '주제들'이 있다.

이처럼 이론마다 논자마다 달리 설정된 주제를 교육 내용으로 확정하는 것은 쉽지 않은 일이다. 본고와 같이 주제를 '주제'로 삼는 글쓰기뿐만 아니라, 교수·학습이 이루어지는 현장에서 교사들은 무엇을 주제로 설명할 것인가, 주제를 구성하는 원리에 대해 어떤 이론을 적용할 것인가, 그래서 학생들에게 주제를 이끌어내고자 할 때 어떻게 발문을 해야 하는가 등 교수·학습 현장에서 주제를 교육내용으로 다루는 일은 더 큰 혼란에 처할 것이다. 본고는 이러한 혼란을 최소화하기 위해 주제의 종류를 구분하고자 한다. 이를 위해서는 어느 것은 주제이고 어떤 것은 주제가 아니라는 선별 작업보다는 현재 통용되고 있는 주제를 구분해 줄 보다 일반적인 틀을 제시하는 것이 타당하다고 생각된다. 이 논문이 주제 구성의 대상으로 서사 텍스트를 상정하고 있기에 미메시스 과정에 초점을 맞추어 이 틀을 구안하도록 하겠다.

3. 미메시스(mimesis)의 단계에 따른 주제의 종류

앞서 문예학에서 주제는, 문학 텍스트의 제재가 되는 모티프에서부터 텍스트의 중심 의미, 나아가 텍스트의 효과, 개별 독자에게 가치화된 결과에 이르기까지 매우 상이한 편차를 지니는 개념임을 살펴보았다. 이 장에서는 이러한 다양한 편차들을 한 데 묶어서 논할 수 있는 보편적 틀을 구안하려 한다. 이를 위해 참조할 수 있는 논의로 읽기교육에서 주제 구성의 방법을 밝힌 서혁의 논문(서혁, 1996a: 1996b)이 있다. 서혁은 실용문과 문예문을 포괄하는 폭넓은 관심을 가지고 화용론적 관점에서 주제의 종류를 나누는 주제의 틀짜기를 시도하였다. 그는 오스틴(Austin)과 설(Searle)의 화용론(Speech Act Theory)의 발화 행위, 발화수반 행위, 발화효과 행위에 각각 대응하는 담화적 주제, 담화수반적 주제, 담화효과적 주제의 틀을 구성하였다.4)

서혁이 말하는 담화적 주제는 텍스트에 명시적으로 드러나 있는 주제나, 텍스트의 표면적 내용을 충실히 반영하여 최소일반화하는 것만으로 만족되는 주제의 유형을 가리키며, 담화수반적 주제는 표현의도가 텍스트에 명시적으로 드러나지는 않았지만, 텍스트 자체 내용을 토대로 상례적이고 확정적인 의도가 암시된 것을 말한다. 마지막으로 담화효과적 주제는, 텍스트 생산자가 반드시 의도했다고는 볼 수 없지만 수용자의 독자의 담화 수용에 의해 부수적으로 구성되는 주제를 의미한다. 그리고 그는 문종에 따라 주로 적용되는 주제를 달리 취하는데, 일상적인 실용문의 경우에는 담화적 주제가, 문학 텍스트의 경우, 담화적 주제보다는 담화수반적 주제나 담화효과적 주제가 적용될 수 있다고 하였다.5)

---

4) 서혁이 주제의 유형화가 필요하다고 본 관점은 본고와 유사한 문제의식을 담고 있다. 서혁은 주제의 유형화가 필요한 이유에 대해 텍스트의 유형에 따라 주제 파악 과정이나 절차 및 결과에 있어서 차이가 있을 뿐만 아니라, 주제가 다층적 양상을 보여주기 때문이라고 하면서 주제의 다층성과 다양성을 구별해야 한다고 덧붙인다. 그에 따르면, 주제의 다층성이란 텍스트의 외적, 내적인 주제의 층위를 가리키며, 다양성은 해석의 층위에서 독자의 관점 차이를 반영한다고 한다(서혁, 1996b, 112면).

이러한 틀짜기의 가장 큰 미덕은 어느 것 하나를 올바른 주제라고 정하지 않고, 자리를 달리한 상태에서지만 여러 주제의 공존 가능성을 제시했다는 데 있다. 그리고 담화 주제, 담화수반 주제, 담화효과 주제는 다층적인 텍스트의 의미 작용과 수용자의 의미 구성까지 포괄하기에 가장 복잡한 주제 논의가 진행되고 있는 문학 영역에서도 어느 정도 수용 가능하다. 그러나 문학 텍스트의 주제 구성과 관련하여 서혁의 틀을 그대로 차용하는 것은 몇 가지 문제점을 노정한다. 가장 큰 문제는 주제라고도 불리는 모티프가 이 틀에 담기지 않는다는 것이다. 주제학이라는 독자적 연구 영역을 갖고서 시공간이나 매체에 따른 주제 변용의 문제가 다루어지며, 상상력을 자극하는 모티프를 활용해 창작교육의 내용을 마련하려는 논의(최인자, 2003)가 활발히 전개됨에도 불구하고 모티프를 주제 교육에 포함시키지 않는 것은 큰 손실이다. 따라서 담화 주제 이전에 모티프 차원의 주제 영역이 필요하며, 이를 포괄할 수 있는 더 큰 틀을 만들 필요성이 부각된다. 한편, 이 틀을 기반으로 논의되는 주제들은 모든 텍스트에 적용될 수 있는 장점이 있으나 서사 텍스트의 특수성에 대한 심도 있는 고려가 부족하다. 이를테면, 서사 구조가 주제 구성에 미치는 요인 등 문학 담론의 의미 작용이 포괄될 수 없다는 것이다. 따라서 서사 텍스트의 특수성을 드러내기 위해 이 틀은 보완의 여지가 있다.

이렇게 텍스트를 통해 구조적 질서를 부여받기 전의 주제, 텍스트의 서사 구조를 통해 응집성 있는 의미체로 형성된 주제, 독자에게 전유된 해석의 결과로서 주제를 통합할 수 있는 큰 틀을 만들기 위해 참조될

---

5) 이를테면, '박쥐의 생태'라는 제목의 설명문이 있다고 할 때에는 담화적 주제가 적용되는데, 그 글이 '박쥐의 생태'에 대해 응집성을 가지고 있다면, 독자는 이 글의 주제를 '박쥐의 생태'에 관한 것으로 구성할 수 있다. 그런데 조류처럼 보이는 포유류라는 박쥐의 속성을 빗대어, 박쥐가 새 집단과 동물 집단 사이를 왔다갔다하다가 결국 정체가 탄로나 어느 집단에서도 배척받는 신세로 전락하였다는 내용의 글이 있다고 하자. 이에 대해 '박쥐의 정체성 없음에 대해 비판한다.'고 주제를 구성한 경우에는 담화수반적 주제를 표현한 것이며, '중간자적 존재의 비극성'이라든지, '편가르기를 행하는 비정한 세상에 대한 슬픔을 느낀다.'라고 하는 경우는 담화효과적 주제에 해당하는 내용을 진술한 것이라 할 수 있다.

수 있는 것은 리꾀르의 미메시스 이론이다. 리꾀르는 "모든 서술 작품들의 진리 주장의 최종 목적은 바로 인간의 경험이 갖는 시간적 특성"(Ricoeur, 김한식 · 이경래 역, 1999: 25)이라고 파악하며, 미메시스를 통해 시간성을 갖는 인간 경험과 이야기의 매개적 관계를 밝히려 하였다. 해석학을 기반으로 하는 리쾨르의 미메시스 이론이 갖는 강점은 해석의 주체, 제 단계의 미메시스 과정의 조작자를 독자로 삼는 데 있다. 이는 학습 독자의 능동적인 주제 구성을 강조하는 교육적 관점에서 볼 때 상당한 매력으로 다가온다. 이하의 내용에서는 우선 리쾨르가 말하는 세 겹의 미메시스의 과정을 설명하고, 각 미메시스의 단계에서 독자에게 주제로 구성될 가능성이 있는 '주제들'에 대해 논하도록 하겠다.

1) 미메시스 I 의 주제: 모티프

리꾀르는 세 겹의 미메시스를 제안하였다. 미메시스 I 은 전형상화 단계로, 여기에는 형상화되기 이전의 이야기할 만한 가치가 있는 사건들, 그리고 이들에 대한 작가와 독자가 공유하고 있는 전-이해가 존재한다. "문학은 인간의 행동 속에 이미 드러나 있는 것을 형상화하지 않는다면 영원히 이해될 수 없을 것"(Ricoeur, 김한식 · 이경래 역, 1999: 147)이라고 할 때, 미메시스 I 의 대상은 그것이 현실적으로 존재하는 것이든, 사람들의 관념 속에 유형화되어 존재하는 것이든 무언가 미리 알려져 있는 인간의 행동임을 말하는 것이다. 소설은 작가와 독자가 공유하고 있는 이야기 거리로서 미리 알려진 인간의 행동을 서사화의 재료로 삼는다. 이 이야기 거리가 바로 모티프이다. 그런데 이 모티프는 작가만 가지고 있는 것이 아니라 전승되는 문화 안에서 이야기할 만한 가치가 있는 것으로 판명되고 문화적으로 공유되는 것이다. 그래서 공적인 상징으로서 모티프는 개별 서사체에 의해 서술적 질서를 부여받기 이전에 공동체가 문화적 자산으로 갖고 있는 것이라 이해할 수 있다.

모티프의 성격을 이해하기 위해 기존에 모티프라고 불리는 것들을 살피자면, '아내'가 아니라 '초자연적 아내' 또는 '쫓겨난 아내'이고, '성공'

이 아니라 성공 가능성이 상대적으로 적은 '막내의 성공'이며, '우정'이 아니라 '우정 증명하기'이다. 후자에 해당하는 것들은 심리적, 사회적 긴장감을 만들고 이후 서사를 진행할 만한 역량이 크기 때문에 모티프로 성립할 수 있었다. 최인자는 이러한 속성에 기반하여 모티프를 '놀라운 사건'이라고 설명한 바 있다. 즉, 사건/행위가 기존의 친숙한 배경 지식으로는 곧바로 해석되지 않아야 그것을 모티프 삼아 이야기할 질적 가치가 생긴다는 것이다(최인자, 2003: 479). <심청전>의 모티프적인 주제는 '죽음'이 아니라 '부모를 위한 자식의 죽음'이다. 내리사랑이 자연스러운 부모 자식의 관계라고 했을 때, 부모를 위해 자식이 희생한다는 것은 '놀라운 사건'이다. 부모가 자식을 사랑한 얘기는 '근친상간'이 아닌 이상 기사화되기 힘들지만, 자식이 부모를 위해 희생한 사건은 사회적 의제(issue)가 될 수 있는 것과 같은 이치이다.

이러한 놀라운 사건으로서 모티프는 'X가 A를 행한다'라는 식의 행동 문장으로 재진술될 수 있다. 물론 모티프 중 특이한 인물 유형을 지칭하는 경우에는 이러한 행동 문장으로의 변환이 쉽지 않은 경우도 있다. 그러나 도깨비, 흡혈귀, 수전노, 계모 등의 인물은 이미 그 행동이 존재 자체에 함축되어 있다. 그래서 이처럼 유형적 특징을 가진 인물이나 사물 등의 등장 자체가 사건이며, 세계에 대한 행동이라고 할 수 있다. 행동 문장으로 구성 가능한 모티프는 수용자의 상상을 통해 채워야 할 빈 곳을 계열체(paradigmatic)의 축에 따라 제시한다. 즉, 수용자는 익명적 인물의 행동을 드러내거나 암시한 모티프를 바탕으로 '누가, 왜, 무엇을, 누구와 함께, 또는 누구에 맞서 행하는가' 하는 행동의 개념망에 해당하는 계열체의 빈곳을 상상하게 된다. 모티프는 구체화되어야 할 계열체의 빈 자리뿐만 아니라 통합체(syntagmatic)적으로 이어져야 할 전후 사건을 위한 공간을 갖고 있다. 그래서 특정 모티프를 제재로 삼는 서사체들은 수용자의 흥미를 끌고 작가의 상상력을 자극한다. 바로 이러한 점이 놀라운 사건으로서 모티프가 끊임없이 반복되어도 좀체 소진되지 않는 이유이다.[6)]

모티프가 서사에 대한 상상과 흥미를 촉발한다고 하더라도, 모티프가 곧 주제와 등치되는 것은 아니다. 그러나 모티프는 주제의 한 종류가 되며, 모티프의 발견은 주제 구성의 첫 단계가 된다. 모티프 자체는 서사체의 의미와는 독립적으로 존재할 수 있기 때문에 텍스트의 의미 내용으로서 주제는 아니지만, 모티프는 텍스트의 의미를 구성하는 데 요긴한 질문으로서 역할을 한다. 이를테면, <춘향전>의 독자가 이 텍스트의 모티프를 '신분이 다른 남녀의 애정'이라고 보았다면, 그는 '다른 사회적 범주에 속한 남녀의 애정은 어떻게 될 것인가?'라는 문제 의식을 갖고 서사에 동참할 수 있다는 것이다. 이처럼 모티프는 그 자체가 주제의 한 종류이면서, 의미 차원의 주제를 구성하는 해석적 계기가 되기도 한다. 최인자는 이를 모티프를 활용한 가추법(abduction)으로 설명한 바 있다. 가추법은 특수 사실을 보고 전제를 선택하여 사례를 추론하는 방식으로 이루어지는데, 최인자는 가추법을 서사론과 접목시켜 1) '모티프'로 서사적 문제를 발견/설정한 뒤, 2) 모티프에 전제된 일상의 '행위' 도식과, 전통의 서사문화 탐구하기, 3) 모티프를 구체화, 변형, 결합하여 줄거리를 구성하기, 4) 서사적 논리의 개연성을 검증하기 등의 서사 표현의 절차적 교육 방안을 구안하였다(최인자, 2003). 이처럼 모티프는 수용이나 창작 면에서 가정적 추론이라는 사유를 진행시킴으로서 수용자와 창작자의 의미 구성을 촉발하는 계기가 된다.

모티프가 전-이해의 영역에 존재하는 '미리 알려진 것'이지만 그것은 떨어진 물건을 줍듯 쉽게 구해지는 것은 아니다. 그래서 독자들은 어떻게 모티프를 발견하느냐라는 문제가 뒤따라온다. 결론부터 말하자면, 다독의 결과, 자연스럽게 생기는 모티프의 색인이 독자의 머릿속에 있어야

6) 예를 들면, 그냥 '애정'이 아니라 '다른 사회적 범주에 속한 남녀의 애정' 모티프는 <이생규장전>으로부터 <춘향전>을 거쳐 이광수의 <무정>으로 되풀이되며, 이문열의 <젊은 날의 초상>, 최인훈의 <겨울 나그네>, 박완서의 <휘청거리는 오후>, 최근에는 정이현의 <낭만적 사랑과 사회> 등의 소설에서 변주된다. 소설 이외에도 만화, 드라마, 영화 등의 다양한 매체의 서사물에서도 우리는 쉽게 '그 뻔한' 모티프를 발견할 수 있다.

개별 텍스트의 모티프를 쉽게 발견할 수 있다고 할 수 있다. 이렇게 모티프를 일종의 스키마라고 본다면 교육적으로 개입해볼 여지가 적어 보인다. 그러나 이는 독서교육의 중요성을 암시하기도 하는데, 폭넓은 독서를 통해 다양한 모티프를 스키마로 갖게 된 독자는 보다 쉽게 모티프를 발견할 수 있기 때문이다. 영화의 경우도 마찬가지일 것이다. 영화를 많이 본 관객의 경우, 어떤 영화를 보더라도 그 영화가 어떤 모티프를 다루고 있는지 쉽게 발견할 수 있으며, 이에 따라 자신이 어떤 서사 도식을 작동시켜야 하는지 잘 알고 있다. 축적된 서사 경험을 바탕으로 서사 구조를 특징적으로 이해하며 분류한 색인이 모티프이기에 특정 모티프는 관련 서사 도식을 다시 환기하기 때문이다. 이렇게 모티프로 환기되는 서사 도식으로 인해 능숙하고 경험 많은 관객은 더 쉽게 영화에 몰입하고, 더욱 의미 있는 방식으로 영화를 즐기게 된다.

가추법을 작동시키며 해당 서사 도식을 환기하게 하는 모티프의 생산성을 확인하기 '야망을 가진 청년'이라는 모티프의 예를 들어보자. 이 모티프는 우리에게 매우 익숙한 것이다. 우리는 이미 <젊은이의 양지(The Place in the Sun)>(G. Stevens, 1951), <태양은 가득히(Plain Soleil)>(R. Clement, 1960), <청춘의 덫>(김수현 대본, 1979, 1999), <리플리(The Talented Mr. Ripply)>(A. Minghella, 1999)의 의미 경험을 통해 열악한 환경에서 태어난 출세 지향적인 남성이 자신의 야망으로 인해 정점에서 몰락하는 서사 도식을 가지고 있다. 그러나 유능한 관객들이 뻔한 모티프를 다루는 영화에 식상해 하는 것만은 아니다. 그들은 기꺼이 도식을 활용한 놀이의 공동 참여자가 되려 하기 때문이다.

최근 개봉된 우디 알렌 감독의 <매치 포인트(Match Point)>(2005)라는 영화가 있다. 이 영화에는 아일랜드에서 보잘 것 없는 테니스 선수로 있다가 런던에서 테니스 교습을 하고 있는 청년이 등장한다. 그는 다른 주인공들처럼 출세에 대한 야망과 젊음의 패기, 잘 생긴 외모와 지적 능력 등을 가지고 있지만 자신의 감정을 조절하는 데 있어서는 미숙하다. 그는 테니스 교습소에서 우연히 알게 된 한 갑부의 아들을 통해 그 집안과

친해져 그 집안의 딸과 약혼하며 그 아버지가 사주인 세계 굴지의 회사에 들어가 자기 능력을 인정받기 시작한다. 그러나 그는 자신의 은인이라고 할 수 있는 갑부 아들의 약혼자를 사랑한다. 대강 여기까지 이야기가 진행되면 관객들은 이전에 보았던 영화들을 떠올리며 이 영화가 같은 모티프를 다루고 있는 텍스트임을 알아채고 앞으로 어떻게 서사 도식이 구체화될지 기대한다. 그런데 이 영화는 같은 모티프를 다루는 영화와는 달리 모티프가 환기하는 서사 도식의 바깥으로 나갈 것 같은 예감을 갖게 하는 장면을 제시하기도 한다.7)

결국 주인공은 모티프가 환기하는 서사 도식의 흐름에 따라 윤리적으로 파멸해야 마땅한 살인을 저지른다. 이를 지켜보는 관객들은 야망으로 인한 몰락의 도식이 제대로 구현되는 것에 안심하며 주인공의 죄가 어떻게 폭로되고 주인공은 어떤 식으로 파멸하는가라는 기대를 한다. 그러나 흥미롭게도 이 영화의 주인공은 죄의식으로 괴로워하지 않는다. 자기가 죽인 연인이 찾아와 왜 죽였냐고 해도 아무렇지도 않은 표정으로 "쉽진 않았어. 하지만 난 언제라도 방아쇠를 당겼을거야."라고 하고, 그럼 뱃속의 아이는 너무 불쌍하지 않냐 했더니, 소포클레스의 말을 인용해 "차라리 태어나지 않는 게 모두에게 최선"이라는 궤변을 늘어놓는다. 이때부터 관객은 자신의 서사 도식이 수정될 수도 있다는 불안감을 가지는 한편, 도대체 영화는 어떻게 이 모티프를 처리할지 궁금해 한다. 이처럼 이 영화는 모티프로 연상되는 관객의 서사 도식을 공교롭게 이용하며, 관객을 익숙한 모티프의 새로운 변형에 참여하게 한다. 이렇게 모티

7) 이 영화의 제목이 '매치 포인트(match point)'인 이유가 영화의 첫 장면에 등장하는데 첫 장면에서 테니스공이 네트의 딱 중앙에 아슬아슬하게 걸려 있는 정지 화면을 보여주며, '인생에서 필요한 것은 선함보다는 운'이라는 내용의 해설자의 목소리를 들려준다. 해설되는 내용은 다음과 같다. "The man who said, "I'd rather be lucky than good", saw deeply into life. People are afraid to face how great a part of life is dependent on luck. It's scary to think so much is out of one's control. There are moments in a match when the ball hits the top of the net, and for a split second it can either go forward or fall back. With a little luck, it goes forward and you win. Or maybe it doesn't, and you lose."

프와 그로 인해 환기되는 서사 도식은 익숙한 궤도로 진행되는 기대충족적 서사체만을 즐기게 하는 것이 아니라 그것을 벗어난 이야기도 향유할 수 있게 해주는 역할을 하는 생산성을 갖는다.

모티프의 목록을 암기한다고 머릿속 모티프 색인이 만들어지는 것은 아니다. 모티프 목록은 서사를 분류하기 위해 존재하는 것이 아니라, 헤아릴 수 없는 서사 경험의 결과로 생긴 상호텍스트의 그물망을 엮기 위한 '벼리[綱]'로 자연스럽게 생성되는 것이기 때문이다. 그래서 모티프를 잘 발견하게 하려면 무엇보다 많은 서사 경험을 하게 하는 것이 중요하다. 그러나 한정된 시간 안의 교육적 계획 하에 진행되는 교육 현장에서 모티프 발견 능력을 신장시키기 위해 갑자기 많은 책을 읽히는 것은 무망한 노릇이다. 그래도 독서 목록을 구성할 때, 모티프별로 나누어 읽힌다면 공통된 모티프를 발견하고, 개별 작품이 그 모티프를 어떻게 구현하며 서사를 통어하는 의미를 만들어내는지에 대한 안목을 길러주기 쉬울 것이다. 그래서 제안된 것이 주제 통합적 읽기, 상호텍스트적 읽기이다. 이를 위해 무엇보다 필요한 것은 독서교육에서 모티프를 주제로 삼아 범주화된 텍스트 집합을 독서 목록화하는 작업이다. 이를 통해 주제별 엔소로지의 형태로 통시대적, 범지역적, 공시적 서사체를 아우르며 시대적, 지역적, 작가별 차이를 확인하게 하는 것, 그리하여 탄력적인 모티프를 양과 질에서 풍부하게 만드는 창조적 수용의 능력을 길러주는 것이 주제 교육의 세부적 목표가 되어야 할 것이다.

2) 미메시스Ⅱ의 주제: 텍스트의 중심 의미

미메시스Ⅰ과 Ⅲ 사이에 존재하며 이 둘을 매개하고 있는 미메시스Ⅱ의 가장 큰 특징은 현실 세계와는 다른 논리와 구조를 갖는 텍스트의 세계에만 관련된다는 것이다. 미메시스Ⅱ는 오직 상상을 통해 구성된 가상세계, 마치 ~과 같은(comme si) 왕국을 연다(Ricoeur, 김한식·이경래 역, 1999: 147). 미메시스Ⅰ과 Ⅱ의 관계는 행동의 개념망과 관련된 계열체가 통사적 형태를 받은 것이 것이라고 할 수 있다. 이를 풀어서 설명하자면, 미메시스II의 단계에서 비로소 특정 모티프가 구체화되고 시간성이 부여되어 구조화된 줄거리로 구성된다는 것이다. 이 단계의 가장 특징적인 현상인 줄거리 구성은, 이해 가능한 전체성 속에 사건들을 조직화하는 것이며, 행동 주체, 목적, 수단, 상호 작용, 상황, 예기치 않은 결과 등과 같은 이질적인 요인들을 전체적으로 구성하는 것을 말한다(Ricoeur, 김한식 · 이경래 역, 1999, 1999: 149). 이를테면, '부모를 위한 자식의 죽음'이라는 모티프가 있다고 하자. 이 모티프에는 익명적 형태(부모, 자식)로 인물이 제시되어 있으며, 이미 주어진 사실인 동시에 인물의 행동인 '죽음'이 명시되어 있다. 미메시스II의 단계에서는 익명적 형태의 인물이 생생한 형상을 갖게 되고, '상황, 행동의 의도, 목적, 상호작용(협력, 갈등), 수단, 도움, 예기치 않은 결론' 등의 행동의 개념망이 구체화된다. 그리고 행동은 그 전후 관계인 시간성을 토대로 이해될 수 있는 것으로 서사화된다.

<심청전>을 예로 들자면, 부모에 해당하는 인물은 맹인 심학규가 되고 그를 위하며 봉양하는 자식은 어린 심청이가 되며, 심청이 인당수에 빠져 주어야했던 사정과 그 이후의 결과가 줄거리로 구성된다는 것이다. <장화홍련전>은 같은 모티프를 <심청전>과는 전혀 다른 양상으로 구현해내고 있다. 장화, 홍련의 아비인 배무룡은 계모인 허씨 부인이 장화의 낙태 현장을 꾸며 놓은 것을 보고서 집안의 명예를 위해 아들 장쇠로 하여금 장화를 죽이라고 명한다. 영문도 모른 채 끌려가던 장화는 장쇠에게 사정 얘기를 듣고 자신이 모함을 받는다는 것을 알았지만 이미 그렇게 알려진 사실에 체념하고, 이미 크게 실망했을 아버지와 아버지로 대표되는 가문을 위해 스스로 연못에 몸을 던진다. <장화홍련전>의 주된 모티프가 '부모를 위한 자식의 희생'이라는 데에 동의하지 않는 경우도 있을 것이다. <신데렐라>나 <백설공주>, <콩쥐팥쥐>처럼 '악독한 계모'가 될 수도 있고, 죽은 자가 다시 살아나는 '재생' 모티프가 될 수도 있다.

<장화홍련전>처럼 한 텍스트에 여러 모티프가 함께 들어가 있는 경

우가 많이 존재하기 때문에 어떤 모티프를 중심으로 텍스트의 의미를 구성해낼 것인지는 수용자의 권한에 속한 문제라고 볼 수 있다.[8] 그래서 독자들이 모티프라고 파악한 주제가 해석공동체 내에 미리 알려져 있고, 전체 서사의 의미와 관련되는 것이라면 제한하지 않는 것이 바람직할 것이다. 단, 모티프와 텍스트의 주제적 의미는 상호 연관성을 갖고 있어야 할 것이다. 특정 모티프를 선택했다는 것은 그 모티프가 환기하는 서사 도식과 그에 따른 의미의 완성에 대한 기대를 가지고 텍스트를 읽겠다는 태도 표명이다. 이를테면, <심청전>과 <장화홍련전>을 '부모를 위한 자식의 죽음'이라는 모티프를 가지고 읽고, 그 결과, 각각의 주제를 '부모를 위한 자식의 희생은 고귀하다.', '부모를 위한 자식의 죽음은 부당하다.'라고 구성할 수 있는 것이다. 이처럼 한 텍스트의 모티프를 무엇으로 할 것인가는 선택의 문제이나 텍스트의 내용과 관련된 주제적 의미는 모티프와 연동하는 것으로 설정해야 할 것이다.

미메시스Ⅱ의 단계에서 작가는 행동의 개념망을 구체적 형상으로 채우고, 모티프를 서사적으로 조직하는 활동을 하는 한편, 독자는 모티프가 존재하는 현실 세계와는 다른 질서와 구조를 가지고 있는 독자적인 텍스트의 의미를 구성하는 활동을 한다. 작가가 미메시스Ⅱ에서 하는 활동은 단순히 현실을 모사하는 반복이 아니라 오히려 사물의 본질에 대한 재인식이다. 그래서 가다머는 재현을 "이미 알려진 것 이상의 인식"(Gadamer, J. Weinsheimer, D. Marshall Trans, 2002: 209)이라고 이해하였다. 예컨대, 램브란트가 수많은 인물화와 자화상을 그리면서 인간적인 특성과 개성을 불어넣어 표현할 수 있었던 것은 재현 대상이 되는 인물의 직업상 기질, 성품, 개성 등을 '알아볼' 수 있었기 때문이다. 그래서 그가 그린 인물 그 자체는 이미 알려진 바로서 '모티프'이지만 그가 그린 그림에는 모티프에 대한 그의 판단, 인식이 녹아 있다. 바로 이러한

8) 그렇지만 독자에게도 '처음-중간-끝'의 구조화된 전체 패턴 안에서 요소들간의 관계를 고려할 수 있는 능력이 요구되기에 모티프는 서사 전체를 통어하며 거시적 서사 구조와 밀접한 관련이 있는 것이 바람직하다.

'모티프+α'를 생성하는 과정이 미메시스Ⅱ인 것이다.

그렇다면 서사의 경우, 'α'에 해당하는 미메시스Ⅱ의 단계의 '주제'는 어떻게 생성되는가? 이에 대해 리쾨르는 줄거리 구성, 즉 이야기가 무엇인가를 이해한다는 것은 그 통합체적 질서를 지배하는 규칙을 통제하는 것을 통해서라고 답한다(Ricoeur, 김한식 · 이경래 역, 1999: 132). 작가의 측면으로 보자면 'α'는 모티프라는 전이해를 형상적으로 변형하고 줄거리로 구성하는 활동 안에 깃들어 있으며, 독자는 전체 서사의 구조와 서사의 제반 요소들이 하나의 전체 의미로 수렴되고 응집된 결과인 서사체를 통어하는 원리를 추론함으로써 'α'에 접근할 수 있다. 이 'α'가 미메시스Ⅱ 단계의 주제라면, 독자 이 주제를 구성하기 위해 결말에서 실현되는 어떤 기다림의 안내를 받아 우연적이고 돌발적인 사건들 한가운데로 나아가는 '따라가기(followability)'가 필요하다. '따라가기'란 서사 세계의 연속적인 행동과 생각, 그리고 감정들이 어떤 특정한 방향을 제시하는 데 따라 그것을 이해하는 것이자, 줄거리의 전개 과정을 통해 앞으로 떠밀려가며 과정 전체의 완성과 결과에 대한 기내를 갖고 제시된 결론을 받아들이는 것이다(Ricoeur, 김한식 · 이경래 역, 1999: 299～302).

그렇지만 이러한 과정을 거쳐 구성된 주제가 단일한 것만은 아니다. 한 텍스트가 취할 수 있는 모티프가 여럿일 수 있는 것처럼 모티프와 연동되는 주제 또한 하나 이상이 될 수 있다. 수용자가 한 텍스트를 어떤 모티프를 가진 것으로 보느냐 하는 것은 그 텍스트의 주제를 어떤 것으로 여기느냐는 것과 밀접한 연관성을 갖는다. 미메시스Ⅱ의 주제 구성 단계에 대해 정밀한 기호학적 분석을 시도한 그레마스는 '의미론적 동위체 현상(isotopie)'이라는 개념으로 주제에 대해 접근한다. 동위체 현상은 텍스트 표면에 나타난 의미소(sème)의 심층 내용인 의소(sémèn), 그리고 의소를 분류시켜주는 상위의 의소인 분류소(classème)와 관련된다. 마치 물리학에서 동위체의 질량은 다르나 화학적 구성은 같아서 주기율표에서 '같은 장소'에 놓이게 되는 것처럼 여러 의소들은 한 분류소의 아래 놓이게 된다. 분류소가 텍스트 내에 회귀됨으로써 우리는 하나의 주제로 텍스트를 읽어낼 수 있다(Greimas, 김성도 역, 1997). 비유적으로 말하면, 분류소는 '따라가기' 활동의 도로 표지판 기능을 행한다. 최종 행선지가 표시된 도로 표지판처럼 분류소는 텍스트 전체의 의미를 응집성 있게 모아주는 의미의 방향타 구실을 하는 것이다.

본고는 모티프도 분류소와 유사한 기능을 행하는 것으로 파악한다. <춘향전>의 모티프를 '신분이 다른 남녀의 애정'이라고 하는 경우와 '시험받는 아내'로 보는 경우가 있다고 하자. 전자라면 '신분이 다름'을 전제로 춘향을 수용할 것이며, 후자라면 춘향이 부녀자로서 가진 미덕에 강조점을 두어 읽으며 각 모티프가 환기하는 서사 도식의 완성을 기대할 것이다. 그렇게 했을 때, 최종적인 텍스트의 주제는 각각 '남녀의 애정과 같은 자연스러운 인간의 본성을 억압하는 신분 질서는 극복되어야 한다', '한 남성에 애정에 대한 신의를 지킨 열행을 칭송한다.'가 될 수 있다. 실제로 <춘향전>의 이본은 춘향이 기생으로 설정된 계열과 기생이 아닌 면모가 강조된 계열로 나누어진다(김진영, 1993: 27). 이는 춘향의 행위를 어떤 틀로 바라보느냐와 관련된 것으로서 모티프의 선택과 그로 인한 의미화의 차이에서 비롯되는 것으로 보인다. 즉, <춘향전>의 전승 과정에서 수용자들은 자신에게 익숙하거나 더 타당하다고 생각되는 모티프를 적용하여 다시 쓰기로서 다성적 주제 읽기를 행한 것이다. 이처럼 각각의 모티프는 분류소처럼 서사 구조나 인물 형상화, 문체 등의 다양한 서사의 국면에 관여하여 의미를 갈무리하는 역할을 한다.[9)]

서사 전체의 의미를 결집시켜주는 분류소가 여럿 있을 수 있으며, 그로 인해 주제적 의미가 달리 구성될 수 있음은 문학 텍스트의 다성적인 속성을 말해주기도 한다(황혜진, 1997: 30~37). 조동일은 <춘향전>의 주제를 논하는 자리에서 이 작품은 열녀의 교훈이라는 표면적 주제와

9) 분류소와 모티프의 관계에 대해서는 좀더 세밀한 논증 과정이 필요하기에 모티프가 곧 분류소라고 하는 것은 무리이다. 그러나 모티프가 한 서사를 어떤 틀로 볼 것이냐 하는 인지 도식과 관련되며 서사 전체의 의미를 결집시켜주는 역할을 한다는 점에 있어서는 분류소의 성격을 갖는다고도 볼 수 있다.

인간 해방의 주장이라는 이면적 주제를 동시에 갖고 있다고 한 바 있다. 그에 따르면, 표면적 주제는 명확하게 설명되어 있어서 쉽사리 알아볼 수 있는 것이나 이면적 주제는 설명으로서가 아니라 갈등으로 구현되어 있으며, 표면적 주제의 방해 때문에도 잘 드러나지 않는 것이라고 한다(조동일, 1993: 30). 서혁도 표면적 주제와 이면적 주제를 언급하였는데, 그는 텍스트가 가지고 있는 주제가 표면적 주제이며, 작가의 의도와 관련된 주제를 이면적 주제로 보았다(서혁, 1996b: 113). 조동일은 이면을 갈등 구조에서 찾았고, 서혁은 작가의 의도로 보았는데, 이처럼 같은 표현으로 서로 다른 것을 지시하는 현상은 이면(裏面)이라는 비유가 지닌 한계로 파악된다.

이렇듯 표면과 이면이라는 것은 비유적이며 매우 모호한 개념이다. 서사의 표면은 어디이고, 이면은 무엇인가, 표면적 주제는 피상적 주제이고, 이면적 주제는 보다 본질적인 주제인가? 본고에서 표면적 주제와 이면적 주제를 비판하는 일반적인 논거처럼 한 작품의 주제는 단일해야 함을 주장하려는 것은 아니다. 한 작품에 여러 주제가 있을 수 있고, 한 명의 독자라 하더라도 하나 이상의 주제를 도출해 낼 수 있으며, 텍스트에 대한 주제라고 구성한 결과에 대해 해석적 논쟁을 벌일 수 있다. 이처럼 여러 주제가 경합과 갈등을 벌이기 위해서는 주제의 위계적 층위를 암시하는 표면, 이면이라는 명칭보다는 대등한 위상에서 여러 주제들의 공존 가능성을 열어놓는 게 더 바람직하게 보인다. 그러나 <춘향전>처럼 중세 사회를 지탱하는 근간이 되는 신분 질서에 대한 비판이라는 이면적 주제와 부녀에게 요구되던 대표적인 중세 도덕인 열(烈)의 포창(褒彰)이라는 표면적 주제가 공존하는 것을 단순히 모티프 선택의 문제로만 돌릴 수 없다. 여기에는 분명 사회문화적 요인이 작용하기 때문이다.

이 사회문화적 요인은 역사의 발전 방향(조동일의 경우)이나 작가의 의도(서혁의 경우)를 암시하는 '이면'이라기보다는 '공시의(共示義)'라는 개념으로 접근하는 것이 타당하다. '공시의'란 기표에 대한 내포적 정의와 관련된 모든 문화적 단위의 총합, 다시 말해, 기표가 수신자의 기억

속에 환기할 수 있는 문화적 단위들의 총합이다(Eco, 1972, Zima, 허창운 · 김태훈 역, 1996: 444 재인용). 에코는 의미론적 분석에서 의미론적 단위들 속에 함축된 사회문화적 '공시의'를 감안해야 할 것을 강조한 바 있으며, 지마도 분류소를 분별해 내는 데 공시의가 큰 역할을 한다고 하였다(Zima, 허창운 · 김태훈 역, 1996: 444). 어떤 공시의를 지닌 모티프를 택하여 그것을 분류소로 삼아 전체 서사의 중심된 의미를 구성할 것인가는 이데올로기의 문제와 직결되기도 한다. 공시의가 사회문화적 속성을 가지고 있기 때문이다. 이로 인해, 이 단계에서의 주제 토론은 가장 심각한 해석의 갈등을 유발할 가능성이 있다. 특히 해석의 갈등 상황에서 교사가 학생들로 하여금 자신이 의식적으로, 습관적으로 취하는 모티프에 함축된 공시의를 성찰하게 하는 것은 학습자를 비판적 주체로 형성하는 첩경이 될 수 있을 것이다.

3) 미메시스Ⅲ의 주제: 자기화된 의미

리쾨르는 미메시스의 단계적 과정을 설명할 때 강물의 비유를 종종 활용한다. 현실에 이미 알려져 있고 존재하는 것을 모티프 형태로 취하고(미메시스Ⅰ), 모티프에 시간성을 부여해 줄거리로 구성하며(미메시스Ⅱ), 그것이 다시 독자의 현실 세계와 만나 현실 효과를 지니는(미메시스Ⅲ) 과정이 일련의 흐름처럼 연속성을 가지고 있음을 강조하기 위해서이다. 그리고 미메시스가 현실을 보다 풍요롭게 만들며 그 과정을 경험하는 주체를 변화시키는 역할을 함을 점차 넓어지고 깊어지는 강이라는 은유로 나타내는 것이다. 한편, 리쾨르의 이론을 설명한 윤성우(2004)는 미메시스의 과정을 등산에 비유하기도 하였다.[10] 이처럼 리쾨르의 해석학이 강의 흐름이나 등산 등 일련의 과정을 지닌 은유로 설명될 수 있다

10) 미메시스Ⅱ는 마치 산의 정상에 오르는 것과도 같은 행위인데 산의 정상에서 산의 정기를 흡수하듯, 우리는 새로운 가능적 존재 방식이 가장 심각하게 그리고 심도 있게 그려질 수 있는 '텍스트의 세계'에서 우리 정신에 유익한 미래적인 전망과 기획을 품을 수 있으며, 하산한 후, 우리는 산의 정상에서 받은 영감과 정기를 현실에 적용한다는 것이다(윤성우, 2004, 227~229면).

는 사실은 해석학이 미메시스Ⅱ에만 초점을 맞추고 있는 기호학과 차별적인 특성을 갖고 있음을 말해주기도 한다. 해석학은 기호학의 성과를 활용하지만 기호학이 다루지 않는 영역인 상류와 하류, 등산 전과 후의 과정을 포괄하며 기호학이 끝내는 부분을 새로운 미메시스 단계의 시작이라고 여긴다.

미메시스Ⅲ는 텍스트의 세계와 독자의 세계가 조응하고 교차하는 부분으로서 텍스트의 의미가 유적 인간 전체 삶에 비추어 일반화되거나 개개인의 삶에 흘러들어가 독자의 세계가 텍스트의 세계를 미메시스하는 일련의 과정을 일컫는다. 이는 독자가 텍스트의 의미를 자기 세계로 이끌어오는 것을 의미하기에 '자기화'라고 할 수 있다. 그런데 여기서 '자기'란 크게 두 가지 의미를 갖는다. 그 하나는 개별자의 경험과 삶에 특수한 자아이며, 다른 하나는 '교양(Bildung)'[11]의 산물로서 '보편인', '일반화된 타자(the generalized other)'[12]를 말한다. 이렇게 '자기'를 둘로 나누어 이해하는 까닭은 내 속에 있는 '나'라고 하더라도 자신만의 독특한 경험과 의식 세계만 있는 것이 아니라 사회적으로 구성된 자아도 분명히 존재하기 때문이다. 소설을 읽고 자기화할 때에도 두 '자기'는 함께 작용한다. 그래서 독자는 자신의 개별적 관심에 따라 소설이 '나'에게 주는 교훈이나 가치를 찾기도 하지만, 보다 보편적인 감각을 통해 그것이 '우리'에게 주는 의미나 '우리의 역사'에서 갖는 의의를 구하기도 한다. 그리고 독자는 당면한 삶의 문제와 관심에서 소설을 읽고 자기화하기도 하지만, 전혀 다른 삶의 조건과 환경 속에 놓여 있는 인물에 공감하면서 그 인물을 자신의 한 가능성으로 수용하기도 한다. 이러한 두 가지 수용이 모두 텍스

11) 가다머는 헤겔에 의거하여 교양의 의미를 다음과 같이 정리하였다. "교양에는 자기 자신에 대한 절도와 자기 자신으로부터 거리를 두는 것에 대한 보편적 감각이 있으며, 그리고 이 점에서 교양에는 자기 자신을 넘어 보편성에로의 고양이 있다."(H. G. Gadamer, 앞의 책, 55면) 이렇게 교양은 삶의 직접적인 관심이나 욕구로부터 거리를 두도록 요청하는 기능을 한다.

12) 인류학자인 M. Mead의 개념으로 어떤 특정한 사람의 구체적인 행위 하나하나가 아니라 자기 자신이 타인들로부터 받는 기대, 즉 사회 속에서 일반적인 타인들이 자기에게 무엇을 어떻게 행위하기를 기대하는 것이라고 설명된다(Mead, 1934).

트의 울림과 진동을 자기에게 '적용(application)'한 것이 될 수 있다.

이렇게 자기화의 두 가지 경로를 상정함으로써 얻는 효용은 주관적 해석이라고 하여 교육적으로 다루지 않는 주제를 포괄하며, 지나친 일반화이기에 서지학적 분류법처럼 보이는 주제도 나름의 의의를 인정할 수 있다는 것이다. 그래도 여전히 문제는 남는다. 자기화의 다양한 가능성을 인정한다고 해도 어떤 자기화가 더 교육적으로 바람직한 것인가, 자기화를 심화 혹은 확장시킬 수 있는 교육적 처치 없이 자기화의 종류만을 제시하는 것은 교육적 책임의 방기가 아닌가 등등. 본고는 이러한 문제에 대해서 명백한 답을 갖고 있지는 않다. 그러나 교사는 지나치게 주관화된 자기화 결과에 대해 일반화 가능성을 지적하거나, 전문가의 말을 그대로 인용하는 듯한 일반화된 타자로서의 자기화에 대해서는 개인적 경험과 삶에 비추어 성찰해 보라는 제안을 할 수 있을 것이다. 그리고 자기화한 결과를 공개하여 주제를 공론화한다면 경험의 공유를 통한 사적 자아의 확장과 일반화된 타자에 대한 학습과 같은 학습자들끼리의 상호 배움이 가능해질 수 있을 것이라 기대한다.

4. 주제의 종류에 따른 주제 진술의 방식

서론에서도 밝혔듯이, 주제의 종류를 나누는 까닭은 해석의 갈등을 위해서라도 필요한 의사소통의 규칙을 만들기 위해서이다. 다양한 주제의 종류를 알게 된 독자들은 적어도 자신이 구성하는 주제가 어떤 종류의 것인지 알게 되며, 다른 사람이 구성한 주제를 분류하여 바라볼 수 있는 안목을 얻게 된다. 그래서 "요즘 읽고 소설이 무슨 내용이니?", 혹은 "어제 본 그 영화가 뭘 다루고 있어?"라는 질문에 대해서 모티프로서 주제를 언급할 수 있으며, "그 소설이 무슨 말을 하고 있어?", "그래서 그 영화의 메시지가 뭔데?"라는 물음을 들었을 때는 서사 전체의 중심 내용으로서 주제를 설명할 수 있다. 그리고 "이 소설을 읽고 난 후 자기 생각을 발표해 보자.", 또는 "영화를 보고 난 감상이 어때?"라는 요청에 자기화된 결과로서 주제를 밝힐 수 있다.

이 장에서는 수용자가 구성할 수 있는 주제의 종류에서 좀더 나아가 주제의 진술 방식에 대해 논하고자 한다. 본고는 각 주제의 특성에 따라 이상적인 통사적 구조나 진술 형태가 있다고 상정한다. 물론 이러한 전제는 상당히 위험하다. 서사에 대한 과도한 일반화를 무릅쓴 것이며, 주제 진술의 다양한 형식이 주제 구성, 의미 생산의 계기가 될 수 있는 가능성을 소홀히 여긴 것이기 때문이다. 그럼에도 주제 진술의 방식을 어느 정도 규격화하는 이유는 개별 학습자가 구성한 주제를 공론의 장으로 끌어내기 위해서이다. 그리고 시안(試案)으로나마 주제 진술의 방식을 제시함으로써 앞으로 더 정교하고 풍요로운 주제 구성 방법에 대한 논의가 이어지길 바라는 마음에서이다.

우선, 모티프 차원의 주제를 진술할 때에는 인물과 행동이 반드시 포함되어야 할 것이다. 그런데 여기서 인물이란 구체적인 형상을 입기 전의 익명적 인물로서 사회저 범주나 득성한 유형의 성향을 일반적으로 지칭하는 것이 타당하다. <심청전>이라면, '부모와 자식', <춘향전>이라면 '신분이 다른 남녀', 혹은 '남녀', <흥부전>의 경우, '형제' 등과 같이 익명적이지만 유형적 특성화가 가능한 인물을 명시해야 할 것이다. 그리고 행동은 인물의 단순한 동작이나 움직임이 아니라 적어도 서사화될 만한 가치가 있다고 여겨지는 '놀라운 사건'이어야 한다. 인물과 행위의 결합인 모티프는 'X가 A를 행한다.'라는 최소한의 통사적 형태로 재진술될 수 있는 것이 바람직하다.

그러나 '변신'이나 '재생'과 같은 어떤 인물과 연접되든 상관없이 그 자체로 놀라운 사건이 있으며, '도깨비', '이중적 자아'처럼 인물의 존재 특성 자체가 사건인 경우도 있다. 이러한 경우, 'X가 A를 행한다.'라는 통사적 요건을 충족시키기 어려울 수 있을 것이다. 그러나 모티프가 기존의 서사 도식에서 추출해낸 가장 특징적인 것이라고 할 때, 사물이나 사건만으로 진술되는 모티프 역시 그 배경이 되는 서사적 전통과 공시적 문화가 있다. 그러므로 교사는 이러한 모티프도 통사적 구성을 취하는 것이 바람직함을 알려주어, '열등한 인물의 성공적 변신', '억울한 여인의 재생', '도깨비의 은혜 갚음', '이중 자아의 파멸' 등으로 모티프를 구성하게 할 수 있다.

모티프 차원의 주제에 대해 문장의 형태로 진술하는 것은 일반적으로 모티프를 명사형으로 발화하는 통념에 어긋난다. 따라서 모티프로서 주제를 구성할 때에는 모티프의 필수 구성 요건이 갖추어져 있는지 확인하는 절차로서 'X가 A를 행한다.'라는 통사적 형태를 취해본 후, 그것을 다시 명사형으로 진술하는 것이 바람직하다. 이를테면, <심청전>의 모티프가 '부모를 위해 자식이 희생한다.'라는 문장 구성이 가능하다는 것을 확인한 후, '부모를 위한 자식의 희생'이라고 명사로 끝내는 것이 좋다는 것이다. 이처럼 명사 또는 '~하기' 등의 명사형으로 마무리되는 모티프는 '놀라운 사건'으로서 행동적 요소를 부각시키기에 보다 명료한 주제 구성 효과를 갖는다.

텍스트의 의미 내용과 관련된 주제는 모티프와 연동하는 것이 타당하다. 그래서 본고에서는 '[X가 A를 행함]이 어떠하다.'라는 틀을 제시하고자 한다. 텍스트의 주제적 의미는 모티프에 대한 가치 평가나 판단과 관련된 것이어야 한다. 익숙한 모티프를 계속 다루는 이유는 그 놀라운 사건이 주는 충격과 갈등에 대해 무엇인가 자신의 의견을 덧붙이기 위해서이다. 그것이 없다면, 굳이 다 알려진 모티프를 되풀이 할 필요가 없다는 것이다. 그래서 모티프를 갖고 있되, '그것이 어떠하다'라는 텍스트 내적 평가가 담겨 있는 것을 텍스트의 의미 내용으로서 주제로 구성할 수 있다. 예를 들면, '부모를 위한 자식의 죽음이 고귀하다.'(<심청전>), '부모를 위한 자식의 죽음이 부당하다.'(<장화홍련전>)라고 [모티프+가치 판단]의 형태로 진술될 수 있다.13)

13) 서혁은 담화적 주제, 곧 주제로서 중심 생각(main idea as a theme)은 '화제(topic)+화제에 대해 무엇이라고 얘기하는 바(What is said about the topic)'의 의미론적 틀을 가진 통사적 형태로 진술되는 것이 바람직하다고 지적한 바 있다(서혁, 1996b: 111).

그러나 기껏 소설을 힘들여 읽으며 그 기법이나 문체가 갖는 미묘한 의미 작용을 경험한 뒤에 이처럼 한 줄로 정리될 수 있는 주제를 구성한다는 것에 대해 거부감을 갖는 사람들이 있을 수 있음은 충분히 예상할 수 있다. 그러나 주제 진술이 주제 구성 과정의 전부는 아니다. 텍스트의 제반 의미 작용을 하나의 주제로 응집시켜 나아갈 수 있게 하는 것, 의미 작용을 섬세하게 느끼면서 하나의 주제에 이르기 위한 텍스트의 고뇌와 결단의 용기에 동참하는 것 등은 문장화된 주제를 구성하는 과정에서 그리고 그 이후에 그것을 검증하는 과정에서 충분히 이루어질 수 있다고 본다.

자기화된 주제에 대한 진술 방식에 대해서는 오히려 다양한 가능성들을 열어 놓는 것이 바람직하다. 자기화된 주제를 구성하는 널리 알려진 방식 중의 하나가 '비평적 에세이'이다. 『문학교육론』에서는 비평적 에세이를 "일정한 형식이나 틀을 필요로 하지 않는 글쓰기"(김대행 외, 1999: 445)라고 설명하였다. 이처럼 비평적 에세이는 그 형식적인 면에서 자유롭지만 내용상 최소한의 규정이 있는데, 보편인으로서 공적 자아의 관점이든, 내밀한 독자적 영역을 가진 사적 자아의 관점이든 자기화와 관련된 내용이 담겨 있어야 한다는 것이다. 그러나 '형식이나 틀을 필요로 하지 않는'이라는 비평적 글쓰기의 형식적 자유로움은 형식이나 틀이 줄 수 있는 구성적 효과를 간과한 것이라고 비판할 수 있다.

오히려 자기화된 주제는 작가에게 편지 쓰기, 작가나 인물에 대한 심층 인터뷰의 구성, 인물의 일기 쓰기, 논설문 형태로 비평문 쓰기, 수필 형식으로 감상문 쓰기, 부분적으로 개작하기, 읽은 텍스트에 대한 응답으로서 창작하기 등등의 다양한 형식이나 틀로써 구체화될 수 있기 때문이다. 그러나 다양한 양식과 형태를 갖는 자기화에는 최소한 텍스트의 주제에 대한 가치 판단이 담겨 있거나, 교사나 학생 등의 다른 독자들이 자기화된 주제의 구현물을 읽고서 그 가치 판단을 추출할 수 있어야 한다는 요건이 갖춰져야 할 것이다. 그래서 자기화된 주제가 진술될 때에는 그 형태를 정하기보다는 그 진술 내용이 갖춰야 할 최소한의 요건으로서 텍스트의 주제에 대한 가치 판단이 있어야 할 것임을 제안하는 바이다.

5. 결론: 요약 및 제언

이 연구는, 널리 쓰이는 교육 용어이기는 하지만 학습자도 교육자도 혼란스러워하는 '주제'에 관한 문제 의식을 바탕으로 수행되었다. 본고에서는 '주제'라는 교육내용에 접근하는 방법으로서, 리쾨르의 미메시스의 단계에 따라 주제의 종류를 구분할 것과 주제 진술의 방식을 규격화할 것을 제안하였다. 연구 결과를 요약적으로 제시하면 다음과 같다.

리쾨르에 따르면 서사를 통한 미메시스는 세 단계의 과정을 거친다. 미메시스Ⅰ은 모티프로서 널리 알려진 '놀라운 사건'을 서사의 재료로 취하는 단계이다. 미메시스Ⅱ는 이 모티프를 서사적으로 변용하는 형상화 과정을 말한다. 미메시스Ⅲ는 서사 텍스트를 읽은 독자나 그것이 수용되는 현실이 텍스트를 미메시스하는 과정으로서 텍스트가 '현실 효과'를 만들어내는 과정이라고 할 수 있다. 이 틀을 바탕으로 서사 텍스트의 주제가 될 수 있는 것의 종류를 나누면 모티프로서 주제, 텍스트의 중심 내용으로서 주제, 수용자가 자기화한 주제가 있을 수 있다.

본고에서는 이들 주제들이 진술될 수 있는 이상적 형태가 있다고 전제하고 그 진술 형식을 규격화하려고 하였다. 주제들은 서로 같은 유적 범주에서 소통될 수 있을 때 상호 비교가 가능해지며, 규격화된 진술 방식을 취할 때 주제들 간의 갈등도 분명해질 수 있기 때문이다. 그래서 본고는 주제의 종류에 따른 진술 형태를 제안한바, 첫째, 모티프로서 주제는 'X가 A를 행한다.'는 통사적 형식에 따른 요건을 갖추되, 'X가 A를 행함'이라는 명사형으로 구성되는 것이 바람직하다. 둘째, 텍스트의 중심 내용으로서 주제는 'X가 A를 행함'이라는 모티프에 대한 평가가 덧붙여지는 형태로 진술할 수 있는데, 그 구조는 '[모티프]+텍스트의 가치 판단'의 형태를 취할 수 있다. 이처럼 모티프로서 주제와 중심 내용으로서 주제는 연동하는 것으로서 후자가 전자를 감싸 안는 관계를 진술 형태에서 확인할 수 있다.

한편, 자기화된 주제는 '[중심 내용]+독자의 가치 판단'이기에 미메시스 단계별 주제 구성이 점차 확장되는 방식으로 구성되나 그 진술 형태는 확정짓지 않는 것이 타당하다. 독자의 가치 판단은 비평적 에세이, 부분적 개작 및 창작 텍스트 생산, 작가와의 가상 인터뷰 등 다채로운 형태를 가질 수 있기 때문이다. 그러나 자기화된 주제의 진술 과정에는 텍스트와 자기를 관련지우면서 그 텍스트가 자기에게 행하는 의미 작용에 대한 성찰과 평가가 담겨 있거나 교사나 다른 학습자들로 하여금 그것을 발견, 재구할 수 있게 해야 할 것이다. 이런 과정을 통해 주제 교육은 텍스트의 주제를 발견하고 읽어내는 데에서부터 스스로 주제를 갖는 텍스트를 생산하는 경험을 포괄할 수 있다.

주제 교육은 인문교육의 핵심이다. 허무감이 시대의 '근본기본(Grundstimmung)'으로 자리 잡고 있는 시대, 텍스트로 짜여진 인간적인 문양[文]을 발견하려는 주제 구성은 종교처럼 구원의 빛을 비추지는 못하지만 그나마 삶을 견딜만한 것으로 만들어준다. 시공간적 조건 속에서 한 점으로 존재하고 있는 '나'는 보편적인 삶의 문제를 다루는 모티프와 그에 대한 텍스트의 가치 판단을 통해서 오래된 과거와 만나볼 수도 없었던 다양한 정신과 개성들을 접한다. 이후, '나'는 그러한 만남에 대한 자기 응답을 구성함으로써 인간적 세계의 구성원이 되고 의미를 통해 만날 수 있는 다양한 인간을 내 속의 가능성으로 품게 된다.

더불어, 학습자 개개인이 구성한 주제들을 공적인 의사소통의 장으로 이끌어내는 일도 중요하다. 구성되는 주제의 종류를 나누고, 진술 형태를 규격화하는 까닭은 주제를 화제(topic)로 삼아 교사-학생, 학생-학생 간의 의사소통할 수 있게 하기 위함이며, 서로 다른 해석들 간의 합리적 경합과 갈등을 벌일 수 있는 공론장의 규칙을 만들기 위해서이다. 개별 학습자가 구성한 주제는 이러한 공론화 과정을 통해 더 나은 것, 보다 보편적으로 타당한 것으로 수정되고 변경되거나, 적어도 학습자는 그것이 다른 주제들 사이에 있는 것임을, 즉 자신이 구성한 주제가 여러 가능성 중 하나를 실현시킨 것임을 이해할 수 있다.

그렇지만 이러한 과정에 대해 소설과 개인의 비밀스런 공모와 내밀한 사적 감정의 교류를 제약하면서 사생활의 일부이기도한 독서의 영역을 침해하는 것이자 오직 개인에게 속한 내면의 영역에 대한 폭력이라는 비판도 가능하다. 그러나 우리는 어떤 서사 경험을 한 후, 그것에 대해 이야기하고 싶어 하며 자신이 읽은 바를 공유하거나 다른 사람의 생각을 듣고자 한다. 이처럼 자기 경험에 의미를 부여하고자 하는 욕구나 공동의 경험 대상에 대한 타인의 경험을 알고자 하는 욕구가 자연스러운 것이라면 주제를 공론화하는 교육은 나름의 의의를 갖고 있다 할 수 있다. 그리고 교육은 그 자체가 공적인 실천이다. 비록 독서가 아무리 사적인 행위라 할지라도 그것이 교육의 대상인 이상, 독서관이 확립되는 도중의 학습자들이 구성한 주제를 공론장으로 끌어내고 계획적으로 변화시키는 교육적 개입은 반드시 필요한 작업이다.

이 연구에서 주제의 종류를 나누고 주제 진술 방식을 제안하고 있지만, 여기서 제안한 주제의 틀이나 형태에 긴박될 필요는 없다. 주제라고 하는 것을 가르치되 개별 텍스트의 주제가 학습자에 의해 구성되기를 기다리는 교사의 인내심과, 부끄러움을 무릅쓰고 스스로 구성한 주제를 공적으로 발표하는 학습자의 용기를 위해 박이문의 말을 인용하며 논의를 마치고자 한다.

> 실제로 우리의 모든 관념은 조금은 언제나 애매하고 우리가 사용하고 이해하는 기호의 의미는 언제나 조금은 모호하며, 우리는 실천적인 차원에서 언제나 적당한 선에서 적당히 진/위, 정독/오독, 동의/이의를 실용적으로 결정해왔으며 어차피 그럴 수밖에 없다. (박이문, 2004: 25)

문화적 문식성 교육을 위한 고전소설과 영상변용물의 주제 비교

-<장화홍련전>과 영화 <장화, 홍련>을 대상으로-

1. 서론

문화적 문식성(cultural literacy)은 "문화 분야의 기본적인 지식이나 앎"[1)]이라고 정의되며, 여기에는 전통에 대한 개인의 인식, 문화적 유산과 그 가치에 대한 인식, 전통으로부터 무엇인가를 배울 수 있는 능력, 어떤 문화의 장단점을 이해할 수 있는 능력 등이 포함된다.[2)] 박인기는 위와 같은 문화적 문식성에 대한 규정이 '전통'이라는 수직적 범주의 문화에 편향되어 있음을 지적하면서, 국어교육적으로 문화적 문식성을 재개념화하는 데 있어서 문화의 공시적인 양태를 수평적 범주로 설정할 것을 제안하였다.[3)] 이러한 관점에서 볼 때, 이미 시간의 검증을 받아 가

1) 박인기, 「문화적 문식성의 국어교육적 재개념화」, 『국어교육학연구』 16, 국어교육학회, 2003.

2) A. C. Purves, L. Papa, S. Jordan (eds.), *Encyclopedia of English Studies and Language Art*, vol 1, National Council of Teachers of English, 1994.

3) 박인기, 앞의 글. 박인기의 글에서 수평적, 수직적 문화가 어떤 의미를 갖는지 정리하면 다음과 같다. 삶의 방식으로서 문화라는 인류학적 개념을 문화 연구에 도입한 윌리암스는 문화에 대한 논의를 세 가지 범주에서 정리하였다. 첫째 범주에서 문화는 절대적 또는 보편적 가치라는 관점에서 '이상적인 것'으로, 인간이 완벽함에 이르는 과정이나 그 상태를 지시한다. 둘째 범주에서 문화는 '문서화된 기록들', 즉

치 있는 것으로 전수된 문화적 유산에 대한 앎과 현재의 미디어 환경에서 펼쳐지고 있는 다양한 기호적 상징들에 대한 앎은 모두 문화적 문식성을 높이는 데 기여한다.

그러나 이 두 범주가 전혀 별개의 것으로서 존재하는 것만은 아니다. 이 두 범주를 독립적으로 취급하여 가르치게 되면, 학습자들은 고전문학을 비롯한 전통문화에 대해서는 이미 사회적으로 합의된 가치를 전수받고 암기하는 데 급급하게 되며, 현재의 문화에 대해서 통시적으로 이해할 수 있는 근거를 잃어버리고 현재의 삶을 역사적으로 성찰할 수 있는 계기를 놓치게 될 위험성이 있다. 전통이란 현재의 관심에 따라 재구성되며 심지어는 발명되기도 하는 속성을 가지고 있음과 현재의 문화도 전통이 마련해준 지평을 바탕으로 하여 창출되며 그 새로움도 전통을 척도로 규정될 수 있음을 상기할 때, 문화의 두 양태는 서로를 되비치고 구성하는 관계에 있음을 파악할 수 있다. 이런 관점에 따라, 이 연구에서는 수직적 범주의 문화와 수평적 범주의 문화가 서로 교섭하는 교집합적 부분이 문화적 문식성 교육이 주목해야 할 지점이라고 파악하여, 그 위치에 놓인, 고전의 현대적 변용물의 교육적 의미를 탐색하고자 한다.

전통문화의 요체는 유산으로 전해내려 오는 가시화된 실체가 아니라 그 속에 담긴 정신적 가치라고 할 수 있다. 그리고 그 가치가 현재와 소통하는 양상은 물음과 응답이라는 대화적 구조를 갖는다. <심청전>을 예로 들어 설명해 보자. <심청전>은 '바람직한 부모와 자식간의 관계란 어떠한 것인가?'라는 보편적인 삶의 문제를 다루고 있다. 심 봉사가 후대로 올수록 희화화되는 이본 형성의 과정은 효라는 인륜적 가치가 위기에 처한 현실을 비속한 심 봉사의 표상을 매개로 제시하면서 자식이

기록된 텍스트와 실천행위로 이루어진 실체를 가리킨다. 셋째 범주에서 문화는 특정한 삶의 방식에 대한 표현을 의미한다(이에 대한 논의는 R. Williams, *The Long Revolution*(London and New York: Columbia University Press, 1961) 참조. 수직적 문화는 실체로서 전승되는 문화유산과 그 안에 담긴 정신적 가치에 가까우며, 셋째 관점으로부터 현재의 대중문화가 조명받기 시작했다는 점에서 수평적 문화는 삶의 방식에 대한 표현이라는 관점에서 분석된다.

부모를 위해 맹목적인 희생을 하는 것에 대한 회의를 드러내고 있다.4) 이렇게 <심청전>의 이본들은 심청 이야기가 문제시하고 있는 주제와 관련하여 고민하면서 나름의 답변을 내어놓은 문화적 산물이라고 할 때, <심청전> 교육에서 중요한 점은 실체화된 가치로서 효를 전수하는 것뿐만 아니라 고전이 제기하고 있는 삶의 문제를 현대의 문제로서, 자기의 문제로서 받아들이게 하는, 문제 자체의 이월이 될 것이다.

이렇게 과거의 작품에서 다루고 있는 문제가 현대인에게도 의미 있는 문제틀로 설정되고, 과거의 작품이 제시한 답변이 현대의 상황에서 새로운 문제로 다가올 때, 과거의 문화유산은 비로소 학습자와 대화적 관계를 갖는 고전으로 성립할 수 있다. 이러한 의미에서 고전을 현대적으로 변용한 다양한 매체의 텍스트들은 그 자체로서 교육적 의미를 지닌다기보다는 고전문학을 해석한 현대적 관점으로서, 혹은 다양한 해석 가능성의 한 실현으로서 학습자와 고전문학 작품의 대화를 촉진할 자극제 역할을 할 수 있기에 교육적인 주목을 요한다. 즉, 고전의 현대적 변용물들은 고전을 고전답게 가르치기 위한 교육 자료로서 문학교육의 장에 적극적으로 도입될 필요가 있다고 할 수 있다.

2003년에 개봉된 영화, <장화, 홍련>은 그 제목처럼 고전소설 <장화홍련전>을 상상의 원천으로 차용하고 있다. 그리고 이 영화는 개봉된 지 1년이 넘는 지금까지도 해석을 둘러싼 논쟁이 열띠게 진행될 정도로 다층적인 '읽을거리'를 제공하고 있는 영화이다. 기존의 이 영화와 관련된 논의에서 고전소설과 영화와의 관계는 '고전과 무관함', '고전의 재해석', '고전이 갖고 있는 이데올로기의 재생산'이라는 관점에서 설명되었다.5) 그렇지만 이 연구가 <장화, 홍련> 평론들이 고전소설에 대한 올바

4) 정운채, 「<심청전>의 구조적 특성과 심청의 효성에 대한 문화론적 고찰」, 이상익 외, 『고전산문교육의 이론』, 집문당, 2000.
졸고, 「전승사의 관점에서 본 채만식의 <沈봉사> 연구」, 『고전문학과교육』 7, 한국고전문학교육학회, 2004.

5) '고전과 무관함'에 묶을 수 있는 사례로, <장화, 홍련>은 지금까지 만들어진 <장화홍련전> 영화와는 달리 원작과는 아무 관련이 없는 영화라는 논의나(유운성, 「감독

른 관점을 갖고 있느냐, 혹은 평론자들이 가진 고전소설 <장화홍련전>에 대한 이해가 타당한가라는 문제를 다루려는 것은 아니다. 이미 이러한 영화 비평에 대한 메타 비평은 조현설에 의해 이루어졌다. 조현설은 이본연구의 관점으로 고전소설의 영상 변용물을 접근해야 한다고 하면서, 고전소설 <장화홍련전>과 영화 <장화, 홍련>의 관계에 대해 논한 바 있다.[6)]

그러나 조현설의 연구에서는 기존의 영화 비평에 대한 메타 비평이 행해졌을 뿐, 영화 자체에 대한 해석이나 <장화홍련전>에 대한 새로운 읽기가 시도된 것은 아니다. 그보다 그의 연구는 고전소설에 대해 '무지한' 영화인들을 '가르치는' 것에 관심을 가지면서 영화비평가에게 '원전의 정신'을 이해하는 일차적 임무를 충실히 이행하라고 요청한다.[7)] 이에 비해 본고는 영화나 영화를 둘러싼 담론에서 고전문학 연구자들이 배울 만한 것이 있다는 태도를 갖는다. 즉, 감독을 비롯한 영화 생산자들이 만든 고전의 변용물에서 수용자가 발견한 의미로 고전을 되비칠 때, 오히려 고전을 이해하는 해석적 지평이 확장되며, 그로 인해 우리의 자기 이해의 폭이 넓어지고 고전 자체의 의미도 풍요로워질 수 있다는 것이다.

의 장르적 상상력, <장화, 홍련>」, 『시네 21』, 2003.6.10), "이 영화는 침대에 죽은 동물이 나오는 것만 빼면 전래소설 <장화홍련전>과는 아무 관계가 없다. 반칙이다."(이효인, 「<장화, 홍련> 전래동화와는 아무 상관 없네…반칙이다」, 『시네 21』, 2003.7.3)라는 비평을 들 수 있다. 그리고 '고전의 재해석'이라는 관점의 비평에서는, "계모의 악덕을 수미의 사이코드라마로, 송사 해결은 정신분석으로, 환생 설화를 기억의 회귀로 전복"(정승훈, 「공포의 형이하학을 넘진 못했지만 눈을 뗄 수 없는 <장화, 홍련>」, 『시네 21』, 2003.7.3)이라고 설명되거나, 고전소설의 선악 구도를 "어머니 부재로 인한 여성의 희생과 아버지의 이기심으로 나타나는 남성적 권력이라는 새로운 개념"으로 탈바꿈하였다고 논하였다(정재형, 「상상력, 환상, 기억 그리고 일탈의 공간정치」, 『문화예술』, 2003.8). 한편, '고전소설 이데올로기의 재생산'이란 관점에서 이 영화는 '여자들끼리 싸우게 놔두라. 남자는 죄가 없다'라는 가장 고전적이고 보수적인 이데올로기를 담고 있는 것이라 비판되기도 하였다(심영섭, 「수미의 내면 대신 다리에 탐닉하는 <장화, 홍련>」, 『시네 21』, 2003.7.10).

6) 조현설, 「고소설의 영화화 작업을 통해 본 고소설 연구의 과제」, 『고소설연구』 17, 한국고소설학회, 2004.

7) 조현설, 앞의 논문, 64면.

이러한 전제 아래 이 연구에서는 고전소설 <장화홍련전>과 영화 <장화, 홍련>이 '가족간의 관계', 특히 그 중에서도 '부모와 자식간의 애정과 갈등'이라는 보편적 삶의 문제를 다루고 있다고 파악하며,[8] 같은 문제에 대해 서로 어떠한 답변을 마련하고 있는지 살필 것이다. 심리학자인 베텔하임은 가족간의 갈등이 서사적으로(특히 민담에 있어서) 어떻게 표상되는지에 대해서 '오이디푸스적인 문제'라는 개념으로 매력적인 분석을 행한 바 있다. 본고에서는 이 개념을 활용하여 두 장화, 홍련 이야기에서 이 문제가 어떤 방식으로 설정되고, 어떤 해결을 취하고 있는지 분석할 것이다. 그런데 지금까지 <장화홍련전>의 의미나 주제 관련 논의에서 심리학의 성과가 충분히 반영되지 않았기에 먼저 <장화홍련전>을 '오이디푸스적인 문제'라는 틀로 검토한 뒤, 같은 문제를 다루고 있다고 파악되는 영화 <장화, 홍련>은 이 문제에 대해 어떤 방식으로, 어떤 답변을 내리고 있는지 살필 것이다.

2. '오이디푸스적 문제'의 의미와 적용 가능성

오이디푸스와 그 가족이 등장하는 소포클레스의 비극은 다음과 같은 줄거리를 갖고 있다.

자신이 아들에게 죽게 되는 것을 막으려는 테베의 라이오스 왕은 오이디푸스가 탄생하자, 아이의 복사뼈를 창으로 찌르고 두 다리를 묶었다. 그는 양치는 목동에게 어린 아들을 데려가 들판에서 죽게 버려두라

8) 이러한 해석의 관점은 영화를 둘러싼 대표적인 논쟁에서 비롯되었다. 이 영화에 대한 쟁점 중에 하나는 이 영화가 '근친간의 과도한 애정'과 관련된 내용을 갖고 있느냐와 관련된 것이다. 이 연구에서는 이 영화를 둘러싼, '근친간의 과도한 애정'과 관련된 해석 논쟁이 고전소설 <장화홍련전>에 대한 새로운 해석적 지평을 열어주었다고 판단한다. 특히 이 성과는 감독을 포함한 영화 생산자의 직접적 산물이 아니라 수용자의 반응이 소통되면서 만들어진 것이라는 점에서 더욱 의의가 있다고 하겠다.

고 명하였으나 목동은 명령을 어기고 다른 사람에게 아이를 돌보라고 넘겨, 결국 오이디푸스는 다른 나라 왕의 아들로 길러지게 된다. 청년이 된 오이디푸스는 자신이 아버지를 죽이고 어머니와 결혼할 것이라는 델피의 신탁을 듣자, 양부모를 친부모라 여겼던 오이디푸스는 그런 과오를 막으려고 방랑의 길을 떠난다. 이 과정에서 오이디푸스는 교차로에서 마주친 라이오스를 죽이게 된다. 오이디푸스는 계속 방황을 하다 테베로 와서 스핑크스가 낸 수수께끼를 풀고 그 도시를 다스리게 되었다. 또 그 보상으로 오이디푸스는 과부가 된 왕비인 요카스타와 결혼한다. 이렇게 아들은 왕과 남편이란 아버지의 자리를 차지하게 된 것이다. 그러나 마침내 모든 진실이 점점 밝혀지자 요카스타는 자살하고 오이디푸스는 자신이 했던 일을 알지 못한 처벌로 스스로 눈을 찔러 장님이 되었다.

오이디푸스와 요카스타 사이에는 쌍둥이 아들인 에테오클레스와 폴리니세스가 있었는데, 이 두 아들은 아버지를 버리고 딸 안티고네만이 곁에 남아 아버지를 돌봤다. 이후 남은 쌍둥이 아들은 내분의 과정에서 서로를 죽이게 된다. 안티고네는 크레온 왕의 명령을 어기고 폴리니세스를 땅에 묻어주어 죽임을 당했다. 그런데 크레온 왕에게는 안티고네를 사랑하는 하에몬이라는 아들이 있었는데, 그는 안티고네가 죽기 전에 그녀를 살려달라고 자기 아버지에게 청원한 바 있었다. 그러나 크레온 왕은 아들의 청원을 물리치고 안티고네를 죽이고 말았다. 안티고네의 죽음으로 인해 절망한 하에몬은 아버지를 죽이려 시도하지만 실패하고 자살한다. 그리고 하에몬의 어머니이자 크레온의 부인도 아들이 죽자 자살한다.[9]

프로이트는 이 이야기 중 비극적 파국을 맞는 오이디푸스와 관련된 부분, 즉, 아버지를 죽이고 친어머니와 결혼한다는 내용에 초점을 맞춰, '남근기(The Phallic Stage)'에 해당하는 개인의 성적 발달 과정의 특징적 현상인 '오이디푸스 콤플렉스(Oedipus complex)'를 설명하였다.[10] 이는

9) 소포클레스, <오이디푸스 왕>, <콜로노스의 오이디푸스>, <안티고네>, 조우현 외 역, 『희랍비극 1』, 현암사, 1994.

10) 프로이트는 이 개념을 활용했으나, 「남자들의 대상 선택 중 특이한 한 유형」이란

성(性)이 다른 부모에 대한 성적인 추구와 동성의 부모에 대한 적대적인 배척 감정이다. 이와 같은 감정은 자신보다 더 강한 부모로 인해 대부분 무의식 속으로 억압되는데, 동성의 부모에 대한 적대감 대신 동일시를 통하여 경쟁심을 극복하게 됨으로써 이러한 갈등은 어느 정도 수정, 해결된다. 프로이트는 이러한 과정을 통하여 남자는 남자답게, 여자는 여자답게 행동하는 성 역할 규범을 배우고 사회 규범이나 도덕적 가치를 내면화하여 초자아를 형성한다고 보았다.11)

베텔하임은 이 신화에서 거의 모든 종류의 근친상간적 집착을 발견하면서 이 신화의 메시지는 과도한 근친애가 결국 비극적 파멸을 가져온다는 것임을 밝혔다. 베텔하임이 오이디푸스 신화를 보는 시각은 다음과 같은 점에서 프로이트와 조금씩 다르다. 첫째, 베텔하임은 오이디푸스 신화를 아동의 성장 문제뿐만 아니라 부모의 문제로 확장하여 이해한다. 베텔하임은 프로이트의 견해를 부정하지는 않으면서, 이 신화가 "부모가 자기 아이를 받아들일 수 없을 때 그리고 부모가 결국 자신의 아이에게 자리를 물려주어야 한다는 데에 만족할 수 없을 때 가장 처절한 비극으로 귀결"12)됨을 보여주고 있다고 주장한다. 라이오스는 자식을 자신의 경쟁자로 여겼기 때문에, 그리고 크레온은 자식의 말을 인정하지 않고,

---

글에서 이 용어를 처음으로 사용했다고 한다(S. 프로이트, 「남자들의 대상 선택 중 특이한 한 유형」, 『성욕에 관한 세 편의 에세이』, 김정일 역, 열린책들, 2004, 213면-역자주). 여기의 설명을 옮기면 다음과 같다. "그는 어머니를 갈망하기 시작하면서 아버지를 자신의 소망을 가로막는 경쟁자로 생각하여 다시금 증오하기 시작한다. 말하자면 그는 오이디푸스 콤플렉스의 지배 하에 들어가게 되는 것이다."(S. 프로이트, 앞의 책, 213면)

11) 오이디푸스 콤플렉스의 해소에 대해 프로이트는 다음과 같이 설명한다. "부모에 대한 대상 리비도 집중은 동일시로 바뀐다. 아버지나 부모의 권위는 자아에 유입되고, 여기서 초자아의 핵심이 형성된다. 이 초자아는 아버지의 엄격함을 넘겨받아 근친상간을 금시기하고, 부모를 향한 리비도 집중으로부터 자아를 지켜준다. 오이디푸스 콤플렉스에 속하는 리비도 경향의 일부는 동일시로 인해 약해지고 고상해지며, 일부는 억제되어 애정으로 바뀐다."(S. 프로이트, 「오이디푸스 콤플렉스의 해소」, 앞의 책, 296면)

12) B. 베텔하임, 『옛이야기의 매력 1, 2』, 김옥순, 주옥 역, 시공주니어, 1998.

자신을 자식보다 우월한 존재로 여겼기 때문에 비극을 초래했다는 것이다. 이렇게 부모가 자식을 자식으로서 받아들이지 않는 경우는 여성 부모에게도 해당한다. 요카스타 역시 아들을 자식이 아니라 성적 대상으로 상대했기 때문에 결국 자살하고 말았다.

둘째, 베텔하임의 시각에서 이 문제는 남근의 소유 여부를 막론하고 누구에게나 해당하는 것이다. 프로이트는 오이디푸스 콤플렉스의 문제가 남자 아이들에게만 해당하는 것이라 보았다.13) 이에 비해 베텔하임은 <백설공주>의 오이디푸스적인 문제를 논하면서, "소녀에게는 자기가 아버지를 사랑하는 일은 세상에서 가장 자연스러운 일이고 아버지가 딸을 사랑하는 것도 마찬가지다."14)라고 설명한다. 그러나 그러한 사랑이 어느 한 쪽에서라도 집착이 되고, 과도해질 때 문제는 발생한다. 그 예로 오이디푸스 신화에 등장하는 안티고네의 경우를 들 수 있다. 장님이 된 아버지 곁에서 헌신적인 사랑을 바치던 안티고네는 그런 사랑을 오빠에게도 쏟았기에 죽음을 맞이하였다. 만약 안티고네가 자기 여동생 이스메네처럼 자신의 부모나 형제 어느 쪽에도 깊이 집착하지 않았더라면, 아버지의 비참한 운명에 동참하거나 오빠로 인해 죽음을 당하진 않았을

13) "한 부모에게만 사랑을 보이고 동시에 다른 한쪽의 부모는 경쟁자로 증오하는 운명적인 결합을 발견하는 것은 오로지 남자 아이들의 경우에만 해당되는 것이다."(S. 프로이트, 「여성의 성욕」, 앞의 책, 342면) 그러나 한편, 프로이트는, "(오이디푸스 콤플렉스가 거세 위협으로 이어져 초자아 형성의 핵심이 되는 과정은 남자 아이의 경우인데, 이런 발달이 여자 아이의 경우엔 어떻게 일어나느냐 하는) 주제는 매우 모호해지고 격리가 생긴다. 물론 여성의 경우도 오이디푸스 콤플렉스, 초자아, 잠복기로 발전한다. 그렇다면 남근의 조직화와 거세 콤플렉스도 적용시킬 것인가? 대답은 '그렇다'이다."라고 한 바도 있기는 하다(S. 프로이트, 「오이디푸스 콤플렉스의 해소」, 앞의 책, 297면). 그의 논의를 따르자면, 여자 아이들은 이미 거세를 일어난 사건으로 여기면서 열등감을 느끼면서 남근 선망을 버리고 아기에 대한 소망을 갖는다. 그러한 의도에서 아버지를 사랑의 대상으로 간주하며, 어머니는 질투의 대상으로 여기게 된다(S. 프로이트, 「성의 해부학적 차이에 따른 심리적 결과」, 앞의 책, 312면). 이렇게 프로이트는 여성도 오이디푸스 콤플렉스에 해당하는 어떤 것이 있다고 가정하였으나, 이를 남근을 중심으로 설명하려 하였기에 충분한 설득력을 가질 수는 없었다고 판단된다.

14) B. 베텔하임, 앞의 책, 332면.

것이며, 하에몬과 행복한 결합을 이루었을 수도 있었다. 그러나 그녀는 근친애적 관계에 깊이 연루되어 있었기에 파멸하고 만 것이다.

이 문제를 보편적인 인간의 성장 과업으로 바라보는 시각은 프로이트나 베텔하임에게 공통적이다. 프로이트는 사춘기에 오이디푸스 콤플렉스의 극복이라는 심리적 성취가 완성된다고 하면서, 이 극복에 대해 "부모의 권위에서 이탈하는 것은 그것만으로도 신세대와 구세대 사이의 대립을 가능케 하는 과정으로서, 문명의 발전에 대단히 중요"[15]하다는 의의를 부여하기도 하였다. 베텔하임도 이 문제는 인생에서 피할 수 없는 것으로 어린이는 욕망의 힘이 자신의 전체 인성을 압도할 수 없도록 끊임없이 투쟁해야 한다고 하였다.[16] 그러나 두 논자는 오이디푸스적인 문제가 어떻게 극복될 수 있는지에 대한 견해에서는 차이를 보인다.

프로이트는 거세 위협의 주체인 아버지를 자아에 유입하여 형성된 초자아에 의한 억압에 의해 오이디푸스적인 욕망이 제어될 수 있으며, 자아가 이 콤플렉스에서 벗어나는 임무를 잘 해내지 못하면 억압은 무의식 상태로 남아 있다가 병으로 나타난다고 위협적으로 설명한다.[17] 한편, 베텔하임은 무의식을 억압하고 무의식의 내용이 의식으로 떠오르지 못하게 출구를 막아 놓으면 안 된다고 하면서, 무의식의 내용이 어느 정도 의식의 층으로 떠오르도록 허용되고 상상 속에서라도 작동을 할 수 있으면, 무의식이 자신에게나 남에게 해를 끼칠 가능성은 훨씬 줄어들고, 오히려 무의식적 욕망이 긍정적인 용도로 활용될 수 있다고 논하였다.[18] 바로 이러한 맥락에서 베텔하임은 어린이가 겪는 내면적 갈등을 환상적으로 표상하여 자기도 행복한 결말을 얻기 위해 성숙에 필요한 성장의 경험을 견뎌내도록 용기를 주는 옛이야기[민담]의 효용을 강조하는 것이다.

15) S. 프로이트, 「성욕에 관한 세 편의 에세이-3. 사춘기의 변화들」, 앞의 책, 131면.
16) B. 베텔하임, 앞의 책, 92면.
17) S. 프로이트, 「오이디푸스 콤플렉스의 해소」, 앞의 책, 297면.
18) B. 베텔하임, 앞의 책, 18면.

요컨대, 이 논의의 주요 개념으로 활용될 '오이디푸스적 문제'는 아동뿐만 아니라 부모에게도 해당하는 문제이며, 남성뿐 아니라 여성에게도 적용되는 것이다. 그리고 이 문제는 인간이 성숙을 위해 어떤 방식으로든 극복, 혹은 해소되어야 할 성격의 것으로, 대부분의 민담에서는 이 문제에 대한 환상적인 해결책을 제시하고 있다. 민담에 있어서 이 문제의 적용 가능성은 이미 베텔하임이 <백설공주>를 이 문제틀로 분석하면서 의미심장하게 실현되었기에, 이 연구에서는 <백설공주>가 오이디푸스적인 문제와 관련된 무의식을 어떻게 드러내는지 설명한 베텔하임의 논의를 간단히 소개하겠다.

백설 공주의 계모는 실은 친모의 환상적 변형이며, 여자 어린이는 아버지를 사이에 두고 어머니와 삼각관계를 형성하면서 어머니를 질투한다. 계모는 자아도취에 빠져 백설 공주의 아름다움을 시기한다. 백설 공주는 아버지에 대한 과도한 집착으로부터 벗어나야 정상적인 성장을 이룰 수 있는데, 백설 공주는 아버지와 떨어져 난쟁이들과 평화롭게 사는 동안 난쟁이들처럼 열심히 일하고 다른 사람들에게 베풀 줄 알게 되면서 청년기로 이동할 힘을 기른다. 그러나 이 시기 동안에도 역시 갈등은 있다. 백설 공주의 계모는 끊임없이 레이스 띠(코르셋)이나 빗으로 유혹하며 성적으로 매력 있게 되고 싶어하는 백설 공주의 욕망을 자극하기 때문이다. 이 욕망은 초기의 미성숙한 청년기 상태에 있는 백설 공주에게 '독약'이 되어 백설 공주는 독이 묻은 사과를 먹고 깊은 잠에 빠진다. 여기서 사과는 여성의 성숙한 성적인 욕망을 상징하는데, 아직 덜 성숙한 백설 공주는 이 사과를 먹기에 너무 일렀다. 그래서 백설 공주는 관 속에서 깊은 잠을 자면서 성숙의 마지막 단계인 '휴식과 집중의 시간'을 갖는다. 그런 시간을 견딘 결과, 백설 공주는 성숙해진 상태에서 왕자로 표상되는 성숙한 배우자를 만나게 된 것이다.[19] 이렇게 본다면, 익히 알려진 <백설공주>는 한 여자 아이가 아버지와의 근친애적 사랑과 어머니에 대

19) B. 베텔하임, 앞의 책, 327~349면 참조.

한 질투를 극복하고, 부모로부터 정신적으로 독립해 독자적인 인생을 살아가는 데 필요한 내면의 투쟁을 그린 심리 드라마가 되는 것이다.

이렇게 서구의 대표적인 계모형 민담인 <백설공주>를, 오이디푸스적 문제를 환상적인 변형을 통해 드러내고 그 문제를 마술과도 같이 해결하는 텍스트로 이해할 수 있다면, 계모형 서사의 한국적 변용인 <장화홍련전>에 대해서도 그러한 이해가 충분히 가능할 것으로 보인다. 이어지는 장에서는 <장화홍련전>의 의미를 파악하는 데 있어서 이 문제의 적용 가능성을 탐색하고, <장화홍련전>에서는 이 문제를 어떻게 설정하며 해결하고 있는지 텍스트 분석을 통해 확인하겠다.

3. <장화홍련전>의 경우: 오이디푸스적 문제의 환상적 변형과 극복

<장화홍련전>은 안자산[20]에 의해 검토된 후부터 연구사가 이어져[21] 주제에 관한 다양한 논의가 존재한다. 이 논의들은 이 작품의 갈등이 어떤 원인에서 초래되었는지에 주목하여 작품의 의미를 파악하고, 주제를 해석하였다. 계모와 전처 자식간의 갈등이 발생한 원인을 중심으로 그간의 작품의 주제나 의미에 대한 논의를 정리하면 다음과 같다.

1) 가장의 무능함

① 가장의 자식에 대한 맹목적인 편애와 사려 없는 행동, 소심과 나약, 우둔과 무능이 가정 비극을 초래한 원인으로 볼 때, 이 작품은 유교문화의 부정적 변질인 양반의 무능을 비판하고 있다고 할 수 있다.[22]

---

20) 安廓, 『조선문학사』, 韓一書店, 1922.

21) <장화홍련전>의 전반적인 연구사에 대해서는 이기대, 「<장화홍련전> 연구사」(우쾌제 외, 『고소설연구사』, 월인, 2002) 및 이헌홍, 「<장화홍련전>」(『고전소설연구』, 일지사, 1993, 585~599면) 참조할 것.

22) 김일렬, 「고전소설에 나타난 가족의식」, 『동양문화연구』 1, 경북대 동양문화연구소, 1974.

② 가장의 권위와 능력에 대한 회의와 비판을 주제로 하고 있는 이 작품은 가장의 권위와 봉건적 가족윤리의 강조만으로는 가족 내부의 문제를 잠재우기 어려웠던 시대적 상황을 반영하고 있다.[23]

2) 가장권의 강력함

① 계모의 악행은 가정 내에서 가장이 묵인했기 때문에 밝혀지지 못했고, 가장권의 강화라는 현상은 전실 자식에게도 내면화되고 있기에, 장화와 홍련은 직접 계모를 징치하지 못했으므로 이 작품은 가장권이 강화되는 역사적 현실을 반영한다.[24]

② 조선 후기 가부장제의 경직화와 그로 인해 빚어진 위기의 책임을 계모의 본성적 결함으로 환원시켜 은폐하고 있는 이 작품은 남성지배에 습속화된 여성들의 공조 아래, 계모를 희생양으로 삼아 남성지배에 대한 신화적 믿음을 재생산하고 있다.[25]

③ 자식에게 죽음을 명하는 부당한 가부장적 권위나 기존 윤리 체제 하에서 자신의 원정을 관에 고해도 법적인 보호를 받을 수 없었던 현실에 대한 불만을 원귀라는 형태를 통해 해결하고 있다.[26]

3) 전처-후처의 갈등의 변형

① 남편이 전실 자식을 과도하게 보호하는 것은 전처에 대한 그리움이기에 후처는 전실 자식을 전처와 동일시하여 전처에 대한 질투가 생겼다.[27]

② '계모-전처자식의 갈등'은 '전처-후처 갈등'이 변형되어 나타난 것으

23) 이승복, 「계모형 가정소설의 갈등 양상과 의미」, 『관악어문연구』 20, 서울대 국어국문학과, 1995.
24) 이기대, 「<장화홍련전> 연구」, 고려대 석사학위논문, 1998, 33~44면.
25) 조현설, 「남성지배와 <장화홍련전>의 여성형상」, 『민족문학사연구』 15, 민족문학사연구소, 1999.
26) 신영주, 「조선후기 송사소설 연구」, 상명대 박사학위논문, 1996, 10~11면.
27) 신규원, 「계모형 소설연구」, 영남대 석사학위논문, 1981.

로 그 근본적인 원인은 다부제(多婦制)에 있다. 그래서 이 작품은 구조적 차원의 문제를 인성의 결함이라는 개인적 차원의 문제로 왜곡하여 문제의 본질을 은폐시키면서, 첩이나 계모로부터 실제로 피해를 받을 가능성이 있던 여인들에게, 첩이나 계모가 징벌되는 결말을 통해 정서적 안정을 주는 위안의 기능을 하였다.[28)]

4) 계모라는 콤플렉스

① 전처의 자식이 있는 집에 후처로 들어왔다는 콤플렉스로 인해 계모는 전처의 자식을 미워하게 되었다.[29)]

② 계모는 한 가족원으로 인정받지 못하는 동시에 가족원이라는 모순적 상황 속에서 끊임없이 가정의 중심으로 들어오려는 욕망을 지닌 존재이다.[30)]

5) 신·구 구성원간의 세 다툼

① 계모의 등장은 가정의 주도권을 두고 전처 자식과 다투어야 하는 갈등 상황을 초래하였으며, 이 문제에 판관이 개입하는 것은 가정내 문제가 사회문제로 심화되고 확대되는 모습을 보여준다.[31)]

6) 물질적 가치로의 경도

① 물질적 가치에 의해 한 가정이 파괴되는 모습을 보여주고 있다.[32)]

② 가정의 공동체적 성격이 쇠퇴하면서 이익사회의 자기 이익을 추구하는 성향이 가족원간의 관계에서도 대두된 전환기의 산물이다.[33)]

---

28) 이원수, 「가정소설 작중 세계의 시대적 변모」, 경남대학교출판부, 1997, 72~117면.
29) 정혜심, 「계모형 소설 연구」, 숙명여대 석사학위논문, 1989.
30) 김재용, 「계모형 고소설의 시학」, 집문당, 1996.
31) 이헌홍, 앞의 논문, 597면.
32) 이승복, 앞의 논문.
33) 김재용, 앞의 책, 71~117면.

이렇게 다양한 주제에 대한 논의는 쉽게 하나로 수렴되지 않는다. 오히려 양립할 수 없는 내용들도 있다. 예를 들면, '계모'의 형상이 여성들의 공모 하에 이루어진 현실의 왜곡이라고 보는 관점에서는 전처의 자식이 있는 집안에 새로 들어와 가정의 주도권을 쥐려고 애쓰는 인간적 계모라는 관점을 수용하기는 힘들다. 또, 이 가정 비극이 초래된 원인을 가장의 문제로 돌리더라도, 이 가장을 무력한 존재로 보느냐 그렇지 않느냐에 따라 이 작품은 양반의 무능에 대한 비판이 되기도 하고, 가부장제에 대한 옹호가 되기도 한다. 그렇지만 중요한 것은 다양한 해석을 통합할 수 있는 메타적인 해석을 설정하거나, 기존의 해석 논의에서 어떤 것이 가장 타당한 해석인지를 찾는 것이 아니다. 오히려 갈등하는 해석은 작품의 의미를 풍부하게 해주며, 수용자 개개인이 <장화홍련전>과 해석학적 대화를 하게 추동하는 자극제가 될 수 있다는 관점에서 교육의 장에 적극적으로 소개될 필요가 있다고 판단된다.

이 연구에서는 <장화홍련전>을 '오이디푸스적인 문제'를 다루는 작품으로 보면서 이 관점을 적용하였을 때, 작품의 주제적인 의미가 어떤 것이 될 수 있는지 고찰해 보고자한다.[34] 이 연구에서 다루는 자료는 자암본(紫岩本) <薔花紅蓮傳>이다. 자암본은 경판본(京板本)으로서 간행년도는 1899년도이다. 이 이본은 구활자본이 주로 참조하고 있는 모본(母本)으로 추정되며, 태몽 설화(胎夢說話), 추녀 설화(醜女說話), 계모 설화(繼母說話), 몽조 설화(夢兆說話), 호질 설화(虎叱說話), 청조 안내 설화(靑鳥案內說話), 아랑형 설화(阿娘型 說話), 환생 설화(還生說話) 등 다양한 민담적 요소가 녹아들어 있다.[35] 이 연구에서는 민담이 '오이디푸스적인 문제'를 가장 잘 드러낸다고 가정하기에 민담적인 요소가 가장 풍부한 이 이본을 자료로 취하여 분석하고자 한다.

<장화홍련전>은 '계모형 민담'의 전형적인 등장인물과 서사 구조를

34) 갈등하는 해석들이 오히려 학습자의 해석하려는 의욕을 불러일으킬 수 있다면, 기존의 해석 목록에 또 다른 항목을 추가하는 연구의 교육적인 의의를 인정할 수 있다.
35) 전성탁, 앞의 논문, 33면.

따르면서 아버지와 딸, 어머니(또는 계모)와 딸 간의 부적절한 관계가 일으킬 수 있는 문제를 중핵적인 갈등으로 표상하고 있다. 즉, 이 소설은 계자녀를 죽음으로 몰고가는 악독한 계모와 너무나 착해서 아버지의 명에 따라 순순히 죽는 계자녀, 딸들에 대해 지극한 애정을 쏟기에 계모에게 시기심을 불러일으키는 아버지 등의 인물이 등장하며, 악한 계모가 결국에는 징치되고 주인공들은 행복한 결말을 맞게 되는 서사 구조를 갖는다. 이러한 계모형 서사는 한국의 특수한 문화적 산물만이 아니라 <신데렐라>나 <백설공주>처럼 전세계적으로 널리 분포된 것이기에 보편적인 인간 심리라는 차원에서 이해할 필요가 있는데, 기존의 연구에서는 주로 한국의 특수한 사회, 문화적 상황을 전제하고서 작품의 의미나 주제에 대해 논하였다.[36] 이 연구에서는 인간의 보편적인 심리적 문제로 이 작품을 이해하면서 이 작품의 주제에 대한 또 다른 해석을 제시하려 한다.

계모형 민담에 있어서 '오이디푸스적인 문제'의 적용 가능성은 이미 이인경에 의해 모색된 바 있다. 이인경은 <손 없는 색시> 설화를 심층심리학적으로 분석하면서, 계모(아버지) 또는 시어머니의 억압을 극복한 주인공이 결국에 누명을 벗고, 계모를 징치하며 자신의 배우자를 찾게된다는 설화의 내용은 부모에게 절대적으로 의존하면서 늘 부모의 권위에 두려움을 느끼던 '소녀'의 정신적 단계를 벗어나는 통과제의(通過祭儀)의 성격을 갖는다고 밝혔다. 또 이인경은 이러한 유의 설화에서 계모로 표상되는 악독한 어머니는 실제 계모가 아니라 생모의 환상적인 변용이라고 이해한 후, 계모의 질투로 인하여 부녀간의 과도한 애정 관계가 깨지고 독립적으로 반려자를 만나게 되기에, 악독한 계모는 오히려 '입사안내자(入仕案內者)' 역할을 한다고 설명하였다.[37] <손 없는 색시> 설

36) 앞서서 정리한 주제들 중 상당수가 <장화홍련전>에서 사회사적 의미를 발견하고 있다. 앞서 정리된 주제들 중 1), 2), 5), 6)은 모두 사회사적 의미와 관련된다. 3), 4)의 경우도 역사적 의미가 없을 뿐, 인간 관계의 사회학이라고 볼 수 있다.

37) 이인경, 「<손 없는 색시> 설화의 신화적 성격과 심리학적 접근」, 『구비문학연구』 13, 한국구비문학학회, 2001.

화와 <장화홍련전>은 유사한 서사의 골격을 가지며, 두 텍스트에는 공통적인 모티브가 발견된다.[38] 이런 공통점으로 미루어 <손 없는 색시> 설화에 적용된 심층심리학의 관점이 <장화홍련전>에도 유효하리라 판단된다.

자암본 <장화홍련전>에서 계모의 형상이 어떻게 제시되고 있는지 보면서 논의의 실마리를 풀어가도록 하겠다. 이 소설에서 허씨의 용모는 기괴하다 할 정도로 못 생겼는데, 그 모습이 인간의 모습이라고는 상상되지 않는다.[39] 한편, 장화와 홍련의 아름다움에 대해서는 구체적인 묘사는 없으나, 나이답지 않은 숙성함이 염려가 될 정도였다니 어린 나이에도 여성적인 아름다움이 흠씬 풍겼음을 상상할 수 있다.[40] 이렇게 대비되는, 계모와 계녀의 외모 묘사를, "객관적으로가 아니라 항상 발전하는 사람인 주인공의 관점에서 세상일을 조망"[41]하다는 민담의 서술 태도와 관련하여 이해해 보자.[42] 계모의 용모는 장화와 홍련의 관점에서

---

38) 이 유형에 속하는 설화의 서사 골격 중 <장화홍련전>과 유사한 부분은 계모가 전실딸을 내쫓기 위해 쥐를 이용하여 처녀가 낙태한 것처럼 꾸미는 전반부 내용이다. 이 유형의 설화에서 계모는 전실딸을 죽이지는 않고, 아버지로 하여금 딸의 손을 잘라서 내쫓도록 만드는데 이 점이 <장화홍련전>과의 차이점이라고 할 수 있다. 결국 절단되었던 손이 재생된 후, 전실딸은 친정에 돌아와 계모를 징치하는데, 이처럼 계모가 징치되는 내용도 공통적이다. 또, 두 군(群)의 텍스트에는 공히 '처녀의 정절 모해'의 모티브가 담겨 있고, 전실딸을 모해한 주체는 계모이지만 쫓아내거나 죽이기로 결정하고 명령을 내리는 사람은 아버지이며, 그 명령을 수행하는 사람은 남자 형제라는 점도 공통적인 모티브이다.

39) "그 용모를 의논홀진디 냥협은 한즈히 남고 눈은 퉁방울 갓고 코는 질병 갓고 입은 머역기 아가리오 머리털은 돗희 술갓고 킈는 자가 난장이요 쇼릭는 시랑의 쇼릭오 허리는 두 ᄋ름은 흔듸 그 즁의 곰비팔이며 슈즁다리의 쌍언청이를 겸ᄒ엿고 그 쥬동이를 썰면 열ᄉ발이ᄂ 되고 얽기는 콩멍셕 갓트니"(579면) (이하 인용은 자암본 (<薔花紅蓮傳>(경판 18장본: 자암신간), 1899년간, 김동욱 편, 『영인고소설 판각본 전집 2』, 연세대 인문과학연구소)에서 취한다.)

40) "장홰형제 점점 ᄌ라미 얼골의 화려함과 ᄌ질의 긔묘ᄒ미 셰샹의 무쌍ᄒ고 효힝이 더욱 특출ᄒ니 좌슈부체 ᄉ랑ᄒ미 비홀 듸 업는 즁의 그 너무 슉셩ᄒ믈 믹양 념녀ᄒ더니"(579면)

41) B. 베텔하임, 앞의 책, 332면.

42) <장화홍련전>의 서술 태도는 다른 가정소설에 비해서도 상당히 편파적이다. 서술자는 전폭적으로 장화, 홍련의 편에 서서 재현 대상을 그려내며, 사건을 서술한다.

그려진 것이라고 할 때, 그처럼 추한 몰골로 허씨가 그려진 것은 장화와 홍련이 허씨를 질투의 대상으로 느끼고 있음을 드러낸다. 그러니까 장화, 홍련의 입장에서는 숙성한 아름다움을 갖춘 자기들이 마땅히 받아야 할 아버지의 사랑을 가로채 간 허씨가 마냥 미운 존재로 여겨지는 것이다. 그렇다면 허씨의 용모가 추악하게 묘사되는 것은 허씨의 악한 심성을 드러내기 위한 장치라기보다는 장화, 홍련이 가진, 아버지의 애정에 대한 강한 집착을 보여주는 것이라 볼 수 있다.

소설에서 아버지와 장화, 홍련간의 관계는 허씨의 시기심을 자극할 정도로 매우 친밀한 것으로 그려진다. 아버지인 배무용은 허씨와의 사이에 아들 삼 형제를 낳았으면서도 잠시라도 딸들을 못 보면 삼추(三秋)나 지난 듯이 여기며 안타까워하고, 나갔다가 들어오면 먼저 딸들을 보며 애련해하였다.[43] 그런데 여기서 주목해야 할 것은 허씨가 아들 삼 형제를 낳을 세월 동안에는 장화, 홍련과 허씨와의 불화나 갈등에 대한 언급이 없다는 점이다. 허씨가 삼 형제를 낳기까지 최소한 3년의 세월이 흘렀을 터인데, 그간 허씨와 장화 형제간의 불화가 없었다는 것은 장화 형제와 허씨의 갈등이 심화된 이유가 장화 형제의 여성으로서 성숙에 있지 않았을까라는 추측을 하게 한다. 즉, 허씨의 입장에서는, 혼기가 찬 성숙한 딸들을 여전히 어머니를 그리워하기만 하는 연약한 존재로 여기고, 매양 가까이 보살피려는 남편과, 부모로부터의 독립을 앞둔 나이에 이성 부모와 과도할 정도로 친밀한 관계를 필요로 하는 딸들을 갈라놓아야 했던 것이다.

그래서 허씨는 장화의 정절을 훼손할 계략을 꾸미는데, 그 계략은 쥐

계모인 허씨가 아들을 낳는 부분에서도 서술자는 "그것도 계집이라고"하며, 허씨의 지칭을 아예 "흉녀"라고 하기도 한다. 또 다른 가정소설에서 후처나 첩의 형상이 대체로 굉장히 아름다우나, 다만 성품에 문제가 있는 것으로 설정되는 반면, <장화홍련전>의 허씨는 외모와 성품이 모두 추악하게 그려진 것도 특징적이다.

43) "ᄆᆡ양 녀ᄋᆞ로 더부러 강부인을 ᄉᆡᆼ각ᄒᆞ며 일시라도 냥ᄋᆞ를 못보면 삼츄갓치 녀겨 나갓다가 드러오면 몬져 냥ᄋᆞ의 방의 드러가 손을 잡고 눈물을 흘녀 왈 너의 심기의 이셔 어미 그리워ᄒᆞ믈 노ᄇᆡ ᄆᆡ양 슬허ᄒᆞ노라"(579~580면)

를 활용해 실현된다.[44] 이렇게 처녀의 정절을 모해하는 모티브는 <손 없는 색시> 설화에도 등장하는데 이는 정절 관념을 중시했던 문화적 토양에서 신화가 변형된 것이라고 해석되기도 하였다.[45] 그러나 정서적으로 친밀한 관계를 갖고 있었던 딸이 다른 남성과 관계를 가졌다는 사실보다 아버지를 격분하게 하는 사건은 없을 것이라 추측된다. 그래서 아버지는 '처녀가 낙태를 했다'는 사실이 가문에 욕이 될까 염려하여 장화를 죽이라는 명을 내리는 것이 아니라, 실은 딸에 대한 배신감에 휩싸여 다른 가능성들을 합리적으로 고려하지 못했던 것이다. 장화도 자신이 억울한 누명을 쓰고 죽는다는 사실을 알면서도 아버지에게 한 마디 원정조차 하지 않고 자살을 결행하였는데, 이는 자신을 사랑했던 아버지가 자기의 낙태 사실을 그대로 믿고 느꼈을 배신감과 분노를 십분 공감하였기 때문이라고 이해할 수 있다.

장화의 정절 모해는 아버지와 딸의 과도한 애정 관계를 단절하게 하는 계기가 된다. 통과제의의 서사로 <장화홍련전>을 이해할 때, 그 완성은 아버지로부터 독립하여, 다른 이성을 자신의 배우자로 맞아들이는 결말을 통해 이루어져야 할 것이다. 그리고 그 결말에 이르기 전에 장화, 홍련은 부모의 뜻에 의해서가 아니라 독립적이며 주체적으로 자신의 운명을 개척하려는 성숙의 과정이 필요하다. 그런데 장화는 누명을 쓰고 죽었으며, 홍련도 장화를 따라 자살을 하였다. 이미 죽어버린 이들의 성숙은 바로 죽음을 통해 이루어진다. 죽음을 통해 성숙한 이들은 원혼이 되어 부사 앞에 당당히 나아가 자신들의 억울함을 설득력 있게 알리고, 계모에 대한 징치를 청한다. 이러한 면모는 "나지면 부친을 바라고 밤이

---

44) "졔 ᄌᆞ식 쟝쇠를 불너 큰 쥐를 잡ᄋᆞ오라 ᄒᆞ여 가마니 퇴ᄒᆞ여 피를 바르고 낙ᄐᆡᄒᆞᆫ 형상을 ᄆᆡᆫ드러 쟝화 자ᄂᆞᆫ 방의 드러가 이불 밋히 너코 나와 좌슈를 기다려 뵈려 ᄒᆞ더니"(580면) 어둡고 더러운 구석에 사는 귀는 '쥐'는 무의식적으로 남근을 연상시키며, 성적 관심과 성숙을 상징한다(이인경, 앞의 논문, 183~184면). 쥐와 관련된 속담에서도 이를 확인할 수 있는데, 이부영은 "진통을 앓을 때 쥐구멍을 막으면 해롭다.", "게가 쥐구멍으로 들어가면 뱀이 나온다." 등의 속담을 사례로 쥐가 남근을 상징함을 밝혔다(이부영, 『한국민담의 심층분석』, 집문당, 1998, 68면).

45) 이인경, 앞의 논문, 169면.

면 망모를 ᄉᆡᆼ각ᄒᆞ며 형졔 셔로 손을 잡아 쟝쟝 하일과 긴긴 츄야를 쟝우단탄로 지ᄂᆡ”(582면)는 모습과는 상당한 차이를 보인다. 특히 귀신이 되어 나타난 홍련이 부사 앞에서 사태의 전말을 고할 때, 허씨가 물욕 때문에 자신들을 없애려 하였다는 내용[46]이 새롭게 등장했다는 것은 상황에 대한 종합적인 파악이 가능할 만큼 귀신이 된 이들의 시각이 성숙되었음을 보여준다.

<장화홍련전> 군(群)의 소설의 이본은 재생담이 있는 것과 없는 것으로 나눌 수 있는데,[47] 이중 재생담이 있는 것은 민담의 문법이 가장 잘 적용된 것으로서 통과제의의 완성을 잘 설명해준다. <장화홍련전>의 이본군에서 재생담은 두 가지 형태로 실현되는데, 하나는 자암본에서처럼 장화, 홍련이 다시 아버지의 쌍둥이 딸로 태어나 아버지의 도움으로 다른 쌍둥이 형제와 결합하게 되는 것이요, 다른 하나는 이들이 죽은 상태에서 다시 살아나 이들의 원한을 풀어준 부사를 공동의 배우자로 삼는 것이다.[48] 이렇게 재생담이 있는 이본들은 아비지가 아닌 배우자를 취하는 것으로 통과제의를 완성하고 있는데 두 이형태들의 차이에 주목할 필요가 있다. 딸들이 다시 살아나 부사와 맺어지는 경우와 달리, 자암본의 경우는 아버지와 딸이 정상적인 가정에서 평범한 부녀 관계를 맺을 수 있는 기회를 한 번 더 주는 것으로 이해할 수 있다. 즉, 자암본은 아버지가 지나치게 딸들을 사랑했던 과오를 바로잡고서 딸들에게 새 배우자를 찾도록 도와주는 역할을 하게 함으로써 근친간의 과도한 애정이 극복되고 난 후, 행복이 찾아올 것임을 구조적으로 강조하는 것이다.

이렇게 ‘오이디푸스적인 문제’를 중심으로 <장화홍련전>을 이해하였을 때, 이 소설은 과도한 근친애의 관계에 놓여있던 아버지와 딸이 계모

46) “소녀의 몸이 원혼이 되여 이럿틋ᄒᆞ믄 다른 연괴 아니오라 아비 본ᄃᆡ 조업이 업ᄉᆞᆸ고 어미 ᄌᆡ믈이 만ᄉᆞ와 노비 쳔여귀오 젼답이 쳔여셕직이오 기외 금은보화ᄂᆞᆫ 거ᄌᆡ 두량이라 소녀 형제 츌가ᄒᆞ오면 ᄌᆡ물을 다 가질가 ᄒᆞ여 소녀 형제를 죽이고 ᄌᆡ물을 탈취ᄒᆞ여 졔 ᄌᆞ식을 쥬고져 ᄒᆞ여 쥬ᄉᆞ이탁ᄒᆞ여 부ᄃᆡ 히ᄒᆞᆯ 뜻을 두엇ᄂᆞᆫ지라”(584면)

47) 김재용, 앞의 책, 92면.

48) 가람본 계열의 이본에서는 이러한 결말을 취한다.

의 음모(혹은 도움)으로 인해 근친애적 관계가 단절되는 시련을 겪은 후, 아버지의 참회와 딸의 정신적 성숙을 통해 다시 정상적인 부녀 관계를 회복하게 되는 심층의 의미 구조를 갖고 있다고 하겠다. 딸의 입장에서 보자면, 이 소설은 이성 부모와 지나치게 친밀한 정서적 관계를 갖고 있는 여성이 부모로부터 벗어나 독자적인 운명을 개척하여 행복을 찾는 통과제의의 서사가 될 것이다. 한편, 부모의 입장에서 볼 때, 이 소설은 부모가 자식들이 오이디푸스적인 문제를 성공적으로 극복하게끔 자식들과 어느 정도 정서적인 거리를 갖고, 자식들이 독립적인 삶을 살아가도록 도와주어야 하는 존재임을 일깨워주는 것이다.

4. <장화, 홍련>의 경우: 오이디푸스적 문제의 고착으로 인한 불행

영화 <장화, 홍련>은 실제로 벌어진 일과 등장인물의 환상이 복잡하게 얽히며, 사건이 비순차적으로 배열되어 있어 영화의 내용을 시간적인 순서에 따라 정리할 필요가 있다. 인적이 드문 곳에 위치한 외딴 집에 수미(임수정 분)과 수연(문근영 분) 자매가 아버지(김갑수 분)와 함께 도착한다. 오랜 만에 집에 돌아온 자매들은 집 근처 저수지로 뛰어가 물에 발을 적시며 즐거워한다. 자매가 집에 들어가자 계모인 은주(염정아 분)는 그들을 맞아주지만, 자매는 그녀에게 강한 적대감을 표시한다. 자매가 집에 돌아온 지 얼마 되지 않아 이 집에서는 이상한 일들이 벌어진다. 수연은 누군가 자신의 방에 몰래 들어왔다 나가는 기척을 느끼고, 수미는 목을 매고 죽은 엄마의 형상을 한 귀신을 본다. 그 가운데 두 자매와 은주 사이의 갈등은 더욱 심해져 급기야는 은주가 수연을 큰 자루에 넣어 구타하는 지경에 이르게 된다. 외출 후 돌아온 수미는 수연의 방 장롱에서 피 묻은 자루를 발견한 후, 은주와 싸우다가 은주가 내리 친 석고상에 맞아 정신을 잃는다. 여기까지의 이야기는 수연의 환상으로 영화에서 재현하는 대부분의 내용에 해당한다.

영화의 끝부분에 자신을 은주라고 믿고 있는 수연과 실제 은주가 맞대면하면서부터 이 가족에게 실제 있었던 일들이 재현된다. 이를 바탕으로 실제 이야기를 시간적 순서에 따라 재구성하면 다음과 같다. 이 집에는 원래 엄마, 아빠, 수연과 수미가 살고 있었다. 그런데 엄마의 병이 깊어지자 약사였던 아버지는 같은 병원에서 근무하던 간호사인 은주를 집에 데려와 엄마를 보살피게 하였다.[49] 은주는 자기 동생 부부를 그 집으로 초대하는 등 이 집의 안주인 노릇을 하는데, 이런 은주에 대해 수미와 수연은 극도의 적대감을 느낀다. 그런데 은주가 자기 동생 부부를 초대하여 식사를 하는 날, 수미는 식사를 하면서 은주와 말다툼을 하며 일어서고, 은주는 수연의 숟가락마저 빼앗는다. 수연은 자기 방으로 올라가 어머니와 함께 울다가 잠이 든다. 그 사이 어머니는 수연의 장롱 속에서 목을 매어 죽고, 자고 일어난 수연은 장롱 속의 어머니를 발견하고 흔들며 울다가 장롱이 쓰러져 그 밑에 깔린다. 이 소리를 듣고 올라온 은주는 도움을 청하러 가다가 수미를 만나 신경전을 벌이며 시간을 지체한다. 수미는 나가봐야 한다면서 떠나고, 은주는 이 모습을 지켜본다. 그 사이 언니를 찾던 수연은 죽게 된다. 그 후, 수미는 정신병으로 오랜 동안 병원 생활을 하다가 아버지와 다시 집으로 왔으나, 그 집에서 수미는 이미 죽은 수연의 환영과 함께 살며, 자신을 은주로 여기는 생활을 한다. 집에 온 이후로 수미의 내적 혼란은 점점 심해져 자해를 하는 상황에 이르자 수미의 아버지는 은주에게 도움을 청한다. 그 후 수미는 다시 정신병원에 입원하게 된다.

'오이디푸스적인 문제'를 의미를 결집시켜주는 중심으로 설정하였을 때,[50] 영화의 서사 내용에 대해 다음과 같은 이해가 가능하다.[51] 수연과

---

49) 이 부분의 서사 내용은 등장인물이 넘기는 몇 장의 사진 이미지들로 재구성한 것이다.

50) 이러한 표현은 그레마스의 '분류소(classème)'를 염두에 두고 썼다. 텍스트의 의미론적 영역에 존재하는 것으로서 의미를 분류해주는 상위의 의미인 분류소가 텍스트 내에 회귀됨에 따라서 우리는 하나의 주제로 텍스트를 읽어낼 수 있다(A. J. 그레마

수미의 어머니는 오랜 동안 아파서 엄마 노릇이나 아내 노릇을 하지 못했다. 장녀인 수미는 수연을 보살피고, 아버지를 그 아내처럼 사랑해왔다. 어느 날, 아버지는 정상적인 부녀답지 않은 관계를 청산하기 위해, 수미에게 과시라도 하듯이 은주를 집에 데리고 나타난다. 은주는 그 이후, 아버지와 함께 생활하며 실질적인 아내 노릇을 하였다. 그런 은주에 대해 수미는 강한 질투의 감정을 느낀다. 은주가 자기 동생네 부부를 초대한 어느 날, 식탁 앞에서 수미는 아버지와 자신의 관계를 폭로하고 수연도 그 사실을 알게 된다. 은주는 사회적 금기를 범하고 있는 이 집안 식구들에 대해 혐오하며 밥을 먹던 수연의 숟가락을 빼앗는다. 수연도 자신이 그 죄에 관련되어 있는 듯 순순히 은주의 말을 따르며, 자기의 방으로 간다. 어렴풋이 짐작하고 있었던 수미와 남편의 관계가 드러난 것을 안 어머니는 수연의 방으로 가서 약을 먹고 자살하고, 수연마저 죽게 된다. 이 사건으로 인한 정신적 충격으로 인해 수미는 정신병원에서 요양을 하다가 집에 돌아왔으나, 집에 오자 수미의 상태는 더욱 악화된다. 수미는 그 집에 전처럼 수연, 은주가 함께 있다고 생각하며, 수연의 환영을 보고, 은주를 스스로 연기한다. 은주가 된 수미는, 아버지 곁에 눕고, 아버지의 속옷을 챙겨주는 또 다른 자기(수미)와 실랑이를 벌이기도 한다. 또 수미는 어머니가 죽은 원인이 자기에게 있는 것 같아 죽은 어머니가 무서운 귀신의 형상으로 나타나는 꿈을 꾸며 괴로워하기도 한다. 그러다가 결국 수미는 실제 은주를 대면하고, 자신이 은주가 아님을 깨닫는다.

이렇게 내용을 요약하는 것도 해석의 행위라고 할 수 있다. 그러나 그

스 & J. 꾸르떼, 오원교 역, 『기호학 입문: 방법론과 적용』, 신아사, 1992, 81면). 이를테면, <춘향전>에서 '기생인 춘향'과 '기생 아닌 춘향'은 분류소들로서 각각 다른 주제로 텍스트를 읽어내는 데 기여한다. 이처럼 '근친간의 과도한 애정'은 영화 <장화, 홍련>의 주제적 의미를 밝혀주는 분류소로서 역할을 한다고 보는 것이다.

51) 이러한 이해는 영화에서 재현되는 서사 내용 이전에 있었던 일을 상상하거나 생략된 장면을 추론적으로 채워넣은 것임을 밝힌다. 그리고 이러한 상상은 이 영화를 근친애에 관한 것으로 읽어낸 수용자들이 쓴 글에서 많은 도움을 받았다.

해석의 타당성을 논하기 위해서는 영화에서 과연 위와 같은 해석을 위한 단서를 제공하고 있는지 살펴보아야 할 것이다. 위 해석에서 가장 중요한 관계에 놓인 인물은 수미와 아버지이다. 그들의 관계 속에는 계모인 은주가 있으며, 수미는 아버지를 사이에 두고 은주와 삼각관계를 형성한다. 수미와 은주의 질투를 확인할 수 있는 장면을 그 예로 들어 설명하겠다. 은주는 무현의 속옷을 챙겨 내려오다가 수미가 정성스럽게 정리해 놓은 무현의 속옷을 발견한다. 은주는 그 속옷을 쓰레기통에 처넣어 버린다. 그러고선 수미에게, "아빠 내의, 네가 갖다 놓은 거니? 그런 건 내가 해도 돼. 내 일인 것 같아."라고 말한다. 또 수미는 악몽을 꾼 후, 아버지가 잠든 거실로 와서 무현의 이불을 올려주고, 무현의 얼굴을 어루만지는데, 이 때 은주가 다가와 수미를 경계하듯, "아빠 주무시니까 깨우지 마"라고 한다. 무현을 사이에 두고 직접 두 인물이 부딪치는 것은 아니지만, 이러한 일화들은 은주와 수미가 서로를 질투하며 미워하는 연적(戀敵) 관계에 놓여있음을 설득력 있게 보여주고 있다.

그런데 실제로 은주 역할을 하는 것도 수미이다. 그러니까 수미는 자신의 다른 인격을 질투하고 있는 것이다. 여기서 문제는 왜 수미가 은주를 자신의 또 다른 인격으로 삼았는가 하는 것이다. 그 이유는 아버지의 곁에서 아내 노릇을 할 수 있는 새엄마인 은주의 역할을 선망했기 때문이라고 여겨진다. 즉, 수미는 은주가 되어 아버지를 위해 화장을 하고, 슬립 차림으로 아버지 곁에 눕고 싶어하는 마음에서 은주의 역할을 자아로 받아들였을 수 있는 것이다. 그러면 근본적인 문제로 되돌아가서 왜 수미는 아버지와 정상적인 부녀 관계가 아닌 남녀 관계에 놓여 있게 되었을지 생각해 볼 필요가 있다. '근친에 대한 과도한 애정'이란 관점에서 볼 때, 정상적인 부녀 관계에서 비정상적인 관계로 전화된 계기로 아버지와 수미의 근친상간적인 행위를 상정할 수 있다.

수미와 수미의 아버지인 무현 간에 근친상간적인 행위가 있었다고 할 때, 수미가 그것에 동의했건 그렇지 않았건 간에 그것은 부모에 의한 아동의 '성학대'라고 할 수 있다. 친부에 의해 성학대를 당한 아동들이 생존전략으로 취하는 대응 기제의 대표적인 것으로 '부정'과 '해리(解離)'가 있다고 한다. 부정은 '그것은 그렇게 나쁘지 않았어. 별 뜻도 아니었을 거야. 아마도 나를 사랑하니까.'라고 믿는 현상을 말한다. 또 학대를 당한 아동의 생존 전략으로서 해리는 '난 여기 없어. 이것은 누군가 다른 사람에게 일어난 일이야. 나는 떠나고 없어. 이 일이 끝날 때 난 돌아올 꺼야'라는 자기 방어기제를 작동시키는 것을 일컫는다. 실제로 성학대 아동은 학대가 일어나는 동안 자신은 몸이 떠나고 없는 상태에서 천장이나 창문턱에서 학대를 바라보는 자신을 경험하는 경우가 왕왕 있다고 한다. 또 성학대 피해자의 대인관계의 특성으로 공격성을 들 수 있는데 이는 주로 가해자에 대한 적대심의 형태로 표출된다.[52]

수미의 증상을 성학대 피해 아동들이 보이는 행태로 미루어 충분히 이해할 수 있는 것이다. 아버지에 대한 수미의 태도는 이중적이다. 수미는 자는 아버지의 얼굴을 보듬을 정도로 아버지를 사랑하지만, 아버지 앞에서는 "그 더러운 손으로 날 건들지마!"라고 할 정도로 적대적이다. 만약 수미가 아버지에게 성학대를 당했다고 가정했을 때, '부정'이란 대응 기제에 의해 수미는 아버지를 이성으로 여기며 사랑하면서도, 아버지에 의한 성학대가 사회적 금기를 깨는 '더러운 죄'이기에 아버지를 혐오하는 것으로 이해할 수 있다. 수미의 대사 중에 '더러움'과 관련된 표현이 많다는 사실[53]도 수미와 아버지와의 관계가 불륜이며, 그에 대해 본인도 죄의식을 갖고 있음을 말해준다. 수미의 죄의식은, 수미를 괴롭히는 죽은 어머니의 귀신으로 영화적 형상을 취하기도 한다. 수미가 어머니에 대해 죄의식이 없었다면 죽은 어머니는 그리움의 대상일 뿐, 어머

52) 채규만, 『성피해심리치료』, 학지사, 2000, 253~260면 참조.

53) 이 영화의 등장인물들은 '더러움'과 관련된 어휘를 많이 사용한다. 수미는 아버지를 더럽게 여기는데 다음과 같은 말에서도 이를 확인할 수 있다. "이 집에서 일어나는 모든 일들, 아빠가 불러놓은 이 모든 더러운 일 아빠가 책임져. 더이상 할 말 없으니까 전화나 받아." 수미가 은주가 되어 말한 대사 중 "아주 더러운 꼴을 보면서도 참고 살아야해. 내가 지금 너희들을 견뎌내야 하는 것처럼."이란 말도 더러움과 관련된다.

니를 두려워할 필요는 없었을 것이다. 어머니에 대한 수미의 태도는 어머니를 동성의 경쟁자로 여기는 성학대 피해자의 심리 상태와 상통하는 것이라 볼 수 있다.[54] 그리고 수미가 다중인격 장애(multiple-personality disorder)라는 정신분열을 겪는 것도 성학대 상황에서 일어났던 해리가 일상적으로 확장된 것이라 이해할 수 있다.[55]

위와 같은 이해는 영화 밖의 서사 내용으로 아버지와 수미 사이에 근친상간적인 사건이 있었다고 볼 때 가능한 것이다. 그렇지만 반드시 성학대에 해당하는 행위가 없었다고 하더라도 영화에는 수미가 느끼는 아버지에 대한 사랑과 계모에 대한 질투가 표현되어 있다는 것은 사실이다. 그리고 동성 부모를 경쟁자로 여기고 이성 부모를 좋아하는 심리적 경향은 '오이디푸스 콤플렉스', '엘랙트라 콤플렉스' 등으로 명명된 보편적 현상이기 때문에 수미의 문제도 그리 특수한 것만은 아니다. 그런데 수미가 문제적인 인물이 된 이유는 유아기에나 갖고 있을 법한 동성 부모에 대한 근친애가 청년기에도 지속되었기 때문이라고 볼 수 있다. 병약한 어머니의 역할을 대신하고, 친모가 살아 있는 상태에서 계모라는

---

54) 다음과 같은 진술을 통해 이를 확인할 수 있다. "10년 후에 아빠라고 나타나니까 처음에는 아빠라고 생각이 안 들었어요. 아빠도 나를 딸로 보는 것 같지 않았어요. 여자라고 보기 때문에 성폭행했다고 생각해요. ……엄마에게 미안한 점은 아빠가 나를 여자로 봐서 그렇게 하는 걸 엄마가 알면 아빠도 남잔데 엄마가 얼마나 속상할까라는 생각이 들어서 미안했어요."(송성자, 『가족과 가족치료』, 법문사, 2002, 41면 상담자료 재인용)

55) 물론 이렇게 성학대 아동의 심리에 따라 영화의 등장인물인 수미를 이해하는 것이 근친애에 집착한 과잉 해석이라고도 할 수 있을 것이다. 실제로 이 영화의 DVD에 수록되어 있는 정신과 의사(김정일)는 아버지와 수미가 근친애적인 관계에 놓여있었을 가능성을 부정하면서 자아의 힘으로 제어하지 못하는 끔찍한 사건(어머니의 자살과 동생의 사고사)을 접했을 때, 수미처럼 귀신을 보거나 다중 인격이 나타날 수 있다고 하였다('See the Movie with Psychiatrist', <장화, 홍련> DVD). 그러나 정신과 의사의 전문성을 인정한다고 하더라도, 그것은 한 의사의 소견이라고 볼 수 있다. 그리고 보편타당한 하나의 해석이 존재하지 않으며, 그런 해석의 제시가 교육적으로도 유용하지 않다고 보는 이 연구에서 '근친상간'을 염두에 둔 이 연구의 해석은 하나의 해석가능성일 뿐, 그것이 영화의 유일한 진실이냐, 아니냐는 그리 중요하지 않다고 생각한다.

새로운 가족 구성원을 맞아들여야만 했던 수미의 특수한 상황이 아버지에 대한 과도한 애정과 그에 못지않은 과도한 증오를 발생시킨 것이다.

'거세 공포'로 인하여 아버지의 법을 내면화하며 초자아를 형성하게 된다는 프로이트의 논리를 그대로 받아들이지 않더라도, '오이디푸스적인 문제'는 인간이 살면서 어떤 방식으로든 해결해야 할 성격의 것이다. 수미는 이 삶의 과업을 적절한 시기에 완수하지 못하고 아버지를 아버지로 받아들이지 않았다. 수미의 아버지도 수미가 자신을 아버지로 대할 수 있도록 처신하지 못했다. 이 둘의 관계는 무현과 수현이 대화를 나누는 다음 장면에 잘 나타나 있다. 무현은 마당에 나와 앉아 있는 수미에게 다가가 "수미야, 니가 나한테 많이 화나 있는 거 알아. 내가 나쁜 아빠라는 것도 알고."라고 말하였다. 이 말에 수미는 "나쁜 아빠조차 안 되잖아."라고 쏘아붙인다. 무현은 이에 대한 대꾸 없이 "쌀쌀한데 들어가자"라고 하면서 화제를 돌린다. 이렇게 수미는 무현을 아버지로도, 나쁜 아버지로도 받아들이고 있지 않으며, 수미의 그런 태도에 대해 무현은 나쁜 아빠조차 되지 못함을 인정하듯이 아무 반응을 보이지 않는다. 수미는 아버지를 아버지로 대하지 않고, 무현은 자신에 대한 수미의 근친애적인 집착을 방치하고 있는 것이다. 이런 관계로 인해 이 영화에서 가족 공동체는 와해되고, 개인의 성장은 정지된 채 행복해질 수 있는 기회조차 갖지 못하게 되었다.

이처럼 이 영화는 <장화홍련전>과 정반대의 결론을 갖는다. <장화홍련전>에서는 오이디푸스적인 문제가 환상적으로 변형되어, 계모를 실컷 미워하면서 아버지와 근친애적인 관계를 갖는 것이 정당한 일로 여기게끔 그려졌다. 계모는 착한 딸과 어진 아버지 사이를 가로 막는 악한 존재로서 결국에는 징치되어야 할 대상이었다. 그러나 <장화, 홍련>은 이러한 환상을 걷어내고 비극적인 현실을 대면하게 한다. 계모는 결국 자기의 죄의식이 만들어낸 허상일 뿐이며, 궁극적인 문제는 바로 자기 자신과 자기가 사랑하는 아버지에게 있음을 직시하게 하는 것이다. 그래서 장화와 홍련은 언젠가는 극복될 오이디푸스적인 문제를 마술적으로 해결하고, 독자적인 행복한 삶을 영위할 수 있었던 반면에, 수미는 사춘기에 이르러서도 극복되지 못한 오이디푸스적인 문제를 안고서 정신병원에 갇혀야만 하였다.

5. 결론: 같은 문제에 대한 두 가지 응답

영화 <장화, 홍련>은 가족 관계에서 오이디푸스적인 문제가 해결되지 못하고, 심화될 때 얼마나 큰 비극이 초래될 수 있는지 보여주는 작품이라고 할 수 있다. 그래서 이 영화는 아동의 심리치료적인 효용을 지니는 민담의 문법과는 상당한 차이를 보인다. 민담의 '행복한 결말'은 아동이 직면한 문제가 언젠가 해결될 것이라는 믿음을 주고, 그러한 문제가 해결되면 행복해질 수 있다는 확신을 심어준다. 그리고 계모가 등장하는 민담은 친어머니를 질투하고 미워하는 감성을 계모에게 투영시켜 어머니에 대한 죄책감을 갖지 않고서도 마음껏 계모를 미워하면서 어머니에 대한 감정을 분출할 수 있도록 도와준다. 그러나 이 영화는 <장화홍련전>과는 달리 '행복한 결말'에 대한 믿음을 주지 않으며, 계모에 대한 증오마저도 결국 자신의 죄의식과 관련된 것일 뿐이라는 진실을 이야기한다.

계모가 등장하는 옛이야기와 이 영화는 같은 화제를 다른 방식으로 전하고 있다. 둘은 공통적으로 '근친간의 과도한 애정'을 화제로 이야기한다. 그러나 그 방식은 '위안과 격려', '공포와 협박'으로 서로 다르다. 악독한 계모가 통쾌하게 징치되며 구박 받던 딸이 아버지의 도움으로 결국 멋진 왕자님과 혼인하는 민담은 지금 닥친 문제가 아무 것도 아니며 이 문제가 성공적으로 해결된다면 행복한 삶이 열릴 것이라는 메시지를 환상적 변형을 통해 가르쳐준다. 한편, 공포영화라는 장르의 관습을 충실히 따르는 <장화, 홍련>은 이 문제가 원만히 해결되지 않고 사춘기 이후의 삶에도 지속적으로 영향을 줄 때 가족 공동체는 와해되고,

개인은 불행해질 것임을 공포스럽게 경고하고 있다.[56] 이렇게 볼 때, 영화 <장화, 홍련>은 기존의 <장화홍련전>과는 거리가 먼 텍스트가 아니라 오히려 다른 방식으로 핵심적 주제에 접근하는 현대적 변용물이 될 수 있다.

이렇게 이 연구는 두 텍스트가 인간의 보편적인 관심사인 '부모와 자식간의 애정과 갈등'이란 문제에 대해서 각각 어떤 응답을 취하고 있는지 살펴보았다. 과거의 문학 작품과 현대 독자 사이의 물음과 응답이라는 대화적 구도를 설정하고 있는 해석학의 관점에서 볼 때,[57] 고전의 현대적 변용물은 고전 텍스트와의 대화의 산물이자 과거 텍스트가 전승되어 온 전통이라는 지평(horizon)과 개작자가 속한 사회의 문화적 지평이 융합된 결과물이라는 점에서 의미가 있다. 이와 같은 관점에서 고전문학이 영상물로 변용된 텍스트에서 주목해야 할 것은 과거의 텍스트가 몰두하였던 삶의 문제가 어떻게 지속되었는지, 그리고 원텍스트가 가진 주제를 어떻게 수용하여 과거 텍스트와 어떤 의미 연관을 형성하였는가 하는 것이다. 이런 입장에서 영화 <장화, 홍련>은 <장화홍련전>의 새로운 의미 영역을 발견하게 해주고, 해석적 지평을 확장시켜 주는 해석학적인 대화의 산물이 될 수 있다고 판단된다.

그리고 영화나 영화에 대한 수용자의 반응을 통해 고전문학에 대한 이해의 폭이 넓어지는 현상은 인문학 교육에 있어서도 매우 바람직한 것으로 볼 수 있다. 고전문학에 대한 이해가 유적 인간에 대한 이해이자 자기의 또 다른 가능성에 대한 이해라고 할 때, 영화를 통해 열린 해석적 지평은 인간을 이해하고 개체적인 자기를 이해하는 인문학적 효용을 가질 수 있기 때문이다. 필자의 바람은 앞으로도 고전문학과 관련 있는 많은 영화들이 나와, 고전에 대한 새로운 이해를 자극하고 해석적인 지

56) 특히 이 영화는 공포 영화의 장르 관습을 충실히 따르기에 일상의 진실을 공포스럽게 대면하게 하는 데 효과적이라 평할 수 있다.

57) 해석학적 이해의 대화적 구조는 G. 원키, 『가다머』(이한우 역, 민음사, 1999, 179~190면)와 R. E. 팔머, 『해석학이란 무엇인가』(이한우 역, 문예출판사, 1988, 288~293면)를 참조할 것.

평을 확장시켜주는 것이다. 그리하여 현 시대와 고전문학이 살아있는 관계를 맺으면서 고전문학이 한 시대를 비춰주는 거울로 자리 잡고, 특정한 문화는 고전에 비추어 비로소 자신의 역사성을 획득할 수 있을 때, 고전문학을 교육하는 보람이 있을 것이라고 생각된다.

덧붙여, 영화를 교육 자료로 삼는 매체교육에서도 인문학적 접근의 효용도 생각해 볼 수 있다. 국어교육에서 매체교육을 한다고 할 때, 소설을 이해하기 위한 방편으로 영상물을 활용하는 것은 가장 쉽게 떠올릴 수 있으며, 널리 실행되고 있는 교육 방법 중의 하나이다. 그러나 단지 소설의 서사를 좀더 쉽게 이해하기 위해, 혹은 소설과 영화의 매체 특성을 알게 하기 위해 매체를 국어교육에 끌어들이는 것만은 아니다.[58] 그보다는 오히려 문학 작품을 꼼꼼히 읽고, 그 의미를 발견하듯이 영상물을 '단지 보는(see)'것만이 아니라 '주의 깊게 보고(look)' 의미를 해석하게 하는 교육이 필요하다. 매체교육은 범교과적인 영역으로서 교과별로 다양한 접근방식이 있을 수 있다고 할 때, 국어교육은 바로 여러 매체로 제작된 산물의 의미를 읽어내는 독법과 자기화하는 해석의 방법을 제시하는 데 있어서 비교 우위를 점한다. 왜냐하면 국어교육은 인류가 오랜 역사를 거쳐 다듬어온 가장 정교한 매체인 언어를 다루어본 풍부한 경험을 갖고 있기 때문이다. 그래서 국어교육은 언어적 표상물의 의미를 읽고 해석하듯이 미디어 텍스트의 의미도 문학 작품처럼 읽고 해석할 수 있게 하는 교육 내용을 마련하는 데 기여할 수 있을 것으로 기대된다.

58) 소설과 영화를 함께 제시할 경우, 소설의 서사 구조에 대한 이해가 높아질 수 있다. 이때 교육목표는 소설의 서사 구조에 대한 이해가 될 것이나, 그러한 목표를 위해서라면 영상물이 아닌 다른 교육 자료도 가능할 것이다. 또 소설이 영상으로 변용될 때, 어떤 기호적 변천을 겪는지 알기 위해서 영상물을 자료로 활용하기도 한다. 이러한 교육은 소설이라는 문자 매체의 특수한 양식의 특성이나 영상 매체의 기호론적 특성을 서로 비교해 가면서 각각의 매체가 의미를 창출하는 방식을 파악하게 하는 교육적 효용이 있지만 학습자들이 소설이나 영화의 의미에 대해 천착하게 하기는 힘든 한계가 있다.

영화 <왕의 남자>에 나타난 욕망 읽기

1. 서론

<왕의 남자>는 2005년 12월 29일에 개봉되어 지금까지(2006년 3월 3일 현재) 상영되고 있으며, 영화로서 천만 관객 이상을 동원한 대작 영화이다.[1] 그러나 이 영화는 준비된 대작은 아니었다. 시사회장에서 흥행을 예측하는 기자들도 '영화는 좋지만 흥행은 무리'라고 판단하였다. 그리고 이 영화는 대규모 관객몰이가 가능하다고 기대되던 <태풍>, <킹콩>, <해리 포터와 불의 잔>, <나니아 연대기> 등과 경쟁해야 했다. 그래서 이 영화가 한국 영화사상 최고 흥행 기록을 세울 수 있을 것이라고는 아무도 상상하지 못했다. 그렇지만 <왕의 남자>는 이미 충무로에서 '국민영화'라고 말하는 500만 고지를 넘어서고,[2] 영화가 국민의 엔터테인먼

1) 지금까지 한국 영화에서 천만 관객 이상을 확보한 영화는 <실미도>와 <태극기 휘날리며>가 있었다. <왕의 남자>는 이미 2006년 2월 21일 <실미도>의 1108만 명의 관객을 넘어 섰으며, 2006년 3월 첫 주 주말 즈음이면 <태극기 휘날리며>의 1174만 명을 충분히 상회할 것으로 예상된다.

2) 500만 이상이 드는 영화를 국민 영화라고 하는 까닭은 그 관객 수가 주로 영화관을 찾는 20대 초중반과 그 주변 세대의 관람만으로는 불가능한 경지이기 때문이라고 한다.

트가 되고 있다는 문화 현상으로 해석되는 1,000만을 넘는 관객을 모으며 전국민 4명 중 1명이 영화를 보는 '영화 국민'을 만들고 있다.

이 영화의 흥행 요인을 명쾌하게 규명하기는 힘들다. <왕의 남자>는 블록버스터라고 지칭되는 영화가 지닌 '스타성', '사회적 이슈', '대규모 예산' 등의 공식을 따르지 않았기 때문이다. 오히려 이 영화는 이준기 등의 스타를 발견하게 해주고, 영화 흥행 자체가 뉴스거리가 될 만큼 사회적 이슈를 만들었으며, 천만 관객을 모으며 문화 산업의 규모를 키웠다. 이처럼 <왕의 남자>는 흥행 공식을 따라 성공한 것이 아니라 흥행으로 인해 공식을 써나간 것이다. 그래도 제작자, 관객, 언론 등에서는 이 영화의 흥행 요인을 나름대로 분석하고 있는데, 연극을 원작으로 하는 '탄탄한 시나리오', 왕과 광대의 동성애를 다루는 '독특한 소재', 개성 있는 인물들의 '다양한 캐릭터', 예쁜 남자 신드롬을 만들어낼 정도인 '배우의 외모' 등이 膾炙된다.

문학 연구나 문학교육에서 다루는 텍스트는 대부분 시간의 검증을 받은 대상이다. 그러나 이 글에서 분석 대상으로 삼은 <왕의 남자>는 수용의 의미가 형성되고 있는 도중의 것이기에 논의가 부담스러운 것은 사실이다. 그러나 현재 진행 중인 문화에 대해 논하는 까닭은 가까운 과거에 소설이 그러하였던 것처럼, 이 시대에는 영화가 동시대인에게 공통의 화제를 던져주고 사회적 문제를 공론화할 수 있는 힘을 가진 매체가 되었기 때문이다. 그렇지만 이 논의에서 <왕의 남자>를 둘러싼 제도와 담론을 모두 아울러 <왕의 남자>가 터하거나 형성한 문화 현상 자체를 문제 삼는 것은 아니다. 이러한 논제는, 한낮의 소동이 지난 후에야 날아드는 미네르바의 올빼미같이, 어느 정도 시간이 흘러 이 영화에 대한 수용의 의미가 갈무리된 후에야 논의 가능한 것이기에 본고에서는 <왕의 남자>의 텍스트 분석을 시도하려 한다.

이 영화는 다른 영화와 비교할 때 영화를 여러 번 본 관객이 존재한다는 특성을 갖는다.

> 처음엔 수박 겉핥기식으로 대충 보고, 두 번째는 공길이의 외모를 보고, 세 번째엔 육갑이, 칠득이, 팔복이의 입담을 보고, 네 번째엔 연산과 공길이의 묘한 관계를 보고, 다섯 번째엔 연산의 슬픔을 보고, 여섯 번째에 와서야 장생이 눈에 들어오더군요. 계속 연산에만 미쳐 있다가 비로소 장생이를 보게 되니 또다시 시작하는 마음으로 일곱 번째 <왕의 남자>를 보게 됐습니다. 그리고 오늘 여덟 번째 <왕의 남자>를 보는 내내 장생이만 봤습니다.[3]

영화를 볼 때마다 다른 요소를 발견하여 즐길 수 있다는 것은 이 영화가 '열린 예술작품'의 속성을 갖고 있음을 암시한다.[4] 감독인 이준익도 영화를 '압축 파일'에 비유한 바 있는데,[5] 이 비유 역시 영화 텍스트가 내포하고 있는 의미가 深長함을 말해준다. 위 글을 쓴 관객은 볼 때마다 서로 다른 인물의 면모에 초점을 두어 영화를 즐겼는데, 이는 이 영화가 四人四色의 인물을 주인공으로 삼은 영화이기 때문에 가능한 것이다. 같은 이유로 이 영화는 다양한 연령층이 함께 보되, 서로 다른 즐거움과 매력을 발견할 수 있는 텍스트이기도 하다. 이처럼 이 영화의 '압축 파일'

---

3) 네이버, '왕의 남자' 카페, ID 공길처자(mcjopd)(문석, 「<왕의 남자> 성공 요인」, 『시네 21』 538호, 2006.1 재인용).

4) 에코는 예술 작품의 '열림'이라는 속성에 대해서 다음과 같이 설명하였다. "(작품에 대한 반응의) 과정에서 수신자는 자극과 반응의 상호유희 속으로 들어가며, 이러한 유희의 진행방식은 작품을 예민하게 수용할 수 있는 각자의 독창적인 능력에 따라 크게 달라지게 된다. ……특정한 유형의 자극과 반응간의 상호유희에 반응하게 되는 수신자는 독특한 방식으로 각자 개성적인 감수성, 특정한 교양, 취향, 성향, 그리고 편견을 드러내게 된다. …… 각 수신자의 이해 방식은 각자에게 고유한 전망에 따라 달라지게 된다."(Umberto Eco, *Opera aperta*, 조형준 역, 『열린 예술작품: 카오스모스의 시학』, 새물결, 1995, 44면) 영화 <왕의 남자>는 수용자에 따라, 그리고 보는 경우에 따라 그 의미가 달라진다는 점으로 미루어 열림의 속성을 잘 구현했다고 볼 수 있다.

5) 이준익 감독이 인터뷰에서 한 말은 다음과 같다. "큰 용량의 압축파일이 관객들에게 덜컥덜컥 안겨지고, 관객들은 이 파일을 뒤늦게 풀어보는 과정에서 감흥이 두 배가 된 것이지요."(「비주류의 '삐딱 정신', 좋은 영화의 원동력-<왕의 남자> 이준익 감독 인터뷰」, 『문화일보』(2006.2.10))

을 푸는 암호는 '인물'에 있다고 할 수 있다. 즉, 이 영화의 인물은 입체적인 조각을 감상하는 각각의 '자리'와 같은 역할을 하며, 어느 곳에서서 보느냐에 따라 그 모습이 달라지는 조각상처럼 영화 텍스트의 의미를 풍요롭게 하는 기능을 한다.

<왕의 남자> 포스터

특히 이 영화의 인물들을 살아있게 만드는 요인은 이들이 각각 욕망을 가진 주체이며, 이들의 관계가 욕망을 매개로 복잡하게 얽혀 있다는 데에서 찾을 수 있다. 영화 포스터에서 "아름다운 욕망, 화려한 비극"이라고 영화를 소개했을 정도이니 이 영화가 욕망에 대한 영화임은 누구나 쉽게 알 수 있다. 감독도 인터뷰 자리에서 "시나리오 단계부터 장생, 연산, 공길, 녹수, 처선 등 다섯 인물로 세 개의 삼각관계를 만들었고, 이러한 구조에서 이야기가 풀려나가게 했다."[6]라고 하였다. 그만큼 이 영화는 기획 단계에서부터 영화 속 가능세계와 인물들간의 관계를 구성하는 핵심 매개로 욕망을 설정하였기에, 이 영화에 대한 논의는 바로 욕망을 읽어내는 데에서 시작할 수 있다고 판단된다.

2. 여러 겹으로 잘 짜여진 욕망의 드라마

지라르에 따르면, 허영심 많은 현대인의 욕망은 자신의 진정한 내적 자발성으로부터 발생하는 것이 아니라 산초가 돈키호테를 모방하고, 보

6) 문석, 「<왕의 남자> 성공 요인」, 『시네 21』 538호, 2006.1.

바리 부인이 삼류 소설의 주인공들을 모방하는 것처럼 모방 대상이 되는 중개자를 거쳐 생성된 것이라고 한다. 지라르는 이렇게 간접화된 욕망을 '삼각형의 욕망(désir triangulaire)'라고 부르며 소설의 주인공이 지니고 있는 욕망의 왜곡되고 비진정한 속성을 분석하였다.[7] 이 영화는 지라르의 '욕망의 삼각형' 이론을 매우 충실하게 따르고 있다. 삼각형의 욕망의 틀로 보았을 때, <왕의 남자>에 등장하는 인물들은 다중적인 욕망의 삼각관계로 얽혀져 있다고 할 수 있다. 형해화된 이론의 틀로 텍스트를 해석하는 것이 그것이 가지고 있는 고유의 풍부한 질을 놓치게 할 수 있는 위험이 있다손 치더라도, 지라르의 이론이 의미 구조의 기본형을 쉽게 이해할 수 있게 하는 생산성을 가진다는 관점에서 이를 바탕으로 인물간의 관계를 분석해 보도록 하겠다.

앞서 언급하였다시피, 감독은 '다섯 인물로 세 개의 삼각관계'를 만들었다고 하였다. 그렇다면 감독이 말하는 세 개의 삼각관계가 무엇인지 정리해보도록 하겠다. 먼저 삼각관계의 중축을 이루고 있는 것은 공길이라는 '아름다운 남성'을 사이에 둔 연산과 장생의 삼각관계이다. 연산과 장생은 각각 萬人之上의 왕과 萬人之下의 천민인 광대로서 사회적 신분으로 보자면 극과 극에 해당한다. 그럼에도 이들은 서로를 욕망의 경쟁자로 여기는데, 이는 단지 '누가 공길의 마음을 차지할 것인가'와 관련된 애정 삼각관계만은 아니다. 두 사람은 실은 서로의 자리를 동경한다. 장생이 "큰 판을 벌여야지."라고 말할 때 왕의 자리를 원하며, 연산이 공길에게 "놀자."라며 천진난만하게 웃을 때 장생의 자리를 탐한다.[8]

둘째, 연산을 사이에 둔 공길과 녹수의 삼각관계가 존재한다. 공길은 자궁으로 대표되는 모성을 갖지 못한 존재이지만, 녹수는 연산에게 "젖먹자, 우리 아기"라고 자신 있게 말할 수 있는 가슴과 너른 치마폭(보다

---

7) René Girard, *Mensonge romantique et Vérité romanesque*, 1961, 김치수 · 송의경 역, 『낭만적 거짓과 소설적 진실』, 한길사, 2001 참조.

8) 허문영, 「남근과 율법의 세계, 승자는 누구인가, <왕의 남자>」, 『시네 21』 537호, 2006.1.

정확히 말하면, 모성을 상징하는 자궁)을 가지고 있다. 그러나 공길은 무자비하게 음모를 꾸며 연적을 처치하려는 권력 지향적인 녹수보다 더욱 여성적이다. 왜냐하면 공길은 연산의 아픔에 공감하여 함께 울어주고 그 눈물을 닦아 줄 수 있는 연민과 보살핌의 여성적 능력을 갖고 있기 때문이다. 그래서 공길과 녹수는 서로에게 없는 여성성(공길에게는 육체적 여성성, 녹수에게는 정신적 여성성)을 원하며, 연산을 사이에 두고 경쟁관계를 형성한다.

셋째, 역시 연산을 둘러싼 공길과 처선의 삼각관계도 주목할 만하다. 처선은 궁궐에 광대가 놀 수 있는 '멍석을 깔아주어' 서로 만날 수 없는 신분의 사람들을 연결해주는 주선자 역할을 한다. 그는 왕의 심리를 읽어내는 심리학자이며 예술의 효용을 알고 있는 예술학자이자 정치판의 구도를 꿰뚫고 있는 정치학자이기도 하다. 영화의 표현대로 "방울 소리를 낼 수 없는" 내시인 처선은 처세술과 정치술로 남근을 대체하며 연산 곁에 머물고자 하나, 왕은 '아름다움과 연민의 능력'을 갖춘 공길을 더 원한다. 영화 속에서 공길과 처선의 경쟁 관계가 잘 부각되는 것은 아니지만, 연산을 사이에 두고 민활한 정치술을 구사하는 처선과 아름다움과 연민의 능력이라는 여성성을 가진 공길은 왕의 마음을 휘어잡는 데 있어 호적수가 될 만하다.

이처럼 연산과 장생, 공길과 녹수, 공길과 처선은 서로의 욕망을 모방하며 경쟁자로 여긴다. 이러한 까닭에 영화의 인물은 타인을 향한 욕망과 그로 인한 내면의 갈등을 가진 존재들로서 생생한 캐릭터를 가질 수 있었으며, 이 영화는 다각적인 인간관계를 구성하며, 풍부한 욕망과 내면을 가진 인물을 형상화할 수 있었다. 그런데 한 영화 평론은 이 영화의 카메라가 공길의 시선을 담지 않았다고 지적한다.[9] 이는 공길의 유약함이나 순응성, 피동성을 말하는 것이 아니다. 유독 공길이 스스로 보고 욕망하는 주체로 그려지지 않는다는 것이다. 공길은 늘 연산과 장생이

9) 허문영, 앞의 글.

원하는 자리에 있는 수동적 존재이다. 마치 줄 위에서 장생이 운을 띄우면 공길이 거기에 맞추어 대꾸하듯이, 공길은 연산과 장생의 작용(action)에 대한 반작용(reaction)으로만 존재한다.

그래서 공길은 욕망의 주체가 되기보다는 타인의 욕망 대상으로서 그려질 뿐이다. 그렇지만 2시간 정도 상영되는 영화에서 이렇게 영화를 만드는 것이 맞다. 공길을 욕망의 주체로 만들었다가는, 공길이 욕망의 주체로 나서는 다른 삼각관계에 의해 연산과 장생의 삼각관계의 중요성이 감소되기 때문이다. 감독이 세 삼각관계를 염두에 두었다고는 하지만 첫째 삼각관계를 중심으로 극의 큰 틀을 구성하였으며, 나머지 관계들은 텍스트의 의미를 풍부하게 하는 배경으로 존재한다. 따라서 이어지는 논의에서는 장생과 연산의 관계를 중심으로 삼각형의 욕망을 분석하도록 하겠다.

3. 장생과 연산의 욕망과 그들의 관계

1) 광대의 자유와 왕의 부자유

장생의 사회적 신분은 광대이다. 광대는 노비보다 못한 존재로서 자신의 몸뚱이로 하루하루의 의식을 해결해야 하는 천민에 속하는 才人이다. 노비보다 하등으로 취급되었던 나머지 천민의 부류로 기생과 백정 등이 있다. 이들은 조선의 사회적 賤役을 행하였는데, 이러한 천역은 단순히 천박스러움이나 역겨움의 의미보다 누구라도 대행하지 않으면 안 될 필연성과 동시에 누구도 아무렇게나 대체할 수 없는 독자성을 공유하고 있었다. 그래서 그들은 독립적 사회단위이자 문화적 자율성을 누리는 직업집단이었고, 홀로 설 수 있음에도 동시에 강하게 예속될 수밖에 없는 이중의 지배 대상이라고 할 수 있다.10)

10) 박종성, 『백정과 기생-조선천민사의 두 얼굴』, 서울대학교출판부, 2003, 98면.

천민의 무리는 인간 취급을 받지 못하였으나 사회는 이들에게 어느 정도 자율성을 주었다. 사회가 일부러 자율성을 준 것이 아니라 이들을 어느 정도 방치했다고 보는 것이 타당하다. 이들의 몸을 부려먹는 사회는 이미 정해둔 틀과 役 안에서 이들의 자유를 허용하였지만, 이들에게 '인간의 도리'를 강요하거나 나라의 보살핌을 받는 백성으로서 마땅히 해야 할 의무(군역과 조세 등)를 부과하지 않았다. 천민을 동등한 인간으로 취급하지 않았기 때문이다. 그래서 광대는 비록 자신의 재주로 한 끼를 연명할망정 당대의 규범이나 백성의 의무로부터 자유로울 수 있었다.

광대의 자유로움은 단지 사회적 특수성에서 연유하는 것은 아니다. 살아남기 위해서라도 技藝를 가져야 하는 존재인 광대는 기예를 통해 자유를 맛볼 수 있는 특권을 가지고 있기도 하다. 장생은 줄타기 광대이다. 어떤 기술이든 모든 노련한 숙련자에게는 '道人'의 풍모가 있다.[11] 줄타기의 경지에 이르러 줄을 확장된 자기 신체인 것처럼 자유로이 운용하는 장생도 처음부터 줄을 잘 탔던 것만은 아니었을 것이다. 공길과 함께 주인집에서 도망쳐 온 노비 신분으로 사당패에 들어가 줄타기를 처음 배웠을 때, 장생에게는 좁은 줄에서 떨어져 죽을 수도 있다는 두려움, 이 줄을 타지 못하면 도망친 노비로서 죽임을 당할 수 있다는 절박함이 있었을 것이다.

장생은 처음 줄에 발을 디뎠을 때의 공포를 극복해가며 그가 살아남기 위한 유일한 생명줄인 줄을 탔다. 처음에 줄에 올랐을 때 그의 흔들렸던 몸은 오랜 시간 균형 잡기를 연습한 끝에 안정되고, 거친 줄에 베었을 그의 발바닥은 줄에 익숙해지도록 굳은살이 베겨 줄 위에서 "온갖 지랄"을 다 할 정도로 움푹 파이게 되었다. 엽전 몇 푼으로 끼니를 해결하기 위해 줄 위에 올라가 노는 것이지만, 장생의 입장에서는 "땅도 아니고 하늘도 아닌 반허공"에서 자유자재로 몸과 마음을 움직이기까지

11) 종종 다큐멘타리 형식의 텔레비전에서 다루어지고 있는 '접시 닦기의 명인', '배달의 명인' 등도 모든 기예든 어떤 경지에 이르게 되면 그 자리에서 세상을 보는 나름의 철학이 생기는 도인의 경지에 이르게 됨을 보여준다.

수많은 역경과 고난을 극복한 삶의 역사가 고스란히 담긴 줄타기이다.12)

줄뿐만이 아니라 광대가 익혀야 하는 온갖 재주들, 즉, 소리하기, 악을 다루기, 재주넘기, 탈춤 등은 광대의 입장에서 볼 때, 삶의 도전이 되며, 광대는 그러한 기술과 대상을 다룰 수 있게 되었을 때 성취의 기쁨을 느낀다. 이는 곧 자유의 경험이기도 하다. 기예를 갖기 위해서 자신의 몸과 마음을 변화시켜 스스로를 다른 존재로 만들어갈 수 있는 자유, 자신이 설정한 과제를 스스로 성취해 나아가면서 자기에 대한 만족감과 자부심, 희열을 가질 수 있는 자유. 그리하여 장생은 "놀이판에서는 내가 왕이다."라고 말할 수 있는 자기 표현의 자유를 얻는다.

그렇지만 장생에게 현실의 권력은 없다. 장생은 자신이 사랑하는 공길이 양반이나 왕의 '비역질'의 대상이 되어도 참아야 한다. 그래서 그는 예술이나 스스로 통제할 수 있는 자신의 마음과 몸을 벗어난 영역에서의 권력을 지향한다. 장생이 탈춤판을 벌이며 풍자적 입담을 구사하는 것도 권력에 대한 의지의 다른 표현이라고 할 수 있다. 투전판에서 양반이 왕을 비판하는 얘기를 들은 장생은 '왕을 가지고 놀' 생각을 한다. 이는 자기 놀이 영역을 확대하는 자유의 실현이자 현실 권력에서 소외된 천민이 가진 권력 의지의 굴절이다.

장생이 벌이는 탈춤판에서 장생은 왕의 역할을 하며 왕을 풍자한다. 풍자 대상이 되는 왕은 장생이 보기에 커다란 조롱박과 같은 남근을 가지고 있을 법한 '큰놈', '강한놈'이다. 즉, 권력을 좌지우지하며 세상을 마음대로 주무를 수 있는 엄청난 존재인 것이다. 그래서 장생은 자신이 갖지 못하였지만 진정으로 원하는 현실 권력을 갖기 위해 왕을 모방하면서도 거기에 도달할 수 없는 사회적 처지로 인해 형성된 거리로써 왕을 풍자한다.

---

12) 그러나 영화에서 광대의 수련 과정이나 극의 창작 과정은 대부분 생략되어 있다. 따라서 기예 훈련이나 창작의 지난한 과정을 통해 얻을 수 있는 자유의 느낌이 강하게 전달되는 것은 아니다. 이러한 까닭에 다시 태어나도 광대가 되겠다는 장생의 발언에 큰 힘이 실리지는 않는다.

그러나 정작 왕인 연산은 어떠한가? 장생이 상상하듯 스스로의 법을 만들어 집행할 수 있는 자유, 혹은 마음 내키는 대로 행하여도 누구 하나 뭐라고 하지 않을 자유가 있는가? 이 영화는 '그렇지 않다'고 한다. 연산은 녹수와 함께 있는 자신의 침궁에서만 자유로울 뿐, 자신을 둘러싼 공적 영역에서는 전혀 그렇지 못한 존재이다. 그가 행하는 모든 결정은 그를 못미더워하는 조정 대신들에 의해 선왕과 비교 당하며, 심지어 그는 궁궐에 광대패를 두게 하는 일조차 자유로이 하지 못한다.

연산은 무엇보다 선왕의 율법에 얽매어 있는 존재이다. 연산의 선대왕은 성종이다. 주지하듯, 성종은 經國大典을 완성해 국가 통치의 기틀을 마련한 왕이다. 왕에게 강한 권력이 있을 때, 왕은 자신의 권력과 의지대로 법률을 제정할 수 있으며, 그렇게 만들어진 법은 강한 왕권의 상징이 된다. 그러나 후대의 에피고넨(epigonen)에게 그 법은 부자유와 억압의 상징이 된다. 법치의 확립은 곧 왕권의 약화를 의미하기 때문이다. 게다가 그는 강한 왕권으로 신권을 포용한 선대의 유산인 원로 대신들에 둘러싸여 있는 존재이기도 하다. 또 그에게는, 성종의 후궁을 질투하여 할퀴었다는 죄목으로 사약을 받은 어머니에 대한 심리적 외상[trauma]이 있다. 이로 인해 그는 정치적으로 무능하며, 정신적으로 유약한 존재로 그려진다.

연산은 현실 권력에서 자유를 꿈꾼다. 마치 광대가 자신의 영역에서 왕 노릇하듯이 그처럼 자유롭게 자기를 실현할 수 있기를 원한다. 그래서 연산은 장생에게 '놀자'고 청하며, 그가 가진 것[공길]을 갖기 원한다. 반대로 장생은 현실에서도 자기를 실현시킬 권력을 갖고 싶었다. 그것이 현실 세계에서 왕 노릇하는 것은 아닐지라도 공길을 보호할 수 있을 만큼의 권력조차 없었던 그에게 권력은 매우 소망스러웠을 것임은 분명하다. 이처럼 서로에게서 자신이 원하는 가치, 즉 자유와 권력을 발견한 장생과 연산은 "서로에게 신으로 비춰지는"[13] 것이다.

---

13) René Girard, 앞의 책. 이 책의 제2장의 제목이 바로 "사람들 서로에게 신으로 비칠 것이다"이다.

2) 인물을 매개로 굴절하는 욕망

만약 공길이 없었다면 장생과 연산은 좋은 친구가 될 수 있었을 것이다. 그러나 장생은 공길을 보호하고 싶었으며, 연산을 공길을 데리고 놀고 싶어하였기에 장생과 연산은 공길을 사이에 둔 경쟁 관계에 놓이게 된다. 이처럼, 이 영화의 서사적 흥미는 둘의 욕망을 서로가 원하는 공길을 매개로 하여 한번 굴절시킨다는 점에 있다. 영화는 서로의 욕망을 직접적으로 충돌시키는 것을 극의 후반부로 미루어나가면서 영화를 보는 내내 '예고된 충돌에 대한 기대', 즉 서스펜스(suspense)를 만들어낸다.

공길은 장생과 연산의 욕망이 간접적으로 투영된 대상으로서 그들의 굴절된 욕망을 상징한다. 욕망 주체가 그대로 대상으로 향하는 '곧은 욕망'이기 위해서는 장생과 연산이 서로를 원해야 한다. 그러나 정작 그들 자신도 서로를 원하고 있다는 사실을 모른다. 신분 사회에서 왕이 되려는 천민, 천민이 되려는 왕이라는 상상 자체가 불가능하기 때문이다. 그래서 그들은 공길을 통해 욕망을 간접화시켰던 것이다. 지라르는 이를 '내면적 간접화'라고 하는데, 그에 따르면, 내면적 간접화의 주인공은 자신의 모방 계획을 자랑으로 여기는 것이 아니라 그것을 조심스럽게 감춘다고 한다.[14]

열정적인 존재는 타인에게서가 아니라 자신의 내부에서 욕망의 힘을 길러내며, 자신이 발견한 욕망 대상으로 돌진(élan)한다. 그러나 장생과 연산의 관계에서 서로의 욕망은 숨겨지고, 욕망의 중개자가 소유하고 있거나 소유하려는 대상을 욕망하는 방식으로 간접화된다. 이러한 욕망의 구조는 자신의 개인적인 판단을 믿지 못하고 다른 사람들이 욕망하는 대상들만을 욕망하는 속물이 되어버린 현대인의 그것과 닮아 있다. 그래서 이 영화는 사극이지만 현대적일 수 있으며, 이러한 점으로 인해 '사극임에도 불구하고 젊은 층의 호응을 얻었다'는 평가를 받을 수 있었다.

---

14) René Girard, 위의 책, 51면.

3) 극을 매개로 발산되는 욕망

장생과 연산은 戀敵 관계에 놓여 있을 뿐 아니라 극을 매개로 관계를 맺고 있기도 하다. 장생은 왕 앞에서 왕을 연기하며, 왕은 자신도 광대가 되고 싶어 한다. 어쩌면 이러한 설정이 고전적인 삼각관계보다 관객몰이를 할 수 있는 요소이기도 하다. 이 영화에서 서너 차례에 걸쳐 삽입되는 극중극 장면이 극보다 더 재미나기 때문이다. 극을 매개로 한 관계에서 주목해야 할 이는 연산이다. 장생은 극 속에서 연기할 뿐이지만, 연산은 극과 현실, 연희자와 관람자의 관계를 변화시키는 능동적 주체인 까닭이다. 연산은 녹수의 치마폭에 둘러싸인 자신의 형상이 놀림을 당하는 풍자극을 보고 웃었으며, 중신들을 놀려 먹는 극이 연행되는 현장에서 실제 뇌물을 받고 벼슬을 판 벼슬아치를 벌하였다. 그리고 그는 '패왕별희'를 어설프게 흉내낸 경극을 보면서 자신의 모친을 죽음으로 내모는 원인을 제공한 선왕의 후궁들을 죽인다.

탈춤은 현실의 문제를 직접적으로 다루지만 그것을 탈이라는 가면과 온갖 잡스러운 우스개 소리로 과장, 희화할 수 있는 고유의 양식적 문법을 갖고 있다. 즉, 가면과 희화화된 과장으로 인해 탈춤은 그 양식 자체가 거리두기의 효과를 담보하는 것이다. 이 점이 바로 탈춤의 풍자 대상이 되는 사람들은 비록 자신의 형상을 탈춤에서 발견한다고 할지라도 춤판을 깨지 않는 이유이다. 이렇게 탈춤은 어떤 내용이 연행되든 고유의 문법으로 인해 '놀이는 놀이이고, 현실은 현실'이라는 향유의 규칙을 일러준다. 그래서 연산도 탈춤 자체가 지니는 거리두기의 효과로 인하여 자신의 변형이 등장하여 웃음거리가 되는 극을 보면서도 웃을 수 있었다.

그런데 연산은 탈춤판에서 벌어지는 일을 마치 현실인양 취급하기도 하였다. 그렇다고 해서 연산을 극중 현실과 실제 현실을 혼동한 미숙한 관객만으로는 볼 수는 없다. 처음부터 연산이 벼슬을 파는 풍자극을 중신들과 함께 보면서 눈엣가시 같았던 그들을 공격하려고 의도한 것은 아니었다. 놀이의 문법을 아는 그는 극을 통해 벼슬을 사고파는 실제 현실을 보려고 하지는 않았다는 것이다. 그러나 왕과 함께 자신이 풍자 대상이 되는 극을 보는 신하들은 연산처럼 풍자극을 놀이로만 여길 수 없었다. 최고 권력자인 연산이 어떤 태도로 극을 볼 것인가에 대해 속셈을 해야만 하는 중신들에게 극은 더 이상 놀이가 아니게 된다. 그래서 풍자극의 내용처럼 벼슬을 매매한 전력이 있는 형조판서는 왕의 술을 받을 때 지레 겁을 먹고 술잔을 떨어뜨렸다. 이러한 반응을 보고 연산은 그의 행적을 짐작하며 죄를 추궁한다.

이 때 연산에게는 자신이 또 다른 광대일 수 있다는 깨달음이 있었을 것이다. 즉, 그가 연행의 주체가 되는 현실 정치의 판에서 스스로 광대 역할을 하면서 다른 관객들의 관극 태도를 조율할 수 있을 것이라는 판단이 섰다는 것이다. 풍자극에 대하여 연산이 어떤 태도를 취하느냐에 따라 궁중 안의 관객들이 느끼는 극의 효과는 달라질 수 있다는 인식은 그로 하여금 극을 모방하여 실제 현실에서 연기를 할 수 있게 하였다. 그래서 그는 극을 한갓 유희로만 즐기는 것이 아니라 놀이와 현실의 경계를 허물고 놀이가 현실에 작용하게끔 하였다. 즉, 그는 거리두기에 대한 거리두기를 행하였다고 할 수 있다.

그러나 마지막 경극을 연행할 때, 연산은 극중 현실과 실제 현실을 혼동하는 것처럼 보이기도 한다. 후궁들의 음모에 의해 왕비가 사약을 받는 장면에서 연산은 자기 모친인 폐비 윤씨의 비참한 최후를 떠올리며, 그 자리에 있던 선왕의 후궁들을 실제로 죽이기 때문이다. 이에 대해서는 두 가지 해석이 가능하다. 첫째는 연산이 거리두기에 실패했다는 것이다. 이 관점에서 보면, 연산은 모친에 대한 그리움, 질투를 행했다는 죄로 모친에게 사약을 내린 선왕과 대비, 선왕의 후궁들에 대한 원망의 감정이 너무도 강했기 때문에 극도의 흥분 상태에서 후궁들을 죽이고, 이를 말리던 대비마저 죽게 만들었다고 할 수 있다. 마치 바람난 아내를 둔 남편이 연극 <오델로>를 보면서 삶의 실제적인 문제들에 대해 어느 정도 거리를 유지한 채 미적 대상을 향유하는 데 실패하듯이, 연산은 자신이 여전히 극복하지 못한 정신적 상처를 자극하는 내용을 담은 극에 대해 미적 반응이 아니라 실제적인 반응을 보인 것이다.

둘째 해석은 연산이 오히려 거리두기 자체를 조절했다는 것이다. 이러한 해석은 앞서 언급한 깨달음과 연장선상에 있다. 논란의 여지가 있겠지만 본고에서는 둘째 해석을 따라 연산이 극에 대한 거리두기를 조절했다고 이해하겠다. 이러한 견해에서 볼 때, 자기 어미를 죽음으로 내몰게 한 선왕의 후궁들과 대왕대비에 대한 원한을 품고 있었던 연산은 극을 계기로 삼아 모친의 억울한 죽음을 공공의 장소에서 폭로하며 관련자들을 그 자리에서 처벌하고자 했다고 파악할 수 있다. 그러나 연산이 아무리 극의 효과를 역이용하는 영민함을 가지고 있었다고 하더라도 그 결과는 만인의 윤리적 모범이 되어야 할 군주에게는 치명적인 정치적 손실이었다. 연산은 어미의 질투를 유발한 선왕의 후궁들도 어머니로 모셔야 하며, 자신의 어미에게 사약을 내리도록 종용한 할머니를 대왕대비로 섬겨야 했다. 비록 그들이 어미의 원수일지언정 윤리를 기강으로 삼아 통치를 가능하게 했던 유교 국가의 군주로서 연산은 臣民의 윤리적 표상이 되어야 했다. 이러한 현실 역시 연산의 자유를 억압하는 구속이 되었을지라도 연산이 유교 사회에서 왕 노릇하기 위해서는 어쩔 수 없이 따라야 할 天理였다. 그럼에도 연산은 자신의 어머니뻘에 해당하는 후궁과 할머니인 대비를 죽인 悖倫을 저질렀으니 그가 아무리 영민한 광대였다고 한들 그는 스스로 통치 기반을 무너뜨린 자멸 행위를 한 것이다.

요컨대, 연산은 극의 문법과 효과를 잘 알고 있는 영민한 관객이다. 그리고 극의 대표 관객이라고 할 수 있는 자신이 어떤 태도를 취하느냐에 따라 주변 사람들이 극을 보는 태도가 달라진다는 것도 잘 알고 있다. 그래서 연산은 중신들과 함께 공연을 보고 난 후, 극을 통해 현실을 보는 양하였으며, 후궁과 대비를 불러 놓은 경극의 판에서는 자신의 분노를 정당화하기 위해 극중 현실에 몰입하는 태도를 취하였다. 그리하여 풍자 대상이 되는 행위를 한 중신들은 죄를 고백하듯 스스로 두려워하는 기색을 나타내었고, 후궁들은 죽임을 당하기 직전까지 살벌한 공포를 경험하였다. 이렇게 다른 관객들의 관극 태도를 조율할 수 있는 연산은 장생을 모방하는 광대라고 할 수 있다. 즉, 장생이 왕을 모방하여 연기한 것처럼 왕은 장생을 모방하여 광대짓을 하였던 것이다. 그래서 그는 거리두기를 교활하게 이용한 또 다른 광대이지, '신발이 벗겨진 채 도망가는 소녀를 구하기 위해 영화 스크린에 자기 신발을 던지는 소년'이나 '드라마의 주인공을 죽게 하지 말아 달라고 작가를 협박하는 열혈 시청자'처럼 놀이의 규칙을 잘 모르는 미숙한 관객은 아닌 것이다.

연산이 광대 행세를 했던 이유는 광대가 놀이판에서 자유를 실현하듯 현실 정치에서 자신의 자유를 실현하려는 데 있었다. 선왕의 율법에 얽매이고 선왕의 그림자라고도 할 수 있는 원로 중신들에 둘러싸인 현실 세계의 법칙을 벗어나기 위해서 그는 놀이의 규칙을 이용하려 하였다. 그 규칙이란 광대처럼 주체가 되어 놀이 속 가능세계를 구성하는 데 현실 논리를 따르지 않는 자유를 구가하는 것이다. 연산은 이처럼 스스로 광대가 됨으로써 연희자의 자유를 가지려 하였으며, 그러한 방식으로 광대의 자유를 추구하는 자신의 욕망을 현실에서 구현할 수 있었다. 그렇지만 연산은 율법에 대해 율법으로 대항하는 정면 대결의 방식이 아니라 아버지의 율법에 대한 도피로서 놀이판을 택하였다. 율법을 피하려고만 했지 그것을 새로이 제정할 만한 능력과 의지가 없었던 연산은 결국 율법의 집행자 역할을 스스로 포기함으로써 자멸의 수렁으로 빠져들게 된다.

4. 현대인의 속물성에 대한 성찰

<왕의 남자>가 흥행에 성공했으며, 그 텍스트가 지닌 의미 구조가 여러 겹으로 짜여진 '욕망의 삼각형'으로 되어있다는 점, 그리고 연산과 장생이라는 인물이 서로를 모방하려 하며, 이들의 욕망은 인물을 매개로 굴절되며, 극을 통해 발산된다는 점 등은 문학치료와 하등 상관없는 것처럼 보이기도 한다. 그러나 앞서 언급했듯이 이 영화 속 인물들은 매우 현대적이다. 그들의 의상, 직업적 역할, 사상 따위가 현대적인 의미를 갖

는 것이 아니라 이들의 욕망 구조 자체가 그렇다는 것이다. 이러한 이 영화의 욕망을 읽어내는 것은 한 영화에 대한 해석의 차원을 넘어서 현대인의 욕망을 성찰하는 데 도움이 될 수 있다고 판단된다.

필자만의 견해인지는 모르겠지만, 한국 사회는 타인의 평가와 인정을 대단히 중시하는 문화를 갖고 있다. 남들이 가진 것을 안 가지고 있으면 뭔가 자신이 뒤처진 것같이 불안해하며, 타인의 평가와 부러움을 무척이나 신경 쓴다. 그래서 자신의 내면에서 우러나오는 욕망을 따르고 그것을 충족시켜 행복을 얻기보다는 남들이 하고 있는 것, 혹은 남들이 부러워할 만한 것을 욕망의 대상으로 삼아 거짓 행복감을 맛보려 한다. 이러한 행태는 간단히 '허영'이라고 할 수 있을 것이다. 허영심 많은 사람의 욕망을 자극하기 위해서는 누군가가 어떤 것을 원하고 소유했다는 사실만 알려주면 된다. 그래서 수많은 광고들은 '따라하기'를 부추기며 타인의 욕망을 모방할 것을 장려한다.

그러나 아무리 잘 따라하려 해도 언제나 앞서 있는 사람들이 있으며, 그들은 늘 새로운 욕망으로 새 물건들과 상징들을 소비한다. 그래서 현대인의 허영심은 결코 충족되지 못한 채, 늘 욕구 불만과 불안의 상태에 놓여있다. 이는 자본주의가 욕망을 창출하는 기본적인 방식이기에 유독 한국 사회의 특징적 현상이라고만 할 수 없을 것이다. 대표적으로, 눈길이 닿는 곳마다 어김없이 있는 광고를 보자. 현명한 엄마들은 아이를 똑똑하게 키우기 위해서 최고급 분유를 먹이고, 주름 없는 피부를 지닌 아름다운 중년 여성은 고기능성 화장품을 바르며, 건강한 이를 자랑하는 노년의 남성들은 잇몸을 튼튼하게 해주는 치약을 쓴다.

현명하고 아름답고 건강한 저들과 같이 되고 싶은 욕망은 우리로 하여금 그냥 분유, 화장품, 치약을 사게 하는 것이 아니라 광고 속의 상징과 결합된 명품 분유, 주름 개선 화장품, 잇몸 질환 예방 치약을 사게 한다. 사고 또 사도 새로운 상품이 나와 계속 완전한 충족에 대한 기대는 유보될 테지만, 그것을 사지 못해 상징의 축복을 받지 못한 가난한 사람 역시 경제적 스트레스뿐만 아니라 자기 몫이 되지 못하는 상징에 대한

스트레스도 함께 받는다.

이처럼 첨단의 자본주의 사회는 인간의 허영심을 부추겨가며 '소비하라, 행복이 있을진저.'라는 복음을 전파한다. 그래서 이 사회를 사는 사람들은 누구나 어느 정도는 내면의 욕망이 그 대상에게로 직접 돌진하지 못하는 간접화된 욕망 구조를 갖고 있다고 할 수 있다. 내가 진정 원하는 것은 성찰하지 못한 채, 사회가 요구하는 것, 남들이 바람직하다고 여기는 것, 나보다 잘난 사람이 소유하기를 원하고 갖고 있는 것을 추구하는 현대인의 욕망 구조는 지라르가 간파한 바대로 '삼각형의 욕망'일 뿐이다.

그리고 그 욕망의 구조가 직선이 아니라 삼각형이라는 것은 비극이 아닐 수 없다. 욕망의 대상을 추구하여 그것을 획득하더라도 그것은 진정한 내면의 자발성으로부터 충족되기를 소망하는 것이 아닌 이상 결코 만족할 수 없다. 그리고 모방 대상과 매개물이 변함에 따라 무수한 삼각형이 새로이 형성될 수 있기 때문에 모방자에게는 끝없는 추구만이 있을 뿐이다. 그래서 욕망의 삼각형은 욕망의 감옥이라고 할 수 있다. 이 삼각형의 욕망 구조를 파괴시키지 않으면 그것으로부터 탈출할 수 없다. 제 아무리 좋은 차를 산다고 하더라도 신차는 계속 나오며 첨단 유행의 옷이나 가구로 자기를 입히고 채운다고 한들 유행은 계속 바뀌므로.

이 글을 문학치료학회에서 발표하고 난 후, 뒤풀이 자리에서 있던 한 40대 남성 교수로부터 딸 키우기의 어려움에 대한 푸념을 들을 수 있었다. 그 교수의 딸은 '공길 현상'이라고도 불리며 예쁜 남자 신드롬을 일으키고 있는 배우인 '이준기'에 빠져 있다고 했다. 또, 최선을 다해 꿈을 이루며 살아온 자신의 인생과 비교할 때, '꿈이 없다'고 말하는 딸이 너무나 한심해 보인다고 했다. '꿈이 없다'는 발언은 자기가 진정 원하는 것을 스스로 성찰하지 못하고 있음을 보여주는 지표라고 할 수 있기 때문에 문제적이다. 그러나 한편, 그 말은 타인의 꿈을 좇으며 살지 않겠다, 적어도 가식과 허영으로 내 인생을 소비하지는 않겠다는 '간접화된 욕망'에 대한 저항이 될 수도 있다.

그러나 대부분의 청소년들은 아직 자기 내면의 요청을 따라 진정한 열정을 만들어가는 주체로 살아갈 수 있을 정도로 성숙하지 않았기에 어른들의 꿈, 자본주의가 만들어내는 욕망은 거부하되, 꿈이라 부를 만한 삶의 모델, 욕망 대상은 찾지 못하고 있다. 그래서 청소년들은 내면의 열정을 대신해 줄 만한 스타에 열광한다. 그러나 이러한 행태는 결코 상징적 저항이라고 할 수 없다. 연이어 새로운 스타를 등장시켜 욕망 대상을 갈아타게 할 뿐인 문화 상품의 시스템에 의해 조정당하는 까닭이다. 이렇게 청소년들은 타인이 주는 꿈을 소비하는 '욕망의 간접화된 형식'을 따르게 됨으로써 자본주의 사회의 충실한 소비자로서 살아가게 되는 운명을 받아들이게 된다. 허영과 위선의 꿈이라 거부했던, 매개된 욕망의 형식에 익숙해지면서 청소년은 자본주의 사회의 俗物이 되어가는 것이다.

5. 결론: <왕의 남자>와 문학치료

기성세대나 청소년이나 자신의 진정한 내면의 욕망을 성찰하지 못하고 살아가는 이 시대에 <왕의 남자>는 문학치료적인 효용을 가질 수 있다. 문학치료적인 관점에서 볼 때, 이 영화는 대중성이나 작품성으로 높이 평가되는 텍스트가 아니라 우리 시대의 욕망 구조를 간명하게 보여주며, 우리의 신경증적 욕망에 대해 말문을 열게 하는 텍스트라는 점이 강조되어야 할 것이다. 작품성으로 보자면, <왕의 남자>는 욕망의 삼각형을 도식적으로 따르며, 그 이상으로 나아가는 면모를 충분히 보여주지는 못한다. 그래서 하나의 이론으로 그 의미를 일관되게 설명할 수 있는 그 의미구조의 단순명쾌함에 오히려 식상해질 수 있다. 그렇지만 천만 이상의 관객이 한 영화를 보았다는 것은 대단한 일이다. 관청의 서식을 설명할 때 '홍길동'이라는 이름이 대표적으로 등장하고, 효녀를 지칭할 때 '심청'을 들먹일 수 있는 것처럼, 이렇게 많은 사람들이 본 영화라면 문화공동체의 의미 資産 혹은 의미 생산의 媒材가 될 수 있기 때문에 더욱 그러하다.

이제 좀더 구체적인 국면에서 <왕의 남자>를 활용한 문학치료를 생각해 보자. 우선 눈여겨봐야 할 점은 앞서 언급하였다시피 이 영화가 가진 열린 속성이다. 내담자들은 반응을 만들어내는 다양한 지점이라고 할 수 있는 각각의 인물에 착목하여 이 영화의 의미를 나름대로 정리할 수 있을 것이다. 장생과 공명하는 경우, 연산에 대해 깊은 연민을 가지는 경우, 공길의 아름다움에 매혹되는 경우, 녹수의 질투심에 공감하는 경우, 처선의 고뇌에 동참하려는 경우 등 매우 풍부한 반응이 있을 것으로 예상된다. 그럴 때 교사 혹은 문학치료사 등의 상담자는 특정 인물에 대한 반응 양태를 통해 수용자의 정서적 상태나 병리적 징후를 읽어낼 수 있을 것이다. 이후, 상담을 하는 과정에서 영화에 대해서만이 아니라 영화에 반응하는 자기에 대해서 성찰하게 하는 방식으로 점차 수용자의 반응을 심화시켜 나아갈 수 있을 것이다.

특히 그러한 과정에서 상담자들은 내담자들로 하여금 간접화된 욕망의 폐해를 깨닫게 하고, 자기 내면으로부터 자발적으로 발생한 욕망이 열정을 낳고 진정한 행복감을 줄 수 있을 것이라는 암시를 주는 것이 바람직하다. 이 때 유용하게 활용될 수 있는 것은 인상적인 마지막 부분이다. 장생은 눈이 먼 상태에서 줄타기를 하는데, 그 광경을 보고 있던 공길이 장생과 합류한다. 이들은 그 줄타기가 '죽을 판'이라는 것을 알고 있다. 이들은 왕 앞에서 연행하되 관객을 의식하지 않고 내면에서 울리는 목소리를 그대로 뇌까린다. 공길은 장생에게 '다시 태어나면 양반이 될래, 왕이 될래?'라고 묻는다. 장생은 그 물음에 자기는 다시 태어나도 광대가 되겠다고 한다. 이 말이 명대사로 평가되는 까닭은 장생이 현실 권력에 대한 미련을 완전히 버리고, 진정으로 자신이 원하는 것, 자신에게 가장 소중한 것을 자신의 내부에서 찾아 공언하는 것이기 때문이다. 이러한 장생의 진정성은, 좀 전까지만 하더라도 그에게 화살을 겨누었던 연산의 눈시울마저 뜨겁게 한다. 이렇게 마지막 장면에서 죽음을 앞둔 장생이 보여준 순정한 욕망과 열정이야말로 내담자의 모방 대상이 될 수 있다. 광대의 삶을 모방하는 것이 아니라 장생의 욕망 형식, 즉 자발적으로 욕망을 생성하여 열정적으로 그 대상을 추구하는 방식의 모방은 현대인의 삼각형의 욕망 형식을 교정하는 치유적 효용이 있을 것으로 기대된다.

자료 및 참고 문헌

1. 자료

희곡 <沈봉사>(1936), 「채만식전집」 9, 창작과비평사, 1989.

희곡 <沈봉사>(1947), 「채만식전집」 9, 창작과비평사, 1989.

소설 <沈봉사>(1944 : 1945), 『채만식전집』 6, 창작과비평사, 1989.

김기동 편, 『필사본 고전소설전집』, 아세아문화사, 1977.

<雙美奇逢>, 동국대 한국학연구소 편, 『활자본고소설전집』 제10권, 아세아문화사, 1976.

羅孫本 『필사본고소설자료총서』, 1991.

『구활자본고소설전집』, 인천대학 민족문화연구소, 1983~1984.

『한국고전비평론자료집』, 계명문화사, 1988.

무악고소설자료연구회 편, 『한국고소설관련자료집』 1, 태학사, 2001.

류탁일 편, 『한국고소설비평자료집성』, 아세아문화사, 1994.

김이양, 「諺稗說」, 『김이양문집』 3, 국립도서관 소장본.

이광수, 「文學이란 何오」, 매일신보, 1916.11.14.

이덕무, 「嬰處雜稿」 1, 민족문화추진회 편, 『국역 靑莊館全書』 2, 솔출판사, 1978.

이 옥, 『譯註이옥전집』 1~3, 실시학사 고전문학연구회 편, 소명, 2001.

정약용, 『增補與猶堂全書』 1, 경인문화사, 1981.
<水山 廣寒樓記>, 성현경 외 편, 『광한루기역주 연구』, 박이정, 1997.
宕 翁, 「稗說論」, 『옥선몽』, 김기동 편, 『필사본 고전소설전집』, 아세아문화사, 1977.
<薔花紅蓮傳>(경판 18장본: 자암신간), 1899년간, 김동욱 편, 『영인고소설 판각본 전집 2』, 연세대 인문과학연구소.
조동일, 『삼국시대 설화의 뜻풀이』, 집문당, 1990.
<芙蓉의 相思曲>(신구서림, 1913), 활자본고전소설전집(3), 아세아문화사, 1975.
<玉丹春傳>(박문서관, 1916), 활자본고전소설전집(4), 아세아문화사, 1975.
<李進士傳>(회동서관, 1925), 활자본고전소설전집(7), 아세아문화사, 1975.
<李春風傳>(성산본), 김기동 · 전규태 편, 『이춘풍전』, 서문당, 1994.
<彩鳳感別曲>(박문서관, 1913), 활자본고전소설전집(10), 아세아문화사, 1975.
徐居正, <東人詩話>
<장화, 홍련>, 메트로 DVD, 2003.
<왕의 남자>, 아트서비스 DVD, 2005

2. 참고문헌

-국내논문-

간호윤, 「조선시대 소설비평 연구」, 인하대 박사학위논문, 2001.
강재철, 「권선징악 이론의 전통과 고전소설」, 인하대 박사학위논문, 1993.
권진호, 「淵泉 김이양의 문학론과 작품세계」, 성균관대 석사학위논문, 1991.
김남희, 「현대시의 서정적 체험 교육 연구」, 서울대 박사학위논문, 2007.
김대행, 「사고력을 위한 문학교육의 설계」, 『국어교육연구』 5, 1998.
김대행, 「청산별곡과 국어과교육」, 『고전문학과교육』 7, 한국고전문학교육학회, 2004.

김상욱, 「문학교육 연구방법론의 확장과 그 실제-서사 텍스트의 표현 능력을 중심으로」, 『문학교육학』 21, 한국문학교육학회, 2006.

김영수, 「필사본 <심청전> 연구」, 경희대 박사학위논문, 2000.

김일렬, 「고전소설에 나타난 가족의식」, 『동양문화연구』 1, 경북대 동양문화연구소, 1974.

김재용, 「계모형 고소설의 시학」, 집문당, 1996.

김종철, 「가치 이월과 창조 잠재력을 위한 평가-고전문학교육과 평가」, 『문학과 교육』 8, 1999.

김종철, 「근대 이전 기행문학교육의 시각」, 한국고전문학교육학회, 2006년도 동계학술발표회 논문집, 2006.

김종철, 「소설의 사회·문화적 위상과 소설교육」, 『국어교육』 101, 2000.

김종철, 「옥수기 연구」, 서울대 석사학위논문, 1985.

김중신, 「서사 텍스트의 심미적 체험의 구조와 유형에 관한 연구」, 서울대 박사학위논문, 1994.

김진영, 「춘향가 논의의 몇 가지 반성」, 김병국 외 편, 『춘향전 어떻게 읽을 것인가』, 서광학술자료사, 1993.

김태기, 「소설의 주제 읽기」, 『모국어교육』 9, 1991.

김혜리, 「<장화, 홍련>의 공포, 김지운 vs 유종찬」, 『시네 21』, 2003.6.20.

김효정, 「문학 수용에서의 공감 교육 연구」, 서울대 석사학위논문, 2007.

노명완·이차숙, 『문식성연구』, 박이정, 2002.

노영근, 「이야기 문학에 나타난 '가족탐색' 연구」, 국민대 박사학위논문, 2000.

문 석, 「<왕의 남자> 성공 요인」, 『시네 21』 538호, 2006.1.

박경일, 「비주류의 '삐딱 정신', 좋은 영화의 원동력-<왕의 남자> 이준익 감독 인터뷰」, 문화일보, 2006.2.10.

박기석, 「<왕오천축국전>의 문학교육적 의의」, 한국고전문학교육학회, 2006년도 동계학술발표회 논문집, 2006.

박이문, 「기호의 해석-의미의 현상학」, 『기호학연구』 4, 2004.

박인기, 「문학교육과정의 구조에 관한 연구」, 서울대 박사학위논문, 1994.

박인기, 「문화적 문식성의 국어교육적 재개념화」, 『국어교육학연구』 16, 국어교육학회, 2003.
박일용, 「조선후기 소설론의 전개」, 『국어국문학』 94, 국어국문학회, 1985.
방민호, 「채만식 문학에 나타난 식민지적 현실 대응 양상」, 서울대 박사학위논문, 2000.
서영채, 「<무정> 연구」, 서울대 석사학위논문, 1992.
서영채, 「한국 근대소설에 나타난 사랑의 양상과 의미에 대한 연구」, 서울대 박사학위논문, 2002.
서유경, 「공감적 자기화를 통한 문학교육 연구」, 서울대 박사학위논문, 2002.
서 혁, 「담화의 구조와 주제 구성에 관한 연구」, 서울대 박사학위논문, 1996.
서 혁, 「주제 구성 능력의 실태와 교수・학습 방안」, 『국어교육학연구』 6, 1996.
성현경, 「<심청전>론(2)-판소리문학으로서의 <심청전>」, 『한국옛소설론』, 새문사, 1995.
송현호, 「채만식의 탈식민적 경향에 대한 고찰」, 『관악어문연구』, 1992.
신규원, 「계모형 소설연구」, 영남대 석사학위논문, 1981.
신동흔, 「<쌍미기봉>과 남녀관계의 새로운 양상」, 『한국 고전소설과 서사문학(上)』, 양포 이상택 교수 환력기념논총, 1999.
신상철, 「놀부의 현대적 수용과 그 변형」, 『한국고전소설연구』, 1983.
신영주, 「조선후기 송사소설 연구」, 상명대 박사학위논문, 1996.
신태수, 「고소설의 공간에 대하여」, 『영남어문학』 28, 한민족어문학회, 1995.
심영섭, 「수미의 내면 대신 다리에 탐닉하는 <장화, 홍련>」, 『시네 21』, 2003. 7.10. 연구소, 1980.
염은열, 「19세기 금강산 가사의 특징과 문화적 의미」, 『고전문학연구』 14, 1998.
염은열, 「19세기 무명씨 금강산가사의 생활문화적 의미」, 『고전문학연구』 별집 8, 한국고전문학회, 2001.
염은열, 「기행문학의 '공간' 체험이 지닌 교육적 의미」, 한국고전문학교육학회 2006년도 동계학술발표회 논문집, 2006.
염은열, 「대상 인식과 내용 생성의 관계에 대한 표현교육론적 연구」, 서울대 박사학위논문, 1999.
오수창, 「암행어사의 길-1822년 평남 암행어사 박내겸(朴來謙)의 성실과 혼돈」, 『역사비평』, 역사비평사, 2005, 겨울호.
오춘택, 「한국고소설비평사연구」, 고려대 박사학위논문, 1990.
우한용, 「채만식소설의 담론특성에 관한 연구」, 서울대 박사학위논문, 1991.
유운성, 「감독의 장르적 상상력, <장화, 홍련>」, 『시네 21』, 2003.6.10.
유화수, 「채만식소설연구-서사전통과의 연계양상」, 전북대 석사학위논문, 1988.
윤성우, 「미메시스, 재현 그리고 해석」, 『해석학연구』 14, 2004.
이기대, 「<장화홍련전> 연구」, 고려대 석사학위논문, 1998.
이기대, 「<장화홍련전> 연구사」, 우쾌제 외, 『고소설연구사』, 월인, 2002.
이수봉, 「반계 이양오의 문학 연구」, 『常山 이재수 박사 환력기념 논문집』, 1972.
이승복, 「계모형 가정소설의 갈등 양상과 의미」, 『관악어문연구』 20, 서울대 국어국문학과, 1995.
이원수, 「가정소설 작중 세계의 시대적 변모」, 경남대학교출판부, 1997.
이원주, 「고전소설 독자의 성향-경북 북부 지역을 중심으로」, 『한국학논집』 3, 계명대한국학.
이은숙, 「활자본 신작구소설에서의 애정소설 연구」, 한국정신문화연구원 석사학위논문, 1987.
이인경, 「<손 없는 색시> 설화의 신화적 성격과 심리학적 접근」, 『구비문학연구』 13, 한국구비문학학회, 2001.
이헌홍, 「<장화홍련전>」(『고전소설연구』, 일지사, 1993.
이효인, 「<장화, 홍련> 전래동화와는 아무 상관 없네…반칙이다」, 『시네 21』, 2003.7.3.
장효현, 「조선후기의 소설론-19세기 필사본 소설의 序·跋을 중심으로」, 『한국고전소설사연구』, 고려대학교출판부, 2002.
전성탁, 「<장화홍련전> 연구>」, 고려대 석사학위논문, 1975.
정승훈, 「공포의 형이하학을 넘진 못했지만 눈을 뗄 수 없는 <장화, 홍련>」, 『시네 21』, 2003.7.3.

정운채, 「<심청전>의 구조적 특성과 심청의 효성에 대한 문화론적 고찰」, 이상익 외, 『고전산문교육의 이론』, 집문당, 2000.
정운채, 「<심청전>의 구조적 특성과 심청의 효성에 대한 문화론적 고찰」, 이상익 외, 『고전산문교육의 이론』, 집문당, 2000.
정재형, 「상상력, 환상, 기억 그리고 일탈의 공간정치」, 『문화예술』, 2003.8.
정출헌, 「고전소설 연구의 몇몇 국면에 대한 반성적 고찰」, 『한국문학연구』 3, 2002.
정현선 · 이미숙, 「초등학교 저학년 문학 수업에 대한 실행 연구-그림책 수업 담화 분석을 중심으로」, 『문학교육학』 21, 한국문학교육학회, 2006.
정혜심, 「계모형 소설 연구」, 숙명여대 석사학위논문, 1989.
조동일, 「춘향전 주제의 새로운 고찰」, 김병국 외 편, 『춘향전 어떻게 읽을 것인가』, 서광학술자료사, 1993.
조용환, 「질적 기술, 분석, 해석」, 『교육인류학연구』 2-2, 교육인류학회, 1999.
조용환, 「질적 연구의 동향과 과제」, 『교육인류학연구』 2-1, 교육인류학회, 1999.
조현설, 「고소설의 영화화 작업을 통해 본 고소설 연구의 과세」, 『고소설연구』 17, 한국고소설학회, 2004.
조현설, 「남성지배와 <장화홍련전>의 여성형상」, 『민족문학사연구』 15, 민족문학사연구소, 1999.
최영준, 「<택리지>: 한국적 인문지리서」, 『진단학보』 69, 진단학회, 1990.
최원식, 「채만식의 고전소설 패러디에 대하여」, 『민족문학의 논리』, 창작과비평사, 1982.
최윤희, 「<쌍미기봉>의 번안 양상 연구」, 『고소설연구』 11, 고소설학회, 2001.
최인자, 「국어과 교사의 실천적 지식 성찰을 위한 방법론적 탐색-'성찰적 내러티브 탐구' 방법을 중심으로」, 『문학교육학』 21, 한국문학교육학회, 2006.
최인자, 「모티프 중심의 서사적 사고력 교육」, 『국어교육학연구』 18, 2003.
최인자, 「작중인물의 의미화를 통한 소설 교육 연구」, 서울대 석사학위논문, 1993.
최지현, 「문학교사는 존재하는가-문학교사에 대한 문학교육학 교수, 예비교사,

그리고 국어교사의 이해」, 『문학교육학』 21, 한국문학교육학회, 2006.
최지현, 「한국근대시 정서체험의 텍스트조건 연구」, 서울대 박사학위논문, 1997.
허문영, 「남근과 율법의 세계, 승자는 누구인가, <왕의 남자>」, 『시네 21』 537호, 2006.
홍형숙, 「<옥선몽> 연구」, 이화여대 석사학위논문, 1984.
황정연, 「쌍미기봉 연구」, 『관악어문연구』 12, 1987.
황종연, 「문학이라는 譯語」, 『동악어문논집』 32, 1997.
황혜진, 「가치경험을 위한 소설교육내용 연구」, 서울대 박사학위논문, 2006.
황혜진, 「설화를 통한 자기 성찰의 사례 연구」, 『국어교육』 122, 한국어교육학회, 2007.
황혜진, 「전승사의 관점에서 본 채만식의 <沈봉사> 연구」, 『고전문학과교육』 7, 한국고전문학교육학회, 2004.
황혜진, 「춘향전 개작 텍스트의 서사 변형 연구」, 서울대 석사학위논문, 1997.

-국내저서-

권보드래, 『연애의 시대』, 현실문화연구, 2003.
김경미, 『소설의 매혹-조선 후기 소설비평과 소설론』, 월인, 2003.
김균태, 『이옥의 문학이론과 작품세계 연구』, 태학사, 1986.
김대행 외, 『문학교육원론』, 서울대학교출판부, 2000.
김상봉, 『나르시스의 꿈』, 한길사, 2002.
김연옥, 『사회과 지리교육연구』, 교육과학사, 1992.
김흥규, 『한국 고전문학과 비평의 성찰』, 고려대학교출판부, 2002.
大谷三繁, 『조선후기소설독자연구』, 고려대 민족문화연구소, 1985.
박종성, 『백정과 기생-조선천민사의 두 얼굴』, 서울대학교출판부, 2003.
서울대 국어교육연구소, 『국어교육학사전』, 대교출판, 1999.
송성자, 『가족과 가족치료』, 법문사, 2002.
안 확, 『조선문학사』, 한일서점, 1922.

야노 다카요시, 『한일고대혼인설화와 정조관』, 보고사, 2002.
양혜란, 『조선조 기봉류 소설 연구』, 이회문화사, 1995.
오미영 · 정인숙, 『커뮤니케이션 핵심 이론』, 커뮤니케이션북스, 2005.
유홍준, 『나의 북한유산답사기(상)』, 창작과비평사, 1998.
윤여탁, 『리얼리즘의 시 정신과 시교육』, 소명, 2003.
이문규, 『고전소설비평사론』, 새문사, 2003.
이미향, 『근대 애정소설 연구』, 푸른사상, 2001.
이부영, 『한국민담의 심층분석』, 집문당, 1998.
이부영, 『그림자-우리 마음 속의 어두운 반려자』, 한길사, 2006.
이부영, 『자기와 자기실현-하나의 경지, 하나가 되는 길』, 한길사, 2005.
이삼형 외, 『국어교육학』, 소명, 2000.
이왕주 외, 『서사와 도덕교육』, 부산대학교출판부, 2003.
이용숙 외, 『실행연구방법』, 학지사, 2006.
이재선 편, 『문학주제학이란 무엇인가』, 민음사, 1996.
이창덕 외, 『삶과 화법』, 박이정, 2000.
임경순, 『국어교육학과 서사교육론』, 한국문화사, 2003.
임덕순, 『지리교육원리: 이론과 적용』, 법문사, 1993.
정현선, 『다매체 시대의 국어교육과 문화교육』, 역락, 2004.
조동일, 『한국문학통사 4』, 지식산업사, 1991.
조동일, 『삼국시대 설화의 뜻풀이』, 집문당, 1990.
채규만, 『성피해심리치료』, 학지사, 2000.

-국외 논문 및 저서-

Aristotle, 손명현 역, 『시학』, 박영사, 1960.
Bettelheim, Bruno, *The Uses of Enchantment: The Meaning and Importance of Fairy Tales*, Vintage Book Editions, 1989, 김옥순 · 주옥 역, 『옛이야기의 매력 1, 2』, 시공주니어, 1998.

Bourdieu, P., 『구별짓기』 下, 최종철 역, 새물결, 1996.

Calinescu, Matei, *Five Faces of Modernity: Modernism, Avant-Garde, Decadence, Kitsch, Postmodernism*, Duke University Press, 1987, 이영욱 외 역, 『모더니티의 다섯 얼굴』, 시각과 언어, 1993.

Courant, M., 『한국서지 *Bibliographie Coreéenne*』, 이희재 역, 일조각, 1994.

Courté, J., *Introduction à la Sémiotique Narrative et Discursive*, 1980, 오원교 역, 『기호학 입문』, 신아사, 1992.

Eco, Umberto 외, 손유택 역, 『해석이란 무엇인가』, 열린책들, 1997.

Eco, Umberto, *Opera aperta*, 조형준 역, 『열린 예술작품: 카오스모스의 시학』, 새물결, 1995.

Frenzel, E., 이민수 역, 「세계 문학의 모티프」, 이재선 편, 『문학주제학이란 무엇인가』, 민음사, 1996.

Freud, Sigmund, 「남자들의 대상 선택 중 특이한 한 유형」, 『성욕에 관한 세 편의 에세이』, 김정일 역, 열린책들, 2004.

Gadamer, H. G., *Warheit und Methode*, 1960, 이길우 외 역, 『진리와 방법(1)』, 문학동네, 2000.

Gadamer, H. G., *Warheit und Methode*, 1960, Weinsheimer, J., Marshall, D., Trans., *Truth and Method*(2nd edition), The Crossroad Publishing Company, 2002.

Giddens, A., 『현대 사회의 성 · 사랑 · 에로티시즘』, 배은경 · 황정미 역, 새물결, 2001.

Girard, René, *Mensonge romantique et Vérité romanesque*, 1961, 김치수 · 송의경 역, 『낭만적 거짓과 소설적 진실』, 한길사, 2001.

Greimas, A. J., *Du sens, Seuil*, 1970, 김성도 역, 『의미에 관하여』, 인간사랑, 1997.

Harding, Sandra, Whose Science? Whose Knowledge? Thinking from Women's Lives, Cornell University, 1991.

Jameson, Fredric, *Signatures of the Visible*, 남인영 역, 『보이는 것의 날인』, 한나래, 2003.

Johnston, R. J. and Others (eds.), *The Dictionary of Human Geography*, The Free

Press, 2000.

Joint Committee on Geographic Education, *Guideline for Geographic Education*, NCGE & AAG., 1984.

kekes, J., *Morality of Pluralism*, Princeton University, 1993.

Kemmis, S. & McTaggrt, R., "Participatory action research", Denzin, N. & Lincoln, Y. (Eds.), *Handbook of qualitative research*, Sage Publications, 2000.

Hutcheon, Linda, *A Theory of Parody*, 김상구・윤여복 역, 『패러디 이론』, 문예출판사, 1992.

Mead, G. H., *Mind, Self, and Society from the Standpoint of a Social Behaviorist*, 1934, University of Chicago Press.

Nussbaum, M. C., *Love's Knowledge*, Oxford University Press, 1990.

Palmer, R. E., *Hermeneutics: Interpretation Theory in Schleiermacher, Dilthey, Heidegger, Gadamer*, 1969, 이한우 역, 『해석학이란 무엇인가』, 문예출판사, 1988.

Purves, A. C., Papa, L., Jordan, S. (eds.), *Encyclopedia of English Studies and Language Art*, vol 1, National Council of Teachers of English, 1994.

Ricoeur, P., *Temps et récit*(Ⅰ), 1983, 김한식・이경래 역, 『시간과 이야기 1』, 문학과지성사, 1999.

Ricoeurs, P., 김동윤 역, 「서술적 정체성」, 석경징 외 편, 『현대 서술 이론의 흐름』, 솔, 1997.

Schorer, M., "Technique as Discovery", Ed. Stevick, *The Theory of Novel*, The Free Press, 1967.

Stevenson, R., "What counts as 'good' action research?", Paper presented at the Ethnography in Educational Research Forum, March, Philadelphia, 1996.

Thompson, S., 윤승준・최광식 역, 『설화학원론』, 계명문화사, 1992.

Trousson, R., 최현무 역, 「주제의 연구: 방법론의 문제」, 이재선 편, 『문학주제학이란 무엇인가』, 민음사, 1996.

Tomashevsky, B., 1925, 문학과사회연구소 편, 「주제론」, 『러시아 형식주의 문학

이론』 청하, 1984.

Vitz, P. C., 'The Use of Stories in Moral Development: New Psychological Reasons for an old education Method', *American Psychologist* 45, 1990.

Vygotsky, L. S., *Mind in Society: The development of higher Psychological processes*, M. Cole, V. J. Steiner, S. Scribner & E. Souberman (Eds. & Trans.), Harvard University Press, 1978, 조희숙 외 역, 『사회 속의 정신: 고등심리과정의 발달』, 성원사, 1994.

Warnke, Georgia, *Gadamer: Hermeneutics, Tradition and Reason*, 1987, 이한우 역, 『가다머: 해석학, 전통 그리고 이성』, 민음사, 1999.

Weber, Maximilian, *Wissenschaft als Beruf*, 이상률 역, 『직업으로서의 학문』, 문예출판사, 1994.

Wlliams, R., *Modern Tragedy*, 임순희 역, 『현대비극론』, 학민사, 1983.

Wlliams, R., *The Long Revolution*, Hogarth Press, London, 1992.

Zima, P. V., *Ideologie und Theorie*, 1989, 허창운 · 김태환 역, 『이데올로기와 이론』, 문학과지성사, 1996.

가라타니 고진, 박유하 역, 『일본근대문학의 기원』, 민음사, 1997.

야마다 케이지(山田慶兒), 김석근 옮김, 『朱子의 自然學』, 통나무, 1996.

方正耀, 『中國小說批評史略』, 홍상훈 역, 을유문화사, 1994.

張 法, 『中西美學與文化情神』, 1994, 유중하 · 백승도 · 이보경 · 양태은 · 이용재 역, 『동양과 서양, 그리고 미학』, 푸른숲, 1999.

찾아보기

ㄱ

ㅈ

ㅊ

황혜진

서울대학교 사범대학 국어교육과 졸업(1995), 동대학원 석사(1997), 박사(2006) 졸업.

서울대, 한양대, 서울여대, 경인교대, 청주교대, 아주대 등에서 강의하였으며, 현재는 서울대 선임연구원으로 재직 중이다.

필자의 탐구를 이끄는 모든 관심의 근원은 재미와 열정이다. 보편적인 삶의 서사인 고전소설은 볼수록 흥미롭다. 혼자 즐기기 아까운 마음과 여럿이 함께 하면 더 재미있다는 생각으로 고전소설 교육 연구를 주로 하고 있다.

저서로는 『최척전』(나라말, 2006), 『춘향전의 수용문화』(월인, 2007), 『고전소설과 가치교육』(출간 예정) 등이 있다.

고전소설과 서사론

초판 1쇄 인쇄•2007년 7월 25일
초판 1쇄 발행•2007년 7월 31일

지은이•황 혜 진
펴낸이•박 성 복
펴낸곳•도서출판 月印
서울특별시 강북구 수유2동 252-9(흰구름길 19-3)
등록•제6-0364호 / **등록일**•1998년 5월 4일
대표전화•(02) 912-5000 / **팩스**•(02) 900-5036
http://www.worin.net

ⓒ 황혜진, 2007

ISBN 978-89-8477-368-4 93810

값 12,000원

☞ 잘못된 책은 구입하신 서점이나 본사에서 바꾸어 드립니다.